말힘·글힘을 살리는
고사성어

(주)고려원북스 는 우리들의 가슴속에 영원히 남을 지혜가 넘치는 좋은 책을 만들겠습니다.

말힘·글힘을 살리는
고 사 성 어

초판 1쇄 2006년 3월 20일
　　12쇄 2025년 9월 15일

지은이 장 연
펴낸이 설응도   편집주간 안은주
편집장 심재진   영업책임 양경희

펴낸곳 (주) 고려원북스

출판등록 2004년 5월 6일(제 2020-000184 호)
주소 서울시 강남구 테헤란로 78길 14-12(대치동) 동영빌딩 4층
전화 02-466-1283   팩스 02-466-1301

문의 (e-mail)
편집 editor@eyeofra.co.kr
마케팅 marketing@eyeofra.co.kr
경영지원 management@eyeofra.co.kr

ISBN : 89-91264-51-4 03190

이 책의 저작권은 저자와 출판사에 있습니다.
저작권법에 따라 보호를 받는 저작물이므로 무단전재와 복제를 금합니다.
이 책 내용의 일부 또는 전부를 이용하려면 반드시 저작권자와 출판사의 서면 허락을 받아야 합니다.
잘못 만들어진 책은 구입처에서 교환해드립니다.

말힘·글힘을 살리는

고사성어

(주)고려원북스

● ● 시작하는 글

지금도 만들어지는 고사성어

　우리 민족은 최근 백 년간을 제외하고는 대략 2천 년 동안 한자 문화권 속에서 생활해 왔다. 정치, 경제, 사회, 문화의 결정체인 문화 유산은 대체로 한문으로 기록되어 있는데, 과거의 한문은 지식층에겐 필수적인 교양이었다.
　이러한 영향은 요즘 한글을 쓰는 우리 세대의 언어 속에도 깊이 스며 있다. 특히 중국의 역사와 사상 문학의 고사(故事)에서 비롯된 관용구는 지금도 우리 일상 언어 속에서 활발히 사용되고 있다. 따라서 우리는 과거부터 사용해 온 전통적인 고사성어를 하나의 교양으로서 새롭게 이해할 필요가 있는 것이다.
　오늘을 사는 젊은 세대들은 우리 문화유산을 고리타분한 것으로 치부하여 도외시하거나 아니면 전통적인 것이라 해서 맹목적으로 추종할 것이 아니라, 이 시대에 필요한 하나의 교양으로서 적극적인 태도로 새롭게 이해할 필요가 있다. 앞으로 동아시아권이 세계사에서 중심적인 역할을 할 것이라는 전망하에서는 더욱더 한자문화권의 이해가 중요하다.
　이른바 고사성어에는 그 용어가 나오게 된 역사적 배경이나 사상적 연원이 있다. 우리는 이러한 내용을 이해하고 음미함으로써 인생의 지혜와 처세의 교훈을 배울 수 있다.

  특히 이 책에 실린 고사성어는 우리 일상생활 속에서도 가장 많이 쓰이는 것을 추려 뽑은 것이다. 중고생 및 대학생의 시험준비는 물론, 일반 직장인들과 비즈니스맨의 교양서로도 손색이 없을 것이다. 또한 현대인들의 감각에 맞도록 긴박감 있는 문체를 사용, 읽는 재미를 더했다.

  이 책은 단순히 고사성어를 읽고 이해하는 데 그치는 것이 아니라 실생활에서 편리하게 사용할 수 있도록 고사성어를 8개의 주제별로 분류하여 실었다. 만약 특정 고사성어를 찾고 싶다면 가나다 순서로 정리된 '찾아보기'를 참고하면 될 것이다.

  아무쪼록 이 책이 이 시대를 살아가는 사람들에게 꼭 필요한 교양서로서 읽히길 기대해 본다.

장 연

● ● 차례

제1장 인생 *세월은 사람을 기다리지 않는다*

동병상련 同病相憐 같은 병을 앓는 사람끼리 서로 불쌍히 여긴다	
(같은 처지의 사람들끼리 서로 동정함)	32
주백약지장 酒百藥之長 술은 모든 약 중에서도 으뜸이다	34
남가일몽 南柯一夢 남가 고을에서 꾼 꿈(인생은 한바탕 덧없는 꿈)	35
세월부대인 歲月不待人 세월은 사람을 기다리지 않는다	37
치인설몽 痴人說夢 어리석은 사람에게 꿈 얘기를 하다	
(상대방이 전혀 이해하지 못할 때)	39
백발삼천장 白髮三千丈 흰 머리카락이 삼천 장이나 된다	
(걱정 근심으로 흰 머리카락이 늘어남)	40
빙탄불상용 氷炭不相容 얼음과 숯은 서로 용해되지 않는다	
(성질이 정반대라 어울릴 수 없는 관계)	41
수구초심 首丘初心 여우도 죽을 때는 자기가 태어난 곳을 향해 머리를 둔다	
(고향을 생각하는 간절한 마음)	41
현두자고 懸頭刺股 머리를 매달고 넓적다리를 찌른다	
(공부를 지독히 열심히 함)	43
화병 畵餠 그림의 떡(전혀 쓸모가 없는 것)	44
일일여삼추 一日如三秋 하루가 3년 같다(뭔가를 애타게 기다릴 때)	45
금상첨화 錦上添花 비단 위에다 꽃을 더한다	
(아름다움에 아름다움을 더한다)	46
거자일소 去者日疎 떠난 자는 나날이 멀어진다	
(몸이 멀어지면 마음도 멀어진다)	47
해로동혈 偕老同穴 살아서는 함께 늙어가고 죽어서는 한무덤에 묻히는 것	
(생사를 같이하는 부부의 사랑)	48

고희 古稀 예부터 드물다(70세의 나이)	49
초미지급 焦眉之急 눈썹이 타는 절박한 상황	50
새옹지마 塞翁之馬 새옹의 말 　　(인간의 길흉화복은 일정치 않아 예측할 수 없다)	51
복수불수 覆水不收 엎질러진 물은 다시 담지 못 한다 　　(지난 일은 되돌릴 수 없다)	52
만가 挽歌 수레를 끌면서 부르는 노래(죽은 사람을 애도할 때 부르는 노래)	53
인생여조로 人生如朝露 인생은 아침 이슬과 같다(인생의 덧없음)	55
무하유지향 無何有之鄕 어느 곳에도 없는 장소(유토피아)	56
수즉다욕 壽則多辱 오래 살면 욕됨이 많다	58
연년세세화상사 年年歲歲花相似 해마다 해마다 피는 꽃은 서로 비슷하다	60
백구과극 白駒過隙 흰 말이 문틈을 지나다(인생의 무상함)	61
지어지앙 池魚之殃 연못에 사는 물고기에게 닥친 재앙 　　(아무 이유도 없이 재난을 당함)	62
우화등선 羽化登仙 날개가 돋아 하늘로 올라가서 신선이 됨	63
인지장사 기언야선 人之將死 其言也善 사람이 죽음에 임박했을 때는 　　하는 말이 착해진다	64
청운지지 靑雲之志 푸른 구름의 뜻(입신출세하려는 야망)	65
한단지몽 邯鄲之夢 한단 지방에서 꾼 꿈	66
황량일취몽 黃粱一炊夢 밥을 한 번 짓는 동안 꾼 꿈 　　(인생과 부귀영화의 덧없음)	66
청천벽력 靑天霹靂 맑은 하늘의 벼락(뜻밖의 사태)	68
호접지몽 胡蝶之夢 나비의 꿈(만물일체의 경지)	69
화서지몽 華胥之夢 화서의 꿈(좋은 꿈)	70
환락극혜애정다 歡樂極兮哀情多 기쁨과 즐거움이 극진하니 오히려 　　슬픈 정이 많구나(행복의 절정기에 있을 때 오히려 인생무상을 느낌)	72
천지만물지역려 광음백대지과객 天地萬物之逆旅 光陰百代之過客 천지는 　　만물이 머무는 여관이요, 시간은 영원한 나그네이다(인생의 짧음)	73

청담 淸談 맑고 고매한 이야기(고매한 정신의 자유로운 세계를 논함)   74

매처학자 梅妻鶴子 매화라는 아내와 학이라는 아들
    (세속을 벗어나 풍류를 즐기는 생활)   75

호중천 壺中天 항아리 속의 하늘(별천지)   76

역부지몽 役夫之夢 일꾼의 꿈(인생의 부귀영화는 꿈처럼 덧없다)   77

망운지정 望雲之情 구름을 바라보면서 생기는 정
    (타향에서 고향의 부모를 그리워하는 정)   79

중석몰촉 中石沒鏃 화살이 바위를 뚫고 화살촉까지 들어가다
    (정신을 집중하면 놀라운 힘을 발휘한다)   80

절전 折箭 화살을 부러뜨리다(협력의 소중함)   81

반야탕 般若湯 반야경을 읽는 승려가 마시는 것
    (절에서 술을 가리킬 때 쓰는 말)   82

원교근공 遠交近攻 먼 나라와는 친선을 맺고 가까운 나라부터 공격하라
    (진시황이 천하를 통일할 때 쓴 정책)   83

마부작침 磨斧作針 도끼를 갈아서 바늘을 만든다
    (끈기 있게 쉬지 않고 노력하면 무엇이든 성취할 수 있다)   84

문일지십 聞一知十 하나를 들으면 열을 안다
    (재능이나 학문이 뛰어난 사람을 일컬음)   85

망양지탄 望洋之嘆 드넓은 바다를 보고 감탄하다
    (남의 위대함을 보고 자신의 보잘 것 없음을 깨달음)   86

노당익장 老當益壯 늙을수록 더욱 굳세다
    (나이가 많아도 의지가 굳셈)   87

여어득수 如魚得水 물고기가 물을 만난 듯하다
    (마음껏 기량을 발휘할 수 있는 환경에 처함)   88

의마심원 意馬心猿 뜻은 말처럼 날뛰고 마음은 원숭이처럼 조급하다
    (인간의 번뇌와 망상을 일컫는 말)   89

포류지질 蒲柳之質 물가의 버드나무 같은 체질(허약체질)   90

계찰괘검 季札卦劍 계찰이 검을 걸어 놓다(자신에게 한 약속을 지킴)   91

묵자비염 墨子悲染 묵자가 물들여지는 걸 슬퍼하다
    (습관에 따라 성품의 선악이 달라짐)   92

세이 洗耳 귀를 씻다(행실이 고결해 세속에 물들지 않음)   93

사시가편 死屍加鞭 죽은 시체에 다시 채찍질을 가하다
　　(도리에 어긋난 짓을 할 때)　　　　　　　　　　　　94

제2장 배움과 학문 푸른빛은 쪽빛에서 나왔지만 쪽빛보다 더 푸르다

다기망양 多岐亡羊 갈림길이 너무 많아서 양을 잃어버리다
　　(지엽적인 데 집착하다가 본뜻을 잃음)　　　　　　96
타산지석 他山之石 다른 산의 돌
　　(남의 잘못된 행실을 보고 자기 수양의 거울로 삼음)　99
맹모삼천지교 孟母三遷之敎 맹자의 어머니가 세 번 이사를 하다　101
단기지교 斷機之敎 베틀의 실을 끊어서 맹자를 교육하다
　　(어머니의 헌신적인 가르침)　　　　　　　　　　　101
단장 斷腸 창자가 끊어지는 듯한 슬픔(더할 수 없는 극심한 슬픔)　103
동공이곡 同工異曲 기교는 같으나 곡조는 다르다
　　(겉만 다르고 속은 똑같다)　　　　　　　　　　　　104
천의무봉 天衣無縫 천상의 옷은 바늘로 꿰맨 자리가 없다
　　(빼어난 시나 문장을 말함)　　　　　　　　　　　　105
도청도설 道聽塗說 길에서 듣고 길에서 말한다
　　(생각 없이 무책임하게 말해버리는 것)　　　　　　108
등용문 登龍門 용문에 올라간다
　　(난관을 이기고 목표를 성취했을 때 쓰는 말)　　　109
고황 膏肓 명치와 심장 사이(불치의 병)　　　　　　　　110
독서망양 讀書亡羊 글을 읽다가 양을 잃어버리다(본래의 일을 소홀히 함)　112
발본색원 拔本塞源 나무의 뿌리를 뽑고 물의 원천을 막아 버린다
　　(근원적 처방)　　　　　　　　　　　　　　　　　113

불구대천지수 不俱戴天之讐 하늘을 함께 이고 살 수 없는 원수(부모의 원수) 114

낙양지귀 洛陽紙貴 낙양의 종이가 귀해졌다(책이 베스트셀러가 된 것) 115

명경지수 明鏡止水 깨끗한 거울과 고요한 상태의 물
(흔들림 없이 맑고 고요한 심경) 116

불혹 不惑 이런저런 일에 더 이상 미혹되지 않는 나이(40세의 나이) 118

살신성인 殺身成仁 자신을 희생하여 인덕을 이룬다
(대의를 위해 자신을 희생함) 119

조문도석사가의 朝聞道夕死可矣 아침에 도를 들으면 저녁에 죽어도 좋다
(참된 이치를 깨달으면 죽어도 여한이 없다) 120

이심전심 以心傳心 마음에서 마음으로 전한다(말없이 서로 통할 때) 121

일이관지 一以貫之 하나로 꿴다(한결같은 태도로 일관함) 122

후생가외 後生可畏 후생이 두렵다
(후배들의 가능성과 실력이 두려울 정도임) 123

관견 管見 대롱을 통해 본다(안목이나 식견이 짧은 것) 124

군맹평상 群盲評象 장님들이 코끼리를 논평한다
(전체를 보지 못하고 일부분에만 집착할 때) 125

호연지기 浩然之氣 넓게 트인 마음(마음이 정의롭고 이치에 맞아 탁 트임) 127

자포자기 自暴自棄 자신을 해치고 자신을 저버리는 행위
(좌절하거나 실의에 빠졌을 때 자신을 아무렇게나 다룸) 128

두찬 杜撰 두목이 지은 작품(오류가 많은 작품이나 저작) 129

추고 推敲 두들긴다고 할 것인가 민다고 할 것인가
(시나 문장을 부단히 고치고 다듬는 것) 130

과유불급 過猶不及 지나친 것은 모자란 것과 마찬가지다 131

온고지신 溫故知新 옛 것을 익히고 나서 새로운 것을 안다 133

화룡점정 畵龍點睛 용 그림에 눈동자를 찍다(사물에 있어서 핵심을 말할 때) 134

옥석혼효 玉石混淆 옥과 돌이 섞여 있다 135

청출어람청어람 靑出於藍靑於藍 푸른빛은 쪽빛에서 나왔지만 쪽빛보다
더 푸르다(스승보다 제자가 더 뛰어날 때) 136

절차탁마 切磋琢磨 끊고 닦고 쪼고 갈다(학문을 부지런히 갈고 닦음) 137

일자천금 一字千金 한 글자만으로도 천금의 가치가 있는 문장 · 138
입립개신고 粒粒皆辛苦 한 알 한 알이 모두 고통과 괴로움이다
    (수고를 거듭하면서 일을 수행할 때) 139
간장막야 干將莫邪 명검 '간장'과 '막야' (인간의 성품은 부단히 닦아야 함) 140
격물치지 格物致知 사물의 이치를 탐구해 앎을 이룩한다 141
곡학아세 曲學阿世 배운 바를 굽혀서 세속에 아첨하다
    (배운 진리를 위배하고 시류에 영합함) 142
기사회생 起死回生 죽음에서 다시 살아난다
    (위기 상황이 반전되어 사태가 호전될 때) 144
교언영색 巧言令色 교묘한 말과 겉 꾸미는 표정
    (말만 번드르르하고 표정만 그럴싸하게 짓는 것) 145
과즉물탄개 過則勿憚改 잘못이 있으면 고치기를 꺼리지 마라 146
경원 敬遠 공경하지만 멀리 한다(존경하는 듯지만 못마땅하게 생각한다) 147
남상 濫觴 술잔에 넘치다(모든 사물의 시초나 근원을 가리킴) 148
기소불욕 물시어인 己所不欲 勿施於人 자기가 원하지 않는 것은 남에게
    베풀지 마라(상대에게 관용을 베푸는 마음을 가지다) 149
대동소이 大同小異 크게 보면 같으나 부분적으론 다르다 150
득어망전 得魚忘筌 고기를 잡으면 통발은 잊는다
    (목적을 달성하면 수단은 잊는다) 151
소인한거위불선 小人閒居爲不善 소인은 한가할 때 나쁜 짓을 한다
    (혼자 있을때 더 삼가고 조심하라는 뜻) 152
우공이산 愚公移山 우공이 산을 옮기다
    (불가능한 목표도 끊임없이 노력하면 성취할 수 있다) 153
부화뇌동 附和雷同 우레가 치면 만물도 덩달아 울린다
    (자기 주견 없이 남의 생각이나 행동을 덩달아 따르는 것) 155
사숙 私淑 옛 사람을 본받아 인격과 학문을 닦는다 156
사자후 獅子吼 사자의 외침(부처님의 설법) 157
암중모색 暗中摸索 어둠 속에서 더듬어 찾다
    (불확실한 일에 대한 해결의 실마리를 찾는 것) 158

일엽지추 一葉之秋 낙엽 하나로 가을이 온 줄 안다
　　(부분으로 전체를 알 수 있다)　　　　　　　　　　　　159

천도시야비야 天道是耶非耶 하늘의 도는 과연 옳은 것이냐 틀린 것이냐?
　　(하늘이 정말 늘 옳은지 의심스럽다)　　　　　　　　　160

촌철살인 寸鐵殺人 한 치도 안 되는 칼로 상대를 죽인다
　　(날카로운 한마디 말로 상대의 허점을 찌른다)　　　　　161

환골탈태 換骨奪胎 뼈를 바꾸고 태를 탈바꿈한다
　　(용모가 몰라보게 좋아졌을 때)　　　　　　　　　　　　162

괄목상대 刮目相對 눈을 비비고 상대를 본다
　　(학문이나 실력이 눈에 띄게 늘어남)　　　　　　　　　163

정훈 庭訓 정원에서 내린 교훈(가정교육)　　　　　　　　　164

창해일속 滄海一粟 푸른 바다 속의 좁쌀 하나(미미하고 하찮은 것)　165

술이부작 述而不作 그대로 기술하기만 할 뿐 창작하지는 않는다
　　(저술에 대한 겸양을 나타냄)　　　　　　　　　　　　　166

위편삼절 韋編三絶 책을 맨 가죽 끈이 세 번이나 끊어짐
　　(독서를 열심히 할 때)　　　　　　　　　　　　　　　　167

형설지공 螢雪之功 반딧불과 눈의 공덕(가난속에서도 열심히 공부함)　168

독서백편의자현 讀書百遍義自見 책을 백 번 읽으면 그 뜻이 저절로
　　드러난다(부지런히 학문을 하면 저절로 이해하게 됨)　　169

회사후소 繪事後素 그림 그리는 일은 바탕이 있은 뒤에야 한다
　　(내용이 있어야 형식을 갖출 수 있다)　　　　　　　　　170

실사구시 實事求是 사실에 입각해서 올바름을 구한다
　　(학문을 하는데 실증적인 요소를 중시함)　　　　　　　171

화호유구 畵虎類狗 호랑이를 그리려다 개를 그린다
　　(서툰 솜씨로 일을 하다 그르칠 때)　　　　　　　　　172

제3장 사회 하늘의 그물은 넓어 엉성한 것 같아도 빠져나가기 어렵다

긍경 肯綮 뼈에 붙은 살과 힘줄이 엉겨 붙은 곳(급소)   176

조삼모사 朝三暮四 아침에 셋 저녁에 넷(교묘한 속임수로 사기침)   177

천망회회 天網恢恢 하늘의 그물은 넓고 넓다
    (우주의 법칙은 엄밀하고 정확하다)   178

천지지지 아지자지 天知地知 我知子知 하늘도 알고 땅도 알고,
    나도 알고 너도 안다(나쁜 짓은 숨길 수 없다)   179

무릉도원 武陵桃源 무릉에 있는 복숭아 숲(이상향)   180

하옥 瑕玉 흠 있는 옥(옥에 티)   182

당랑거철 螳螂拒轍 사마귀가 다리를 쳐들고 수레바퀴에 대든다
    (무모하게 강한 자에게 대드는 것)   183

사이비 似而非 비슷하게는 보이지만 전혀 아니다
    (실제로는 거짓만을 일삼는 무리)   184

배중사영 杯中蛇影 잔속의 뱀 그림자(쓸데없는 걱정으로 병을 만드는 것)   186

일거양득 一擧兩得 하나를 들어 둘을 얻다(일석이조)   187

좌고우면 左顧右眄 왼쪽을 봤다 오른쪽을 봤다 한다
    (자신만만한 모습 혹은 반대로도 쓰임)   188

만사휴의 萬事休矣 모든 일이 끝났다(결국 뜻대로 되지 않을 때)   189

분서갱유 焚書坑儒 책을 태우고 유생을 묻다(진시황이 학자들을 탄압한 사건)   190

각주구검 刻舟求劍 배에다 새겨 놓고 검을 찾는다(물정에 어두울 때)   192

구화지문 口禍之門 입은 재앙을 부르는 문(입이 화근)   193

평지파란 平地波瀾 평지에 물결을 일으키는 것(쓸데없이 일을 악화시킴)   194

목탁 木鐸 나무로 만든 방울(사회의 지도층)   195

문전성시 門前成市 문 앞이 시장을 이룬다(사람이 많아 붐비는 광경)   196

양두구육 羊頭狗肉 양 머리와 개고기(좋은 간판을 걸고 나쁜 물건을 판다)   198

녹림 綠林 녹림산(도둑이나 산적들) · 199
의심암귀 疑心暗鬼 의심이 암귀를 낳는다
    (의심하기 시작하면 멀쩡한 것도 수상하게 보인다) · · · · · · · · · · 200
기우 杞憂 기나라 사람의 근심(쓸데없는 걱정) · · · · · · · · · · · · · · · · · · · 201
화광동진 和光同塵 빛을 부드럽게 하여 세상의 티끌에 섞인다
    (참된 도인은 세속과 일체가 되어 살아간다) · · · · · · · · · · · · · · · · · 202
조장 助長 도와서 자라나게 한다(억지로 재촉하지 말라) · · · · · · · · · · · 203
과전불납리 이하부정관 瓜田不納履 李下不整冠 외밭에서는 신발을
    고쳐 신지 말고, 오얏나무 아래서는 갓을 바로잡지 말아야 한다
    (쓸데없는 행동으로 남의 의심을 사지 말라) · · · · · · · · · · · · · · · · · 204
옥상옥 屋上屋 지붕 위에 지붕을 올린다(쓸데없이 같은 일을 중복할 때) · · · 205
기화가거 奇貨可居 진기한 재물이니 잡아두자
    (남의 불행을 이용해 큰 이익을 남길 때) · 206
사자신중충 獅子身中蟲 사자 몸속의 벌레(자기편에 해를 끼치는 사람) · · · 208
삼인시호 三人市虎 세 사람이 말하면 시장 바닥에 호랑이도 있게 된다
    (낭설도 많은 사람이 진짜인 듯 말하면 믿게 된다) · · · · · · · · · · · · · 209
걸해골 乞骸骨 해골을 구걸하다(관리가 사직을 신청할 때 쓰는 말) · · · · · 211
농단 壟斷 작은 언덕에 올라가는 것(이익을 독점하다) · · · · · · · · · · · · · 213
화이부동 和而不同 조화롭지만 똑같지는 않다
    (군자는 조화로움을 꾀하나 영합하지 않는다) · · · · · · · · · · · · · · · · 214
노마지지 老馬之智 늙은 말의 지혜
    (아무리 하찮은 사람이라도 나름의 독특한 지혜나 장기는 있음) · · · 215
결초보은 結草報恩 풀잎을 엮어서 은혜를 갚다(은혜를 잊지 않고 갚음) · · · 216
단사표음 簞食瓢飲 한 그릇 밥과 한 바가지 물(청빈한 생활) · · · · · · · · · · · 217
대도폐유인의 大道廢有仁義 대도가 무너짐으로써 인의가 있게 된다
    (당위는 자칫 도덕적 강요로 변질되면서 인간의 굴레로 작용한다) · · 218
무용지용 無用之用 쓸모없는 것의 쓸모 있음
    (쓸모없어 보이는 것이 실은 쓸모 있다) · 219
무항산자무항심 無恒産者無恒心 일정한 재산이 없는 자는 일정한
    마음도 없다(가진 것이 없으면 이해관계에 따라 마음이 움직이게 됨) · · 220

물의 物議 세상 사람들이 이러쿵저러쿵 말하거나 평가하는 것   221

백안시 白眼視 흘겨보는 것(싫어하고 무시하는 태도)   222

보원이덕 報怨以德 원한을 덕으로써 갚는다   223

붕정만리 鵬程萬里 붕새의 여정은 만 리나 된다(갈 길이 아득히 먼 것)   224

빈자일등 貧者一燈 가난한 사람의 등불 하나
    (재물보다는 참다운 마음이 소중하다)   225

수서양단 首鼠兩端 쥐가 쥐구멍에서 머리를 내밀고 이리저리 둘러보다
    (판단을 내리지 못하고 망설이는 상태)   226

사해형제 四海兄弟 세상 사람들이 다 형제다   227

양포지구 楊布之狗 양포의 개(겉모습만 보고 속을 판단할 때)   228

여도지죄 餘桃之罪 먹다 남은 복숭아를 먹인 죄
    (하나의 행실이 사랑할 때는 좋아보이다가도 미워할 땐 나쁘게 보인다)   229

요동시 遼東豕 요동 지방의 돼지(작은 공적을 큰 공처럼 자랑하는 것)   230

장수선무 다전선고 長袖善舞 多錢善賈 긴 소매는 춤을 잘 추고,
    돈이 많으면 장사를 잘 한다(조건이 좋은 사람이 유리하다)   231

공중누각 空中樓閣 하늘에 지은 누각(허상 또는 환상)   232

괴력난신 怪力亂神 괴이한 일, 이상한 힘, 인륜을 어지럽히는 일, 귀신에
    대한 일 등은 말하지 않는다(세상을 어지럽히는 말은 하지 않는다)   233

연저지인 吮疽之仁 종기의 고름을 빨아주는 인자함
    (어떤 의도하에서 베푸는 선행)   234

대의멸친 大義滅親 대의를 지키기 위해서는 친족도 죽인다
    (대의를 위해서 사적 관계를 돌보지 않음)   235

안중지정 眼中之釘 눈 속의 못(장애나 방해가 되는 것)   237

상전벽해 桑田碧海 푸른 바다가 변해서 뽕나무 밭이 된다
    (세상이 몰라볼 정도로 변함)   238

천양지피 불여일호지액 千羊之皮 不如一狐之腋 양 천 마리의 가죽은
    여우 한 마리의 겨드랑이 가죽보다 못하다(어리석은 사람은 많이
    있어도 현명한 한 사람에 못 미친다)   239

빈계지신 牝鷄之晨 암탉의 새벽 울음(여자가 설쳐대는 것을 경계한 말)   240

용두사미 龍頭蛇尾 용머리와 뱀 꼬리
    (처음엔 거창하나 끝으로 갈수록 보잘 것 없음)   241

학철부어 涸轍鮒魚 수레바퀴 자국의 고여 있는 물에 갇힌 붕어
  (매우 궁지에 처했을 때)   242

철부지급 轍鮒之急 수레바퀴 자국 속에 있는 붕어의 위급
  (매우 궁지에 처했을 때)   242

호계삼소 虎溪三笑 호계에서 세 사람이 웃다
  (뭔가에 몰두하다 평소의 규칙을 어김)   243

칠신탄탄 漆身吞炭 몸에 옻을 칠하고 숯을 삼키다
  (온 몸을 던져 복수를 시도하는 것)   244

제4장 처세 사슴을 쫓는 자는 산을 보지 못한다

사족 蛇足 뱀의 발(쓸데없는 것을 덧붙여 일을 그르침)   248
다다익선 多多益善 많으면 많을수록 좋다   250
조령모개 朝令暮改 아침에 법령을 내렸는데 저녁에 고친다
  (법률이나 규칙을 너무 자주 고칠 때)   251
도탄 塗炭 진흙탕이나 숯불에 빠졌다(격심한 고통)   252
할계언용우도 割鷄焉用牛刀 닭을 잡는데 어찌 소 잡는 칼을 쓰겠는가
  (사소한 일에 큰일을 다루는 사람이 나설 필요가 없다)   253
배반낭자 杯盤狼藉 술잔과 그릇들이 어지럽게 흩어져 있다
  (술좌석이 끝난 자리)   254
백발백중 百發百中 백 번을 쏴도 백 번 다 맞춘다   256
완벽 完璧 완전한 구슬(완전무결한 상태)   258
모순 矛楯 창과 방패(말이나 행동의 앞뒤가 맞지 않을 때)   260
양약고구 良藥苦口 좋은 약은 입에 쓰다   261
역린 逆鱗 거꾸로 박힌 비늘(상대의 아픈 곳을 건드림)   262
전전긍긍 戰戰兢兢 겁에 질려 어쩔 줄 모르는 것   263

포호빙하 暴虎馮河 맨손으로 호랑이를 잡고 걸어서 큰 강을 건넌다
    (폭정에 대놓고 덤벼들지 못한다) 263

득롱망촉 得隴望蜀 농서 땅을 얻고 나서 다시 촉 땅을 바란다
    (사람의 욕심은 끝이 없다) 264

의식족즉지영욕 衣食足則知榮辱   의식족이지영욕 衣食足而知榮辱
  먹고 입는 것이 충분해야 명예와 수치를 안다 265

연목구어 緣木求魚 나무에 올라가 물고기를 구한다
    (터무니없이 불가능한 일) 266

식언 食言 쓸데없는 말 또는 거짓말(말만 앞세우고 실천이 따르지 않을 때) 268

토사구팽 兎死狗烹 토끼가 죽으면 사냥개도 삶아진다
    (목표를 이룬 뒤 쓸모가 없어 버려짐) 269

영위계구 무위우후 寧爲鷄口 無爲牛後 닭의 머리가 될지언정 소꼬리는
  되지 마라(작더라도 중심적인 역할을 하는 핵심 인물이 되라) 271

치망설존 齒亡舌存 이가 없어져도 혀는 계속 존재한다
    (부드러운 것이 오래간다) 273

누란지위 累卵之危 알을 포개 놓은 듯한 위기
    (절박한 위기에 놓인 상황을 말함) 274

요령부득 要領不得 요점을 얻지 못하다(요점을 이해하지 못하다) 276

호가호위 狐假虎威 여우가 호랑이의 위세를 가장하다
    (소인배들이 권력을 등에 지고 멋대로 구는 것) 278

원수불구근화 遠水不救近火 멀리 있는 물은 가까운 불을 끄지 못 한다
    (멀리 있는 것은 다급할 때 소용이 없다) 280

와각지쟁 蝸角之爭 달팽이 뿔 위의 다툼(사소한 일로 다투는 것) 281

기호지세 騎虎之勢 호랑이를 탄 형세
    (일단 벌려놓은 일은 중간에서 그만두지 못함) 283

어부지리 漁父之利 어부의 이익(둘이서 다투다 제3자가 이익을 얻음) 284

순망치한 脣亡齒寒 입술이 없어지면 이가 시리다(매우 밀접한 관계) 286

동호지필 董狐之筆 동호의 올바른 기록(올바른 역사 기록) 287

가정맹어호 苛政猛於虎 가혹한 정치는 호랑이보다 더 무섭다 288

격양가 擊壤歌 땅을 치면서 부른 노래(태평성대를 뜻함) 289

백홍관일 白虹貫日 하얀 무지개가 태양을 관통하다
    (지극한 정성이 하늘에까지 감응하여 나타나는 현상)   291

오십보백보 五十步百步 오십 보나 백 보나 마찬가지다
    (이런 잘못이나 저런 잘못이나 잘못은 마찬가지)   292

맥수지탄 麥秀之嘆 보리가 자라나는 걸 보고 탄식함(망한 나라를 한탄할 때)   293

구우일모 九牛一毛 아홉 마리 소에서 뽑은 털 하나
    (없는 거나 다름없는 극소수)   295

내우외환 內憂外患 안에도 근심이 있고 밖에도 걱정이 있다   297

도불습유 道不拾遺 길에 떨어진 것을 줍지 않는다(태평스런 세상)   298

구인공휴일궤 九仞功虧一簣 아홉 길의 공이 한 삼태기로 무너진다
    (마무리를 못해 일이 수포로 돌아갈 때)   299

만전지책 萬全之策 가장 완전한 대책   300

명철보신 明哲保身 사리를 잘 알아 처신을 잘 하는 것   301

망국지음 亡國之音 나라를 망치는 음악 또는 망한 나라의 음악   302

묵수 墨守 묵적의 지킴(자기 영역을 잘 지켜 굴복하지 않음)   303

발호 跋扈 통발을 뛰어 넘는다(함부로 날뛰며 윗사람을 해치는 것)   305

백년하청 百年河淸 백년 세월이 흘러도 황하의 탁류는 맑아지지 않는다
    (아무리 기다려도 소용이 없다)   306

백면서생 白面書生 창백한 얼굴의 서생
    (글만 읽었지 세상물정에 어두운 사람)   307

비방지목 誹謗之木 비방하는 나무(정치에 대한 불만을 적어 붙인 나무)   308

약법삼장 約法三章 법률을 세 가지로 요약하다
    (복잡한 법규를 간단하게 정하는 것)   309

부중지어 釜中之魚 솥 안의 고기(생명이 얼마 남지 않았다)   311

복차지계 覆車之戒 엎어진 수레의 교훈
    (이전 사람들의 실패를 거울삼아 현재를 돌아볼 것)   312

초왕실궁 초인득지 楚王失弓 楚人得之 초나라 왕이 잃어버린 활을
    초나라 사람이 줍다(도량이 좁은 것)   313

축록자불견산 逐鹿者不見山 사슴을 쫓는 자는 산을 보지 못한다
    (이익에 눈먼 사람은 도리도 저버림)   314

한단지보 邯鄲之步 한단 지방의 걸음걸이
    (분수에 넘치게 행동하다 이익을 얻지 못함)   316

갈불음도천수 渴不飮盜泉水 갈증이 나도 도천의 물은 마시지 않는다
    (처지가 나빠도 의롭지 못한 일은 하지 않는다)   317

당랑박선 螳螂搏蟬 사마귀가 매미를 잡으려 하다
    (이익을 탐내다 자신의 위험을 돌보지 않음)   318

관중규표 管中窺豹 대롱을 통해 표범을 보다(사물을 보는 시야가 좁음)   319

문전작라 門前雀羅 문 앞에 참새를 잡는 그물이 쳐 있다
    (세력이 몰락한 집안의 풍경)   320

사회부연 死灰復然 죽은 재가 다시 불붙기 시작한다
    (잃어버린 세력을 다시 만회하는 것)   321

양주지학 揚州之鶴 양주의 학(여러 가지 소망을 다 채우길 바란다)   322

후목불가조 朽木不可雕 썩은 나무에는 조각을 할 수 없다
    (본 바탕을 올바르게 정립시키지 않으면 가르침을 펼 수 없다)   323

예미도중 曳尾塗中 꼬리를 진흙 속에서 끌다
    (기회를 잃으면 후회해도 소용없다)   324

서제막급 噬臍莫及 배꼽을 물려 해도 입이 미치지 못한다   325

장경오훼 長頸烏喙 목이 길고 입이 새처럼 뾰족 나온 모습
    (사람됨이 도량이 좁고 의심이 많음)   326

견토지쟁 犬兎之爭 개와 토끼의 다툼
    (만만한 상대끼리 싸우다 제3자가 이익을 봄)   327

불수진 拂鬚塵 수염에 묻은 티끌을 턴다
    (윗사람에게 비굴한 태도로 아부함)   328

수석침류 漱石枕流 돌로 양치질하고 냇물로 베개를 삼는다
    (실수를 인정하지 않고 억지를 씀)   329

사불급설 駟不及舌 네 마리의 말이 끄는 수레도 혀보다 빠르지 않다
    (항상 말조심을 하라는 뜻)   330

정곡 正鵠 과녁의 표적 한가운데를 맞추는 것(문제의 핵심)   331

검려지기 黔驢之技 당나귀의 뒷발질(서투른 짓거리)   332

제5장 정치 외교 세 치밖에 안 되는 혀가 백만의 군사보다 강하다

선시어외 先始於隗 먼저 외부터 시작하라(가까운 데서부터 시작하라) 334
양호유환 養虎遺患 호랑이를 길러 후환을 남기다
  (일을 깨끗이 마무리하지 않고 화근을 남김) 336
양금택목 良禽擇木 현명한 새는 나무를 가린다
  (현명한 사람은 자기의 재능을 키워 줄 수 있는 사람에게 종사함) 337
요원지화 燎原之火 들판을 태우는 불길
  (세력이 엄청나서 도저히 막을 수 없음) 338
은감불원 殷鑑不遠 은나라의 거울은 먼 데 있지 않다
  (남의 실패를 자신의 거울로 삼음) 339
자두연기 煮豆燃萁 콩을 삶는데 콩깍지를 태운다
  (피를 나눈 형제끼리 시기하고 다툼) 340
칠보지재 七步之才 일곱 걸음을 걸을 동안 시를 지을 수 있는 재능 340
욕속부달 欲速不達 일을 빨리 하려다가 오히려 이루지 못한다
  (일을 서두르면 오히려 망친다) 342
절성기지 絕聖棄智 성스러움을 끊고 지혜를 버린다
  (소박한 상태에 머물면서 욕심을 줄이는 것) 343
절함 折檻 난간을 부러뜨리다(충신의 직간) 344
좌단 左袒 왼쪽 어깨를 벗는다(어느 한쪽 편을 드는 것) 346
창업이수성난 創業易守城難 창업하기는 쉬워도 이룬 것을 지키기는 어렵다
  (시작은 쉬워도 지키는 것은 어렵다) 348
풍마우 風馬牛 발정한 말이나 소(전혀 관계가 없다) 350
필부지용 匹夫之勇 필부의 용기(혈기만 믿고 날뛰는 비천한 사람의 용기) 351
호시탐탐 虎視眈眈 호랑이가 노려보듯이 본다(방심하지 않는 것) 352
효시 嚆矢 울리는 화살(사건의 시작, 사물의 시초) 353
문정경중 問鼎輕重 솥의 무게를 묻다
  (상대의 속마음을 떠보아서 약점을 잡으려는 것) 354

고침이와 高枕而臥 베개를 높이 베고 자다(아무 걱정없이 편안히 지낸다)   355

징갱취제 懲羹吹薤 뜨거운 국에 데인 나머지 냉채 나물도 후후 불면서
　　먹는다(한 번의 실패로 모든 일에 겁을 내서 조심함)   356

효빈 效顰 찡그리는 모습을 본받는다(무조건 남의 흉내를 내는 것)   358

삼촌지설 三寸之舌 세 치 혀(한마디 말로 불리한 상황을 바꿔 놓음)   359

철주 掣肘 팔꿈치를 당기다(남의 일을 방해하거나 구속하는 것)   360

극기 克己 자기를 극복하다(사사로운 욕망을 절제해서 이치에 맞게 행동함)   361

도외시 度外視 문제시하지 않는다(무시한다는 뜻)   362

이목지신 移木之信 나무 옮기기로 신뢰를 얻음(반드시 약속을 지킴)   363

일의대수 一衣帶水 옷을 묶는 띠처럼 강폭이 좁은 물
　　(거리나 간격이 아주 가까움)   364

물극필반 物極必反 사물의 발전이 극에 이르면 반드시 반작용이 일어난다
　　(지나친 욕심으로 극한까지 밀고가지 말라는 뜻)   365

지상담병 紙上談兵 종이 위에서만 병법을 논하다
　　(쓸데없는 탁상공론만 일삼음)   366

포신구화 抱薪救火 장작을 안고서 불을 끈다
　　(잘못된 방법으로 사태를 오히려 더 확대시킴)   367

소국과민 小國寡民 나라는 작아야 하고 백성은 적어야 한다
　　(노자가 말한 이상향)   368

준조절충 樽俎折衝 술잔과 도마 사이를 나가지 않고도 천리 밖에 있는
　　적의 예봉을 끊는다(외교적인 담판이나 의견을 조정할 때)   369

시간 尸諫 시체가 되어서도 임금에게 간하는 것(지극한 충성)   370

합종연횡 合從連衡 합종책과 연횡책(외교상의 술책)   371

당동벌이 黨同伐異 한 무리를 이루어 다른 무리를 친다
　　(다른 집단을 무조건 배격하는 것)   372

제6장 책략 천지를 걸고 단번에 승부를 건다

사면초가 四面楚歌 온 사방에서 초나라 노래가 들려온다
    (궁지에 몰려 도저히 빠져 나올 수 없는 상황)   376

배수진 背水陣 강을 뒤에다 두고 진을 친다(더 이상 물러날 수 없다)   378

면목 面目 얼굴과 눈(체면을 가리킴)   380

금의야행 錦衣夜行 비단옷을 입고 밤길을 간다
    (출세와 부귀영화를 이뤄도 남이 알아주지 않으면 쓸데없다)   382

파죽지세 破竹之勢 대나무를 쪼개는 기세
    (상대의 진영을 거침없이 쳐들어갈 때)   383

미봉 彌縫 꿰매어 잇다(일시적인 임기응변책)   384

백문불여일견 百聞不如一見 백 번 듣는 것이 한 번 보느니만 못하다
    (직접 체험해 보는 것이 가장 확실하다)   385

원철골수 怨徹骨髓 원한이 뼛속까지 사무친다
    (해를 끼친 상대를 극도로 원망할 때)   386

비육지탄 髀肉之嘆 넓적다리에 살이 붙은 것을 한탄한다
    (능력을 발휘하고 싶으나 기회가 오지 않음을 한탄함)   388

계륵 鷄肋 닭의 갈비(쓸모는 없지만 버리기는 아까운 것)   389

일패도지 一敗塗地 단번에 패배하여 피와 창자 등이 땅을 도배할 정도다
    (회생불가능한 철저한 패배)   390

와신상담 臥薪嘗膽 장작 위에 눕고 쓸개를 맛본다
    (자기 몸에 고통을 가해서라도 원한을 잊지 않으려 함)   392

지피지기 백전불태 知彼知己 百戰不殆 적을 알고 나를 알면,
    백 번 싸워도 지지 않는다   394

건곤일척 乾坤一擲 천지를 걸고 단번에 승부를 건다
    (운명을 걸고 단번에 결판을 냄)   395

권토중래 卷土重來 흙먼지를 일으키면서 다시 돌아오다
    (실패에서 재기할 때)   397

유능제강 柔能制剛 부드러움이 굳센 것을 제압한다   398

천고마비 天高馬肥 하늘은 높고 말은 살찐다(가을을 말함)   399

방약무인 傍若無人 주위에 사람이 없는 듯이 행동한다(제멋대로 행동함)　　400

일망타진 一網打盡 그물 하나로 남김없이 소탕한다　　402

일장공성만골고 一將功成萬骨枯 장수 한 사람의 공적을 이루기 위해서
　　만 사람의 뼈가 시든다
　　(뛰어난 공적을 이룬 고위층 뒤에는 수많은 사람의 노고가 있다)　　404

불입호혈 부득호자 不入虎穴 不得虎子 호랑이 굴에 들어가지 않으면,
　　호랑이 새끼를 얻을 수 없다(목표를 이루기 위해선 위험을 감수해야 한다)　405

남풍불경 南風不競 남방의 음악은 굳세질 않다(세력이 미약함)　　407

오합지중 烏合之衆 까마귀 떼와 같은 무리(제대로 훈련되지 않은 군대나 무리)　408

위급존망지추 危急存亡之秋 위기가 닥쳐 사느냐 죽느냐의 기로에 선 시기　　409

금성탕지 金城湯池 쇠처럼 견고한 성과 끓는 물의 연못
　　(적의 공격에 대한 방어 진지가 견고함)　　410

삼십육계 주위상책 三十六計 走爲上策 서른여섯 가지 계책에서
　　도망치는 것이 최고의 계책
　　(도망칠 때를 알아서 안전을 도모하는 것이 최고의 계책)　　412

패군지장 불가이언용 敗軍之將 不可以焉勇 패배한 군대의 장수는
　　용기에 대해 말하지 않는다
　　(실패한 사람은 그 일에 대해 구구하게 변명하지 않는다)　　414

사분오열 四分五裂 넷으로 나뉘고 다섯으로 쪼개진다
　　(여럿으로 분열되면서 지리멸렬해짐)　　415

사인선사마 謝人先射馬 사람을 쏘려면 먼저 말을 쏴라
　　(상대를 굴복시키려면 상대가 의지하는 것을 먼저 쓰러뜨리라)　　416

사제갈주생중달 死諸葛走生仲達 죽은 제갈공명이 산 사마중달을 쫓다
　　(죽은 뒤에도 적이 두려워할 정도로 뛰어난 장수)　　417

선즉제인 先則制人 선수를 치면 상대를 제압한다
　　(상대와 대적할 때 먼저 기선을 빼앗아라)　　419

석권 席卷 자리를 말다(자기세력으로 차지하는 것)　　420

읍참마속 泣斬馬謖 울면서 마속을 베다
　　(법을 지키기 위해서 사사로운 정을 버리는 것)　　421

안도 安堵 담 안에서 편안히 살다(근심걱정이 없는 것)　　423

오월동주 吳越同舟 오나라와 월나라가 한 배에 타다
　　(사이가 좋지 않은 사람이 함께 있는 경우)　　424

망매해갈 望梅解渴 매실을 바라보면서 갈증을 풀다
    (공상으로 마음의 위안을 얻는다)   425

일모도원 日暮途遠 해는 저물었는데 갈 길은 멀다
    (나이는 먹었어도 할 일은 많다)   426

표사유피 인사유명 豹死留皮 人死留名 표범은 죽어서 가죽을 남기고,
    사람은 죽어서 이름을 남긴다   428

풍성학려 風聲鶴唳 바람소리와 학 울음소리
    (겁을 먹으면 사소한 일에도 놀란다)   429

운용지묘 존호일심 運用之妙 存乎一心 운용의 묘는 마음 하나에 달려 있다
    (아무리 좋은 체계도 행하는 사람의 마음에 달렸다)   430

백전백승 百戰百勝 백 번 싸워서 백 번 다 이긴다
    (싸울 때마다 언제나 승리한다)   431

중과부적 衆寡不敵 적은 숫자로는 많은 숫자를 대적할 수 없다
    (상대의 실력이 뛰어나 도저히 이길 수 없을 때)   432

풍림화산 風林火山 바람처럼 빠르고 숲처럼 천천히 불처럼 뜨겁게
    산처럼 머무른다(효율적인 공격과 방어의 방법을 말함)   434

이양역우 以羊易牛 양을 소 대신 쓰다(작은 것을 큰 것 대신 사용함)   435

제7장 인물 삶과 죽음을 초월한 우정

대기만성 大器晚成 큰 그릇은 늦게 만들어진다
　　(뒤늦게 성공한 사람을 가리킬 때) 　　　　　　　　　　438

웅비 雄飛 영웅적인 비상(힘차고 씩씩하게 뻗어나가는 기상) 　　439

태산북두 泰山北斗 태산과 북두칠성
　　(어떤 분야에서 중심적인 역할을 수행하는 사람들) 　　　　440

죽마고우 竹馬故友 죽마를 함께 타고 놀던 옛 친구
　　(어릴 적부터 사귄 절친한 친구) 　　　　　　　　　　　　441

도원결의 桃園結義 복숭아가 피어 있는 동산에서 의형제를 맺다
　　(의형제를 맺을 때 쓰는 말) 　　　　　　　　　　　　　443

독안룡 獨眼龍 외눈박이 용(외눈으로서 용맹한 사람) 　　　　　　445

막역지우 莫逆之友 거스름이 없는 친구(아주 친한 친구 사이) 　　　447

백중지간 伯仲之間 형제 사이(실력이 비슷해서 우열을 가릴 수 없을 때) 　448

마이동풍 馬耳東風 동녘에서 부는 바람이 말의 귀를 지나간다
　　(무관심 하거나 남의 말을 전혀 귀담아 듣지 않을 때) 　　　449

백미 白眉 하얀 눈썹(어떤 분야에서 가장 뛰어난 사람이나 작품) 　　450

파천황 破天荒 천지개벽 이전의 혼돈 상태를 깨뜨린다
　　(이전에는 결코 없었던 일) 　　　　　　　　　　　　　　451

문경지교 刎頸之交 목에 칼이 들어와도 변하지 않는 사귐
　　(둘도 없는 친구 사이) 　　　　　　　　　　　　　　　452

낙백 落魄 넋이 나가다(뜻을 이루지 못하고 실의한 모습) 　　　　454

양상군자 梁上君子 대들보 위의 군자(도둑) 　　　　　　　　　　456

구밀복검 口蜜腹劍 입에는 꿀이 있지만 뱃속에는 칼이 있다
　　(속으로 음흉한 생각을 품고 있는 것) 　　　　　　　　　　457

연작안지홍곡지지 燕雀安知鴻鵠之志 제비나 참새가 어찌 기러기나
　　백조의 뜻을 알겠는가?(자기가 품은 큰 뜻을 상대가 몰라줄 때) 　459

오리무중 五里霧中 오 리나 되는 안개 속에 있다
　　(마음을 잡지 못해 어쩔 줄 모른다) 　　　　　　　　　　　460

천리안 千里眼 천리를 보는 눈(먼 곳까지 내다보는 안목)   461

송양지인 宋襄之仁 송나라 양공의 어짊(전혀 쓸모없는 인정)   462

두각 頭角 머리 끝에 난 뿔(재능과 실력이 남보다 뛰어나 두드러짐)   463

철면피 鐵面皮 철판을 깐 얼굴(뻔뻔한 사람)   464

능서불택필 能書不擇筆 뛰어난 서예가는 붓을 가리지 않는다   465

수지청즉무어 水至淸則無魚 물이 너무 맑으면 물고기가 살지 않는다
    (성격이 깐깐하기만 하면 인심을 잃고 만다)   466

일거수일투족 一擧手一投足 손 한 번 들고 발 한 번 옮긴다
    (동작 하나하나를 통틀어서 말할 때)   467

약롱중물 藥籠中物 약통 속의 약품(없어서는 안 될 인물, 측근의 심복)   468

삼고초려 三顧草廬 세 번 초가집을 돌아본다
    (사람을 맞이할 때 모든 정성을 다한다)   469

지록위마 指鹿爲馬 사슴을 가리켜 말이라 한다
    (옳지 못한 것을 위압적으로 강요하여 사람을 함정에 빠뜨린다)   470

약관 弱冠 스무 살이 된 남자   471

천재일우 千載一遇 천 년에 한 번 만나다(아주 귀중한 만남)   472

정저와 井底蛙 우물 안 개구리(사물을 보는 눈이 좁고 치우친 것)   473

국사무쌍 國士無雙 나라에 둘도 없는 인재   474

수자부족여모 豎子不足與謀 어린애와는 함께 일을 도모할 수 없다
    (자기 기분대로 일을 하는 사람과는 일을 할 수 없다)   476

간담상조 肝膽相照 간과 쓸개를 꺼내어 서로 내보인다
    (격의 없이 사귀는 친구)   479

군계일학 群鷄一鶴 닭 떼들 가운데 한 마리 학
    (많은 사람 중에서 걸출하게 뛰어난 사람)   480

관포지교 管鮑之交 관중과 포숙아의 사귐(믿음과 의리가 변하지 않는 친구)   481

금란지교 金蘭之交 쇠처럼 굳고 난초처럼 향기로운 우정
    (아주 친한 친구 사이)   483

표변 豹變 표범으로 변한다(갑자기 안색을 바꿔 사납게 굶)   484

반근착절 盤根錯節 얽히고 설킨 뿌리와 마디(해결하기 힘든 사건)   485

난형난제 難兄難弟 형제의 우열을 가리기가 어렵다   486

낭중지추 囊中之錐 주머니 속의 송곳 487
모수자천 毛遂自薦 모수가 자신을 천거함
    (걸출한 인재는 드러나게 마련이다) 487
미생지신 尾生之信 미생의 믿음(한 번 한 약속은 굳게 지킴) 488
반식재상 伴食宰相 능력은 없으면서 자리만 차지하고 있는 재상
    (무능한 관리) 489
백락일고 伯樂一顧 백락의 한 번 돌아봄
    (인재도 알아주는 사람이 있어야 능력을 발휘한다는 뜻) 490
백아절현 伯牙絶絃 백아가 거문고 줄을 끊다
    (친한 친구의 죽음에 대한 슬픔) 491
불초 不肖 닮지 않았다(어리석다는 뜻이나 겸손의 표현으로 쓰임) 492
상가지구 喪家之狗 상갓집 개(실의에 빠져 몰골이 말이 아닌 모습) 493
시오설 視吾舌 내 혀를 보라(혀만 있으면 뜻을 펼 수 있다) 494
수어지교 水魚之交 물고기와 물과 같은 사이(매우 절친한 사이) 496
안서 雁書 기러기의 편지(편지나 소식) 497
채미가 採薇歌 고사리를 캐며 부르는 노래(지조와 절개를 지키는 선비) 499
월단평 月旦評 매달 첫날에 하는 평(인물에 대한 평가) 500
계명구도 鷄鳴狗盜 닭 울음소리를 잘 내는 사람과 개 흉내를 잘 내며
    도둑질 하는 사람(비천한 짓도 경우에 따라서는 쓸모가 있다) 501
성혜 成蹊 한 갈래 길을 이룬다(인품과 덕이 높으면 자연히 사람이 따른다) 503
이도살삼사 二桃殺三士 두 개의 복숭아로 세 사람을 죽인다
    (강하고 성급한 사람은 남에게 이용당하기 쉽다) 504
소중지도 笑中之刀 웃음 속에 칼이 있다
    (속으로 음험한 생각을 갖고 있을 때) 506
인중지룡 人中之龍 사람 중의 용(가장 뛰어나고 비범한 사람) 507
행림 杏林 은행나무 숲(의사를 존경해서 부르는 칭호) 508
천려일실 千慮一失 천 가지 생각에도 하나의 잘못이 있다
    (지혜로운 사람도 많은 생각을 하다보면 실수하게 마련이라는 뜻) 509
교칠지심 膠漆之心 아교와 옻칠과 같은 마음(친구사이의 우정이 돈독할 때) 510
장성 長城 긴 성(한 나라를 받쳐주는 중진급 인물을 말함) 511

제8장 남과 여 거문고와 비파의 조화처럼 아름다운 연인

전전반측 輾轉反側 이리저리 뒤척이면서 돌아눕는다
    (온갖 생각으로 잠을 이루지 못하는 모양)   514

파과 破瓜 외를 깬다(여자 나이 16세)   515

무산지몽 巫山之夢 무산의 꿈(남녀의 정사)   516

홍일점 紅一點 붉은 한 점(남자 사이에 여자가 유일하게 끼어 있을 때)   518

파경 破鏡 깨진 거울(부부가 이혼할 때)   519

미망인 未亡人 아직 죽지 못하고 있는 사람(남편이 죽은 과부)   521

명모호치 明眸皓齒 빛나는 눈동자 하얀 치아(아름다운 미인)   522

해어화 解語花 말을 이해하는 꽃(아름다운 미인)   523

가인박명 佳人薄命 아름다운 여인은 수명이 짧다(미인은 운명이 기구하다)   524

경국지색 傾國之色 나라를 위태롭게 할 만한 미모(빼어난 미인)   526

원앙지계 鴛鴦之契 원앙의 서약(금슬이 아주 좋은 부부)   527

금슬 琴瑟 거문고와 비파   528

월하빙인 月下氷人 달빛 아래의 노인과 얼음 위의 사람(중매쟁이)   529

조강지처 糟糠之妻 거친 음식을 먹으면서 함께 고생한 아내(본처(本妻))   532

청천백일 靑天白日 푸른 하늘의 밝은 태양
    (꺼림칙한 구석이 전혀 없는 결백한 상태)   533

연리지 連理枝 나뭇결이 이어진 가지(서로 깊이 사랑하는 부부 사이)   534

백주지조 栢舟之操 잣나무 배를 보며 절개를 맹세하다
    (남편을 잃은 아내가 절개를 지키는 것)   535

영설지재 詠雪之才 눈경치를 읊을 수 있는 재능(글재주가 뛰어난 여성)   536

주지육림 酒池肉林 술로 만든 연못과 고기로 만든 숲
    (상식을 벗어난 호사스런 잔치)   537

추선 秋扇 가을 부채(남자의 사랑을 잃은 여인)   539

무안색 無顔色 얼굴빛이 없다(부끄러움으로 얼굴을 들지 못할 때)   541

침어낙안 侵魚落雁 고기가 물속으로 들어가고 기러기가 하늘에서 내려앉는다(아름다운 미인을 형용한 말)   542

부마 駙馬 천자의 예비 수레에 매다는 말(임금의 사위를 일컫는 말)   543

- **출전** _ 545
- **찾아보기** _ 555

제1장

인생

세월은 사람을 기다리지 않는다

같은 병을 앓는 사람끼리 서로 불쌍히 여긴다
동병상련 同病相憐

처지가 어려운 사람끼리 서로 동정하고 돕는 것을 말한다. 출전은 후한 때 조엽(趙曄)이 편찬한 《오월춘추(吳越春秋)》 '합려내전(闔廬內傳)'.

| 同 같을 동 | 病 병 병 | 相 서로 상 | 憐 불쌍할 련 |

오나라 태자 광(光)은 자객을 시켜 오왕 요(僚)를 죽이고 왕위에 올라 스스로를 오왕 합려(闔廬)라 칭했다. 그리고는 자객을 천거한 초나라 망명객 오자서(吳子胥)를 중용하여 대부로 임명했다.

오자서는 초나라 비무기(費無忌)의 참언으로 아버지와 형이 살해당하자 복수를 맹세하고 초나라로 망명한 사람이었다. 그가 오왕 합려에게 자객을 천거한 것도 그의 힘을 빌어 초나라에 원수를 갚으려는 목적에서였다.

오자서가 벼슬하고 있을 때, 초나라에서 또 한 명의 망명객 백비(伯嚭)가 찾아왔다. 그 역시 비무기의 참언으로 아버지가 살해당한 처지였다. 오자서는 그를 천거해 그 역시 오나라의 대부로 임명되었다.

그러나 그때 대부인 피리(被離)가 오자서에게 물었다.

"당신은 백비를 한 번 본 것뿐인데, 어째서 그를 믿는 것입니까?"

"그와 내가 같은 원한을 갖고 있기 때문이오. 왜 하상가(河上歌)에도 있지 않습니까?

'같은 병을 앓는 사람끼리 서로 불쌍히 여기고(同病相憐)

같은 근심을 가진 사람끼리 서로 돌보아주네(同憂相救).
깜짝 놀라 높이 날아오르는 새는
서로 따르면서 날아오르고
졸졸 흐르는 시냇물도 앞물결 뒷물결이 함께 흐르네.'"
"하지만 북방의 오랑캐 말은 거친 북풍을 그리워하는 법이고, 남방 월나라의 제비는 따뜻한 햇빛을 그리워하게 마련 아닌가요?"
"정말 이유가 그것뿐입니까? 백비에게 다른 믿지 못할 일이라도 있습니까?"
"그런 건 없습니다만, 내가 보는 바로 그의 눈길은 매와 같고 걸음걸이는 호랑이와 같아서(鷹視虎步) 사람을 죽일 관상입니다. 결코 마음을 주어서는 안 됩니다."
"설마 그런 일이야 없겠지요."

하지만 오자서는 결국 초나라에 매수된 백비의 참언으로 억울한 죽음을 당하고 만다. 피리가 백비를 평한 '응시호보'는 난폭하고 이치에 어긋나는 행동을 하는 자를 말하는데, 자신이 어려울 때는 상대를 중시하다가도 일단 성공하게 되면 그 결과를 혼자 독차지하는 비정한 사람을 뜻한다.

술은 모든 약 중에서도 으뜸이다
주백약지장 酒百藥之長

술 좋아하는 사람이 입버릇처럼 하는 말이다. 출전은 《한서(漢書)》 식화지(食貨志).

| 酒 술 주 | 百 일백 백 | 藥 약 약 | 之 어조사 지 | 長 어른 장, 우두머리 장 |

왕망(王莽)은 전한(前漢)을 멸망시키고 새로운 나라 신(新)을 세웠다. 그는 소금과 술과 철을 국가 전매사업으로 결정하고서 천하에 조서를 내렸는데, 그 조서 속에 실려 있는 말이다.

"소금은 부식(副食) 중에서 장군이요, 술은 모든 약 중에서 으뜸이요, 철(鐵)은 밭농사의 근본이다."

남가 고을에서 꾼 꿈
남가일몽 南柯一夢

> 인생의 덧없음을 말할 때 '남가일몽'이란 표현을 쓴다. 인생이 한바탕 덧없는 꿈에 불과하다는 뜻이다. 이공좌(李公佐)가 쓴 《남가태수전(南柯太守傳)》.

| 南 남녘 남 | 柯 모밀잣밤나무 가, 가지 가 | 一 한 일 | 夢 꿈 몽 |

　당나라 덕종(德宗) 때 강남 양주 땅에 순우분(淳于棼)이라는 사람이 있었다. 그는 술을 좋아하여 평소 친구들과 술 마시길 좋아했다. 어느 날 밖에서 크게 술이 취한 그를 친구들이 집으로 데려왔다. 그는 난간 밑에서 곯아 떨어졌는데, 갑자기 정신을 차리고 보니 마당에 두 사람의 관리가 부복하고 있었다.
　"괴안국왕(槐安國王)이 보내서 마중나왔습니다."
　순우분이 그들이 보낸 마차를 타자 마차는 느티나무 뿌리에 있는 굴속으로 달려갔다. 수십 리를 달려 번화한 도시에 도착하니 '대괴안국'이라 쓰인 푯말이 있었다. 그 나라에서 그는 국왕의 사위가 되어 남가군(南柯郡)의 태수로 임명되었다.
　그 뒤 20년 동안 순우분은 두 보좌관의 도움으로 고을을 평화롭게 다스렸다. 아내와는 5남 2녀를 두었는데, 아들도 높은 벼슬을 하고 딸들도 왕족에게 출가하여 그 나라에서 제일가는 집안이 되었다.
　그러나 이웃 나라가 쳐들어와 전쟁에 패하면서부터 상황은 변하기 시작했다. 두 보좌관이 죽고, 아내 역시 급병으로 죽고 말았다. 순우분은 관직을 사퇴하고 수도로 돌아왔다. 그러나 그의 세력에 불안을 느낀 국왕은 그에게 칩거 생활을 명한 뒤 이렇게 충고했다.

"자넨 고향을 떠난 지 오래니까 한번 돌아가 보게. 손자들은 내가 키울 테니 3년이 지난 뒤에 오게나."

"내 집은 이곳입니다. 내겐 돌아갈 곳이 없습니다."

"자넨 원래 속세의 사람이네. 이곳은 자네 집이 아닐세."

그러자 순우분은 깜짝 놀라면서 예전의 일을 기억했다. 그리하여 순우분은 처음 안내해 주었던 관리를 따라 집으로 돌아갔다. 집으로 돌아가자 추녀 끝에서 자고 있는 자신의 모습이 보였다. 순우분은 어리둥절해서 그 자리에 서 있는데, 관리들이 그의 이름을 큰 소리로 불렀다.

눈을 떠보니 자신은 추녀 끝에 누워 있고 주위는 변한 것이 없었다. 하인은 청소를 하고 있었고, 그의 친구들은 발을 씻고 있었다. 그는 집 마당에 있는 느티나무로 가서 뿌리를 파 보았다. 성 모양을 한 개미집이 있었는데, 붉은 머리를 한 큰개미 둘레를 수십 마리의 개미가 지키고 있었다.

다시 남쪽으로 뻗은 가지(南柯)를 따라가 보니, 네모난 빈 동굴이 있고 그 속에 개미 성이 있었다. 이것이 남가군이었다.

순우분은 '남가일몽'을 꾼 이후로 세상이 덧없고 허망한 것임을 깨달았다. 당장에 술을 끊고 도를 닦는 데만 전념했다. 3년이 지나서 그는 죽었는데 바로 괴안국왕이 말했던 3년인 것이다.

이 이야기는 후에 연극으로 공연되어 민중들 사이에도 널리 알려졌다.

세월은 사람을 기다리지 않는다
세월부대인 歲月不待人

시간은 쉬지 않고 흐르는 것이니, 단 한순간이라도 아껴야 한다는 뜻이다. 출전은 도연명이 지은 《잡시(雜詩)》.

| 歲 해 세 | 月 달 월 | 不 아니 불 | 待 기다릴 대 | 人 사람 인 |

인생은 뿌리가 없으니
길 위의 티끌처럼 흩날리노라.
흙이 되서 흩어지면 바람따라 구르니
이 몸은 영원한 몸이 아니구나.
사람으로 태어나 형제가 되는 것이
어찌 골육끼리의 친족만이겠는가?
기쁨을 누리고 즐거움을 취할지니
한 말의 술은 이웃들을 모으노라.
한창 때의 시절은 다시 오지 않으며
새벽은 하루에 두 번 오지 않는다.
때에 맞춰 항상 힘쓰고 노력할지니
세월은 사람을 기다려주지 않는다.

人生無根蔕 飄如陌上塵
分散逐風轉 此已非常身
落地爲兄弟 何必骨肉親

제1장 인생

得歡當作樂　斗酒聚比隣

盛年不重來　一日難再晨

及時當勉勵　歲月不待人

이 시는 연회의 축시라 할 수 있다. 대충의 뜻은 이렇다.

유한한 인생에서 이렇게 남남끼리 모여 술을 마시니 모두 형제라 할 수 있다. 어찌 피를 나누어야만 형제라 하겠는가? 이 같은 좋은 시절은 한 번 가면 다시 오지 않는 것이니, 때를 놓치지 말고 어느 일에나 힘써야 한다.

어리석은 사람에게 꿈 얘기를 하다
치인설몽 痴人說夢

상대방이 전혀 이해하지 못하는 것을 뜻한다. 출전은 《냉재야화(冷齋夜話)》.

| 痴 어리석을 치 | 人 사람 인 | 說 말씀 설 | 夢 꿈 몽 |

당나라 시대 때, 서역의 고승 승가(僧伽)가 양자강과 회하 근처의 마을을 여행하고 있었다. 승가의 행동이 기인처럼 보였던지, 어떤 사람이 물었다.
"당신의 성은 무엇입니까(何姓)?"
"하씨 성이오(姓何)."
"어느 나라 사람이오(何國人)?"
"하나라 사람이오(何國人)."
승가는 상대방의 묻는 말을 그대로 되돌려 줌으로써 상대를 희롱한 것이다. 그런데도 나중에 당나라의 문인 이옹(李邕)은 승가의 비문을 "대사의 성은 하씨(何氏)요, 하국인(何國人)이다"라고 썼다. 이것이야말로 소위 어리석은 사람에게 꿈 이야기(痴人說夢)를 한 것이다. 이옹은 마침내 꿈을 진짜라고 생각해 진짜 바보가 되었다.
요즘의 '치인설몽'은 '어리석은 사람이 횡설수설 지껄이는 것'을 뜻하는 경우가 많다.

흰 머리카락이 삼천 장이나 된다
백발삼천장 白髮三千丈

> 근심이 많으면 흰 머리카락이 늘어나게 마련이다. 이 걱정 근심으로 말미암아 흰 머리카락이 삼천 장이 되었다고 탄식하는 말이다. 여기서 삼천 장은 과장법으로 근심의 깊이를 말해주고 있다. 원래 이 말은 이백(李白)이 지은 '추포가(秋浦歌)' 17수 중 15수에 나오는 말이다.

| 白 흴백 | 髮 머리칼 발 | 三 석 삼 | 千 일천 천 | 丈 길이 장 |

흰 머리카락 삼천 장이니
근심으로 이같이 길어졌네.
밝은 거울에 비친 저 하얀 서리를
어디에서 얻었는지 모르겠구나.
白髮三千丈 緣愁似箇長
不知明鏡裏 何處得秋霜

이 시는 늙어서 떠도는 고독함과 늙어감의 쓸쓸함을 읊은 시인데, 만년의 불우한 이백의 심경을 나타내준다. 특히 '백발 삼천 장'이란 표현에서 그 같은 마음이 잘 드러난다.

얼음과 숯은 서로 용해되지 않는다
빙탄불상용 氷炭不相容 수구초심 首丘初心

얼음과 숯은 성질이 달라 도저히 결합될 수 없다. 이처럼 성질이 정반대라서 어울릴 수 없는 관계를 '빙탄불상용'이라고 한다. 굴원(屈原)이 지은 《초사(楚辭)》 '칠간(七諫)'에 실려 있는데, 이 칠간은 한나라 때 동방삭(東方朔)이 굴원을 추모해서 지은 글이다.

氷 얼음 빙	炭 숯 탄	不 아니 불	相 서로 상	容 얼굴 용, 허용할 용
首 머리 수	丘 언덕 구	初 처음 초	心 마음 심	

얼음과 숯은 서로 함께 합칠 수 없으니
내 진실로 생명의 짧음을 알겠도다.
외롭고 괴로운 죽음이 즐겁지 못함을 슬퍼하고
내 나이 아직 젊었음을 애석히 여기노라.

굴원은 늘 고향으로 돌아가고 싶지만, 자기를 쫓아낸 사람과는 숯과 얼음처럼 도저히 함께할 수 없는 '빙탄불상용'의 사이라서 돌아가질 못한다. 타향에서 외롭게 죽어가는 굴원의 처절한 심경을 엿볼 수 있다.

이 시의 다음 구절은 이렇게 계속된다.

나의 거처로 돌아가지 못하는 게 슬프고
내 고향 떠난 것이 한스러워
새와 짐승도 놀라서 무리를 벗어나
드높이 날면서 슬피 우는구나.
여우도 죽을 때는 언제나 머리를 언덕으로 향한다는데

제1장 인생

사람이 어찌 자신의 진정(眞情)으로 돌아가지 않으리오.

여우도 죽을 때는 언제나 자기가 태어난 곳을 향해 머리를 둔다고 한다. 이를 수구초심(首丘初心), 또는 호사수구(狐死首丘)라 하는데, 태어난 고향을 생각하는 간절한 마음이나 근본을 잊지 않는 마음을 가리킨다. 또 은혜를 잊지 않는 마음으로도 쓰인다.

머리를 매달고 넓적다리를 찌른다
현두자고 懸頭刺股

공부를 지독히 열심히 하는 것. 머리를 끈으로 천장 대들보에 매달고, 송곳으로 넓적다리를 찌른 데서 유래함. 출전은 《초국선현전(楚國先賢傳)》, 《전국책(戰國策)》.

| 懸 매달 현 | 頭 머리 두 | 刺 찌를 자 | 股 넓적다리 고 |

한나라의 손경(孫敬)과 전국 시대의 소진(蘇秦)의 이야기다.

한나라의 손경은 낙양에 도착한 뒤, 대학에서 공부를 했다. 버드나무 가지를 꺾어 책간을 만들어서 경전을 베꼈다. 그러다 졸음이 오면 머리를 천장 대들보에 끈으로 매달아 놓고(懸頭) 학업에 매진했다.

전국 시대 때, 소진은 책을 읽는데 자꾸 졸음이 왔다. 그래서 송곳을 가져다가 자신의 넓적다리를 찔렀다(刺股). 피가 흘러 복사뼈까지 이를 정도였다.

그림의 떡

화병 畫餠

전혀 쓸모가 없는 것, 실용적이 못 되는 것을 말한다. 위나라의 문제 조비(曹조)가 한 말이다. 출전은 《삼국지》 '위지(魏志)', '노육전(盧毓傳)'.

| 畫 그림 화 | 餠 떡 병 |

노육은 이부상서가 되었다. 위나라 문제는 노육에게 명해 스스로 대리인을 뽑으라고 하면서 이렇게 말했다.

"당신 같은 사람을 얻으면 좋겠소."

먼저 있었던 제갈탄이나 정구 같은 인물은 명예를 떨쳤지만, 사방에서 비난이 들려와 문제는 그들을 싫어했다. 그래서 그는 이렇게 조칙을 내렸다.

"인물을 뽑을 때는 유명한 자를 뽑지 마라. 이름 있는 자는 마치 땅에다 떡을 그린(畫餠) 것과 같아서 먹을 수가 없다."

하루가 3년 같다
일일여삼추 一日如三秋

실제로는 짧은 시간이 지났는데, 매우 오랜 시간이 흐른 것처럼 느껴진다는 뜻이다. 주로 뭔가를 애타게 기다릴 때 쓰이는 말인데, '당신을 만나고 싶어 하루를 천 년처럼 기다렸습니다'라고 하는 '일일천추(一日千秋)'로도 많이 쓰인다. 여기서 '추(秋)'는 한 해를 나타내는 '년(年)'과 동의어이다. 출전은 《시경(詩經)》.

| 一 하나 일 | 日 날 일 | 如 같을 여 | 三 셋 삼 | 秋 가을 추 |

《시경》 왕풍(王風)의 '채갈(採葛)'이라는 시에 나온다.

저 칡을 캤답니다.
하루라도 보지 않으니
석 달이나 된 것 같아요.

저 쑥을 캤답니다.
하루라도 보지 않으니
3년이나 된 것 같아요.

저 약쑥을 캤답니다.
하루라도 보지 않으니
3년이나 지난 것 같아요.

비단 위에다 꽃을 더한다
금상첨화 錦上添花

비단 자체도 아름다운데, 거기다 꽃을 더하니 더더욱 아름답다는 뜻이다. 아름다움에 다 아름다움을 더하는 것을 말한다. 출전은 송나라 왕안석(王安石)이 지은 시 《즉사(卽事)》이다. 사물과 마주쳐 즉석에서 지은 시라서 '즉사'라는 제목을 붙였다.

錦 비단 금   上 위 상   添 더할 첨   花 꽃 화

강물은 남원(南苑)으로 흐르고, 언덕은 서쪽으로 기울었는데
바람결에 수정 같은 빛이 있어, 이슬이 마치 꽃처럼 보이누나.
문 앞 버드나무가 있는 곳은 옛 친구 도지사(陶知事)의 집이고,
우물가 오동나무가 있는 곳은 예전 총지(總持)의 집이로다.
훌륭한 초대를 받아 술잔을 거듭거듭 비우는데,
흥겨운 노래까지 있으니, 진정 '비단 위에 꽃을 더한 듯(錦上添花)' 하구나.
마치 저 무릉도원에서 술과 안주를 대접받은 어부 같은 기분인데
강의 근원에는 아직도 붉은 노을이 아름답게 비치는구나.

이 시에서 '비단'은 잔치의 술좌석이며, '꽃'은 노랫소리를 뜻한다.

떠난 자는 나날이 멀어진다
거자일소 去者日疎

'떠난 자'는 죽은 사람을 말하기도 하고 이별한 사람을 말하기도 한다. 애간장이 끊어지는 슬픈 사별을 했더라도 죽은 자는 날이 갈수록 차차 잊히게 마련이며, 아무리 서글픈 이별을 한 사람이라도 일단 멀리 떠나면 차츰차츰 멀어진다는 뜻이다. 출전은 《문선(文選)》의 고시십구수(古詩十九首).

去 갈 거   者 놈 자   日 날 일   疎 멀어질 소

떠난 자는 나날이 멀어지고
오는 자는 나날이 친해진다.
성문을 나서 곧바로 바라보니
보이는 것이라곤 언덕과 무덤뿐.
낡은 무덤 뭉개져서 밭으로 되고
소나무, 잣나무는 베어져 장작이 되네.
흰 버들에 슬픈 바람 휘몰아치니
쓸쓸한 서글픔이 애간장을 끊는구나.
옛 고향에 돌아갈까 생각도 했지만
어느 길로 가야할지 도무지 모르겠네.

살아서는 함께 늙어가고 죽어서는 한무덤에 묻히는 것

해로동혈 偕老同穴

생사를 같이 하는 부부의 사랑을 말한다. 결혼식에서 자주 사용하는 '백년해로'도 같은 뜻이다. 이 의미가 바뀌어, 부부 사이가 화목할 때도 이 말을 사용한다. 출전은 《시경(詩經)》.

| 偕 함께 해 | 老 늙을 로 | 同 같을 동 | 穴 구멍 혈 |

죽고 살고 만나고 헤어짐을
그대와 함께하리라 맹세했지
내 그대의 손을 잡고
그대와 함께 늙어가리라(偕老).

살아서는 집이 달랐지만
죽어서는 무덤을 함께하겠소(同穴).
내 말을 믿지 못하겠다고요?
저 밝은 해를 두고 맹세하겠소.

첫 시 '북을 치다(擊鼓)'에서 '해로'를 따고, 두번째 시 '큰수레(大車)'에서 '동혈'을 따서 만든 것이 '해로동혈'이다. 그러나 두 시 모두 '해로동혈'의 어려움을 말하고 있다.

예부터 드물다
고희 古稀

> 70세의 나이를 고희(古稀, 예부터 드물다는 뜻)라 한다. "70세까지 사는 것은 예부터 드문 일(人生七十古來稀)"이란 시구에서 유래했다. 출전은 시성 두보(杜甫)가 지은 '곡강이수(曲江二首)' 중 두번째 시구에 나온다.

古 옛 고 │ **稀** 드물 희

두보는 나이 47세가 되어서야 겨우 좌습유(左拾遺)라는 벼슬자리를 얻었다. 하지만 관료들의 부패와 권모술수는 그를 실망시킬 뿐이었다. 그는 장안의 유명한 연못 곡강(曲江)의 아름다운 경치를 감상하면서 이 같은 자신의 심경을 피력했다.

조정에서 돌아오면 날마다 봄옷을 저당 잡혀
매일같이 강둑에서 흠뻑 취해야 돌아온다.
외상 술값 으레 가는 곳마다 잡혀 있지만,
예부터 일흔 살 살기는 드물다고 말들하지.
꽃을 빠는 나비들 깊이깊이 꿀을 찾고,
물을 스치는 잠자리 한가로이 나네.
이내 심사 풍광에 실어 함께 흘러가려니,
잠시라도 서로 즐기며 어긋나지 말자꾸나.

두보는 곧 지방으로 좌천됐으며, 그 직책도 사임하고 전국을 방랑했다.

눈썹이 타는 절박한 상황
초미지급 焦眉之急

매우 위급하고 절박한 상황을 '초미의 급한 일'이라고 한다. 출전은 송나라 승려 보제(普齊)가 지은 '오등회원(五燈會元)'.

焦 태울 초　眉 눈썹 미　之 어조사 지　急 급할 급

한 승려가 물었다.
"어떤 것이 절박한 한마디(一句)입니까?"
선사가 답했다.
"눈썹이 불에 타는 것이다."

이 문답에서 나오는 절박한 상황은 삶과 죽음의 문제이다. 그러나 이 의미가 전이되어 지금은 절박하고 중요한 일이나 사건을 말할 때 많이 쓰인다.

새옹의 말

새옹지마 塞翁之馬

새옹은 변방에 사는 늙은이. 인간의 길흉화복은 일정치 않아 예측할 수 없으니, 화(禍)도 슬퍼할게 못되고 복(福)도 기뻐할게 못 된다는 의미이다. 흔히 인간만사 새옹지마(人間萬事 塞翁之馬)로 쓰인다. 출전은 《회남자》 '인간훈(人間訓)'편.

| 塞 변방 새 | 翁 늙은이 옹 | 之 어조사 지 | 馬 말 마 |

    국경 요새 근처에 점을 잘 치는 늙은이가 살고 있었다. 어느 날 노인의 말이 이유 없이 오랑캐 땅으로 들어갔다. 이웃 사람들은 그를 딱하게 여겨 위로했다. 그러나 노인은 조금도 꺼리는 기색 없이 말했다.
    "이 일이 어찌 복으로 바뀌지 않는다고 할 수 있으리오."
    과연 몇 달이 지나자, 그 말이 오랑캐의 준마들을 이끌고 돌아왔다. 사람들은 노인을 축하했다. 하지만 노인은 다시 이렇게 말했다.
    "이 일이 어찌 재앙이 되지 않는다고 할 수 있으리오."
    노인의 집에는 좋은 말들이 점점 불어났다. 헌데 노인의 아들이 말을 타다가 떨어져 그만 다리뼈를 부러뜨렸다. 절름발이가 된 아들을 불쌍히 여긴 이웃들이 노인을 위로하자, 노인은 또 이렇게 말했다.
    "이 일이 어찌 복이 되지 않는다고 말할 수 있으리오?"
    얼마 후, 오랑캐가 침입해 왔다. 건장한 사람들은 나가 싸워 열에 아홉은 죽고 말았다. 그러나 노인의 아들은 무사할 수 있었다. 이처럼 복이 화가 되고, 화가 복이 되는 법이다. 그 변화는 끝간 데가 없어 예측할 수 없다.

엎질러진 물은 다시 담지 못한다
복수불수 覆水不收

지난 일은 되돌릴 수 없다는 뜻. 원래는 한번 헤어진 부부는 돌이킬 수 없다는 데서 유래함. 출전은 《습유기(拾遺記)》.

| 覆 엎지를 복 | 水 물 수 | 不 아니 불 | 收 거둘 수 |

《사기》 제태공세가(齊太公世家)에 이런 얘기가 나온다.

어느 날 주나라 문왕이 사냥을 가려고 점을 쳤다. 점괘는 "얻는 것은 용도 아니요 이무기도 아니며, 호랑이도 아니고 곰도 아니다. 얻는 것은 패왕이 되는 데 도움되는 자다"라고 나왔다. 사냥을 나간 문왕은 산과 들을 헤매다가 위수(渭水) 가에 이르렀다. 거기서 문왕은 낚시하는 노인을 만났는데, 그가 바로 주나라를 부흥시킨 강태공(姜太公)이다. 강태공은 젊은 시절 마씨 집 딸에게 장가를 들었지만, 집에 틀어박혀 공부만 하고 일을 하지 않았다. 궁핍함을 참다못한 마씨 부인은 친정으로 돌아갔다.

주나라가 통일된 후 태공은 문왕에게 천거되어 제(齊) 땅의 제후로 봉해졌다. 그러자 마씨 부인이 태공에게 다시 아내로 맞아 줄 것을 애원했다. 강태공은 말없이 물을 떠다가 마당에 엎질렀다. 그리고는 마씨 부인에게 다시 담으라고 했다. 하지만 마씨 부인이 담은 것은 물 먹은 진흙뿐이었다. 이 광경을 지켜보던 강태공이 말했다.

"헤어진 부부는 다시 합치기 어려운 것이니, 마치 엎질러진 물을 다시 담을 수 없는(覆水不收) 것과 같소."

수레를 끌면서 부르는 노래
만가 挽歌

장례식 때 영구차를 끌면서 부르는 노래로서 죽은 사람을 애도하는 것이다. 출전은 《고금주》 '음악' 편.

| 挽 수레끌 만 | 歌 노래 가 |

　　유방이 항우를 격파하고 한 고조로 즉위하기 직전의 일이다. 제나라 왕 전횡(田橫)은 한신에게 습격당한 분풀이로 화친을 맺으러 온 유방의 사자 역이기를 삶아 죽여 버렸다. 그 뒤 유방이 즉위하자, 보복을 두려워한 그는 5백 명의 부하와 함께 발해만의 섬으로 도망쳤다.

　　고조는 전횡이 난을 일으킬까 두려워서 그를 용서하고 불러들였다. 그러나 전횡은 낙양 근처에 왔을 때, 유방을 섬기는 것이 부끄럽다고 생각해 목을 찔러 자결했다. 전횡의 목을 유방에게 바친 두 부하와 섬에 남아있던 5백 명의 부하들도 전횡의 절개를 기리면서 모두 자결했다.

　　당시 전횡의 제자가 해로가(薤露歌)와 호리곡(蒿里曲)이라는 상가(喪歌, 장송곡)를 지었는데, 전횡이 죽자 그 죽음을 애도하면서 노래를 불렀다.

　　부추잎에 달린 이슬 어이 그리 쉽게 마르는지.
　　하지만 이슬은 내일 아침이 오면 다시 내리지만

한번 죽어 떠난 인생은 언제 다시 돌아올 것인가?

부추잎에 달린 이슬, 해로가

호리는 누구의 집터인가,
혼백을 거두는 덴 어리석은 자든 현명한 자든 가리지 않네.
귀신 대장(鬼伯)은 어찌 그리 재촉이 심한가,
사람의 목숨은 잠시라도 머뭇거리질 못하누나.

호리곡

두 노래는 무제 때 음악을 맡은 관리 이연년(李延年)이 채집해서 곡을 붙인 것으로, 앞의 곡은 공경대부(公卿大夫)를, 뒤의 곡은 선비나 일반 서민들을 위한 장송곡으로 쓰였는데, 사람들은 이를 만가(挽歌)라고 불렀다.

인생은 아침 이슬과 같다
인생여조로 人生如朝露

인생의 덧없음을 뜻한다. 출전은 《한서(漢書)》 '소무전(蘇武傳)'.

| 人 사람 인 | 生 날 생 | 如 같을 여 | 朝 아침 조 | 露 이슬 로 |

한나라 무제 때, 흉노 땅에 사신으로 간 소무는 억류되어 북해에서 처참하게 살아가고 있었다. 한편 소무의 친구인 이릉(李陵)은 흉노의 군대와 싸우다가 부대는 전멸하고 이릉은 사로잡혀 항복했다. 흉노족의 우두머리, 즉 선우(禪于)는 이릉을 손님으로 우대했다. 이릉은 소무가 흉노의 땅에 있다는 걸 알면서 부끄러워 찾아가지 못했다. 그러나 선우는 이릉을 북해로 보내 주연을 베풀게 했다. 이릉은 소무를 위로하며 말했다.

"선우는 내가 자네와 친구란 걸 들었기 때문에 나를 보냈네. 그는 허심탄회하게 자네를 대우하고 싶어하네. 자네는 결코 돌아가지 못할 걸세. 인적도 없는 땅에서 자신을 괴롭힌들 누가 자네에게 신의가 있다고 하겠는가? 내가 흉노로 쳐들어올 때쯤 자네 어머니가 돌아가셨네. 자네 부인은 아직 젊어서 재가했다고 들었네. 누이동생 둘과 1남 2녀만이 남았지만, 10년이 흘렀으니 생사를 알 수가 없네. 인생은 아침 이슬 같은 걸세(人生如朝露). 어째서 이토록 자기자신을 오래 괴롭히는 건가?"

소무는 끝내 이릉의 청을 받아들이지 않았다. 이릉도 그의 뜻이 굳은 걸 알자 그대로 돌아갔다.

어느 곳에도 없는 장소
무하유지향 無何有之鄕

끝없이 광막하고 확 트인 세계를 말한다. 서양의 유토피아와 통한다. 출전은 《장자(莊子)》 '소요유' 편, '응제왕' 편, '지북유(知北遊)' 편.

| 無 없을 무 | 何 어찌 하 | 有 있을 유 | 之 어조사 지 | 鄕 고을 향 |

천근이 무명인(無名人)에게 물었다.
"천하를 다스리는 법은 어떤 것입니까?"
무명인이 답했다.
"물러가라. 그대는 천박한 사람이다. 어째서 그런 불쾌한 일을 묻는가? 내 지금 조물주와 벗하고 있지만, 싫증이 나면 저 아득히 높이 나는 새를 타고 우주(六極) 밖으로 나가 무하유지향(無何有之鄕)에서 노닐면서 그 광막한 들에 머물고자 한다. 그런데 너는 왜 천하를 다스리는 일 따위로 내 마음을 어지럽히려 드는가?"

《장자》 '응제왕' 편

동곽자가 장자에게 물었다.
"도는 어디 있는가?"
"없는 곳이 없네."
"확실한 곳을 말해 주게."

"땅강아지나 개미에게도 있네."
"어째서(하찮은 미물 쪽으로) 그렇게 내려가는가?"
"기장이나 잡초에도 있네."
"어째서 더 내려가는가?"
"기와나 벽돌에도 있네."
"어째서 더 심한가?"
"똥이나 오줌에도 있네."

동곽자는 더 이상 응대하지 않았다. 그러자 장자가 말했다.

"그대의 물음이 본질에 미치지 못했네. 그대는 어떤 특별한 사물에서 도를 구하지 말 것이며, 또 도가 그런 사물을 벗어나 있다고도 생각지 말게. 지극한 도는 이와 같은 것이라서 그 말도 또한 이런 것이네.

시험삼아 우리 함께 무하유지궁(無何有之宮)에 노닐면서 만물과 하나 되어 끝간 데가 없는 도를 논해 볼까? 또 시험삼아 우리 함께 무위로 돌아가 볼까?"

《장자》 '지북유' 편

오래 살면 욕됨이 많다

수즉다욕 壽則多辱

오래 살수록 수치스런 일을 많이 겪게 된다는 뜻이다. 출전은 《장자(莊子)》 '천지(天地)'편.

| 壽 목숨 수 | 則 곧 즉 | 多 많을 다 | 辱 욕될 욕 |

어느 날 요임금이 순행을 하다가 화(華)라는 땅에 이르렀다. 그때 국경을 지키는 관리가 요임금에게 말했다.

"오, 성인이여. 제발 저에게 성인을 축복하고, 성인의 장수를 빌게 하소서."

요임금이 말했다.

"사양하겠노라."

"그럼 부자가 되길 빌겠습니다."

"사양하겠노라."

"그럼 아들을 많이 낳도록 빌겠습니다."

"사양하겠노라."

그러자 국경을 지키는 관리가 물었다.

"장수와 부귀와 많은 아들은 누구나 바라는 것인데, 어째서 홀로 바라지 않으시는 겁니까?"

"아들이 많으면 걱정이 많고, 부유하면 일이 많고, 장수를 하면 욕됨이 많은(壽則多辱) 법이다. 이 셋은 덕을 기르는 것이 아니기 때문에 사양한 것이다."

"요임금이 성인인 줄 알았더니, 이제 보니 군자 정도밖에 안 되는군. 하늘이 만물을 내면 반드시 그 직분을 주는 것이니, 아들이 많더라도 그 직분이 있을 것이요, 또 부자가 되더라도 남과 나누어 쓰면 될 것이고, 장수를 하다가도 세상이 싫어지면 세상을 버리고 신선이 되면 될 것 아니오?"

관리는 이렇게 말하면서 자리를 떠났다.

해마다 해마다 피는 꽃은 서로 비슷하다
연년세세화상사 年年歲歲花相似

'해마다 해마다 보는 사람은 같지를 않구나(歲歲年年人不同)'라는 시구와 짝을 이뤄, 흐르는 세월 속에서 인생의 덧없음을 노래한다. 출전은 유정지(劉廷芝)가 지은 《대비백두옹(代悲白頭翁, 흰머리를 슬퍼하는 노인을 대신해서)》.

年 해 년   歲 해 세   花 꽃 화   相 서로 상   似 비슷할 사

낙양성 동쪽에 피어있는 복숭아꽃, 오얏꽃은
이리저리 날리면서 누구 집에 떨어지나.
낙양성 여인들은 용모에 마음을 쓰지만,
꽃이 떨어지는 걸 보자 장탄식을 하누나.
올해에 꽃 떨어져 고운 얼굴색 이미 변했는데,
내년에 꽃이 필 땐 누가 또 있겠는가.
늘 푸르다던 소나무, 잣나무도 땔감이 된 걸 보고
또 뽕나무 밭이 바다로 변했다는 말도 들었지.
예전에 꽃을 보던 낙양성 사람들 이미 없건만,
지금 사람들은 여전히 바람에 날리는 꽃을 보누나.
해마다 해마다 피는 꽃은 서로 비슷하지만(年年歲歲花相似),
해마다 해마다 보는 사람은 같지를 않구나(歲歲年年人不同).
한창 때의 홍안 청년들에게 내 말 전하노니,
다 죽어가는 흰머리 늙은이를 불쌍히 여기거라.

흰 말이 문틈을 지나다
백구과극 白駒過隙

세월은 문틈으로 흰말이 지나가는 것처럼 빠르다는 뜻. 인생의 무상함을 말한다.
출전은 《장자(莊子)》 '지북유(知北遊)' 편.

| 白 흰 백 | 驅 말 구 | 過 지날 과 | 隙 틈 극 |

　하늘 아래 땅 위에서 사는 사람들의 삶은 마치 흰 말이 문틈을 지나는(白驅過隙) 것 같아서 순간일 뿐이다. 무성하게 세상에 나와 번성하지만, 결국은 고요히 스러져 버리는 것이다. 일단 변화하여 탄생하지만, 다시 변화하여 죽는 것이니, 생물도 이를 애달파하고 사람도 이를 슬퍼한다. 그러나 화살이 활집에서 빠져나가듯이 혼백이 빠져나가고 곧 육신이 뒤따르니, 이야말로 크게 돌아가는(大歸) 것이 아니던가!

연못에 사는 물고기에게 닥친 재앙
지어지앙 池魚之殃

아무 이유도 없이 재난을 당하는 것을 말함. 출전은 《여씨춘추》.

| 池 연못 지 | 魚 고기 어 | 之 어조사 지 | 殃 재앙 앙 |

송나라의 환(桓)이란 사람에게 귀한 구슬이 있었는데, 그는 죄를 짓고 도망을 쳤다. 탐이난 왕이 그를 잡아 구슬을 감춘 곳이 어디인지를 묻자 환이 말했다.

"연못 속에다 던져 버렸소."

왕은 구슬을 찾기 위해 사람들을 시켜 연못의 물을 다 퍼내게 했다. 그러나 구슬은 찾지 못하고 물고기만 다 죽게 했다. 이를 일컬어 화와 복은 예고도 없이 찾아와 막을 수 없다고 하는 것이다.

날개가 돋아 하늘로 올라가서 신선이 됨
우화등선 羽化登仙

지상 세계를 초월하여 신선의 세계로 들어가는 것을 말한다. 출전은 소식(蘇軾)이 지은 《전적벽부(前赤壁賦)》. 소식은 당송팔대가의 한 명으로 명문장가이다. 어느 해 가을 친구와 적벽에서 놀면서 '전적벽부'를 지었다.

| 羽 깃 우 | 化 될 화 | 登 오를 등 | 仙 신선 선 |

    임술년 가을 7월 16일. 나, 소식은 친구와 함께 배를 띄워 적벽 아래서 놀았다. 시원한 바람이 천천히 불어왔으며, 물결도 일어나지 않았다. 술잔을 들어 손님에게 권하고, 밝은 달을 노래하는 시를 읊조리고, 시경의 요조장(窈窕章)을 노래했다. 조금 있으니 달이 동산 위로 떠오르면서 북두칠성과 견우성 사이를 배회했다. 그때 백로가 강을 건넜으며, 물빛은 하늘에 닿았다. 물 위에 떠 있는 갈대잎처럼 배가 가는 대로 내맡겨서 아득한 만경창파를 떠다녔다. 가슴이 탁 트이는 것이 마치 허공의 바람을 타고 가면서도 멈출 바를 모르는 것 같았으며, 표표히 나부끼는 것이 마치 세상을 버리고 홀로 서서 날개가 돋아 신선이 되는 것(羽化登仙) 같았다.

사람이 죽음에 임박했을 때는 하는 말이 착해진다
인지장사 기언야선 人之將死 其言也善

죽음에 이르러서는 누구나 선해진다는 뜻이다. 출전은 《논어(論語)》 '태백(泰伯)'편.

| 人 사람 인 | 之 어조사 지 | 將 장차 장 | 死 죽을 사 | 其 그 기 |
| 言 말씀 언 | 也 이끼 야, 어조사 야 | 善 착할 선 | | |

증자가 병에 걸렸을 때 맹경지가 와서 병세를 묻자, 증자가 대답했다.

"새가 죽음이 임박했을 때는 그 우는 소리가 슬퍼지고, 사람이 죽음에 임박했을 때는 그 하는 말이 착해지는(人之將死 其言也善) 법이오. 군자가 도(道)에서 귀중하게 여기는 것이 세 가지 있소. 첫째, 용모를 갖추는 것이니, 이는 교만함을 멀리하는 것이오. 둘째, 안색을 바로하는 것이니, 이는 신실함에 다가가는 것이오. 셋째, 말 기운(辭氣)을 내는 것이니, 이는 비천함을 멀리하는 것이오. 나머지 제사 그릇에 관한 일은 담당자에게 맡기면 되는 것이오."

푸른 구름의 뜻
청운지지 青雲之志

'청운의 뜻을 품고'라는 말을 많이 쓰는데, 입신출세하려는 야망을 뜻한다. 그러나 원래는 뜻이 고결한 선비, 나아가 성인을 청운지사(青雲之士)라고 했다. 출전은 장구령(張九齡)이 지은 시 《조경견백발(照鏡見白髪, 거울에 흰 머리카락을 비춰보다)》.

| 青 푸를 청 | 雲 구름 운 | 之 어조사 지 | 志 뜻 지 |

장구령은 당나라 현종 때의 재상으로 강직한 충신이었는데, 간신 이임보의 참언으로 물러나게 되었다. 이 시는 그가 재상직을 물러날 때 읊은 것이다.

예전에는 청운의 뜻(青雲之志)을 지녔는데
불운한 지금은 백발이 되었구나.
누가 알랴, 밝은 거울 속에서
형상과 그림자가 서로 탄식하는 것을.

"젊은 시절 청운의 뜻을 품고 나라를 위해 포부를 펼쳐보려 했지만, 불행히도 백발이 된 지금 간신의 참언에 걸려 물러나게 되었구나. 거울 속의 백발을 바라보니, 나와 거울 속의 나가 서로 불쌍하다고 탄식하는구나."

한단 지방에서 꾼 꿈

한단지몽 邯鄲之夢　황량일취몽 黃粱一炊夢

인생과 부귀영화의 덧없음을 말하는 꿈이다. '일장춘몽(一場春夢)'과 같은 뜻. 출전은 《침중기(枕中記)》.

| 邯 땅이름 한 | 鄲 땅이름 단 | 之 어조사 지 | 夢 꿈 몽 |
| 黃 누를 황 | 粱 기장 량, 조 량 | 一 한 일 | 炊 불땔 취 | 夢 꿈 몽 |

당나라 현종 때, 도사 여옹(呂翁)이 한단 지방의 주막에서 쉬고 있었다. 그때 낡은 옷차림을 한 노생(盧生)이라는 청년도 쉬고 있었다. 노생은 자신의 허름한 옷차림을 보고 한숨을 쉬면서 말했다.

"사나이로 태어나서 가난에 찌들리는 이 꼴이 무엇입니까?"

여옹이 말했다.

"즐겁게 얘기하다가, 갑자기 가난을 탓하다니 어찌된 일인가?"

"저는 그저 목숨만 붙어 있을 따름이라 조금도 즐겁지 않습니다."

노생은 출세를 해서 부귀영화를 누려야 사는 보람이 있는 것이라고 말했다. 그런데 이상하게도 노생은 점점 잠이 오는 걸 느꼈다. 여옹이 자루 속에서 베개를 꺼내 노생에게 주면서 말했다.

"이걸 베게. 부귀영화를 누릴 수 있을 테니."

그 베개를 베고 잠이 든 노생은 꿈을 꾸었다.

어느 부호의 집에 도착한 그는 그 집 딸에게 장가를 들었다. 그 후 출세의 운도 틔어, 정사를 잘 다스리고 훌륭한 무공도 세워서 중요한 직책을 두루 역임했다. 그는 청렴하고 덕망도 있었지만, 다른 사람의 모함을 받아 일시 좌천되었다가 3년 뒤 다시 조정으로 올라가 천자를 보필하는 명재상이 되었다. 그러나 다시 또 반란을 꾀한다는 모함을 받아 잡혀가게 되었다. 노생은 울면서 아내에게 말했다.

"내 집은 본래 산동 땅이오. 좋은 밭 몇 마지기가 있어 추위와 굶주림은 면할 수 있었소. 어째서 벼슬을 하려다 이 지경이 되었는지 모르겠구려. 차라리 다시 낡은 옷을 입고 푸른 망아지를 타고 한단의 길을 가고 싶지만, 이제는 그럴 수도 없게 되었구려."

그리고는 칼을 뽑아 자살하려 했지만, 아내가 말려 죽지 못했다. 같이 잡힌 사람은 모두 사형당했지만, 그는 변방으로 좌천되었다가 몇 년 뒤 무죄가 판명되어 다시 재상이 되었다. 그 후 50년 동안, 노생은 다섯 명의 아들과 열 명의 손자, 그리고 미녀들 틈에서 부귀영화를 누리면서 살았다. 임종 시에는 황제가 보낸 명의의 보살핌 속에서 편안한 죽음을 맞았다.

노생이 기지개를 켜면서 깨어 보니 꿈이었다. 옆에는 여옹이 있었고, 잠들기 전 밥을 짓고 있던 집주인은 여전히 밥을 짓고 있었다. 모든 게 전과 다름없었다. 그는 벌떡 일어나면서 말했다.

"이 모든 게 꿈이었든가?"

여옹이 웃으며 말했다.

"인생 만사가 다 그런 거라네."

노생은 잠시 멍하니 있다가, 이윽고 말했다.

"영화와 치욕, 부귀와 빈곤, 삶과 죽음을 다 겪어 보았습니다. 이는 선생께서 제 욕망을 막아 주신 것입니다. 결코 잊지 않겠습니다."

이 꿈을 한단 지방에서 꾸었기 때문에 '한단지몽'이라고 하고, 밥을 한 번 짓는 동안 꾸었다고 해서 '황량일취몽(黃粱一炊夢)'이라고도 한다.

맑은 하늘의 벼락
청천벽력 靑天霹靂

> 요즘 흔히 쓰는 '마른 하늘의 날벼락'과 같은 말이다. 뜻밖의 사태, 급격한 변화, 돌발적인 충격을 뜻한다. 원래는 붓글씨의 필세가 자유분방하고 약동하는 것을 가리킴. 출전은 육유(陸游)가 지은 시 '구월사일계미명기작(九月四日鷄未鳴起作, 9월 4일 닭이 울기도 전에 일어나서 짓다)'.

| 靑 푸를 청 | 天 하늘 천 | 霹 벼락 벽 | 靂 벼락 력 |

방옹(放翁, 육유 자신)은 병이 들어 가을을 보내다가
갑자기 일어나 떨리는 손으로 먹을 갈았네.
진정 동혈(洞穴) 속에 오랫동안 칩거한 용인 양
푸른 하늘에 벼락을 날리듯(靑天霹靂) 붓을 움직였지.
비록 기이하고 괴상하게 보인다 누가 말해도
이제껏 오래 참고 침묵해온 탓이라고 할밖에.
혹시라도 이 늙은이가 하루아침에 죽게 된다면
그때는 천금을 주어도 이 글씨를 얻지 못할걸.

나비의 꿈
호접지몽 胡蝶之夢

장자가 꿈 속에서 나비가 되어 날아다닌 데서 유래했다. 자연과 나의 구별을 잊고 자연과 하나된 만물일체의 경지를 뜻한다. 또 인생의 덧없음을 뜻하기도 한다. 출전은 《장자(莊子)》 '제물론(齊物論)' 편.

| 胡 오랑캐 호 | 蝶 나비 접 | 之 어조사 지 | 夢 꿈 몽 |

장자는 "천지는 나와 함께 태어나고, 만물은 나와 더불어 일체이다"라고 말한다. 이것이 만물이 한 몸임을 주장하는 만물제동(萬物齊同)의 사상이다. 따라서 그는 모든 대립적인 것, 이를테면 옳고 그름, 선과 악, 아름다움과 추함, 가난과 부귀, 귀함과 천함, 참과 거짓 등은 만물일체의 경지에서 보면 무차별이라고 말한다. 이를 우화로 나타낸 것이 '호접지몽'이다.

"옛날에 장주(莊周, 장자의 이름)가 꿈에서 나비가 되었다. 기분 내키는 대로 훨훨 날아다니면서도 자신이 장주인 줄은 몰랐다. 그러다 문득 잠에서 깨어 보니 변함없는 장주였다. 도대체 장주가 나비가 된 꿈을 꾼 건지, 나비가 장주가 되는 꿈을 꾼 건지 모르겠다. 하지만 장주와 나비는 반드시 현상에서 구분되고 있으니, 이를 소위 '사물의 변화'라고 일컫는 것이다."

화서의 꿈

화서지몽 華胥之夢

좋은 꿈(吉夢)을 뜻한다. 출전은 《열자》 '황제(黃帝)'편.

| 華 빛날 화 | 胥 서로 서 | 之 어조사 지 | 夢 꿈 몽 |

    황제는 백성들도 잘 다스려지지 않고, 자기 몸을 기르는 일도 잘 되지 않자 정치 일선에서 물러났다. 신하들도 멀리하고 악기도 연주하지 않고 식사도 줄이고 몸과 마음을 깨끗이 돌보면서 3개월 동안 정사에 관여하지 않았다. 어느 날 낮잠을 잤는데, 태곳적 무위(無爲)의 제왕인 화서 씨의 나라에 놀러간 꿈을 꾸었다.

    화서 씨의 나라는 배나 수레나 도보로 갈 수 있는 곳이 아니며, 오직 정신만이 갈 수 있는 나라다. 그 나라는 다스리는 사람도 없고 자연 그대로일 뿐이다. 백성들도 쾌락을 좇지 않고 자연 그대로이다. 삶을 즐거워할 줄도 모르고 죽음을 싫어할 줄도 몰라서 요절하는 사람이 없다. 자기에 애착할 줄도 모르고 남을 멀리할 줄도 몰라서 애증이 없다. 거스르거나 배반할 줄도 모르고 따르거나 순응할 줄도 몰라서 이해관계가 없다. 어느 누구나 애착하고 아끼는 것이 없고, 두려워하고 꺼리는 것도 없다.

물에 들어가도 빠지지 않고, 불에 들어가도 데지 않는다. 매를 맞아도 상처나 고통이 없고, 꼬집히고 긁혀도 아프거나 가렵지 않다. 하늘을 땅처럼 밟고 다니고, 허공을 침대삼아 잔다. 구름과 안개도 그 시야를 가리지 못하고, 우레도 그 청각을 흐트러뜨리지 못한다. 아름다움이나 추함도 마음을 혼란시키지 못하고, 산이나 골짜기도 그 발걸음을 막지 못한다. 오직 정신만이 다닐 뿐이다.

황제는 꿈에서 깨어나자 뭔가 깨닫는 바가 있어서 재상들을 불러 놓고 말했다.
"나는 3개월 동안 심신을 수양해서 사물을 다스리는 법을 깨달으려 했으나 허사였다. 그러나 꿈을 꾸고 나서야, 지극한 도는 심정으로 찾을 수 있는 것이 아니란 사실을 알았다. 하지만 그대들에게 말로 표현키는 힘들구나."

기쁨과 즐거움이 극진하니 오히려 슬픈 정이 많구나
환락극혜애정다 歡樂極兮哀情多

행복의 절정에 있을 때 오히려 인생무상을 느껴 슬픈 정이 솟는다는 뜻. 어떤 것도 영원히 지속되지 않는 덧없는 것이기 때문이다. 출전은 한나라 무제(武帝)가 지은 《추풍사병서(秋風辭竝序)》.

| 歡 기쁠 환 | 樂 즐거울 락 | 極 지극할 극 | 兮 어조사 혜 |
| 哀 애달플 애 | 情 정 정 | 多 많을 다 | |

가을 바람 불어오니 흰 구름이 날리누나.
초목에선 누런 낙엽 떨어지고 기러기는 남으로 날아가네.
난초는 빼어나게 피어 있고 국화는 향기로운데,
아름다운 님을 생각하니 잊을 수가 없구나.
누각이 있는 배를 띄워 놓고 분하를 건너가니,
강 복판을 지날 때 하얀 물결 이는구나.
퉁소와 북을 울리면서 뱃노래를 부르나니,
기쁨과 즐거움이 극진하면 오히려 슬픈 정이 많구나(歡樂極兮哀情多).
젊은 시절이 얼마나 되겠는가, 늙음을 어이할꼬.

무제는 영토를 확장하고 제도문물을 정비하여 한나라의 전성기를 연 임금이다. 온갖 권력과 부귀영화를 누리는 지위에 있지만, 그 역시 인생의 덧없음을 느끼는 심정은 보통 사람과 다를 바 없었던 것이다.

천지는 만물이 머무는 여관이요, 시간은 영원한 나그네이다

천지만물지역려 광음백대지과객 天地萬物之逆旅 光陰百代之過客

무한한 우주 속에서 인생의 짧음을 표현한 구절이다. 역려(逆旅)는 여관, 광음(光陰)은 시간, 백대(百代)는 영원을 뜻한다. 출전은 이백이 지은 《춘야연도리원서(春夜宴桃李園序)》.

天 하늘 천	地 땅 지	萬 일만 만	物 물건 물	之 어조사 지	逆 맞을 역	旅 나그네 려
光 빛 광	陰 그늘 음	百 일백 백	代 번갈아 대	過 지날 과	客 손님 객	

"천지라는 것은 만물이 머무는 여관이요(天地萬物之逆旅), 시간은 영원한 나그네이다(光陰百代之過客). 하지만 뜬구름 같은 인생은 마치 꿈과 같으니 즐거움이 얼마나 되겠는가. 옛 사람이 촛불을 잡고 밤에 노는 것이 진실로 이유가 있었구나. 하물며 따뜻한 봄 아지랑이 피어오르는 풍경이 나를 부르고, 천지는 나에게 문장을 빌려주는 데서랴.

아름다운 도리원에 모여서 천륜(天倫, 일가친척들이 모인 것)의 즐거운 일을 펼치니, 아우들은 모두 준수하기가 사혜련(謝惠連) 같은데, 나만이 노래를 부르는 것이 사영운(謝靈運)에 미치지 못하는 듯해 부끄럽구나. 그윽한 감상은 끝나지 않고, 높은 담론은 갈수록 맑아지누나. 화려한 꽃밭에 앉아 술잔을 건네며 달 아래서 취한다. 아름다운 글 없이 어찌 고아한 회포를 풀겠는가. 만약 시를 완성하지 못하면, 금곡(金谷)의 술잔 수에 의거해 벌주를 내리리라."

이 글은 친척들이 잔치를 하며 봄밤의 달빛 아래서 술에 취하는 정취를 잘 나타냈다. 금곡의 술잔 수는 옛날 석숭(石崇)이 술이 한순배 돌기 전에 시를 못 지은 사람에게 벌주를 마시게 했다는 고사에서 나온 것이다.

맑고 고매한 이야기
청담 清談

세속적인 명예와 이해관계를 벗어나 고매한 정신의 자유로운 세계를 논한 데서 비롯함. 주로 노자와 장자의 철학을 말한다. 출전은 《진서》, 《송서》 등.

清 맑을 청 | 談 이야기 담

　청담은 무엇보다도 위진 시대의 사상이었다. 당시는 유학이 명분과 형식에만 집착해 위선적인 도덕으로 타락했으며, 정치도 혼미를 되풀이하면서 지극히 혼탁한 상황이었다.
　그리하여 혼탁한 세속을 벗어나 유유자적하는 노장의 자연주의, 자유주의를 얘기하는 사람들이 생겨났는데, 그 중심인물이 죽림칠현(竹林七賢)이다. 즉 혜강(嵇康), 완적(阮籍), 완함(阮咸), 산도(山濤), 유영(劉伶), 향수(向秀), 왕융(王戎)은 낙양 근처의 대숲에서 하루종일 술을 마시며 청담(清談)을 나누었다. 그들은 세속 관료들의 비열한 태도를 혐오했으며, 위선적인 유교의 예의범절을 무시했다. 세속적인 명예나 이익을 초월해서 기이한 행동과 활달한 언사를 일삼았으며, 고매한 정신의 자유를 다룬 노장철학에 심취했다.

　청담사상은 후대에 비현실적이란 비판을 받긴 했지만, 사회가 도덕적으로 타락했을 때 하나의 반항으로서의 시대적 의의는 갖고 있다.

매화라는 아내와 학이라는 아들
매처학자 梅妻鶴子

세속을 벗어나 풍류를 즐기는 생활을 뜻한다. 출전은 《시화총귀(詩話總龜)》.

| 梅 매실 매 | 妻 아내 처 | 鶴 학 학 | 子 아들 자 |

송나라 때, 임포(林逋)는 서호(西湖)에 은둔해서 살았다. 그에게는 아내도 없었고 자식도 없었다. 하지만 그는 자기 거처에다 매화 나무를 많이 심고 학을 길렀다.

호수에 배를 띄워 놀다가, 손님이 오면 학을 풀어 놓아 그를 오게 했다. 이 때문에 사람들은 그를 '매화 나무 아내와 학 아들(梅妻鶴子)을 둔 사람'이라 불렀다고 한다.

항아리 속의 하늘
호중천 壺中天

별천지를 뜻하며, 호천(壺天)이라고도 한다. 후한 시대, 비장방(費長房)이 약 파는 노인의 항아리 속에 들어가 별천지의 향락을 즐긴 데서 유래함. 출전은 《후한서》 '방술전(方術傳)'.

| 壺 항아리 호 | 中 가운데 중 | 天 하늘 천 |

    비장방은 여남 사람이다. 그는 시장에서 인부 노릇을 하고 있었는데 그 시장 안에서는 어떤 노인이 약을 팔고 있었다. 항아리 하나를 점포 앞에다 걸어 놓고 있다가, 시장이 파하면 그때마다 항아리 속으로 뛰어 들어갔다. 시장 사람들은 그 광경을 보지 못하고, 오직 비장방만이 누대 위에서 보고 이상하게 여겼다.
    그래서 그는 노인을 찾아가 두 번 절하고 노인과 함께 항아리 속으로 들어갔다. 항아리 속 세계에선 화려하고 장엄한 옥당(玉堂)만이 보였다. 옥당 안에는 맛있는 술과 안주가 가득 있었다. 비장방은 노인과 함께 실컷 먹고 마신 뒤에 나왔다.

일꾼의 꿈
역부지몽 役夫之夢

낮에는 중노동을 하는 일꾼이 밤에는 나라의 임금이 되는 꿈을 꾸는 데서 유래함. 인생의 부귀영화는 꿈처럼 덧없는 것이라는 뜻. 출전은 《열자》 '주목왕(周穆王)'.

| 役 일꾼 역 | 夫 지아비 부 | 之 어조사 지 | 夢 꿈 몽 |

주나라의 윤씨(尹氏)는 대부호였다. 그 밑에서 일하는 자는 아침 일찍부터 밤늦게까지 쉴 틈이 없었다. 한 늙은 일꾼은 힘이 다 빠졌는데도 더욱더 열심히 일해야 했다. 그는 아침이 되면 끙끙거리면서 일에 매달리다가, 밤이 되면 피로에 지쳐 완전히 녹초가 되었다.

매일 밤마다 임금이 되어 만인 위에서 군림했으며, 나라의 정사를 총괄하고 궁전에서 주연을 베풀었다. 뭐든지 마음먹은 대로 했으며, 그 즐거움은 비할 데가 없었다. 그러다 잠이 깨면 다시 일을 했다. 어떤 사람이 그의 수고를 위로하자, 그는 이렇게 대답했다.

"인생은 백 년인데, 낮이 반이고 밤이 반이다. 내가 낮에는 머슴이 되어 온갖 일을 다하지만, 밤에는 나라의 임금이 되어 그 즐거움이 비할 바가 없다. 사정이 이러하니, 내가 무엇을 원망하겠는가?"

한편 윤씨는 온갖 세상 일에 신경을 쓰고 가업을 걱정하느라 몸과 마음이 다 병들었다. 피로에 지쳐 잠이 들면, 밤마다 꿈 속에서 다른 사람의 종이 되어 하지 않는 일이 없었다. 온갖 매질과 채찍질을 당하면서 잠꼬대와 신음 소리를 내다가, 새벽녘이 되서야 겨우 그친다. 윤씨는 너무나 괴로운 나머지 친구를 찾아갔다. 친구가 말했다.

"그대의 지위는 일신의 영화를 누리기에 충분하며, 재산도 넉넉해서 남보다 훨씬 많다. 밤에 꿈 속에서 남의 종복이 된다면, 그 고통은 낮에 누린 즐거움의 대가로서 운명의 이치다. 당신은 깨어 있을 때나 꿈꿀 때나 똑같기를 바라지만, 그것이 어찌 가능하겠는가?"

윤씨는 친구의 말을 듣고, 일꾼의 일을 많이 줄여 주었다. 그러자 신경쓰는 일도 줄어들면서 병도 많이 나아졌다.

구름을 바라보면서 생기는 정

망운지정 望雲之情

자식이 부모를 생각하는 정 또는 타향에서 고향의 부모를 그리워하는 정을 말한다.
출전은《당서》'적인걸전(狄仁傑傳)'.

| 望 바라볼 망 | 雲 구름 운 | 之 어조사 지 | 情 정 정 |

    당나라 시대 때, 적인걸은 병주 땅의 법조참군(法曹參軍)으로 부임했다. 당시 그의 부모는 하양 땅의 별장에 있었다.
    적인걸은 태행산에 올라가, 고개를 돌이켜 흰구름이 외로이 날리는 광경을 바라보면서 주위에 있는 사람들에게 말했다.
    "내 부모는 저 구름 아래에 계시지."
    적인걸은 잠시 구름을 바라보면서 탄식하다가, 구름이 멀리 간 뒤에야 떠나갔다.

화살이 바위를 뚫고 화살촉까지 들어가다
중석몰촉 中石沒鏃

전심전력으로 정신을 집중하면 놀라운 힘을 발휘할 수 있다는 뜻. 출전은 《사기》 '이장군전(李將軍傳)'.

| 中 가운데 중, 맞힐 중 | 石 돌 석 | 沒 빠질 몰 | 鏃 화살촉 촉 |

한나라 때의 이광(李廣)은 훌륭한 장수로서 흉노와의 전투에서 맹활약을 했다. 그는 싸울 때마다 이겨서 '늘 이기는 장군(常勝將軍)'이라 불렸으며, 흉노도 그를 두려워해 비장군(飛將軍)이라 부르며 함부로 침범하지 못했다.

그는 또 키가 크고 팔이 길어서 활을 매우 잘 쏘았다고 한다.

어느 날 그는 들판에서 웅크리고 있는 호랑이를 발견하고서 온 힘을 다해 명중시켰다. 그런데 가까이 다가가 보니 그것은 호랑이가 아니라 바위덩이였는데 화살촉이 바위 속까지 깊이 박혀 있었다. 그는 원래의 자리로 돌아가 다시 화살을 쏘았다. 하지만 이번에는 화살이 꽂히지 않고 튀어올랐다.

마음의 자세 여하에 따라서 바위도 뚫을 수 있는 것이다.

'정신을 집중하면 무슨 일인들 이루지 못하랴(精神一到 何事不成).'

화살을 부러뜨리다
절전 折箭

> 서로 마음을 합쳐 협력하는 것의 소중함을 깨우치는 교훈이다. 출전은 《북사》 '토곡혼전(土谷渾傳)'.

折 부러질 절 | 箭 화살 전

남북조 시대 때, 후위(後魏)의 토곡혼 왕 아시(阿豺)에게는 아들 20명이 있었다. 그중 위대(緯代)가 맏아들이었다. 아시가 아들들에게 말했다.
"너희들은 제각기 나의 화살 하나씩을 갖고서 땅바닥에 내려놓아라."
그리고는 갑자기 동생인 모리연(慕利延)에게 명령했다.
"네 앞에 있는 화살을 집어서 부러뜨려 보아라."
모리연이 화살 하나를 부러뜨렸다. 다시 아시가 말했다.
"그러면 나머지 화살 열아홉 개를 들어서 부러뜨려 보아라."
모리연이 부러뜨리지 못하자, 아시가 말했다.
"알겠는가? 하나는 쉽게 부러뜨리지만, 이것이 모여 집단을 이루면 부러뜨리기가 어렵다. 너희들이 힘을 합하고 마음을 하나로 뭉친다면 나라의 사직은 튼튼해질 것이다."
모리원취(毛利元就)가 세 아들에게 화살을 부러뜨리게 한 고사도 이와 같은 뜻이다.

반야경을 읽는 승려가 마시는 것
반야탕 般若湯

절에서 술을 가리킬 때 쓰는 말이다. 술의 다른 이름. 출전은 《묵장만록(墨莊漫錄)》.

般 돌 반 | 若 반야 야 | 湯 끓는 물 탕

　　승려는 술을 반야탕이라 한다. 그런데 그 말이 어디서 나왔는지 아는 사람은 거의 없었다. 우연히 《석씨회전(釋氏會典)》을 읽다가 거기서 그 말의 출처를 알았다. 그 내용은 이렇다.

　　당나라 목종 때 한 나그네 승려가 어느 절에 와서 사람을 시켜 술을 사오게 했다. 그 절의 승려가 이 광경을 보고 화를 내면서 술병을 빼앗아 잣나무에다 팽개쳤다. 술병은 산산조각이 났지만, 술병에 있던 술은 나무에 엉겨붙었는데 그 빛깔이 마치 푸른 옥 같았다. 아무리 흔들어도 그 술은 흩어지지 않았다. 나그네 승려가 말했다.

　　"나는 늘 반야경을 지니고 있는데, 이 놈 한잔을 기울이고 나서야 비로소 독송할 수가 있소."

　　반야경을 늘 독송했기 때문에 술병이 깨져도 술이 흩어지지 않는 이적(異蹟)을 발휘한 것이다. 우리나라 사찰에서는 술을 곡차(穀茶)라고 하는데, 직역하면 '곡식으로 만든 차'라는 뜻이다.

먼 나라와는 친선을 맺고 가까운 나라부터 공격하라
원교근공 遠交近攻

> 진시황이 천하를 통일하는 데 채택한 정책이다. 출전은 《사기》 '범수열전(范睢列傳)'. 범수의 이야기는 '누란지위(累卵之危)'에도 나온다.

| 遠 멀 원 | 交 사귈 교 | 近 가까울 근 | 攻 공격할 공 |

진(秦)나라 소양왕 시절, 소양왕의 어머니인 선태후의 동생 양후(穰候)는 제나라를 쳐서 자기 영토를 확장하려고 했다. 이 사실을 안 범수는 소양왕을 알현하여 다음과 같이 진언했다.

"한나라와 위나라, 이 두 나라를 거쳐 막강한 제나라를 치는 것은 좋은 계책이 아닙니다. 왕께서는 진나라의 병력을 아끼고, 한·위 두 나라의 병력을 최대한 동원하시려는 것 같은데, 동맹국을 믿지 못하면서 그 너머에 있는 제나라를 친다면 어떠하겠습니까?

지난 날 제나라의 민왕(湣王)이 연나라의 악의 장군에게 패한 것도 멀리 떨어진 초나라를 치다가 과중한 부담으로 동맹국이 떨어져 나갔기 때문입니다. 당시 한나라와 위나라만이 덕을 보게 되었으니, 이는 적에게 병력을 빌려 주고 도둑에게 식량을 대준 셈입니다. 현 정세하에서는 먼 나라와는 친선을 맺고 가까운 나라부터 공략하는 원교근공책(遠交近攻策)을 써야 합니다."

결국 범수의 책략은 받아들여지고 그는 재상이 되었다. 그의 원교근공책은 진나라의 국시가 되어 천하통일을 이루는 초석이 되었다.

도끼를 갈아서 바늘을 만든다
마부작침 磨斧作針

끈기 있게 쉬지 않고 노력하면 어떤 어려운 일도 성취할 수 있다는 뜻. 출전은 《당서》 '문원전(文苑傳)'.

| 磨 갈 마 | 斧 도끼 부 | 作 지을 작 | 針 바늘 침 |

이백은 젊은 시절 훌륭한 스승을 찾아서 산에 들어가 공부를 했다. 그러나 중도에 싫증이 나자 아무 말 없이 산을 내려갔다.

이백이 계곡의 어느 시냇가에 이르렀을 때, 한 노파를 보았다. 노파는 바위 위에다 열심히 도끼를 갈고 있었다. 이백이 노파에게 물었다.

"지금 뭘 하고 계신건가요?"

"도끼를 갈아서 바늘로 만들려고 하네."

"아니, 도끼를 간다고 바늘이 되겠습니까?"

"중도에 그만두지만 않는다면 될 수 있지."

이 말을 들은 이백은 문득 깨닫는 바가 있어서, 다시 산으로 올라가 공부를 계속했다.

하나를 들으면 열을 안다
문일지십 聞一知十

재능이나 학문이 아주 뛰어난 사람을 가리킨다. 평범한 사람은 하나를 들으면 하나를 알고, 좀더 뛰어난 사람은 하나를 들으면 둘을 알고, 가장 걸출한 사람은 하나를 들으면 열을 안다. 출전은 《논어(論語)》 '공야장편(公冶長)' 편.

| 聞 들을 문 | 一 하나 일 | 知 알 지 | 十 열 십 |

    공자의 제자 중에서 뛰어난 제자는 70명 정도 된다. 그중 자공은 재능이 뛰어난 사람이었고, 안연은 덕과 학문이 제자 중에서도 가장 뛰어났다.
    어느 날 공자는 자공에게 물었다.
    "자네와 안회 중 누가 더 낫다고 생각하는가?"
    자공이 대답했다.
    "제가 어찌 안회와 비교될 수 있겠습니까? 안회는 하나를 듣고 열을 알지만(聞一知十), 저는 하나를 듣고 둘을 아는 데 불과합니다."
    공자가 말했다.
    "그렇다. 자네는 안회만 못하지. 나와 자네 모두 안회만 못하다네."

드넓은 바다를 보고 감탄하다
망양지탄 望洋之嘆

남의 위대함을 보고서 자신의 보잘것없음을 깨닫게 된다는 뜻이다. 더 나아가 자신의 힘이 미치지 못해서 어쩔 수 없다는 뜻도 있다. 출전은 《장자(莊子)》 '추수(秋水)'편

| 望 바라볼 망 | 洋 큰바다 양 | 之 어조사 지 | 嘆 탄식할 탄, 감탄할 탄 |

가을에 홍수가 나서 수많은 강물이 황하(黃河)로 흘러들었다. 이윽고 황하가 범람하자 양쪽 강변이나 모래톱 둘레는 소와 말도 분간할 수 없을 정도였다. 황하의 신 하백(河伯)은 모든 강물이 자기에게 모여들자 스스로 자기가 제일이라고 생각했다.

그러나 흐름을 따라서 동쪽으로 가다가 북해에 이르러 넓은 바다를 보았다. 넓디넓은 바다는 그 끝이 보이지 않았으니, 그제야 하백은 부끄러움을 느껴 바다를 바라보며 탄식했다(望洋之嘆).

"지금까지는 내가 제일인 줄 알았습니다. 그러나 바다의 무궁한 모습을 보자 얼마나 내 생각이 짧은지 알았습니다."

그러자 북해의 신인 북해약(北海若)이 대답했다.

"우물 속의 개구리에게 바다에 대해 말해도 소용없는 것은 자기가 살고 있는 공간에 사로잡혀 있기 때문이고, 여름철 벌레에게 얼음을 말해도 소용없는 것은 자기가 살고 있는 계절밖에 모르기 때문이오. 마찬가지로 한 가지 재능밖에 없는 사람에게 도를 말해도 소용없는 것은 자신이 배운 것에만 얽매여 있기 때문이오."

늙을수록 더욱 굳세다
노당익장 老當益壯

비록 나이가 많더라도 그 의지가 변하지 않고 굳센 걸 뜻하는데, 노익장이라는 말로 널리 쓰인다. 출전은 《후한서》 '마원전(馬援傳)'.

| 老 늙을 노 | 當 당할 당 | 益 더할 익 | 壯 굳셀 장 |

전한(前漢) 말년에 살았던 마원은 문무를 겸비한 인재였다. 어느 날 그는 태수의 명을 받고 죄수들을 다른 곳으로 이송하는 임무를 맡았다. 그러나 죄수들을 호송하는 도중에 그는 죄수들의 하소연을 듣고는 동정심을 느낀 나머지 모두 풀어주고 자기도 북쪽으로 도망을 갔다.

북방에서 마원은 수천 마리의 동물을 기르면서 열심히 일했는데, 친구들과 담소할 때는 늘 이렇게 말했다.

"대장부의 의지는 곤경에 처했을 때 더욱 견고해야 하고 늙었을 때 더욱 굳세어야(老當益壯) 한다."

그는 많은 돈을 벌었지만 모두 이웃과 벗들을 위해 썼으며, 나중에는 광무제를 도와서 후한(後漢)을 건립하는 데 커다란 공을 세웠다.

물고기가 물을 만난 듯하다
여어득수 如魚得水

마음껏 일할 수 있는 환경에 처한 것을 뜻한다. 출전은 《삼국지》 '제갈량전(諸葛亮傳)'.

| 如 같을 여 | 魚 물고기 어 | 得 얻을 득 | 水 물 수 |

    삼국 시대 때 유비는 천하 통일의 대업을 이루기 위해서 제갈량을 얻고자 했다. 그는 삼고초려(三顧草廬)를 해서 제갈량에게 계책을 물었다. 제갈량은 조조와 손권과 함께 삼국의 정립(鼎立)을 이룬 후에, 대외적으로는 손권과 손을 잡고 대내적으로는 백성을 잘 다스리면, 삼국 통일의 위업을 이룰 수 있다고 했다.
    유비는 제갈량의 견해에 크게 찬동하면서 그를 깊이 신뢰하고 극진히 예우했다. 그러나 관우와 장비는 유비의 그런 태도를 못마땅하게 여기고 있었다. 그래서 유비는 그들에게 이렇게 타일렀다.
    "내가 공명을 얻은 것은 마치 물고기가 물을 만난 것과 같으니, 그대들은 더 이상 말하지 않기를 바란다."

뜻은 말처럼 날뛰고 마음은 원숭이처럼 조급하다
의마심원 意馬心猿

원래 불가(佛家)에서 쓰이는 말로 감정이 요동치고 온갖 생각에 휩싸여서 다스릴 수 없는 상태, 즉 인간의 번뇌와 망상(妄想)을 일컫는 말이다. 출전은 《참동계(參同契)》의 '주(注)'.

| 意 뜻의 | 馬 말마 | 心 마음 심 | 猿 원숭이 원 |

당나라 때의 고승 석두(石頭) 대사가 선(禪)의 참뜻을 설한 작품으로 《참동계》가 있는데, 그《참동계》의 '주(注)'에서는 이렇게 말하고 있다.

"마음은 원숭이와 같아서 고요하지 못하고, 뜻은 말처럼 사방으로 내달리니 신령스런 기운이 밖으로 흩어진다."

물가의 버드나무 같은 체질
포류지질 蒲柳之質

허약체질이나, 나이보다 일찍 머리가 세는 체질을 말한다. 출전은 《진서》 '고열지전(顧悅之傳)'.

| 蒲 마름 포 | 柳 버들 류 | 之 어조사 지 | 質 바탕 질 |

고열지는 강직하고 성실한 성품으로, 일할 때는 의연한 자세를 잃지 않았다고 한다. 그는 황제인 간문제(簡文帝)와 같은 나이였는데, 황제의 머리카락이 검은데 반해 그는 이미 백발이 되었다.

언젠가 황제가 고열지에게 물었다.

"그대의 머리카락은 어째서 나보다 일찍 희어졌는가?"

고열지가 대답했다.

"갯버들의 자질은 가을이 오면 잎이 떨어지며, 소나무나 잣나무의 자질은 서리를 맞아도 잎이 더 무성해집니다."

즉, 자신은 갯버들과 같은 허약체질이라서 머리가 일찍 희어졌고, 황제는 소나무나 잣나무 같이 튼튼한 체질이라서 머리가 여전히 검다는 것이다.

계찰이 검을 걸어 놓다
계찰괘검 季札卦劍

계찰은 자기 보검을 풀어 나무에 걸어 놓음으로써 마음의 약속을 지켰다. 자기 자신에게 한 약속을 굳게 지키는 것을 뜻한다. 출전은 《사기》 '오태백세가(吳太伯世家)'.

| 季 끝 계, 막내 계 | 札 패 찰, 편지 찰 | 卦 걸 괘 | 劍 칼 검 |

    춘추 시대 때, 오나라의 계찰은 처음으로 사자가 되어 북쪽 서(徐) 땅의 군주에게 들렀다. 서 땅의 군주는 계찰이 차고 있는 보검이 마음에 들었지만, 감히 달라고 말하지는 못했다. 계찰은 그 사실을 알았지만, 사자로서 각 나라를 순회하는 중이라 검을 바치지는 않았다. 나중에 돌아오는 길에 서 땅을 들렀지만, 군주는 이미 죽고 없었다.
    계찰은 차고 있던 보검을 풀어 군주의 무덤가 나무에 걸어 놓고서 떠났다. 시종이 계찰에게 물었다.
    "서 땅의 군주는 이미 죽었습니다. 도대체 누구에게 주는 것입니까?"
    계찰이 답했다.
    "그렇지 않네. 처음 서 땅의 군주를 만났을 때부터 내 마음은 이미 그에게 바치기로 결심했지. 어찌 그가 죽었다고 해서 내 마음의 약속을 어기겠는가?"

묵자가 물들여지는 걸 슬퍼하다
묵자비염 墨子悲染

습관에 따라 성품의 선악이 달라지는 것을 말한다. 출전은 《묵자》.

| 墨 먹 묵 | 子 아들 자 | 悲 슬플 비 | 染 물들일 염 |

전국 시대 때, 묵자는 실을 물들이는 자를 보고 탄식하면서 말했다.

"푸르게 물들이면 푸른색으로 변하고, 누렇게 물들이면 누런색으로 변하는구나. 물들이는 데 따라서 그 색깔도 변하고 있으니, 다섯 가지 색으로 물들이면 필경 다섯 가지 색깔로 나오겠구나. 그러므로 물들이는 것은 반드시 신중히 해야 한다."

실을 물들이는 데서 유래했기 때문에 묵자비사(墨子悲絲)라고도 한다.

귀를 씻다
세이 洗耳

허유(許由)가 영수(潁水) 가에서 귀를 씻은 데서 유래함. 행실이 고결하여 세속의 티끌에 물들지 않는 것을 말한다. 출전은 '고사전(高士傳)'.

洗 씻을 세 　 耳 귀 이

요 임금 시절, 허유는 요 임금이 천하를 고스란히 선양하려 한다는 소식을 들었다. 그는 즉시 물러나 숭산에 있는 영수 북쪽, 기산 아래로 은둔해 버렸다. 요 임금은 여전히 그를 불러 천하를 다스리는 자로 삼으려 했지만, 허유는 그 소식을 듣고 싶지 않아서 귀를 영수 가에서 씻었다.

소부(巢父)라는 사람이 소를 끌고 가다가 영수 가에서 물을 먹이려 했다. 그는 귀를 씻는 허유에게 이유를 물었다. 허유가 대답했다.

"요 임금은 나를 불러 천하의 우두머리로 삼고 싶어하지만, 나는 그 소식을 듣기 싫소. 그래서 귀를 씻는 것이오."

소부가 말했다.

"당신이 더 높은 산이나 깊은 계곡으로 숨어 버린다면, 길도 통하지 않을 것이니 누가 당신을 발견하겠소? 당신이 공연히 떠돌면서 그 명성을 듣고 싶어하기 때문에 내 소의 입만 더럽히고 말았소."

그리고는 소를 상류로 끌고 가서 물을 마시게 했다. 이 고사에 나오는 영수와 기산을 따서 기영의 정(箕潁之情)이나 기산의 뜻(箕山之志)이라고 하면, 세상에서 물러나 지조와 절개를 지킨다는 뜻이다.

죽은 시체에 다시 채찍질을 가하다
사시가편 死屍加鞭

도리에 어긋난 짓을 할 때 쓰는 말이다. '오자서열전(伍子胥列傳)'.

| 死 죽을 사 | 屍 시체 시 | 加 가할 가 | 鞭 채찍 편 |

초나라 사람 오자서는 초평왕이 아버지와 형을 죽이자 오나라로 도망쳐서 오왕 합려(闔閭)를 모시며 복수의 칼을 갈았다. 나중에 초평왕이 죽고 초소왕이 즉위하자, 오자서는 자기 손으로 죽이지 못한 걸 한탄하면서 합려에게 초나라를 치자고 권했다. 오왕 합려는 오자서의 청을 받아들여서 초나라를 공격하여 수도인 영을 함락했다.

오자서는 성으로 들어가서 초소왕을 찾았으나, 잡을 수 없자 초평왕의 무덤을 파헤쳐서 시체를 끄집어낸 뒤에 채찍으로 3백 대를 때리게 했다. 오자서의 옛 친구 신포서(申包胥)가 이 소식을 듣고 말을 전해왔다.

"비록 아버지와 형의 복수를 한다고는 하지만, 묘를 파헤쳐서 시신까지 때리는 짓은 너무 심하지 않은가?"

오자서도 그 사신에게 말을 전했다.

"신포서에게 말을 전해주게. 도주하던 시절에 나는 '날은 저물고 길은 멀다(日暮途遠)'고 하듯이, 나이가 들었는데도 뜻을 이루지 못한 초조감 때문에 이치에 어긋난 짓(倒行逆施)을 많이 했네."

일모도원(日暮途遠)과 도행역시(倒行逆施)도 이 일화에서 유래된 것이다.

제2장

학문과 배움

푸른빛은 쪽빛에서 나왔지만
쪽빛보다 더 푸르다

갈림길이 너무 많아서 양을 잃어버리다
다기망양 多岐亡羊

지엽적이고 단편적인 데 집착하다가 본뜻을 잃어버리는 것을 말한다. 출전은 《열자(列子)》 '설부(說符)' 편.

多 많을 다　岐 갈림길 기　亡 없앨 망　羊 양 양

어느 날 양자(楊子)의 이웃 사람이 양을 잃어버렸다. 그는 양을 쫓아가려고 사람들을 모았는데, 양자의 종복까지 청했다.
양자가 말했다.
"양 한 마리를 잃었는데 쫓아가는 사람은 왜 이리 많은가?"
이웃 사람이 말했다.
"갈림길이 많습니다."
한참 후에 양을 쫓아간 이웃 사람이 돌아오자 양자가 물었다.
"양은 찾았는가?"
"못 찾았습니다."
"왜 못 찾았는가?"
"갈림길 속에 또 갈림길이 있어 도저히 어디로 갔는지 모르겠습니다."
이 말을 들은 양자는 울적한 얼굴로 하루종일 말도 않고 웃지도 않았다.
양자의 모습을 본 제자들이 이상히 여겨 물었다.
"양은 대단치 않은 가축입니다. 더구나 선생님 소유도 아닌데, 어째서 말씀도 안 하고 웃지도 않으시는 겁니까?"

그래도 양자는 아무런 말이 없었다.

양자의 제자 맹손양(孟孫陽)이 이 이야기를 선배인 심도자(心都子)에게 말했다. 심도자는 맹손양과 함께 양자를 찾아와 물었다.

"옛날 삼형제가 있었는데, 제(齊)나라와 노(魯)나라에 유학해 같은 선생 밑에서 인의(仁義)를 배워 돌아왔습니다. 삼형제의 아버지가 아들들에게 인의가 무엇인지 물었습니다. 맏아들은 '내 몸을 소중히 해서 후세에 이름을 남기는 것'이라 답했고, 둘째 아들은 '내 몸을 죽여서 이름을 날리는 것'이라 대답하고, 막내는 '몸과 명성을 함께 보전하는 것'이라 답했습니다. 이 세 가지 길은 서로 다르지만, 같은 유학(儒學)에서 나온 것입니다. 어느 것이 옳고 어느 것이 틀렸습니까?"

양자가 답했다.

"한 남자가 황하 물가에서 살고 있었다. 수영을 잘했기 때문에 뱃사공 노릇을 해서 많은 식구들을 먹여 살렸다. 그 때문에 제자로 들어온 사람들이 많았는데, 그 중 반수는 물에 빠져 죽었다고 한다. 그 사람들은 원래 수영을 배우러 온 것이지 빠져 죽는 걸 배우러 오지는 않았는데, 돈 버는 쪽과 목숨을 잃는 쪽으로 나뉘어 그 이해득실이 아주 다르다. 그대들은 어느 쪽이 좋고 어느 쪽이 나쁘다고 생각하는가?"

심도자가 이 말을 듣고 밖으로 나왔다.

맹손양이 심도자에게 말했다.

"저는 뭐가 뭔지 모르겠습니다."

심도자가 말했다.

"큰 길엔 갈림길이 많아서 양을 잃어버리고(多岐亡羊), 학문을 연구하는 학자는 갖가지 방법에만 빠져서 도를 잃는다. 학문의 근본은 모두 동일

한데도, 그 끝은 이렇게 차이가 나버린다. 근본으로 돌아가면 얻고 잃음이 없을 것이다. 자네는 선생님의 문하에서 선생님의 도를 배우는데도 선생님이 하신 비유의 뜻을 이해하지 못하니, 슬픈 일이다."

다기망양(多岐亡羊)은 근본을 돌아보지 않고 지엽적, 방법적인 데만 매달리면 아무런 소득도 얻을 수 없음을 비유한 것이다.

요즘엔 선택의 대상이 너무 많아 어느 방법을 취해야 할지 헷갈릴 경우에도 쓰인다.

다른 산의 돌
타산지석 他山之石

다른 산에서 나오는 돌은 보기 흉하고 별로 쓸모도 없지만, 그래도 옥을 가는 데는 소용이 된다는(他山之石 可以攻玉) 말에서 유래했다. 쓸모 없게 보이는 것도 쓰기에 따라서는 얼마든지 유용할 수 있으며, 또 남의 잘못된 행실도 자기 수양의 거울로 삼을 수 있다는 뜻이다. 출전은 《시경(詩經)》 소아(小雅)에 나오는 학명(鶴鳴, 학의 울음)이라는 시.

| 他 남 타 | 山 뫼 산 | 之 어조사 지 | 石 돌 석 |

학은 깊은 산 속에서 울어도
그 소리는 온 들녘까지 들리누나.
물고기는 깊은 연못에 잠겨 있어도
때로는 물가로 나와 논다네.
동산에는 향기로운 박달나무 있어서
그곳에서 즐겁고 편안케 지내지만,
아래로는 더러운 낙엽이 흩어져 있네.
다른 산(他山)에 있는 조악한 돌이라도
옥을 가는 숫돌로는 쓸 수 있으리.

학은 깊은 산 속에서 울어도
그 소리는 하늘까지 울려퍼지네.
물고기는 물가에 나와 있어도
때로는 연못 속에 잠겨 있다네.
동산에는 향기로운 박달나무 있어서

그곳에서 즐겁고 편안케 지내지만
아래에는 형편없는 닥나무라네.
다른 산(他山)에 있는 조약한 돌이라도
옥을 가는 숫돌로는 쓸 수 있으리.

이 시에 나오는 학이나 물고기는 숨어 있는 현자를 비유한 것이며, 동산을 노래한 세 구절은 현명한 임금 밑에도 소인(小人)이 있을 수 있음을 비유한 것이다. 그리고 마지막 두 구절은 숨어있는 현자를 불러들일 것을 '다른 산에 있는 조약한 돌(他山之石)'조차 숫돌로 쓸 수 있다는 비유로 암시한 것이다. 이 의미가 확대되어 자기보다 못한 사람일지라도 자기 수양의 거울로 삼을 수 있다는 뜻으로 쓰인 것이다.

맹자의 어머니가 세 번 이사를 하다

맹모삼천지교 孟母三遷之敎   단기지교 斷機之敎

맹자는 당시 부국강병(富國强兵)에 매진하는 제후들에 반대하여 덕(德)의 정치를 역설한 사상가인데, 그가 위대한 사상가가 되기까지는 어머니의 헌신적인 가르침이 있었다고 한다. 출전은 한나라의 유향(劉向)이 엮은 '열녀전(列女傳)'.

| 孟 맏 맹 | 母 어미 모 | 三 석 삼 | 遷 옮길 천 |
| 之 어조사 지 | 敎 가르칠 교 | 斷 끊을 단 | 機 베틀 기 |

맹자는 가난한 집안에서 태어났다. 아버지가 일찍 돌아가신 뒤 홀어머니 손에서 자라났다. 맹자의 집은 처음에는 공동묘지 근처에 있었다. 어린 맹자는 묘지에서 장례를 치르는 모습을 보고 곡을 하거나 관을 묻는 흉내를 내며 놀았다. 아들의 노는 모습을 지켜본 맹자의 어머니는 이곳은 아이를 키울 곳이 못된다고 생각했다.

그래서 시장 근처로 이사를 갔다. 어린 맹자는 이내 장사치들이 물건을 사고파는 흉내를 내면서 놀았다.

'이곳도 아이를 기를 곳이 못된다.'

이렇게 생각한 맹자의 어머니는 다시 서당(書堂) 근처로 이사를 갔다. 맹자는 서당에서 학생들이 공부하는 모습을 보고 그 흉내를 내면서 놀았다. 맹자의 어머니는 '이곳이야말로 아이를 가르칠 만한 곳이다'라고 생각해 그곳에서 살았다.

이 일화가 유명한 '맹자의 어머니가 세 번 이사해서 맹자를 가르쳤다'는 맹모삼천지교(孟母三遷之敎)이다.

소년 시절 유학을 갔던 맹자가 어느 날 집으로 돌아왔다. 맹자의 어머니는 베를 짜고 있다가 맹자가 돌아오자 물었다.

"네 공부가 어느 정도 나아졌느냐?"

맹자가 답했다.

"그대로입니다."

그러자 맹자의 어머니는 칼로 베를 끊어 버렸다. 맹자는 벌벌 떨면서 그 이유를 물었다. 맹자의 어머니가 말했다.

"네가 공부를 그만두는 것은 내가 베를 끊는 것과 같다. 군자는 학문에 힘써 이름을 날리고, 모르는 것은 물어 지식을 넓혀야 한다. 그래야만 몸과 마음이 편안해지고, 세상에 나가서는 위험을 멀리하게 된다. 그런데 지금 너는 공부를 그만두었으니, 앞으로는 심부름이나 하면서 생계나 걱정할 것이다. 베를 짜서 생계를 꾸려 나가다가 중도에 그만두는 짓과 무엇이 다르겠느냐? 여자가 생업을 그만두거나 남자가 덕을 닦다가 타락하면 도둑이 되거나 남의 심부름꾼이 될 뿐이다."

어머니의 말에 충격을 받은 맹자는 그때부터 쉬지 않고 학문을 쌓았으며, 공자의 손자인 자사(子思)의 문하에 들어가 마침내 천하의 명유(名儒)가 되었다.

맹자 어머니의 이 가르침을 '베를 끊으면서 준 가르침(斷機之敎)'이라고 한다.

창자가 끊어지는 듯한 슬픔

단장 斷腸

더할 수 없는 극심한 슬픔을 표현할 때 '단장(斷腸)의 슬픔'이라고 표현한다. 출전은 《세설신어(世說新語)》 '출면(黜免)' 편.

斷 끊을 단 | 腸 창자 장

　동진의 무사 환온(桓溫)이 촉나라로 가는 도중이었다. 배를 타고 삼협(三峽)을 지나는데, 부하 한 명이 원숭이 새끼를 붙잡아 배에 태웠다. 그러자 어미 원숭이가 슬피 울면서 강변을 따라 백여 리를 달리다가 배가 강기슭에 닿자 마침내 배에 뛰어들었는데, 이내 숨이 끊어지고 말았다. 사람들이 원숭이의 뱃속을 갈라보니 창자가 마디마디 다 끊어져 있었다.
　이 소식을 들은 환온은 분노하면서 새끼 원숭이를 잡아온 부하를 쫓아버렸다.
　삼협은 양자강이 촉나라의 고지대를 통과해 호북 땅으로 가는 길목에 위치한 협곡이다. 구당협(瞿塘峽), 무협(巫峽), 서릉협(西陵峽)을 가리키며, 예부터 원숭이가 많았다고 한다. 원숭이의 애달픈 모정이 가슴에 파고드는 일화이다.

기교는 같으나 곡조는 다르다
동공이곡 同工異曲

글을 짓는 기교는 옛 문장과 같으나 그 취향은 다르다는 뜻으로, 원래는 칭찬하는 말이었다. 그러나 요즘은 뜻이 변하여 '겉만 다를 뿐 속을 알고 보면 똑같다'는 경멸의 뜻으로 쓰인다.

| 同 같을 동 | 工 장인 공 | 異 다를 이 | 曲 가락 곡, 굽을 곡 |

당나라의 대문장가 한퇴지가 지은 글 '진학해(進學解)'에 나오는 말이다. 이 글은 한퇴지가 선생과 학생을 등장시켜 서로 묻고 답한 대화 형식인데, 실제로는 한퇴지 스스로 자문자답하는 것이다. 동공이곡이 나오는 구절은 다음과 같다.

"시문이 바르고 빛나는 것은 장자와 이소(離騷, 굴원의 작품)에 미친다. 사마천이 기록한 바에 의하면 양웅(揚雄)과 사마상여(司馬相如)는 기교는 같되 그 취향은 다르다는데(同工異曲), 한퇴지 선생의 글은 그 알맹이를 간직하면서도 외형은 자유롭다."

천상의 옷은 바늘로 꿰맨 자리가 없다
천의무봉 天衣無縫

어떤 기교도 부리지 않았는데도 빼어난 시나 문장을 가리킨다. 또 갖고 있는 재능을 충분히 발휘해서 매끄럽게 일을 처리할 때 천의무봉이라고 한다. 출전은 《태평광기(太平廣記)》 68권.

| 天 하늘 천 | 衣 옷 의 | 無 없을 무 | 縫 꿰맬 봉 |

곽한(郭翰)은 문학이나 서예에 능했으면서도 세속을 초월한 청년이었다. 그는 일찍이 부모를 잃고 혼자서 생활하고 있었다.

어느 여름날 밤 그는 달빛이 쏟아지는 뜨락에다 간이 침상을 만들고, 그 위에 누워서 서늘한 바람을 쏘이고 있었다. 그런데 뭐라 형언할 수 없는 향기가 뒤섞인 서늘한 바람이 스며들어 왔다. 향기가 점점 짙어지자, 곽한은 아무 생각 없이 하늘을 올려다보았다. 그때 사람 그림자가 하늘거리면서 내려오더니 그의 눈앞에 섰다. 눈이 부실 정도의 아름다운 여인이었다.

검은 비단 옷에다가 얇은 비단으로 만든 소매 없는 옷을 걸쳐 입고, 녹색 봉황의 벼슬에다 구름 모양을 수놓은 신을 신고 있었다. 정말로 천상의 선녀였다. 데리고 온 두 시녀도 보기 드문 미녀였다.

곽한이 흐트러진 옷깃을 여미고 침대에서 내려와 엎드리자, 선녀는 미소를 지으며 말했다.

"나는 천상 세계에 사는 직녀(織女)입니다. 남편과의 오랜 이별로 적적

한 나머지 우울증이 걸렸기 때문에 천제(天帝)의 허락을 받고 잠시 인간 세계에 휴양하러 왔습니다. 당신이 세속의 티끌을 피해 생활하는 것을 연모해 부부의 인연을 맺으려고 이렇게 찾아온 것입니다."

"황송합니다."

곽한이 두려움에 떨고 있는 동안, 직녀는 시녀들에게 규방을 청소하도록 시켰다. 침대에는 붉은 망사 휘장이 드리워지고, 수정으로 엮은 이부자리가 깔렸으며, 두 시녀는 천천히 바람을 보내주었다.

가을처럼 청량해진 침실에서 두 사람이 손을 맞잡고 있다가, 옷을 벗고 침상으로 들어갔다. 직녀가 입고 있는 붉은 비단 옷에선 미묘한 향기가 일어나 규방 전체로 퍼져나갔다. 서로의 정을 나눈 뒤, 날이 밝아오자 직녀는 구름을 타고 돌아갔다.

그 뒤 직녀는 밤마다 찾아왔는데, 곽한은 한번은 장난삼아 이렇게 물었다.

"주인(견우를 말함)은 어떻게 된 것입니까? 혼자 이런 짓을 해도 괜찮습니까?"

직녀가 대답했다.

"이 일은 그 사람과 관계 없습니다. 더구나 은하수에서 헤어졌기 때문에 그 사람에게 알려질 리도 없고, 설사 안다 해도 어찌할 수 없습니다."

마침내 칠월 칠석 날이 찾아왔다. 그날 밤 직녀는 나타나지 않았으며, 며칠 밤이 지나서야 다시 찾아왔다. 곽한이 물었다.

"어때, 즐거웠습니까?"

직녀가 웃으면서 대답했다.

"천상의 일은 이 세속의 일과는 다릅니다. 마음을 통해 합칠 뿐 별다른 일은 없습니다. 질투할 것이 못 됩니다."
"그렇지만 너무 오래되었군요."
"천상의 하룻밤은 이 세상의 닷새에 해당됩니다."

그날 밤 직녀는 곽한을 위해 천상의 요리를 가져왔는데, 모두가 한 번도 보지 못한 음식들이었다. 곽한이 가만히 그녀의 옷을 살펴보았더니 전혀 꿰맨 자리가 없었다. 이상히 생각해서 물어보자 직녀가 말했다.
"천상의 옷은 원래 바늘이나 실을 사용하지 않습니다."
그리고 그 옷은 그녀가 돌아갈 때가 되면 저절로 그녀의 몸을 덮었다.
1년이 지난 어느 날 밤, 직녀가 곽한의 손을 잡고 울면서 말했다.
"천제에게 허락을 받은 기한이 다 되었습니다. 오늘 밤을 끝으로 이별하지 않으면 안 됩니다."
그날 밤 둘은 아침이 올 때까지 자지 않고 이별을 아쉬워했다. 선물을 교환하고 하늘로 돌아갔지만, 돌아보고 또 돌아보면서 보이지 않을 때까지 손을 흔들었다.
그 뒤 곽한은 이 세상 어떤 미인을 보아도 마음이 움직이질 않았다. 가문을 잇기 위해 부득이 아내를 맞이하긴 했지만, 전혀 마음에 들지 않아 부부 사이가 나빴으며 끝내 자식도 두지 못한 채 죽고 말았다.

길에서 듣고 길에서 말한다
도청도설 道聽塗說

한마디 좋은 말을 들으면 마음 속에 깊이 새겨 몸소 실천해야 하는데도 아무 생각 없이 무책임하게 말해 버리는 것을 훈계한 말이다. 출전은 《논어(論語)》 '양화(陽貨)' 편.

| 道 길 도 | 聽 들을 청 | 塗 길 도, 진흙 도 | 說 말씀 설 |

공자가 말씀하셨다.

"길에서 듣고 길에서 말하는(道聽塗說) 것은 덕을 저버리는 일이다."

또 《순자(荀子)》 '권학(勸學)' 편에서는 같은 뜻을 이렇게 표현하고 있다.

"소인의 학문은 귀로 들어와서 입으로 말한다. 입과 귀 사이는 사촌 정도니, 어찌 칠 척이나 되는 몸을 아름답게 할 수 있겠는가!"

어떤 말이든 할 때는 신중히 생각하고 재삼 검토해 본 뒤에 하는 것이 기본적인 덕목이다. 떠도는 말을 입에서 나오는 대로 아무렇게나 하는 것은 가벼운 행동일 뿐 아니라 경우에 따라서는 화근을 부르는 법이다.

용문에 올라간다
등용문 登龍門

모든 난관을 이기고 목표를 성취했을 때 쓰이는 말이다. 옛날에는 과거 급제에, 요즘에는 입시나 고시에 합격해 입신출세할 때 쓰인다. 출전은 《한서(漢書)》 '이응전(李膺傳)'.

| 登 오를 등 | 龍 용 룡 | 門 문 문 |

    후한 말기는 환관들의 횡포가 극에 이른 시대였다. 그러나 일부 정의로운 신하들은 환관들의 횡포에 대항해 격렬한 항쟁을 벌이다가 끝내 '당고의 화(黨錮之禍)'를 불러 일으켰다.
    당시 이 정의로운 신하들 중 우두머리로서 이응(李膺)이라는 사람이 있었다. 그는 홀로 가르침을 지키면서 항상 고결한 품위를 유지했는데, 명성이 점점 올라가 마침내 '천하의 모범은 이응'이라는 칭송을 받았다. 특히 젊은 관료들이 그를 존경했기 때문에, 그에게 인정받는 것을 그들은 '등용문'이라고 불렀다.

    여기서 말하는 '용문'은 황하 상류에 있는 골짜기다. 이곳은 급류가 심해 평범한 물고기는 올라가지 못한다고 한다. 그래서 수많은 물고기들이 이 용문 아래서 몰려다니지만 여간해선 용문으로 오르질 못한다. 하지만 일단 오르기만 하면 순식간에 용으로 변한다고 한다.

명치와 심장 사이

고황 膏肓

> 흔히 불치의 병을 말할 때 "병이 고황에 들었다(病入膏肓)"고 한다. 고황은 명치와 심장 사이를 가리키는데, 병마가 이곳까지 침범하면 고칠 수 없다고 한다. 출전은 《춘추좌씨전(春秋左氏傳)》 '성공(成公)'.

| 膏 기름 고 | 肓 명치 황 |

춘추 시대 때 진나라 경공(景公)이 병이 들어, 무당을 불러 점을 치게 했다. 무당은 점을 치고 나서 억울하게 죽은 귀신이 씌어 병이 들었다고 말했다. 경공이 물었다.

"그럼 어찌해야 하는가?"

무당이 답했다.

"이미 늦었습니다. 왕께서는 올해 나온 햇보리를 드시지 못할 것입니다."

경공은 병이 더 깊어지자 진나라의 명의 고완(高緩)을 청했다. 고완이 도착하기 전에 경공은 꿈을 꾸었는데 두 아이가 나와 이야기하고 있었다.

"고완은 훌륭한 의사야. 우리가 다칠지도 몰라. 어디로 도망칠까?"

한 아이가 말했다.

"명치 위 심장 아래에 머물면 우리를 어쩌지 못할 거야."

마침내 고완이 와서 진맥을 한 뒤 말했다.

"치료 불가능합니다. 병마가 명치 위 심장 아래에 있기 때문에 침을 놓을 수도 없고 약을 써도 그곳까지는 미치질 못합니다."

경공은 고완에게 후한 예물을 줘서 돌아가게 했다. 그러나 경공은 곧 죽지는 않았다. 6월이 되어 햇보리가 나오자 경공은 보리밥을 짓게 한 뒤 무당을 불렀다.

"너는 내가 햇보리를 먹지 못할 것이라고 말했지."

이렇게 말한 뒤 무당의 목을 자르게 했다. 그리고 수저를 들려고 하는데, 갑자기 복부가 팽만해지면서 거북스러웠다. 그래서 경공은 변소에 갔다가 그만 실수로 변소에 떨어져 죽고 말았다고 한다.

글을 읽다가 양을 잃어버리다
독서망양 讀書亡羊

다른 일에 정신을 빼앗겨 본래의 일을 소홀히 하는 것을 가리킨다. 출처는 《장자(莊子)》 '변무(騈拇)' 편.

| 讀 읽을 독 | 書 글 서 | 亡 없앨 망 | 羊 양 양 |

하인과 하녀 두 사람이 함께 양을 치고 있다가, 모두 양을 잃어버렸다. 주인이 하인에게 물었다.

"무엇을 하고 있었느냐?"

"댓가지를 끼고 책을 읽고 있었습니다."

또 하녀에게 물었다.

"무엇을 하고 있었느냐?"

"주사위 놀이를 하고 있었습니다."

두 사람이 하는 일은 같지 않았지만, 양을 잃어버린 것은 마찬가지였다.

독서망양은 마음이 딴 데 가 있어 근본적인 이치를 생각지 않는다는 뜻으로도 쓰인다.

나무의 뿌리를 뽑고 물의 원천을 막아 버린다
발본색원 拔本塞源

> 범죄나 사회의 병리현상을 일으키는 요소를 근본적으로 없애고 근원적인 처방을 할 때 쓰는 말이라 하겠다. 출전은 《춘추좌씨전(春秋左氏傳)》 소공(昭公) 9년 조항에 나오는 주왕(周王)의 말이다.

| 拔 뽑을 발 | 本 근본 본 | 塞 막을 색 | 源 근원 원 |

"나에게 백부가 있는 것은 마치 의복에 갓과 관이 있는 것과 같고, 나무에 뿌리가 있고 물에 원천이 있는 것과 같고, 백성들에게 지혜로운 군주가 있는 것과 같다. 만약 백부께서 갓을 부수고 관을 쪼갠다면, 또 나무의 뿌리를 뽑고 물의 원천을 막아 버린다면(拔本塞源), 지혜로운 군주를 끝까지 저버린다면, 설사 오랑캐라 할지라도 어찌 한 사람이라도 남아 있겠는가?"

이 글에서 보면 '발본색원'의 뜻은 나무를 잘 자라게 하고 물을 잘 흐르게 하는, 요컨대 긍정적인 생명 현상을 북돋우는 것이 아니라 오히려 거부하는 부정적인 의미이다. 이것이 오늘날에는 부정적인 요소를 뿌리 뽑는 근본 처방이라는 긍정적 의미로 바뀐 것이다.

하늘을 함께 이고 살 수 없는 원수
불구대천지수 不俱戴天之讐

부모의 원수를 가리킬 때 쓰이는 말로 출전은 《예기(禮記)》 '곡례(曲禮)' 편.

| 不 아니 불 | 俱 함께 구 | 戴 일 대 | 天 하늘 천 | 之 어조사 지 | 讐 원수 수 |

　아버지의 원수는 하늘을 함께 이고 있지 못하고, 형제의 원수는 무기를 가지러 가지 못하고, 친구의 원수는 같은 땅에서 살지 못한다.
　아버지의 원수는 상대가 죽지 않으면 자신이 죽어야 하는 원수이다. 형제의 원수도 반드시 갚아야 할 것으로 항상 무기를 휴대하고 있다가 기회가 오면 복수를 해야 하는 것이다. 기회가 왔는데도 무기를 가지러 돌아간다면 원수는 도망갈 틈을 얻게 된다.
　한편 친구간의 원수는 같은 나라에서 살아서는 안된다. 상대를 타국으로 쫓아내거나 자기가 다른 나라로 떠나 버려야 한다.

낙양의 종이가 귀해졌다
낙양지귀 洛陽紙貴

'낙양의 종이값을 올려놓았다(洛陽紙貴高)'는 말로도 쓰인다. 작품이 널리 읽히게 되자, 그 책을 만드는 종이가 품귀현상을 빚을 정도가 된 것을 말한다. 요즘의 베스트셀러와 같다. 출전은 《진서(晉書)》 '문원전(文苑傳)'.

| 洛 강 이름 낙 | 陽 볕 양 | 紙 종이 지 | 貴 귀할 귀 |

    진나라의 좌사(左思)는 훌륭한 글재주를 지녔지만, 용모가 추하고 나면서부터 말을 더듬었다. 이 때문에 사람들과 접촉을 피하고 집 안에만 틀어박혀 창작에만 열중했다.
    마침내 그는 10년에 걸쳐 완성한 《삼도지부(三都之賦)》를 가지고 당대의 석학인 황보밀을 찾아갔다. 황보밀은 그의 문장이 매우 훌륭한 것을 알아보고서 즉석에서 서문을 써 주었다. 이후 그의 글은 점점 진가를 인정받게 되는데, 특히 재상 장화(張華)는 이렇게 절찬했다.
    "그의 글은 반고(班固)나 장형(張衡)의 작품에 버금간다. 읽는 이의 마음을 감흥시키면서도 여운이 있고, 두고두고 볼수록 더 새로워진다."
    장화의 말을 전해 들은 호족이나 귀족들은 다투어서 그의 글을 베껴갔다. 이 때문에 '낙양의 종이가 품귀현상을 빚을(洛陽紙貴)' 정도였다.

깨끗한 거울과 고요한 상태의 물
명경지수 明鏡止水

사물을 어떤 굴절이나 왜곡 없이 있는 그대로 반영하기 때문에 '흔들림 없이 맑고 고요한 심경'을 나타낼 때 쓰인다. 출전은 《장자(莊子)》 '덕충부(德充符)' 편.

| 明 밝을 명 | 鏡 거울 경 | 止 그칠 지 | 水 물 수 |

    신도가(申徒嘉)는 형벌로 발이 잘린 사람인데, 정자산(鄭子産)과 함께 백혼무인(伯昏無人)을 스승으로 섬겼다. 자산이 신도가에게 말했다.
    "내가 먼저 하직 인사를 하고 나가면 자네가 뒤에 남아 있고, 자네가 먼저 나가면 내가 남아 있겠네."
    그 다음 날 또 강당에서 만나 동석하게 되었다. 자산이 신도가에게 말했다.
    "내가 먼저 하직 인사를 하고 나가면 자네가 남아 있게나. 자네가 먼저 나가면 내가 남겠네. 지금 내가 나가려는데 자네가 남아 주겠는가 못하겠는가? 또 자네는 집정(執政)인 나를 보고서도 경의를 표하고 피하려 하질 않으니 자네가 집정과 동등한가?"
    신도가가 말했다.
    "선생님의 문하에서 당신이 말한 집정 따위가 있는가? 당신은 자신이 집정인 걸 내세워 남을 업신여기는 자일세. 나는 '거울이 밝게 닦여 있으면(鑑明) 먼지가 앉지 못한다. 먼지가 앉아 있다면 거울이 밝지 못한 것이다. 마찬가지로 어진 사람과 오래도록 함께 있으면 마음이 밝아져 잘못이 없게 된다'라고 들었네.

지금 당신은 백혼무인 선생에게서 대도를 배우고 있지 않은가? 그런데도 이런 식으로 말을 하다니 그 또한 잘못이 아닌가?"

또 형벌로 다리가 잘린 왕태(王駘)에게 배우는 사람이 공자에게서 배우는 사람과 필적했기 때문에 그 까닭을 공자의 제자 상계(常季)가 공자에게 묻는 내용이 나온다.

상계가 공자에게 물었다.

"왕태는 자기자신을 닦은 터라 자신의 지혜로 자기 마음을 이해했고, 그 이해한 마음으로 불변의 마음을 얻었습니다. 그것은 어디까지나 자기자신을 닦은 것일 뿐 남을 위하거나 세상을 위한 것이 아닙니다. 그런데 어째서 그를 최고라고 여겨 많은 사람들이 모여드는 것입니까?"

공자가 말했다.

"사람들은 자신의 모습을 흐르는 물에 비춰보지 않고 고요히 멈춰있는 물(止水)에 비추어 본다. 마찬가지로 오직 고요한 자만이 고요함을 바라는 뭇사람들을 고요하게 할 수 있는 것이다."

'명경지수'는 이 두 일화에서 나온 말이다. '명경'과 '지수'를 '명경지수'로 합쳐서 사용하는 것은 밝고 깨끗한 마음(明鏡)이 곧 고요한 마음(止水)이기 때문이리라.

이런저런 일에 더 이상 미혹되지 않는 나이
불혹 不惑

40세를 가리킨다. 출전은 《논어(論語)》 '위정(爲政)'편.

不 아니 불 | 惑 혹할 혹

공자가 말했다.

"나는 나이 열다섯에 학문에 뜻을 두고(志學), 서른 살에 그 학문의 방향이 확고히 서고(而立), 마흔 살에는 더 이상 미혹되지 않고(不惑), 쉰 살에는 천명을 알았으며(知天命), 예순 살에는 남의 말을 들어도 거스름이 없었으며(耳順), 일흔 살에는 마음이 하고 싶은 대로 따라도 법도(法度)를 넘지 않았다(從心)."

이 말은 공자가 자신의 평생에 걸친 인격의 성장 과정을 표현한 말이라 할 수 있다.

자신을 희생하여 인덕을 이룬다
살신성인 殺身成仁

자신의 이익이나 영달보다는 보다 큰 대의(大義)를 위해 자신을 희생시키는 자세를 말한다. 출전은 《논어(論語)》 '위령공(衛靈公)'편.

| 殺 죽일 살 | 身 몸 신 | 成 이룰 성 | 仁 어질 인 |

공자가 말했다.
"뜻있는 선비(志士)와 인덕이 있는 사람(仁人)은 자신의 삶을 위해 인(仁)을 해치는 일이 없다. 오히려 자신을 희생하여 인(仁)을 성취한다."

여기서 '지사(志士)'는 도에 뜻을 둔 사람이고, 인인(仁人)은 어진 덕을 갖춘 사람이다. 원래 인을 닦는 데는 스승에게도 양보하지 않는다고 했다. 따라서 지사나 인인(仁人)은 늘 인(仁)을 성취할 것을 생각하며, 이를 위해서는 자신의 희생도 즐거이 받아들이는 것이다.

아침에 도를 들으면 저녁에 죽어도 좋다
조문도석사가의 朝聞道夕死可矣

주나라의 문물과 제도, 도덕의 회복을 원하는 말. 출전은 《논어(論語)》.

| 朝 아침 조 | 聞 들을 문 | 道 길 도 | 夕 저녁 석 |
| 死 죽을 사 | 可 옳을 가 | 矣 어조사 의 | |

《논어》 '이인(里仁)' 편을 보면 "아침에 도를 들으면 저녁에 죽어도 좋다"라는 공자의 말이 나온다.

여기서 중요한 것은 공자가 말하는 도가 무엇인가 하는 점이다. 송나라 때 주자는 이 도를 도리, 진리 등 우주의 근본원리라는 성리학적 해석을 내리고 있다. 하지만 주나라의 멸망이 눈앞에 보이던 춘추 시대에 살았던 공자는 평생 주나라 문화의 회복을 필생의 과업으로 삼고 있었다. 그가 천하를 돌아다니며 제후들을 설득한 내용도 바로 주나라의 문물과 제도를 따르자는 것이었다. 물론 공자는 주 문화를 인(仁), 의(義), 예(禮), 악(樂)에 따른 도덕 정치의 산물로 보았다.

따라서 위의 글에서 말한 도는 주나라 문물과 제도, 그리고 그 밑바탕이 되는 도덕의 회복을 말한다. 후대에 형성된 존재론적, 형이상학적 '도'라기보다는 주나라 때 실재했던 구체적인 '도'였던 것이다.

마음에서 마음으로 전한다
이심전심 以心傳心

> 원래는 불교의 심오한 진리를 글이나 말을 통하지 않고 직접 마음을 통해 전한데서 비롯된 것이다. 요즘은 일상생활에서도 말없이 서로 통할 때는 '이심전심'이란 말을 흔하게 사용한다. 출전은 《전등록》,《오등회원》.

以 써 이 | 心 마음 심 | 傳 전할 전

　어느 날 석가모니불은 영산(靈山)에서 대중들에게 불교의 진리를 설하고 계셨다. 석가모니불은 연꽃 한 송이를 손에 들고 대중들에게 보이셨다. 아무도 그 뜻을 몰라 잠자코 있었는데, 오직 가섭 존자만이 그 뜻을 깨닫고 빙그레 미소 지었다.
　석가모니불은 가섭 존자에게 말했다.
　"내게는 정법안장(正法眼藏, 올바른 진리를 갖추고 있음)과 열반묘심(涅槃妙心, 열반 상태의 미묘한 마음)과 실상무상(實相無相, 변화하는 생멸의 세계를 떠난 진리)과 미묘법문(微妙法門, 진리로 가는 미묘한 길)이 있는데, 문자를 통해 표현치 않고 교리 밖에 별도로 전하는 것이다. 내 이것을 마하가섭에게 부촉하노라."
　이처럼 석가모니불이 연꽃 한 송이를 들어 대중에게 보인 데(華示衆) 대해 가섭이 미소(微笑)로 답하자, 부처와 가섭 간에 마음이 서로 통했는데, 이를 '이심전심'이라고 한다. '염화시중의 미소' 또는 '염화미소'도 이 일화에서 나온 것이다.

하나로 꿴다
일이관지 一以貫之

한결같은 태도로 일관하는 것을 말한다. '일관(一貫)'이라는 말도 '일이관지'에서 나온 것이다. 출전은 《논어(論語)》 '위령공(衛靈公)' 편과 '이인(里人)' 편.

| 一 하나 일 | 以 써 이 | 貫 뚫을 관 | 之 어조사 지 |

공자가 자공에게 말했다.
"사(賜, 자공의 이름)야, 너는 내가 많이 배워서 아는 자라고 생각하느냐?"
"그렇습니다."
"아니다. 나는 '단 하나로써 일관하는 (一以貫之)' 것이다."
여기서 공자가 말하는 하나(一)는 무엇인가? 《논어》 '이인'편에 나오는 증자와의 문답에서 그 해답을 찾을 수 있다.
공자가 증자에게 말했다.
"삼(參, 증자의 이름)아, 나의 도는 하나로써 일관되어 있다."
공자가 나가자 제자들이 증자에게 물었다.
"스승님께서 말씀하신 '하나'란 무엇인가?"
증자가 말했다.
"스승님의 도는 충서(忠恕)일 뿐이다."
즉, 공자가 말하는 '하나'는 '충서'이며 이는 마음의 성의를 다하는 충실함(忠)과 타인을 자기처럼 생각하는 동정심(恕)이다. 충서는 유교의 본질인 '인(仁)'을 말하는 것이다.

후생이 두렵다
후생가외 後生可畏

일반적으로 먼저 태어난 선배격인 사람을 선생(先生)이라 하고, 뒤에 태어난 후배격인 사람을 후생(後生)이라 한다. 이 말은 뒤에 오는 후배들의 무한한 가능성과 뛰어난 실력이 두려울 정도라는 것이다. 역으로 '선생' 위치에 있는 사람의 반성을 촉구하는 말도 될 수 있다. 출전은 《논어(論語)》 '자한(子罕)' 편.

| 後 뒤 후 | 生 낳을 생 | 可 옳을 가 | 畏 두려울 외 |

공자가 말했다.

"후생이 두렵구나. 뒤에 오는 후배들이 우리만 못하다고 어찌 알겠는가? 사십, 오십이 됐는데도 그 명성이 들리지 않는다면, 이러한 사람은 두려워할 만한 자가 못된다."

대롱을 통해 본다
관견 管見

> 드넓은 하늘도 대롱을 통해서 보면 좁게만 보일 뿐이다. "그건 관견에 불과해"라고 할 때는 사물을 보는 안목이나 식견이 짧은 것을 말하지만, 반대로 "나의 관견으로는……" 이라고 할 때는, 자신의 견해를 낮추거나 겸손해하는 말이다. 출전은 《장자(莊子)》 '추수(秋水)' 편. 논리에 뛰어난 공손룡이 위나라 공자 모(牟)에게 장자의 도에 대해 묻자, 공자 모가 대답한 말에서 나온다.

管 대롱 관 　見 볼 견

공자 모가 탁자에 기대어 있다가 탄식하면서 말했다.

"지금 저 장자의 도는 아래로는 땅 밑의 황천(黃泉)을 밟고 있으며, 위로는 하늘 끝까지 올라 있다. 그곳에는 남쪽도 없고 북쪽도 없으니, 망연히 자신을 잊고 사방으로 풀려나가 헤아릴 수 없는 곳에 잠겨 있는 것이다. 또 동쪽도 없고 서쪽도 없으니, 현명(玄冥, 우주의 근원인 깊고 그윽한 상태)에서 비롯하여 대통(大通, 만물에 통하는 절대의 대도)으로 돌아가는 것이다.

그런데도 그대는 지금 얄팍한 지식으로 그 도를 구하려 하고, 어줍잖은 변론으로 그 도를 찾으려 하는구려. 마치 '대롱을 통해 하늘을 보면서' 그 광할함을 측정하려는 것과 같으며, 송곳으로 땅을 찔러 그 깊이를 측정하려는 것과 같소."

장님들이 코끼리를 논평한다
군맹평상 群盲評象

보통은 "장님 코끼리 만지는 식"이라고 말한다. 사물을 전체적으로 보지 못하고 일부분에만 집착할 때 쓰이는 말이다. 출전은 《열반경》.

群 무리 군   盲 장님 맹   評 평할 평   象 코끼리 상

어느 날 왕이 대신들에게 명했다.
"맹인들에게 코끼리를 보여 주어라."
대신은 맹인들을 모아놓고 코끼리를 만져 보게 했다. 그러자 왕은 맹인들에게 각자 코끼리가 어떻게 생겼는지 말해 보라고 했다.
상아를 만진 맹인이 말했다.
"코끼리는 커다란 무처럼 생겼습니다."
귀를 만진 맹인이 말했다.
"코끼리는 키처럼 생겼습니다."
머리를 만진 맹인이 말했다.
"코끼리는 돌처럼 생겼습니다."
코를 만진 맹인이 말했다.
"코끼리는 방앗공이처럼 생겼습니다."
다리를 만진 맹인이 말했다.
"코끼리는 나무토막처럼 생겼습니다."
등을 만진 맹인이 말했다.

"코끼리는 마룻바닥처럼 생겼습니다."
배를 만진 맹인이 말했다.
"코끼리는 항아리처럼 생겼습니다."
마지막으로 꼬리를 만진 맹인이 말했다.
"코끼리는 새끼줄처럼 생겼습니다."

맹인들의 말은 코끼리의 일부를 말한 것이지 전체를 말한 것이 아니다. 이 우화에서 코끼리는 불교의 진리를 말한다. 즉 논쟁을 좋아하는 무리들의 불교에 대한 이해는 부분적일 뿐 전체적인 모습을 이해하고 있지 못한 것을 비유한 것이다.

넓게 트인 마음

호연지기 浩然之氣

마음이 정의롭고 이치에 맞으면, 어떤 장애에도 흔들림 없이 탁 트이게 되는데, 이를 '호연지기'라 한다. 출전은 《맹자》 '공손추(公孫丑)' 편.

浩 클 호   然 그러할 연   之 어조사 지   氣 기운 기

공손추가 맹자에게 물었다.
"선생님은 어디에 특히 뛰어나십니까?"
맹자가 답했다.
"나는 말을 알고, 또 호연지기를 잘 기른다."
"호연지기가 무엇입니까?"
"설명하기 어렵다. 호연지기는 지극히 크고 굳세다. 똑바로 길러서 손상을 받지 않는다면, 천지 사이에 꽉 차게 된다. 호연지기라는 것은 정의와 도리와 함께하는 것이니, 만약 그렇지 못하다면 쇠퇴하고 만다. 정의가 쌓여 자연스럽게 발생하는 것이지, 억지로 외적으로 정의를 취해 얻어지는 것이 아니다. 행동할 때 마음에 꺼리는 바가 있으면, 호연지기는 즉시 쇠퇴하고 만다."

자신을 해치고 자신을 저버리는 행위
자포자기 自暴自棄

> 좀더 정확히 말하면, 예의를 비난하는 것을 '자포'라 하고, 인의에 입각한 행동을 하지 못하는 것을 '자기'라 한다. 출전은 《맹자》 '이루(離婁)' 편.

| 自 스스로 자 | 暴 사나울 포 | 棄 버릴 기 |

맹자가 말했다.

"스스로를 해치는(自暴) 사람과는 함께 대화를 할 수 없다. 스스로를 저버리는(自棄) 사람과는 함께 행동을 할 수 없다. 말로써 예의를 비난하는 것을 '자포'라 하고, 인의에 입각한 실천을 행하지 못하는 것을 '자기'라 한다. 인(仁)은 사람이 사는 편안한 집이요, 의(義)는 사람이 걸어야 할 올바른 길이다. 편안한 집을 비워두고 살지 않으며, 올바른 길을 버려두고 가지 않으니, 너무도 슬프구나!"

그러나 요즘에 와서 '자포자기'는 좌절하거나 실의에 빠졌을 때 자기 자신을 아무렇게나 다루는 것을 뜻한다.

두묵이 지은 작품
두찬 杜撰

격식에 어울리지 않거나 틀린 곳이 많은 것을 '두찬'이라고 한다. 요즘은 특히 오류가 많은 저작을 말할 때 쓰인다. 출전은 《야객총서(野客叢書)》.

| 杜 막을 두 | 撰 지을 찬 |

두묵(杜默)이라는 사람은 시를 지을 때마다 운율에 맞지 않은 적이 많았다. 그래서 격식에 맞지 않는 것을 '두찬'이라고 부르게 되었다.

또 다른 설은 《상산야록(湘山野錄)》에서 도교의 경전인 《도장(道藏)》에 관해 말할 때 나온다.

《도장》 5천여 권은 《도덕경》 2권만이 진본이고, 나머지는 모두 촉나라의 두광정(杜光庭)이 지은 위작(僞作)이다. 이때부터 보잘것없는 위작을 '두찬'이라고 부르게 되었다.

두들긴다고 할 것인가 민다고 할 것인가
추고 推敲

> 시나 문장을 부단히 고치고 다듬는 것을 '추고(또는 퇴고)'라고 한다. 당나라 중기의 시인 가도(賈島)의 일화에서 나온 것이다. 출전은 《야객총서(野客叢書)》.

推 밀 퇴, 밀 추   敲 두드릴 고

가도는 노새를 타고 가다가 시 한 수가 머리에 떠올랐다. '이응(李凝)의 유거(幽居)에 표제함'이란 시였다.

이응이 살고 있는 거처는 이웃도 적고
잡초가 무성한 길이 쓸쓸한 정원으로 이어진다.
새는 연못 안 나뭇가지에 깃들이는데…….

그런데 여기까지는 줄줄 내려왔는데, 마지막 구절을 '승려는 달빛 아래 문을 두들긴다(僧敲月下門)'로 해야 할지, 아니면 '승려는 달빛 아래 문을 밀고 있구나(僧推月下門)'로 해야 할지 결정을 못 내리고 있었다. '두들기다'는 뜻의 '고(敲)'를 써야할지, '민다'는 뜻의 '추(推)'를 써야할지 골똘히 생각하다가, 결국 맞은편에서 오는 일행과 부딪히고 말았다. 장안에서 벼슬을 하고 있던 한유(韓愈)의 행렬이었다. 무례를 범하게 된 가도는 한유 앞으로 끌려 나갔다. 가도는 시를 짓는 데 정신이 팔려 죄를 범했다며 사죄를 했다. 한유는 잠시 생각하다가 말했다.

"그건 '두들기다(敲)'로 하는 게 좋겠네."

이 사건을 인연으로 가도는 한유의 인정을 받게 되었다.

지나친 것은 모자란 것과 마찬가지다
과유불급 過猶不及

여기서 한걸음 더 나아가면 "지나침은 모자람만 못하다"는 말까지 나오게 된다. 출전은 《논어(論語)》 '선진(先進)'편.

| 過 지나칠 과 | 猶 같을 유 | 不 아니 불 | 及 미칠 급 |

어느 날 자공(子貢)이 스승 공자에게 물었다.
"자장(子張)과 자하(子夏), 둘 중에 누가 더 낫습니까?"
공자가 말했다.
"자장은 지나치고, 자하는 모자란다."
"그렇다면 자장이 더 낫겠네요?"
"지나친 것은 모자란 것과 마찬가지다."

이 일화는 자장(子張)과 자하(子夏)의 대조적인 성격 때문에 나온 것인데, 두 사람의 성격을 말해 주는 일화가 《논어》에 나온다.

어느 날 자장이 공자에게 물었다.
"선비로서 어찌해야 통달한 사람(達)이라 할 수 있겠습니까?"
"네가 말하는 '통달'이 무엇을 말하는 것이냐?"
"제후를 섬기면 기필코 명성을 날리고, 경대부의 신하가 된다 해도 이름이 나는 것을 말합니다."

"그건 명성(聞)이지 '통달'이 아니다. 성격이 바르고 정의를 좋아하며, 말과 안색을 통해 상대의 마음을 들여다보고, 항상 신중히 생각하면서 남에게 공손한 사람, 그리하여 제후를 받들든 경대부의 신하가 되든 잘못되는 일이 없는 사람을 '통달한 사람'이라고 한다."

'안연(顔淵)' 편

공자가 자하에게 말했다.
"너는 군자유(君子儒)가 되어야지 소인유(小人儒)가 되어서는 안 된다."

'옹야(雍也)' 편

이 두 일화에서 보듯이, 자장은 매사 적극적이면서도 과시욕이 강한 성격이며, 자하는 사소한 형식에 얽매이는 소극적인 성격임을 알 수 있다. 공자는 이 두 제자의 성격, 즉 자장의 지나침(過)과 자하의 모자람(不及)을 뻔히 알고 있었기 때문에 '지나침은 모자람과 같다'고 하여 중용을 촉구한 것이다.

옛 것을 익히고 나서 새로운 것을 안다
온고지신 溫故知新

과거의 역사적 사실이나 학문 등을 먼저 충분히 익히고, 그 바탕 위에서 오늘의 새로운 사실을 습득해야 한다는 의미이다. 출전은 《논어(論語)》 '위정(爲政)'편.

| 溫 따뜻할 온 | 故 옛 고 | 知 알 지 | 新 새로울 신 |

공자가 말했다.

"옛 것을 익히고 나서 새로운 것을 알면, 스승이 될 수 있다."

공자가 말한 옛 것은 주나라 때의 문물(文物), 특히 예(禮)와 악(樂)을 말한다. 공자는 제후들이 패권을 다투는 어지러운 시대에 주나라의 제도 문물과 그 정신을 되살리려고 모든 노력을 기울였다. 그는 이러한 옛 전통 위에서 새로운 것을 받아들여야 제대로 된 정치와 사회를 구현할 수 있다고 보았다.

용 그림에 눈동자를 찍다
화룡점정 畵龍點睛

> 사물의 가장 핵심적인 곳을 나타낼 때, 또는 어떤 일의 마지막 끝마무리를 할 때 '화룡점정'이란 말을 쓴다. 반대로 "화룡점정이 결핍되어 있다"고 할 때는 전체적인 꼴은 갖추었지만, 가장 핵심되는 알맹이를 빼먹었다는 뜻이다. 출전은 《수형기(水衡記)》.

| 畵 그림 화 | 龍 용 용 | 點 점찍을 점 | 睛 눈동자 정 |

    남북조 시대, 양(梁)나라의 장승요(張僧繇)는 신의 경지에 이른 그림 솜씨로 유명했다.
    어느 날 그는 금릉(金陵)에 있는 안락사(安樂寺)의 주지로부터 용을 그려 달라는 부탁을 받았다. 그는 사방의 벽면에 용을 그렸는데 그 비상할 듯한 생명력에 감탄하지 않는 사람이 없었다. 그런데 단 하나 이상한 점은 용에 눈동자가 없다는 것이었다. 사람들이 이유를 묻자, 그는 이렇게 대답했다.
    "눈동자를 그려 넣으면, 용이 벽을 뚫고 날아오를 것이기 때문이오."
    하지만 아무도 그의 말을 믿지 않고 용의 눈동자를 그려 넣으라고 성화였다. 마침내 그가 용 한 마리에 눈동자를 그려 넣자 갑자기 우레가 치고 번개가 번쩍이면서, 그림 속의 용이 벽을 걷어 차고 튀어나와 구름을 타고 하늘로 날아가 버렸다. 제정신을 차린 사람들이 벽을 쳐다보니, 눈동자를 그려 넣지 않은 용만이 남아 있었다고 한다.

옥과 돌이 섞여 있다
옥석혼효 玉石混淆

좋은 것과 나쁜 것, 뛰어난 것과 뒤떨어진 것, 좋은 사람과 나쁜 사람이 뒤섞인 것을 '옥석혼효'라고 한다. 출전은 《포박자(抱朴子)》.

| 玉 옥옥 | 石 돌석 | 混 섞일 혼 | 淆 섞일 효 |

　《시경》이나 《서경》 같은 경전이 도의(道義)의 큰 바다라고 한다면, 제자백가의 글은 그 도의를 더 깊게 하는 강의 흐름이라고 할 수 있다.
　그러나 요즘 사람들은 천박한 시나 부(賦)를 즐길 뿐, 제자백가의 글은 가볍게 보고 있다. 진짜와 가짜가 뒤바뀌어서 옥과 돌이 섞여 있다(玉石混淆). 아악과 속악을 똑같이 보고, 용 무늬 옷을 띠로 짠 옷과 한가지로 보니, 슬프기 짝이 없구나.

　《포박자》를 지은 갈홍(葛洪)은 신선도를 닦은 사람이다. 죽을 때 앉은 채로 죽었는데, 안색이 산 사람과 다름없었고 시체도 굳지 않고 부드러웠다. 관에 넣을 때 빈 껍질을 드는 것처럼 가벼워서, 사람들은 이를 시해(屍解, 몸만 남기고 혼은 빠져나가 신선이 되는 것)라 했다.

푸른빛은 쪽빛에서 나왔지만 쪽빛보다 더 푸르다
청출어람청어람 靑出於藍靑於藍

청출어람으로 줄인 말이 더 많이 쓰인다. 스승보다 제자가 더 뛰어날 때 쓰는 말이다. 출전은 《순자(荀子)》 '권학(勸學)' 편.

| 靑 푸를 청 | 出 나올 출 | 於 어조사 어 | 藍 남색 남 |

군자는 이렇게 말했다.
"배움은 중단해서는 안 된다. 푸른빛은 쪽빛에서 나왔지만 쪽빛보다 더 푸르고, 얼음은 물로 이루어진 것이지만 물보다 더 차다."

끊고 닦고 쪼고 갈다

절차탁마 切磋琢磨

원래 학문을 부지런히 닦고 덕을 기르는 것을 말하는데, 요즘은 어느 분야에서나 노력과 정진을 게을리 하지 말라고 권할 때 쓰인다. 출전은 《시경(詩經)》 '위풍(衛風)'의 시 '기오(淇奧)'.

| 切 끊을 절 | 磋 닦을 차 | 琢 쫄 탁 | 磨 갈 마 |

저 기수(淇水) 물가를 보니 푸른 대나무가 무성하구나.
빛이 나는 군자여,
마치 끊는 듯이 하고 닦는 듯이 하며(切磋),
쪼는 듯이 하고, 가는 듯이 하는구나(琢磨).

물가에 무성한 푸른 대나무처럼 군자는 늘 덕과 학문을 갈고 닦는다는 걸 노래한 시이다. 이 시는 《논어》 '학이'편에도 인용되고 있다.

자공이 공자에게 물었다.

"가난해도 아첨하지 않고, 부유해도 교만하지 않는다면 어떻습니까?"

"훌륭하다. 그러나 가난해도 도를 즐기고, 부유해도 예절을 좋아하는 사람만은 못하니라."

"시경에 말하기를, 끊는 듯이 하고, 닦는 듯이 하고, 쪼는 듯이 하고, 가는 듯이 한다는 말이 나오는데, 바로 그런 뜻입니까?"

"사(賜, 자공의 이름)야, 비로소 너와 시를 논할 만하구나. 지난 것을 일러주니, 앞으로 올 것까지 아는구나."

한 글자만으로도 천금의 가치가 있는 문장
일자천금 一字千金

한 글자만으로도 천금의 가치가 있는 문장을 일자천금이라 한다. 출전은 《사기》 '여불위전(呂不韋傳)'.

一 한 일   字 글자 자   千 일천 천   金 쇠 금

나중에 진시황이 된 태자 정(政)은 즉위하자마자 여불위를 재상으로 삼았다. 당시 여불위의 권세는 하늘을 찌를 듯했으며, 집안에는 시종이 만 명이나 되었다. 당시 위나라의 신릉군, 초나라의 춘신군, 조나라의 평원군, 제나라의 맹상군 같은 귀족들은 서로 경쟁이나 하듯 인재들을 모으고 있었다. 여불위는 이에 자극을 받아 그 역시 부지런히 인재들을 불러모았다. 선비들을 매우 후하게 대접했기 때문에 마침내 식객이 3천 명이나 되었다.

당시 제후들에겐 유세하는 선비들이 많이 있었는데, 그중 순자는 책을 써서 천하에 유포했다. 여불위도 자기 식객들에게 보고 들은 것을 쓰게 해서 20만 자에 이르는 책을 만들었다. 그는 천지만물과 고금의 일이 모두 이 책 속에 있다고 해서 《여씨춘추(呂氏春秋)》라는 제목을 붙였다. 그런 다음 수도인 함양(咸陽)의 성문 앞에 책을 늘어놓고, 그 위에 현상금을 걸었다. 이것은 유세하는 선비나 빈객을 유치하려고 한 것인데, 이렇게 쓰여 있었다.

"단 한 글자라도 늘이거나 줄일 수 있다면, 천금을 주리라."

한 알 한 알이 모두 고통과 괴로움이다
입립개신고 粒粒皆辛苦

농부가 경작한 곡식 한 톨 한 톨이 온갖 괴로움과 고통의 산물이란 뜻이다. 요즘은 일을 수행하면서 수고에 수고를 거듭할 때 쓰이는 말이다. 출전은 《고문진보(古文眞寶)》에 실린 이신(李紳)의 '민농(憫農, 농부를 불쌍히 여김)'.

| 粒 낱알 립 | 皆 다 개 | 辛 매울 신 | 苦 괴로울 고 |

벼를 호미질하다가 한낮이 되니
땀은 방울방울 벼 아래 흙을 적시누나.
누가 알리오, 광주리 속에 있는 밥이
한 알 한 알 다 괴로움의 산물인 줄을(粒粒皆辛苦).

명검 '간장'과 '막야'

간장막야 干將莫邪

이 칼은 춘추전국 시대 때, 오나라의 장인 간장(干將)이 나라의 명령을 받아 만든 것이다. 그는 두 개의 검을 만들었는데 하나는 간장, 또 하나는 막야라는 이름을 붙였다. 막야는 그의 아내 이름이다. 출전은 《순자》 '성악' 편.

| 干 막을 간 | 將 거느릴 장 | 莫 없을 막 | 邪 간사할 사, 그런가 야 |

"제나라 환공의 총(蔥), 강태공의 궐(闕), 주나라 문왕의 녹(錄), 초나라 장왕의 홀(忽), 오나라 합려의 '간장'과 '막야', 거궐(鉅闕)과 벽려(辟閭)는 모두 옛날의 명검이다. 하지만 이러한 명검도 숫돌에 갈지 않으면 날카롭지 못할 것이고, 사람의 힘을 얻지 못하면 자르지 못할 것이다."

아무리 명검이라도 끊임없이 숫돌에 갈아야 하듯이, 인간의 성품도 부단히 닦아야 함을 비유한 것이다. 순자는 사람의 성품을 악하다고 보고, 인위적인 수양을 통해 선으로 바꿀 것을 주장했다.

사물의 이치를 탐구해 앎을 이룩한다
격물치지 格物致知

《대학》 1장에는 유교의 근본이념인 세 가지 강령(三綱領)과 여덟 가지 조목(八條目)이 들어 있는데, 그 속에 있는 말이다. 출전은 《대학(大學)》.

| 格 이를 격 | 物 사물 물 | 致 이를 치 | 知 알 지 |

    대학의 도는 밝은 덕을 분명히 밝히는 데 있고(明明德), 백성을 새롭게 하는 데 있으며(親民), 지고의 선(善)에 머무는 데 있다(止於至善). (이상을 삼강령이라 한다.)

    사물의 이치를 탐구해서(格物), 앎을 이룩하고(致知), 뜻을 성실히 해서(誠意), 마음을 올바로 하고(正心), 자기자신을 잘 닦고서(修身), 집안을 잘 다스리고(齊家), 나라를 잘 다스린 뒤(治國), 천하를 태평스럽게 한다(平天下), (이상을 팔조목이라 한다.)

배운 바를 굽혀서 세속에 아첨하다
곡학아세 曲學阿世

> 자기가 배운 진리의 원칙을 위배하고 세속의 시류나 이익에 영합하는 것을 말한다. 소위 어용학자 같은 부류들이 '곡학아세'하는 자들이라 하겠다. 출전은 《사기》 '유림열전(儒林列傳)'.

| 曲 굽을 곡 | 學 배울 학 | 阿 아첨할 아 | 世 세상 세 |

한나라 경제(景帝) 때 원고생(轅固生)이라는 뛰어난 학자가 있었다. 그는 강직한 사람으로 옳다고 생각한 일은 어떤 경우에도 직언을 했다. 그의 강직함을 말해주는 일화가 있다.

두태후(竇太后)는 경제의 어머니로서 《노자》를 매우 좋아했다. 어느 날 원고생을 불러 물었다.

"그대는 노자를 어떻게 생각하는가?"

원고생이 답했다.

"노자란 자는 노예나 종놈처럼 보잘것없는 자입니다. 그의 말은 하잘것없는 말에 지나지 않습니다."

두태후는 매우 화가 나서, 원고생을 사육장으로 보내 돼지를 잡게 했다. 그러나 황제는 그가 직언했을 뿐 죄가 없다는 것을 알고 있었기 때문에 남몰래 날카로운 칼을 주어 돼지를 쉽게 잡을 수 있도록 했다. 나중에 경제는 그를 다시 청하왕의 태부(太傅)로 임명했다. 그는 태부의 소임을 다한 뒤 병이 들어 관직에서 물러났다.

경제 다음에 즉위한 무제는 원고생을 다시 불러냈다. 당시 원고생과 함께 부름을 받은 사람은 공손홍(公孫弘)이라는 젊은 학자였다. 공손홍은 늙은 원고생을 꺼려하면서 흘겨보았다. 그러자 원고생이 말했다.

"지금 학문은 사설(邪說)이 횡행하여 전통 있는 학문은 자취를 감추고 있네. 자네는 올바른 학문에 힘써야 하네. 절대로 자기가 배운 '학문을 굽혀 세상에 아첨해서는(曲學阿世)' 안 되네."

죽음에서 다시 살아난다
기사회생 起死回生

뛰어난 의술로 환자를 죽음의 상황에서 소생시킬 때 또는 위기 상황에 빠졌다가 상황이 반전되어 사태가 호전될 때, 기사회생이라는 말을 쓴다. 출전은 《태평광기》.

起 일어날 기   死 죽을 사   回 돌아올 회   生 날 생

"서른여섯 가지 술법을 쓴 것은 매우 효과가 있었다. 죽음에서 다시 살아났으니(起死回生), 인명을 구한 것이 부지기수였다."

또 《여씨춘추》 '별류(別類)' 편에 이런 이야기가 나온다.

노나라에 공손작(公孫綽)이라는 사람이 있었는데, 그는 사람들에게 이렇게 말했다.

"나는 죽은 사람을 되살릴 수 있다."

사람들이 어떻게 되살릴 수 있는지 물어보자 그가 답했다.

"나는 반신불수를 고칠 수 있다. 반신불수를 고치는 약을 두 배로 늘리면, 그것으로 죽은 사람도 되살릴 수 있다(起死回生)."

교묘한 말과 겉 꾸미는 표정
교언영색 巧言令色

남의 환심을 사기 위해 말만 번드르르하고 표정만 그럴싸하게 짓는 것을 말한다.
출전은 《논어(論語)》 '학이' 편.

| 巧 교묘할 교 | 言 말씀 언 | 令 명령 령 | 色 빛깔 색 |

공자가 말했다.
"교묘한 말과 겉 꾸미는 표정에는(巧言令色) 인(仁)함이 거의 없다. 강직하고(剛), 의연하고(毅), 소박하고(木), 어눌한(訥) 자는 인에 가깝다."

잘못이 있으면 고치기를 꺼리지 마라
과즉물탄개 過則勿憚改

흔히 사람들은 잘못을 하면, 그 잘못을 은폐하거나 방어하려는 데 급급하다. 하지만 참된 인간이 되기 위한 첫번째 일은 바로 자기 잘못을 시인하고 반성하는 것이다.
출전은 《논어(論語)》'자한(子罕)'편, '학이(學而)'편.

| 過 허물 과 | 則 곧 즉 | 勿 말 물 | 憚 꺼릴 탄 | 改 고칠 개 |

공자는 이상형의 인간을 군자(君子)라 불렀는데, 그 군자가 취해야 할 자세에 대해 이렇게 말했다.

"신중하지 못하면 위엄이 없으니, 학문을 해도 굳건하지가 못하다. 충실(忠)과 신의(信)를 바탕으로 삼고, 자기만 못한 자와는 벗하지 마라. 그리고 잘못이 있으면 고치기를 꺼리지 마라(過則勿憚改)."

공경하지만 멀리 한다

경원 敬遠

> 즉 상대를 공경은 하되 가까이하지는 않는 것을 말한다. 그러나 "누구누구를 경원시한다"는 표현에서 보듯이, '꺼림칙해서 피한다'는 부정적 의미로도 많이 쓰인다. 원래는 귀신에 대한 공자의 말에서 유래했다. 출전은 《논어(論語)》 '옹야(雍也)' 편.

敬 공경할 경 | 遠 멀리할 원

공자는 괴상한 것(怪), 쓸데없는 무력(力), 혼란스러운 것(亂), 귀신(神)에 대해서는 말하지 않았는데, 특히 귀신에 관한 태도는 제자 번지(樊遲)와의 문답에서 잘 드러나고 있다.

번지가 안다는(知) 것에 대해 묻자, 공자가 답했다.

"백성들의 정의에 힘쓰고, 귀신을 공경하면서도 멀리한다면(敬遠), 안다고 말할 수 있다."

술잔에 넘치다
남상 濫觴

거대한 양자강의 강물도 근원을 거슬러 올라가면 '술잔에 넘칠' 정도의 적은 물에 불과하다. 모든 사물의 시초나 근원을 가리키는 의미로 쓰인다. 출전은 《순자》 '자도(子道)'편.

濫 넘칠 남 | 觴 술잔 상

공자의 제자 자로가 옷을 잘 차려 입고 공자를 만났다. 자로의 옷차림이 너무 지나치다고 생각한 공자는 그에게 이렇게 훈계했다.

"양자강은 예로부터 민산(岷山)에서 흘러나왔다. 그 시초가 되는 수원은 잔에 넘칠(濫觴) 정도의 물에 불과했다. 하지만 강나루에 이르러선 배를 띄우거나 바람을 피해야 건널 수 있었다. 바로 물이 불어나서 그런 것 아니겠느냐?

지금 너는 화려한 옷을 차려 입고 안색도 그렇게 의기양양하니, 천하에 어느 누가 너에게 충고할 마음을 갖겠느냐?"

이 말은 모든 일에는 시초가 중요하며, 처음이 잘되어야 나중이 잘된다는 뜻이다. 즉 자로에게 옷 입는 일부터 잘해야 된다고 깨우쳐 준 것이다. 자로는 즉시 잘못을 뉘우치고 옷을 갈아입고 들어왔다.

공자가 다시 말했다.

"말을 꾸미거나, 행동을 자랑하거나, 알은체하는 사람은 소인이다. 군자는 아는 건 안다고 말하고 모르는 건 모른다고 말한다. 또 실천할 수 있는 건 실천할 수 있다고 말하고, 실천할 수 없는 건 할 수 없다고 말한다."

자기가 원하지 않는 것은 남에게 베풀지 마라
기소불욕 물시어인 己所不欲 勿施於人

자기가 싫어하는 것을 남이 하도록 강요하는 것은 이기심이다. 상대의 입장을 생각하는 마음, 상대에게 관용을 베푸는 마음을 가지라는 뜻이다. 출전은 《논어(論語)》 '위령공' 편.

| 己 몸 기 | 所 바 소 | 不 아니 불 | 欲 바랄 욕 |
| 勿 말 물 | 施 베풀 시 | 於 어조사 어 | 人 사람 인 |

자공이 공자에게 물었다.
"평생을 지켜나갈 만한 한마디 말이 있습니까?"
공자가 답했다.
"그것은 관용(恕)이니, '자기가 원하지 않는 것은 남에게 베풀지 않는 것(己所不欲 勿施於人)'이다."
'서(恕)'는 자기의 입장과 남의 입장을 바꿔서 생각해 보는 것이다. 이 서(恕)의 마음을 가질 때, 사람은 자기중심성을 탈피할 수 있다.

크게 보면 같으나 부분적으론 다르다
대동소이 大同小異

사소한 부분에서만 차이가 있을 뿐, 전체적인 면에서 별 차이가 없는 것을 '대동소이'라고 말한다. 출전은 《장자(莊子)》 '천하' 편.

大 클 대 | 同 같을 동 | 小 작을 소 | 異 다를 이

혜시(惠施)가 말했다.

"지극히 큰 것은 밖이 없으니, 이를 대일(大一)이라 한다. 지극히 작은 것은 안이 없으니, 이를 소일(小一)이라 한다. 광대한 대일의 우주적 관점에서 보면 하늘과 땅도 낮은 것이고, 산과 연못도 평평한 것이다. 또 해가 하늘 한복판에 있을 때는 동시에 곧 기울 때고, 사물이 살아있을 때는 동시에 곧 죽을 때다. 전체적으론 같으나 부분적으로 같고 다름이 있는 것을 소동이(小同異)라 하고, 만물이 궁극적으로 같거나 궁극적으로 다른 것을 대동이(大同異)라 한다."

하늘은 높고 땅은 낮다. 또 산은 우뚝하고 연못은 움푹하다. 이처럼 이들은 서로 차이(異)가 있다. 하지만 광대한 우주에서 보면 이들은 모두 낮고 평평해서 똑같이(同) 보이는데, 이를 대동소이(본문의 소동이에 해당)라고 말한다.

고기를 잡으면 통발은 잊는다
득어망전 得魚忘筌

목적을 달성하고 나면 그 목적을 달성하기 위해 사용한 수단은 잊어버린다는 뜻. 출전은 《장자(莊子)》 '외물(外物)' 편.

| 得 얻을 득 | 魚 고기 어 | 忘 잊을 망 | 筌 통발 전 |

"통발은 고기를 잡기 위한 것이다. 따라서 고기를 잡으면 통발은 잊어버린다. 덫은 토끼를 잡기 위한 것이다. 따라서 토끼를 잡으면 덫은 잊어버린다. 말은 뜻을 이해하기 위한 것이다. 따라서 뜻을 이해하면 말은 잊어버린다. 내 어찌하면 '말을 잊은 사람'과 만나서 그와 함께 말할 수 있겠는가?"

통발이나 덫이나 말은 목적을 이루기 위한 수단이다. 말을 버리고 뜻을 이해한 사람은 더 이상 말에 구애받지 않는다. 말에 구애받지 않으면, 선악이나 시비 등의 모든 상대성을 벗어난다. 그는 절대의 경지에 이르러 우주와 한몸이 된다. 이것이 장자의 생각이다.

소인은 한가할 때 나쁜 짓을 한다
소인한거위불선 小人閒居爲不善

> 한가로이 홀로 있을 때, 자신의 마음과 뜻을 더 돈독히 해야 하는데, 소인들은 그렇지 못하고 나쁜 짓을 도모한다는 뜻. 《대학》의 8조목 중에서 성의(誠意, 뜻을 진실되게 함)를 설명한 데서 나온다.

小 작을 소	人 사람 인	閒 한가할 한	居 머물 거
爲 할 위	不 아니 불	善 착할 선	

    뜻을 진실되게 한다는 것은 자기자신을 속이지 않는 것을 말한다. 마치 나쁜 냄새를 싫어하는 것처럼, 마치 멋진 빛깔을 좋아하는 것처럼 한다면, 이를 '스스로 겸손하다'고 말한다. 그래서 군자는 반드시 홀로 있을 때 더 삼가고 조심한다.

    소인은 한가할 때 착하지 못한 짓을 하는데(小人閒居爲不善), 못하는 짓이 없다. 그러다 군자를 보고나서는 자신의 악함을 은폐하고 자신의 선함만 부각시키려고 한다. 하지만 사람들이 자신의 행동을 마치 속 들여다보듯이 환히 알고 있으니, 무슨 이익이 있겠는가? 이것이 이른바 마음이 진실되면 밖의 행동으로 드러나게 마련이라는 것이다. 따라서 군자는 반드시 홀로 있을 때 더 삼가고 조심한다.

우공이 산을 옮기다
우공이산 愚公移山

도저히 불가능하게 보이는 목표라도 끊임없이 노력하면 성취할 수 있다는 뜻.
출전은 《열자》 '탕문(湯問)' 편.

| 愚 어리석을 우 | 公 귀인 공 | 移 옮길 이 | 山 뫼 산 |

태행산(太行山)과 왕옥산(王屋山)은 기주의 남쪽과 하양 북쪽에 위치한 산이다. 그런데 북산의 우공이라는 90세 먹은 노인은 늘 이 두 산을 마주 대하고 살았는데, 두 산이 길을 막아 출입할 때마다 돌아다니기가 번거로웠다.

어느 날 노인은 가족들을 모아놓고 물었다.

"난 너희들과 힘을 합해 저 산을 깎아서 남쪽으로 길을 트고 싶은데, 어떻게 생각하느냐?"

가족들 전부가 찬성했지만, 아내만이 반대를 했다.

"당신 힘으로 태행산이나 왕옥산 같은 큰 산을 어떻게 없애요? 게다가 파낸 흙이나 돌은 어디다 버립니까?"

다른 가족들이 말했다.

"발해나 북쪽 지방에 갖다 버리죠."

그리하여 우공은 아들과 손자와 함께 돌과 흙을 파서 삼태기로 발해 땅에다 내다 버렸다. 한 번 다녀 오는데 꼬빡 1년이 걸렸다. 그들이 하는 짓을 본 어떤 사람이 웃으며 말렸다.

"어리석습니다. 늙은 나이에 산의 흙과 돌을 어쩌겠다는 거예요?"

그러나 우공은 태연히 말했다.

"당신은 너무나 소견이 좁소. 내가 죽으면 아들이 하고, 아들에겐 손자가 있으며, 손자도 또 어린애를 낳고, 그 어린애가 다시 아이를 낳아 대대로 이어질 것이오. 그렇게 되면 반드시 저 산이 평평해질 날이 올 것이오."

나중에 우공의 진심에 감동한 옥황상제가 역신(力神)의 두 아들에게 두 산을 업어다 옮기도록 명령했다. 그래서 태행산은 삭주 동쪽으로, 왕옥산은 옹주 남쪽으로 옮겨졌으며, 원래 있던 곳에서는 사라졌다고 한다.

우레가 치면 만물도 덩달아 울린다
부화뇌동 附和雷同

자기 주견 없이 남의 생각이나 행동을 덩달아 따르는 것. 출전은 《예기(禮記)》 '곡례(曲禮)' 편.

| 附 붙을 부 | 和 조화로울 화 | 雷 우뢰 뢰 | 同 같을 동 |

"남의 말을 자기 말처럼 하지 말고, 주견 없이 덩달아 남의 생각에 동조하지 말고(雷同), 반드시 옛날 성현의 가르침을 모범으로 삼고, 선왕의 본보기를 들어서 말하도록 하라."

뇌동(雷同)은 우레가 치면 만물도 덩달아 울리는 것을 말하는데, 남의 말을 아무 생각 없이 경솔하게 따르는 것을 뜻한다.

옛 사람을 본받아 인격과 학문을 닦는다
사숙 私淑

존경하는 사람에게 직접 배우지는 못했으나, 본받아서 배우는 것을 '사숙'이라 한다. 출전은 《맹자》 '이루(離婁)'편.

私 사사로울 사　　淑 정숙할 숙

맹자가 말했다.

"군자의 은덕은 다섯 세대가 지나면 끊어지고, 소인의 은덕도 다섯 세대가 지나면 끊어진다. 나는 공자의 제자가 되지는 못했지만, 공자의 도를 배운 여러 사람들에게서 사숙(私淑)했다."

맹자는 공자가 죽은 지 대략 90년 뒤에 태어났다. 그래서 공자의 직접적인 제자는 되지 못했다. 하지만 공자의 은덕이 많은 사람들에게 끼쳤기 때문에 사람들에게서 공자의 도를 듣고, 이를 본보기로 삼아 자신을 닦을 수 있었던 것이다.

사자의 외침
사자후 獅子吼

권위와 위엄이 있는 소리를 뜻하는데, 부처님의 설법을 말한다. 출전은 《전등록》.

| 獅 사자 사 | 子 아들 자 | 吼 외칠 후 |

　석가모니 부처님은 도솔천에 나시면서, 한 손으론 하늘을 가리키고 다른 한 손으론 땅을 가리키면서 '사자후'를 외쳤다.
　석가모니의 설법은 권위와 위엄이 있어서, 그 음성은 모든 보살과 아라한을 정진케 하며 외도와 악마들을 항복시켰다. 마치 사자가 한번 울부짖으면(獅子吼), 다른 모든 짐승들이 복종하는 것과 같다.

어둠 속에서 더듬어 찾다
암중모색 暗中摸索

불확실한 일에 대한 해결의 실마리를 찾는 것. 출전은 《수당가화(隋唐佳話)》.

| 暗 어두울 암 | 中 가운데 중 | 摸 더듬을 모 | 索 찾을 색 |

측천무후(則天武后)가 중국을 지배하던 시절, 허경종(許敬宗)이라는 재상이 있었다. 그는 사람을 만나도 상대가 누군지 잘 잊어버리는 습성이 있었다. 어떤 사람이 그의 기억력을 비웃자, 허경종은 이렇게 대답했다.

"당신 같은 사람이야 기억하기 어렵지만, 문장으로 유명한 하손(何遜)이나 유효작(劉孝綽), 심약(沈約), 사조(謝朓) 같은 사람을 만난다면, 어둠 속에서도 찾아낼 수 있다고(暗中摸索)."

낙엽 하나로 가을이 온 줄 안다
일엽지추 一葉之秋

낙엽 하나가 떨어지는 걸 보고 천하에 가을이 온 줄 안다(一葉落知天下秋)를 줄인 말이다. 한 부분을 보고 전체를 알 수 있다는 뜻. 또는 사물의 사소한 현상을 통해 근본을 꿰뚫어 보는 것을 말한다. 출전은 《회남자》 '설산훈(說山訓)'편.

一 한 일　　葉 잎사귀 엽　　之 어조사 지　　秋 가을 추

한 점의 고기를 맛보면 가마솥 안에 있는 고기 전체의 맛을 알 수 있고, 습기를 빨아들이지 않는 날개와 습기를 흡수하는 숯을 달아 두면 방 안이 건조한지 습한지 알 수 있다. 이를 두고 작은 것으로 큰 것을 밝힌다고 한다.

무릇 낙엽 하나가 떨어지는 걸 보고서 한 해가 기울어감을 아는 법이며, 병 속에 얼음이 언 걸 보고 천하가 추워졌음을 알게 된다. 이를 비근한 것을 통해 멀리 있는 것까지 안다고 말하는 것이다.

여기서 한 해가 기울어감을 아는(知歲之將暮) 것은 바로 가을이 왔다는 뜻이다. 그래서 《문록(文錄)》에 실린 시에는 이렇게 표현되어 있다.

"산 속에 사는 중은 세월이 얼마나 흘렀는지 헤아리지 않으니, 다만 낙엽 하나가 떨어지면 천하에 가을이 온 줄 안다(一葉落知天下秋)."

하늘의 도는 과연 옳은 것이냐 틀린 것이냐?
천도시야비야 天道是耶非耶

> 예로부터 한국이나 중국은 하늘을 숭배해왔다. 흔히 "하늘이 무섭지 않느냐?"는 말을 쓰는 것은 하늘이 지극히 공명정대하다고 생각하기 때문이다. 하지만 이 하늘의 길이 정말 늘 공명정대하고 옳기만 한지 의심스럽다는 것이 천도시야비야의 뜻이다. 출전은 《사기》'백이숙제열전'.

| 天 하늘 천 | 道 길 도 | 是 옳을 시 | 耶 어조사 야 | 非 그를 비 |

　사마천은 흉노에게 잡힌 이릉(李陵)을 변호하다 생식기를 거세당하는 궁형(宮刑)을 받았다. 올바른 일을 변호했는데도 중형을 받게 된 사마천은 하늘이 착한 사람의 편이라는 일반적인 통념에 비판적인 안목을 갖게 된다. 그의 이 같은 심정은 백이와 숙제에 대한 기술에서 잘 드러나고 있다.

　"백이와 숙제는 어질고 행실이 깨끗했지만, 결국 수양산에서 굶어 죽고 말았다. 또 공자의 70명 제자 중에서 공자가 지극히 칭찬한 사람은 안연인데, 그는 가난에 찌들어 쌀겨조차 먹지 못하다가 결국 젊은 나이에 죽고 말았다. 사정이 이런데도 하늘이 착한 사람의 편이었다고 말할 수 있는가?

　게다가 유명한 도적 도척(盜跖)은 날마다 죄 없는 사람을 죽이고 인육으로 회를 뜨는 등의 악행을 저질렀지만, 평생을 잘 살면서 장수를 누렸다. 도대체 그가 무슨 덕을 쌓았단 말인가?"

　이렇게 사마천은 '하늘의 도는 과연 옳은 것이냐, 그른 것이냐?(天道是耶非耶)'라고 물은 것이다.

한 치도 안 되는 칼로 상대를 죽인다
촌철살인 寸鐵殺人

손가락의 마디를 촌(寸)이라 하고, 철(鐵)은 칼 같은 무기를 말한다. '촌철'은 날카로운 한마디 말이며, '살인'은 상대의 허점이나 급소를 찌르는 것이다. 출전은 대혜선사(大慧禪師)의 《정법안장(正法眼藏)》.

| 寸 마디 촌 | 鐵 쇠 철 | 殺 죽일 살 | 人 사람 인 |

대혜선사가 선에 대해 말했다.

"비유하자면 사람이 한 수레의 병기를 싣고 와서, 그 병기를 하나씩 하나씩 꺼내 휘두르지만, 이는 사람을 죽이는 수단이 아니다. 나라면 단지 촌철(寸鐵)만으로도 사람을 죽일 수 있다."

여기서 사람을 죽이는 수단은 마음속의 온갖 망상과 분별을 끊는 수단을 뜻한다. 이를 위해 사람들은 수많은 병기를 사용하듯이 온갖 말들을 쓰고 있지만, 그 정도로는 망상을 끊고 깨달음에 이를 수 없다. 단 한마디의 핵심적인 경구, 즉 촌철만으로도 망상을 끊어낼 수 있다.

뼈를 바꾸고 태를 탈바꿈한다

환골탈태 換骨奪胎

> 원래는 도교에서 연단(煉丹)을 통해 신선이 되는 것을 말하는데, 후에 황정견(黃庭堅)이 옛사람의 시구를 본뜨는 것을 '환골(換骨)', 그 시의 어구를 고쳐서 표현한 것을 '탈태'라 한 데서 유래했다. 또 통상 용모나 차림새가 몰라보게 좋아졌을 때 환골탈태했다는 표현을 쓰기도 한다. 출전은 《냉제야화(冷齊夜話)》.

| 換 바꿀 환 | 骨 뼈 골 | 奪 빼앗을 탈 | 胎 태 태 |

황정견이 말했다.

"시의 뜻은 다함이 없으나, 사람의 재능은 한계가 있다. 한계가 있는 재능으로 다함이 없는 뜻을 좇는 것은 도연명이나 두보라도 전부 터득할 수는 없다. 그러나 그 시의 뜻을 바꾸지 않고 말을 만드는 것을 환골법(換骨法)이라 하고, 그 뜻을 모범으로 삼아 시구를 고쳐 표현하는 것을 탈태법(奪胎法)이라 한다."

눈을 비비고 상대를 본다
괄목상대 刮目相對

> 학문이나 그 밖의 실력이 눈에 띄게 늘었을 때를 말한다. 흔히 '괄목할만한 수준'이라고 하면, 눈을 비비고 다시 봐야할 만큼 뛰어나게 발전한 것을 가리킨다. 출전은 《삼국지》 '오지(吳志)', '여몽전(呂蒙傳)'.

| 刮 비빌 괄 | 目 눈 목 | 相 서로 상 | 對 대할 대 |

삼국 시대 때, 오나라의 장수 여몽은 집이 가난해 글공부는 못했지만 무예를 닦아서 훌륭한 장수가 되었다. 어느 날 그는 오나라의 창업주 손권으로부터 책을 많이 읽어 학식을 쌓으라는 말을 들었다.

이때부터 시작한 여몽의 글공부는 잠시도 쉬지 않고 계속되었다. 어찌나 열심히 했던지 전쟁터에서도 손에서 책을 떼지 않았다고 한다. 한번은 학식이 깊은 노숙(魯肅)이 그와 토론을 하다가 여몽의 학문이 높아진 데 대해 크게 놀랐다.

"난 그대가 무예만 뛰어난 줄 알았는데, 이렇게 학식이 풍부하다니 놀랍소. 이젠 오나라에 있을 때의 여몽이 아니구려(非復吳下阿蒙)."

그러자 여몽은 이렇게 답했다.

"무릇 선비라면 헤어졌다가 사흘이 지나서 만났을 땐 눈을 비비고 상대를 봐야(刮目相對) 하오."

여몽은 노숙이 죽은 뒤, 손권을 도왔다. 관우의 근거지를 공격해 그를 죽였으며, 갖가지 책략으로 오나라의 기반을 굳건히 했다.

정원에서 내린 교훈

정훈 庭訓

'가정교육'을 뜻한다. 특히 아버지가 아들에게 주는 교훈인데, 공자가 아들 백어(伯魚)가 정원을 지날 때 가르침을 베푼 데서 '정훈'이란 말이 생겼다. 출전은 《논어(論語)》 '계씨(季氏)'편.

| 庭 뜰 정 | 訓 가르칠 훈 |

진항이 백어에게 물었다.
"당신은 선생님의 아들인데, 무슨 별다른 가르침이 있습니까?"
백어가 대답했다.
"아직 없습니다. 한번은 아버님께서 홀로 정원에 계실 때, 제가 지나가고 있었죠. 그때 아버님은 '《시경》을 배웠느냐?'고 물었습니다. '아직 못 배웠습니다'라고 대답하자, 아버님이 '《시경》을 배우지 않으면 말을 하지 못한다'고 하셔서 저는 물러나와 시경을 배웠습니다.
또 언젠가 아버님은 그날도 정원에 서 계셨습니다. 저 역시 정원을 지나가고 있는데, 아버님이 '예를 배웠느냐?'고 물으셨습니다. 제가 '아직 못 배웠습니다'라고 대답하니, 아버님은 '예를 배우지 않으면 자신을 정립시키지 못하니라' 하셨습니다. 그래서 저는 물러나와 예를 배웠습니다. 제가 아버님에게 들은 것은 이 두 가지입니다."
진항이 물러 나오면서 기쁜 기색으로 말했다.
"하나를 물어 셋을 얻었구나. 시경을 듣고, 예를 듣고, 또 군자가 그 아들을 멀리함을 들었다."

푸른 바다 속의 좁쌀 하나
창해일속 滄海一粟

지극히 미미하고 하찮은 것을 말할 때 쓰인다. 나아가 자신의 지식이나 재능 등이 남보다 못하다고 겸손해할 때 쓰이기도 한다. 출전은 《소식(蘇軾)》이 지은 '적벽부(赤壁賦)'.

| 滄 푸를 창 | 海 바다 해 | 一 하나 일 | 粟 좁쌀 속 |

소식이 황주로 좌천되었을 당시, 그는 삼국 시대 때 조조와 주유의 싸움으로 유명한 적벽을 유람하면서 '적벽부'를 지었다. 그 내용 중에 소식이 친구의 말을 인용하면서 인생을 논하는 장면이 나오는데, '창해일속'은 여기에 나오는 구절이다.

조조는 배의 난간에 기댄 채 술잔을 기울이고
긴 창을 끼고서 시를 지었다고 하니
진실로 일세의 영웅이거늘 지금은 어디에 있는가?
지금 그대와 내가 작은 배를 타고 잔을 들어 술을 마시지만
우리 인생은 천지에 기생하는 하루살이처럼 짧고
푸른 바다 속에 있는 좁쌀 하나와 같구나(滄海一粟).

그대로 기술하기만 할 뿐 창작하지는 않는다
술이부작 述而不作

> 옛날의 전통을 그대로 서술할 뿐이지 뭔가를 덧붙이거나 첨가하지는 않는다는 뜻이다. 출전은 《논어(論語)》 '술이(述而)' 편.

| 述 말할 술 | 而 어조사 이 | 不 아니 부 | 作 지을 작 |

    춘추 시대에는 고대의 문화를 해석하는 데 갖가지 비판과 주장이 난무하던 시대였다. 도가, 묵가, 유가 등의 사상이 이런 토대 위에서 나온 것인데, 그중에서도 공자는 고대의 문화를 주관적인 관점에서 취사선택하는 걸 배격하고 옛 문화를 숭상하는 상고주의(尙古主義)에 진력했다. 특히 주나라의 문화를 숭상해서 주나라 문화를 세운 주공(周公)이 꿈에 나타나지 않은 걸 한탄할 정도였다. 그래서 공자는 옛 문화에 대해서 왜곡하는 걸 싫어했다.

    "나는 서술할 뿐 창작하지 않았으며 옛 것을 믿고 좋아했을 뿐이니, 은밀히 비교한다면 노팽에 견줄 수 있다."

    공자의 이러한 태도는 '옛 것을 익히고 나서 새로운 것을 배운다'는 온고지신(溫故知新)의 정신에서도 엿볼 수 있다.

책을 맨 가죽 끈이 세 번이나 끊어짐
위편삼절 韋編三絶

책을 몇십 번이나 반복해서 읽은 나머지 그 책을 맨 끈이 끊어져 버렸다는 뜻으로서 독서를 열심히 하는 것을 말한다. 출전은 《사기》 '공자세가(孔子世家)'.

韋 가죽 위 | 編 엮을 편 | 三 석 삼 | 絶 끊을 절

   공자는 만년에 이르러 현실 정치에서 물러난 뒤에는 《역경》을 애독했다고 한다. 그리하여 나중에는 《역경》의 뜻을 설명한 《십익(十翼)》을 저술하게 되었는데, 공자는 이렇게 말했다고 한다.
   "하늘이 나에게 몇 년의 수명을 더 주어서 역(易)의 이치를 배울 수 있다면, 역의 도리를 더 분명히 깨칠 수 있을 것이다."
   이처럼 《역경》을 반복해 읽다 보니 책을 엮은 가죽 끈이 세 번이나 끊어졌다. 배우길 좋아하는(好學) 공자의 면모와 진리 탐구의 진지한 자세를 엿볼 수 있다.

반딧불과 눈의 공덕

형설지공 螢雪之功

가난 속에서도 열심히 공부해서 어려운 시험에 합격했을 때, 형설의 공을 이루었다고 말한다. 이 말은 동진(東晉)의 차윤(車胤)과 손강(孫康)의 고사에서 나왔다. 출전은 '몽구(蒙求)'.

| 螢 반딧불 형 | 雪 눈 설 | 之 어조사 지 | 功 공훈 공 |

    손강은 집안이 가난하여 등잔불을 밝힐 기름을 살 돈이 없었다. 그래서 항상 눈(雪)에 반사된 빛으로 책을 읽었다. 젊어서부터 청렴하고 지조가 있어 조잡하게 놀지 않았으며, 벼슬이 어사대부까지 이르렀다.

    진나라의 차윤은 항상 공손하고 부지런했다. 박학다식하고 견문이 넓었지만, 역시 집안이 가난해 기름을 살 돈이 없었다. 여름날 밤이면, 얇은 주머니에다 반딧불(螢) 수십 마리를 잡아넣어 그 빛으로 책을 읽었다. 나중에 벼슬이 이부상서에 이르렀다.

    가난 속에서도 열심히 공부하는 것을 '형설'이라고 한다.

책을 백 번 읽으면 그 뜻이 저절로 드러난다
독서백편의자현 讀書百遍義自見

부지런히 학문을 계속 닦으면 저절로 이해하게 된다는 말이다. 출전은 《삼국지》 위지(魏志) '왕숙전(王肅傳)'.

讀 읽을 독	書 글 서	百 일백 백	遍 번 편
義 뜻 의	自 스스로 자	見 나타날 현, 볼 견	

후한 말기에 동우라는 학자가 있었다. 그는 집이 가난해서 일을 하며 공부를 했는데, 손에서 책을 떼지 않았다고 한다. 마침내 그는 벼슬길에 올라 황제에게 경서를 강론했다.

그러나 후에 승상 조조의 의심을 받아 한직으로 쫓겨났다. 그러자 각처에서 동우에게 학문을 배우겠다는 사람들이 모여들었는데, 그때 동우는 이렇게 말했다.

"먼저 책을 백 번씩 읽게나. 책을 백 번 읽으면 그 뜻이 저절로 드러날 걸세(讀書百遍義自見)."

그림 그리는 일은 바탕이 있은 뒤에야 한다
회사후소 繪事後素

먼저 자신의 바탕을 확립한 뒤에야 형식이나 외양을 갖출 수 있다는 말이다. 출전은 《논어(論語)》 '팔일(八佾)' 편.

| 繪 그릴 회 | 事 일 사 | 後 뒤 후 | 素 바탕 소, 흴 소 |

자하(子夏)가 어느 날 공자에게 물었다.
"시에서 예쁜 미소에는 보조개가 고우며, 아름다운 눈에는 까만 눈동자가 선명하다. 바탕이 있고서야 색을 칠할 수 있다고 했는데, 무슨 뜻입니까?"
공자가 대답했다.
"그림 그리는 일은 바탕이 있고 나서야 그릴 수 있다(繪事後素)."
자하가 다시 물었다.
"예가 뒤입니까?"
공자가 말했다.
"네가 나의 흥을 돋우는구나. 비로소 함께 시를 얘기할 만하다."

사실에 입각해서 올바름을 구한다
실사구시 實事求是

학문을 탐구할 때 관념적인 논의에만 머물지 않고 실제의 사실을 확인하고 경험함으로써 올바름을 끌어내는 태도를 말한다. 출전은 《한서(漢書)》 '하간헌왕덕전(河間獻王德傳)'.

| 實 열매 실 | 事 일 사 | 求 구할 구 | 是 옳을 시, 이 시 |

한나라 경제의 아들 유덕(劉德)은 하간헌왕이라고도 하는데, 늘 책을 사랑하고 독서를 즐기는 사람으로 소문이 났다. 어느 날 유덕이 당시의 황제인 한무제(유덕의 형인 유철)와 학문을 논했는데, 한무제는 유덕의 학문과 학문에 임하는 태도를 크게 찬양했다. 《한서》를 지은 반고(班固)는 유덕의 학문을 이렇게 평가했다.

"학문을 닦고 옛 것을 좋아했는데, 실제 사실에 입각해서 올바름을 구했다(修學好古 實事求是)."

그리고 이 '실사구시'에 대하여 당나라 때의 학자 안사고(顏師古)는 이렇게 주석을 붙였다.

"사실에 입각하는 것으로써 매양 참되고 올바름을 구하는 것이다."

학문이 현실과 동떨어진 공론(空論)에 머물 때는 이를 개혁하기 위해서 늘 실사구시의 정신을 표방했는데, 송나라 때의 성리학도 실사구시를 내세웠고 조선 후기의 실학파도 도학(道學)의 공리공론을 피하기 위해서 실사구시를 표방한 실학을 주장했다.

호랑이를 그리려다 개를 그린다
화호유구 畵虎類狗

> 원래는 "호랑이를 그리다가 성공하지 못하면 오히려 개와 비슷하게 된다(畵虎不成 反類狗者)"에서 나온 말이다. 자질도 없는 사람이 호걸을 본받으려다 잘못되면 도리어 경박한 사람이 된다는 뜻. 출전은 《후한서》 '마원전(馬援傳)'.

畵 그림 화 | 虎 호랑이 호 | 類 비슷할 유 | 狗 개 구

    마원(馬援)은 후한 광무제 때 활약한 장군이다. 그는 변방에서 전쟁을 치르는 동안, 고향에 있는 형님의 두 아들에게 훈계하는 편지를 보냈다. 두 아들이 남의 말 하기를 좋아하고, 또 놀기 좋아하는 무리들과 사귀고 있었기 때문이다.

    "나는 너희들이 남의 잘못 듣기를 부모님 이름 듣듯이 하기를 바란다. 즉 귀로는 들을 수 있지만, 입으로 말해서는 안 되는 것이다.

    남의 장단점을 말하기 좋아하고, 함부로 바른 법을 시비하는 것을 나는 매우 싫어한다. 차라리 내가 죽을지언정 자손들이 그런 짓을 한다는 소리는 듣기 싫다. 너희들도 내가 매우 싫어한다는 걸 알겠지만, 그런데도 다시 말하는 것은 잊지 않게 하기 위해서다.

    용백고(龍伯高)는 온후하고 신중하며 검소하고 겸손하면서도 위엄이 있다. 나는 그를 애지중지하니, 너희들이 그를 본받기 바란다.

    두계량(杜季良)은 호방하고 의협심이 있으며, 남의 근심을 함께 걱정하고 남의 즐거움을 함께 즐거워한다. 그의 아버지 장례식 때는 여러 고을

에서 문상객이 찾아왔을 정도다. 나 또한 그를 애지중지하지만, 너희들이 본받는 것은 바라지 않는다.

  용백고를 본받으면 설사 그처럼 되지 못해도 정직하고 근신하는 선비는 될 수 있다. 소위 고니를 그리려다 성공하지 못해도 집오리 비슷하게는 된다는 것이다.

  하지만 두계량을 본받다가 그처럼 되지 못하면 천하에 경박한 사람이 되고 만다. 소위 '호랑이를 그리려다 성공하지 못하면 도리어 개와 비슷하게 된다(畫虎不成 反類狗者)'는 것이다."

제3장 사회

하늘의 그물은 넓어 엉성한 것 같아도
빠져나가기 어렵다

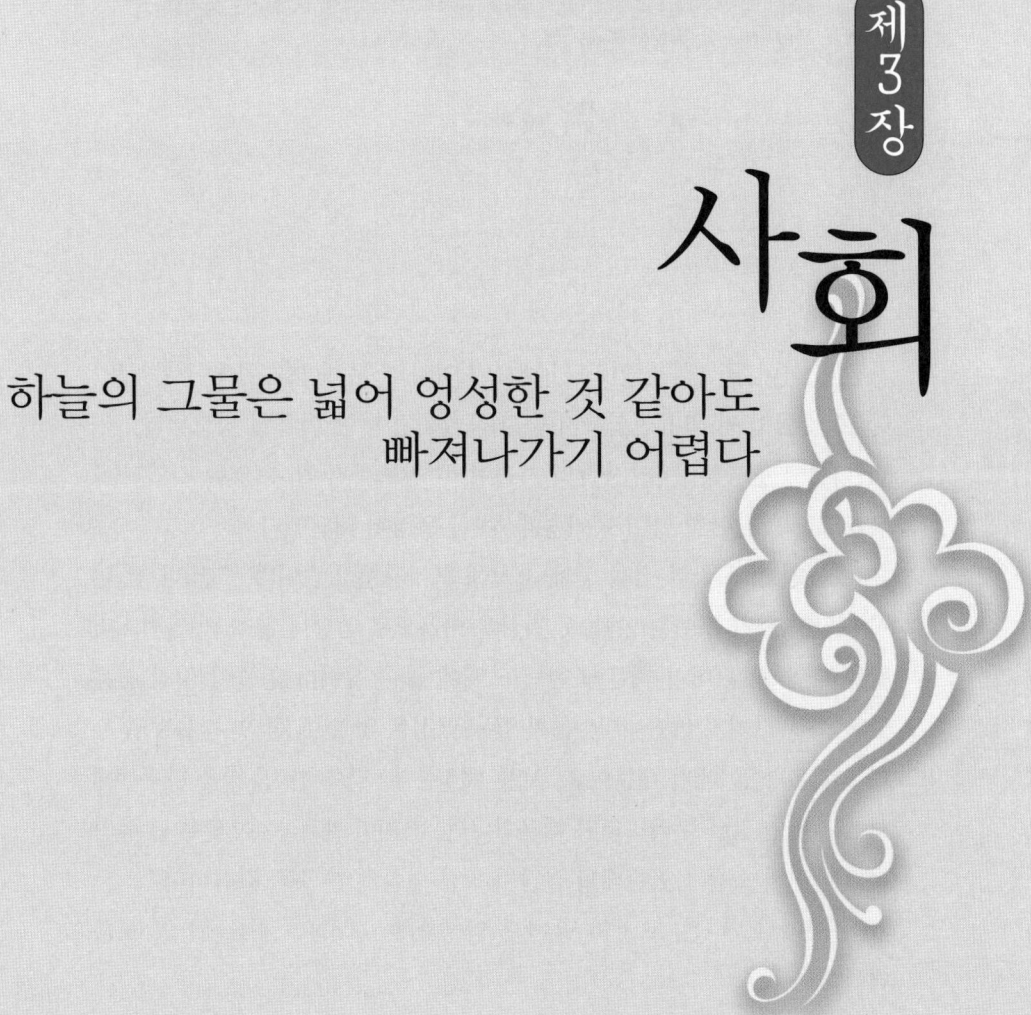

뼈에 붙은 살과 힘줄이 엉겨 붙은 곳
긍경 肯綮

가장 긴요한 곳, 즉 급소를 말한다. '긍경을 찌르다'는 급소를 찌른다는 뜻이다. 출전은 《장자(莊子)》 '양생주(養生主)'편.

肯 기꺼워할 긍, 뼈에 붙은 살 긍 | 綮 힘줄 붙은 곳 경

전국 시대 요리의 명인 포정(庖丁)이 양나라 문혜군을 위해 소를 잡았다. 칼놀림이 어찌나 민첩한지 춤과 음악의 장단에 어울릴 정도였다.

"너무나 훌륭하구나. 사람의 기술이 이 정도까지 될 수 있는 것인가?"

문혜군이 감탄한 나머지 이렇게 묻자, 포정이 대답했다.

"처음엔 저도 소를 잡을 적에 소밖에 보이지 않았습니다. 그러나 삼 년이 지나자 소가 보이지 않았고, 지금은 마음으로 임합니다. 소의 자연스런 결을 따라 칼을 대기 때문에 한번도 뼈에 붙은 살이나 힘줄이 엉겨 붙은 곳(肯綮)을 다치지 않습니다. 솜씨 있는 백정은 일 년에 한 번 칼을 바꾸는데 그것은 살을 베기 때문이요, 보통 백정은 한 달에 한 번 칼을 바꾸는데 뼈에 부딪쳐 칼을 부러뜨리기 때문입니다. 하지만 제 칼은 이제 19년 동안 수천 마리의 소를 잡았는데도 칼날이 방금 숫돌에 간 것과 같습니다."

"훌륭하다. 나는 포정의 말에서 양생(養生, 생명력을 기르는 것)의 도를 터득했다."

사사로운 욕심과 지식의 오만을 버리고, 텅 빈 마음으로 자연의 이치에 따르는 것이 '양생의 길'임을 역설한 것이다.

아침에 셋 저녁에 넷
조삼모사 朝三暮四

눈앞에 보이는 차이만 알고 결과가 같은 것을 모르는 것을 풍자한 말이다. 출전은 《열자》 '황제(黃帝)'편.

| 朝 아침 조 | 三 석 삼 | 暮 저녁 모 | 四 넉 사 |

송(宋)나라에 원숭이를 사랑하여 많이 기르던 저공(狙公)이란 사람이 있었다. 그는 원숭이의 생각을 이해할 수 있었으며, 원숭이도 저공의 마음을 알았다. 저공은 집안 식구의 양식까지 줄여가면서 원숭이들의 욕망을 채워주었다. 갑자기 먹을 것이 부족하게 된 저공은 원숭이들의 양식을 줄이려 했지만, 원숭이들이 자기를 따르지 않을까 걱정했다. 그래서 그는 원숭이들에게 이렇게 꾸며 말했다.

"도토리를 아침에 세 개, 저녁에 네 개씩 주면 만족하겠니?"

그러자 원숭이들이 모두 화를 냈다. 그는 다시 이렇게 말했다.

"그러면 아침에 네 개, 저녁에 세 개씩 주면 만족하겠니?"

그러자 모든 원숭이들이 기뻐했다.

《열자》에서는, 뛰어난 지혜를 갖춘 성인이 인간을 비롯한 만물을 힘들이지 않고 다스릴 수 있는 것이 마치 저공이 어리석은 원숭이를 다루듯이 상대가 눈치채지 않게 교묘히 다스릴 수 있다는 실례로서 '조삼모사(朝三暮四)'를 들고 있다. 그러나 요즘은 교묘한 속임수를 써서 남에게 사기치는 것을 가리킬 때 쓴다.

하늘의 그물은 넓고 넓다
천망회회 天網恢恢

이 말은 "하늘의 그물은 넓고 넓어 엉성한 것 같아도 빠져나가지 못한다(天網恢恢 疏而不漏)"에서 나왔다. 즉 우주의 법칙은 겉으로 보기엔 엉성한 것 같지만 실오라기 하나의 오차도 허용치 않는 엄밀하고 정확한 것이라는 뜻이다. 출전은 《노자》 73장.

| 天 하늘 천 | 網 그물 망 | 恢 넓을 회 |

너무 무모하게 나가면 죽임을 당하고, 무모함 없이 부드러움을 지키면 산다. 이 둘은 어떤 것은 이롭고 어떤 것은 해롭다. 하늘이 싫어하는데, 누가 그 까닭을 알겠는가? 그래서 성인도 어렵게 여기는 것이다.

하늘의 도는 싸우지 않아도 잘 이기고, 말이 없어도 훌륭히 응하고, 부르지 않아도 스스로 오며, 억지로 하지 않아도 훌륭히 도모해 나간다. 하늘의 그물은 넓고 넓어(天網恢恢) 엉성한 것 같아도 빠져나가지 못한다.

또 이 '하늘의 그물(天網)'은 악행한 사람들이 결코 빠져나가지 못하는 그물로도 쓰인다. 악행을 한 자가 사람들을 속이고 세상까지 속이면서 한때 번영을 누릴지는 모르지만, '하늘의 그물'은 결코 속일 수 없어 빠져나가지 못하니 결국 망하게 마련인 것이다.

하늘도 알고 땅도 알고, 나도 알고 너도 안다
천지지지아지자지 天知地知 我知子知

나쁜 짓은 결코 숨길 수 없다는 뜻이다. 출전은 《후한서》 '양진전'.

天 하늘 천　知 알 지　地 땅 지　我 나 아　子 아들 자, 너 자

　　후한의 양진(楊震)은 절개가 굳고 기백이 대단했으며, '관서(關西)의 공자'라고 불릴 만큼 학식이 높았다. 그가 동래군 태수로 갈 때의 일이다. 그는 임지로 가는 도중 창읍에 머물렀는데, 창읍의 현령인 왕밀(王密)을 만났다. 밤이 되자 왕밀은 품속에 있던 금덩어리를 양진에게 주었다. 양진이 거절하며 말했다.
　　"그대의 옛 친구는 그대의 인물됨을 이해하고 있는데, 그대가 옛 친구를 이해하지 못한다니 우습지 않은가?"
　　왕밀이 말했다.
　　"한밤중의 일이라 아는 자가 없소."
　　그러자 양진이 대답했다.
　　"하늘이 알고, 귀신이 알고, 내가 알고, 자네가 아는데(天知神知 我知子知), 어찌 아는 자가 없다고 말하는가?"
　　이 말은 《십팔사략(十八史略)》에서는 '하늘도 알고 땅도 알고, 자네도 알고 나도 안다'고 되어 있다.

무릉에 있는 복숭아 숲
무릉도원 武陵桃源

> 무릉도원은 이상향(理想鄕), 즉 유토피아를 말한다. '도원경(桃源境)'이라고도 하는데, 출전은 도연명(陶淵明)이 지은 《도화원시병기(桃花源詩幷記)》이다.

| 武 굳셀 무 | 陵 언덕 릉 | 桃 복숭아 도 | 源 근원 원 |

진(晉)나라 때 호남성 동정호 서쪽에 있는 무릉(武陵)이라는 마을에 한 어부가 살고 있었다. 그 어부는 계곡의 냇물을 따라 배를 저어 올라갔는데, 계곡 양쪽 언덕에 펼쳐진 복숭아 숲 쪽으로 가게 되었다. 한창 피어 있는 복숭아 꽃에 취해 어부는 자기도 모르게 계속 저어갔다. 가도 가도 복숭아 숲은 끝나지 않았다. 붉은 복사꽃이 하늘하늘 춤추며 파란 풀밭에 내려앉고 있었다.

이윽고 복숭아 숲이 끝나자 산이 나타났는데, 그 산에는 사람 하나 빠져나갈 만한 작은 동굴이 있었다. 어부가 배에서 내려 굴로 들어가 보니 갑자기 넓은 땅이 펼쳐졌다. 그곳엔 집들이 질서정연하게 늘어서 있었으며, 밭들도 잘 가꾸어져 있었다. 그리고 젊은 남녀들이 즐겁게 밭을 갈고 있었다.

어부는 놀라워하면서 이곳이 어떤 곳이냐고 물었다. 알고 보니 그들은 옛날 진(秦)나라 때 난리를 피해 이곳으로 도망해 온 사람들이었다. 이곳에 들어온 뒤 바깥 세상과는 완전히 인연을 끊었기 때문에 그들은 바깥세상의 물정을 전혀 알지 못했다.

  어부는 마을 사람들의 환대를 받으면서 그곳에 며칠 묵었다. 그런 다음 이 계곡으로 들어왔던 길에다 표식을 하면서 무릉으로 되돌아왔다. 되돌아와서 그동안 겪었던 일을 태수에게 보고했다. 태수는 사람들을 시켜 그곳을 찾아보게 했지만 끝내 찾을 수가 없었다.

  도원명이 살던 시대는 격변의 시대였다. 중앙정부는 불안정했으며, 지방의 호족과 군벌들은 끊임없이 투쟁을 일삼았다. 게다가 한민족과 이민족 간의 전쟁, 남방 민족의 침략 등으로 혼란이 계속되던 시대였다. 이런 시대였으니 일반 민중들의 생활은 비참하기 짝이 없었다. 이 무릉도원은 도원명이 그린 이상향이긴 했지만, 당시 민중들이 간절히 염원하던 이상향이라고도 할 수 있는 것이다.

흠 있는 옥
하옥 瑕玉

흔히 "옥에 티(玉瑕)", 또는 "옥에도 티가 있다"고 표현한다. 거의 완벽하지만 아주 티끌만한 결점이 남아 있다는 뜻이다. 출전은 《회남자(淮南子)》 '설림훈(說林訓)' 편.

瑕 티 하 │ 玉 옥 옥

"쥐 굴을 수리하려니 마을 문짝들이 부서지고, 여드름을 문지르니 종기와 등창이 일어난다. 마치 구슬에 흠이 있고 '옥에 티(瑕玉)'가 있는 것 같아서 그대로 두면 온전하나 없애려면 망가지는 것과 같다."

또 같은 '설림훈' 편에 다음과 같은 이야기가 나온다.

"반점이 섞여 있는 표범 가죽은 순수한 여우 가죽만 못하다. 흰 구슬에 티가 있으면 보배라고 할 수 없다. 이는 지극히 순수하기가 어려움을 나타낸 말이다."

첫 인용문에서 보듯이, '하옥'의 원래 의미는 그냥 내버려두면 좋을 걸 쓸데없는 짓을 해서 화를 자초한다는 뜻이다.

사마귀가 다리를 쳐들고 수레바퀴에 대든다
당랑거철 螳螂拒轍

사마귀가 다리를 쳐든 모습이 마치 도끼를 들고 있는 것과 같아서 당랑지부(螳螂之斧)라고도 한다. 자기 실력이나 분수는 생각지 않고 무모하게 강한 자에게 대드는 것을 뜻하며, 출전은 《회남자》 '인간훈(人間訓)' 편.

| 螳 사마귀 당 | 螂 사마귀 랑 | 拒 거부할 거 | 轍 수레바퀴 자국 철 |

제나라 장공(莊公)이 사냥을 나갔는데, 길 한복판에 웬 벌레 한마리가 다리를 쳐들고 수레바퀴에 덤벼들고 있었다. 장공이 마부에게 물었다.

"저건 무슨 벌레냐?"

"사마귀라는 벌레입니다. 이 벌레는 나아갈 줄만 알지 물러날 줄을 모르며 자기 힘은 헤아리지도 않고 적을 가볍게 봅니다."

"만약 사람이 사마귀 같다면 천하에 용감한 무사가 됐을 것이다."

그리고는 수레를 돌려 사마귀를 피해 갔다. 《장자》에는 이런 말이 나온다.

그대의 말은 제왕의 덕에 비하면 마치 사마귀가 성난 팔을 쳐들고 수레바퀴에 대드는 것과 같이 아무 쓸모도 없다. 더구나 그러한 짓은 자신을 위험에 처하게 할 뿐이다.
'천지' 편

저 사마귀는 팔을 뻗쳐 수레바퀴에 대들면서도 감당하지 못한다는 사실을 알지 못한다. 자기 재주의 뛰어남을 과신하는 것이다. 이런 것은 경계하고 삼가야 할 일이다.
'인간세' 편

비슷하게는 보이지만 전혀 아니다
사이비 似而非

특히 겉으로는 훌륭한 사람처럼 행동하지만 실제로는 거짓을 일삼는 무리들을 가리키는 말이다. 출전은 《맹자》 '진심(盡心)'편.

| 似 비슷할 사 | 而 말이을 이 | 非 아니 비 |

공자는 군자인 체 하는 사람을 향원(鄕原)이라 하여 덕을 훔치는 자라고 평했다. 맹자의 제자 만장(萬章)이 향원에 대해 물었다.

"어떤 사람을 두고 마을 사람들이 다 그를 성실한 사람이라 하면, 그는 어딜 가더라도 성실한 사람이 아니겠습니까? 그런데도 공자께서 그를 가리켜 '덕을 훔치는 자'라고 말씀하신 것은 무엇 때문입니까?"

맹자가 답했다.

"그를 비난하려 해도 비난할 것이 없고, 공격하려 해도 공격할 것이 없지만, 시류에 영합하고 혼탁한 세상에 담합한다. 집안에서는 충실하고 신의가 있는 듯하고, 밖에서의 행실은 청렴하고 고결한 듯하여, 사람들이 다 좋아하고 스스로도 그렇게 여긴다. 하지만 그와는 함께 요순의 도(堯舜之道)에 들어갈 수 없다. 그래서 '덕을 훔치는 자'라고 한 것이다.

공자께서는 이렇게 말했다.

'비슷하게 보이지만 실제론 잘못된 것(似而非者)들을 미워한다. 잡초를 미워하는 것은 곡식의 싹과 혼동할까 걱정해서요, 간사함을 미워하는 것은 정의와 혼동할까 걱정해서요, 말재주를 미워하는 것은 신의와 혼동할까 걱정해서요, 정(鄭)나라 음악을 미워하는 것은 올바른 음악과 혼동할까 걱정해서요, 자주색을 미워하는 것은 붉은 색과 혼동할까 걱정해서요, 향원(鄕原)을 미워하는 것은 덕 있는 군자와 혼동할까 걱정해서다.'

군자는 바른 법도로 돌아갈 뿐이다. 법도가 바르면 일반 민중들도 그러한 기풍을 일으키고, 일반 민중들이 그러한 기풍을 일으키면 삿되고 간특함이 없어지는 것이다."

원래 향원은 마을의 성실한 사람이란 뜻이다. 그러나 그 성실함이 자신의 마음에서 자연스럽게 우러나와 행동하는 것이 아니라, 다만 겉모양만 덕 있는 군자처럼 행동하기 때문에 공자가 '덕을 훔치는 자'라고 비판한 것이다.

잔속의 뱀 그림자
배중사영 杯中蛇影

쓸데없는 걱정으로 스스로 병을 만드는 것을 말한다. 출전은 응소(應邵)가 저술한 《풍속통(風俗通)》.

| 杯 잔 배 | 中 가운데 중 | 蛇 뱀 사 | 影 그림자 영 |

나의 조부 응빈(應彬)께서 현령이 되었을 때다. 여름 하지 때, 주부(主簿) 벼슬을 하고 있는 두선(杜宣)이 찾아오자 술자리를 베풀었다. 마침 북쪽 벽 위에 붉은 활이 걸려 있었는데, 그 모습이 술잔에 비추어 뱀 모양을 띠고 있었다. 두선은 무서웠지만 상사 앞이라 술을 마시지 않을 수 없었다. 그러나 그날부터 가슴과 배가 아프고 음식이 잘 안 먹히면서 설사를 했다. 백방으로 치료를 해보았지만 낫지를 않았다. 조부께서 이유를 묻자 두선은 이렇게 말했다.

"뱀이 무섭습니다. 뱀이 뱃속에 들어갔습니다."

조부가 돌아와 두선의 일을 골똘히 생각하다가, 문득 벽에 걸린 활을 돌아보고는 무릎을 쳤다. 두선을 불러 술자리를 마련한 다음 술을 따랐다. 술잔에 뱀 그림자가 떠오르자 두선에게 말했다.

"자, 이건 벽에 걸린 활의 그림자일 뿐일세. 괴이한 것이라곤 없네."

두선은 마침내 응어리가 풀리면서 마음이 편안해지고 병도 나았다.

요즘 같은 세상에는 실체를 보지 못하고 겉모습에만 홀려 스스로 병을 만드는 사람이 더욱더 많은 것 같다.

하나를 들어 둘을 얻다
일거양득 一擧兩得

한 가지 일을 통해 두 가지 이익을 얻는 것을 말한다. 우리가 흔히 쓰는 일석이조(一石二鳥)와 같은 뜻이다. 출전은《진서》'속석전(束晳傳)',《전국책(戰國策)》.

| 一 한 일 | 擧 들 거 | 兩 둘 양 | 得 얻을 득 |

서진(西晉) 무제 때 속석이라는 벼슬아치가 있었다. 그는 무제에게 올린 상소문에서 황하 이북 돈구군 일대에 사는 사람들을 서쪽으로 이주시키는 계획을 말했는데, 여기서 일거양득이라는 말이 나온다.

"10년 동안 세금과 부역을 면제시켜 이주의 괴로움을 위로한다면 이는 하나를 들어 둘을 얻는(一擧兩得) 것입니다."

《전국책》에서는 일거양부(一擧兩附)나 일거양획(一擧兩獲)이라는 말이 나오는데 같은 뜻이다.

왼쪽을 봤다 오른쪽을 봤다 한다
좌고우면 左顧右眄

> 좌우를 바라보면서 자신만만한 모습을 보일 때, 또는 좌우의 눈치를 살피면서 결정을 못 내릴 때 '좌고우면'이라 한다. 출전은 조조의 아들 조식이 지은 《여오계중서(與吳季重書)》.

左 왼쪽 좌 　 顧 돌아볼 고 　 右 오른쪽 우 　 眄 곁눈질할 면

조식이 임치 땅의 제후가 됐을 때, 오계중에게 편지를 보낸 내용에 들어있다.

"술잔에 가득한 술은 앞에서 넘실거리고, 퉁소와 피리 등은 뒤에서 연주합니다. 그대는 마치 독수리처럼 몸을 일으켜 봉황이 살피고 호랑이가 보는 듯이 합니다. 그와 같은 모습은 유방의 명신인 소하나 조삼도 미치지 못하는 것이고, 흉노를 무찌른 곽거병이나 위청도 따르지 못하는 것입니다. 그대의 좌우를 살펴보는(左顧右眄) 모습은 마치 앞에 사람이 없는 듯합니다. 이 어찌 군자의 장한 뜻이 아니겠습니까?"

모든 일이 끝났다
만사휴의 萬事休矣

모든 노력을 다 기울여 애써 보았지만 결국 뜻대로 되지 않았을 때 '만사휴의'라고 한다. 출전은 《송사(宋史)》 '형남고씨세가(荊南高氏世家)'.

| 萬 일만 만 | 事 일 사 | 休 쉴 휴 | 矣 어조사 의 |

당나라가 멸망한 뒤, 지방 절도사들은 암암리에 세력을 키워 독자적인 체제를 갖추고 있었다. 당나라 말기 형남절도사였던 고계흥(高季興)도 그중 하나로, 그의 아들 종회(從誨), 종회의 장남 보융(保融), 열째 아들 보욱(保勖), 보융의 아들 계충(繼沖)의 4대도 57년간 형남 땅을 지배하다가 송나라에 귀순했다.

고씨세가의 고보욱은 지극히 음란하여 매일 연회를 열었으며 건장한 병사를 골라 혼음을 시키고는 그 광경을 발 뒤에서 처첩들과 바라보며 즐겼다고 한다.

고보욱이 어렸을 때, 아버지 종회는 유독 고보욱만을 총애했다. 화를 내다가도 고보욱을 보면 언제 그랬내 싶게 화를 풀면서 웃었다. 그 지방 사람들은 이를 가리켜 "어쩔 수 없다(萬事休矣)"라고 말했다.

제3장 사회 189

책을 태우고 유생을 묻다
분서갱유 焚書坑儒

천하를 통일한 진시황이 당시 학자들을 탄압한 사건인데,《사기》'진시황본기(秦始皇本紀)'에 나온다.

| 焚 태울 분 | 書 글 서 | 坑 묻을 갱 | 儒 선비 유 |

    진시황이 천하를 통일했을 때의 일이다. 순우월(淳于越)이 진시황에게 "옛날을 거울로 삼지 않고는 황실을 오래 보존할 수 없다"고 간언하자 이사(李斯)가 말했다.

    "당신의 말은 하(夏), 은(殷), 주(周) 삼대를 이야기한 것으로, 법도가 되기에는 부족하오. 그때는 제후들이 서로 경쟁적으로 유세하는 자를 불러들였지만, 지금은 천하가 통일되고 법령도 한결같소.

    그런데 학자들은 지금을 스승으로 삼지 않고 옛날을 배워 황제께서 정한 법령을 속으로는 배척하고 제자들을 시켜 비방하게 하고 있소. 이 일을 금하지 않으면 황제의 권위와 세력을 저하시킬 것이오."

    그래서 이사는 진시황에게 이렇게 청했다.

    "진나라 기록이 아닌 것은 모두 불사르고《시경》,《서경》및 제자백가의 책을 모두 불사르고, 옛것을 들어 지금을 잘못됐다 하는 자를 사형에 처하고, 이런 금기를 어기는 자를 검거하지 않는 관리도 사형에 처하십시오. 명령을 내린 뒤 30일 이내에 불사르지 않는 자는 이마에 문신을 새기고 성을 쌓는 형벌에 처하십시오.

버리지 않는 책은 의약서와 점치는 책과 농경서로 하고, 법령을 배우고 싶은 자가 있다면 관리를 스승으로 삼게 하소서."

진시황은 이사의 말을 받아들여 모든 책을 태우게 했는데, 이를 '분서'라 한다.

또 학자들을 구덩이에 파묻어 죽인 '갱유'는 다음 해에 일어났다. 원래 진시황은 불로장생을 원해 신선술을 만드는 방사(方士)를 사랑했다. 당시 진시황의 총애를 받은 사람은 후생(候生)과 노생(盧生)이었다. 그러나 효과가 있을 때는 극진한 대접을 받지만, 그렇지 못할 때는 위험도 컸다. 두 사람은 진시황을 비방하고서 모습을 감춰 버렸다.

진시황은 격노했다. 게다가 시중에 괴상한 말로 사람들을 현혹시키는 학자들이 있다는 보고가 들어왔다. 진시황은 그들을 남김없이 심문토록 했는데, 당시의 상황을 이렇게 전한다.

"유생들은 서로 밀고하여 자신만을 구제하려고 했다. 그 결과 금기를 범한 자가 사백육십여 명이었는데, 모두 땅을 파서 묻어 버렸다. 천하가 알도록 징벌로 삼은 것이다."

배에다 새겨 놓고 검을 찾는다
각주구검 刻舟求劍

고지식하고 완고하거나 물정에 어두울 때 쓰는 말이다. 출전은 《여씨춘추》 '찰금(察今)' 편.

刻 새길 각   舟 배 주   求 찾을 구   劍 칼 검

전국 시대 때 어떤 초나라 사람이 배를 타고 양자강을 건너고 있었다. 강을 건너는 도중 그는 검을 실수로 강물에 빠뜨리고 말았다.

그러자 얼른 단검을 꺼내더니 떨어뜨린 뱃전에다 표시를 해놓고는 이렇게 중얼거렸다.

"검이 떨어진 곳은 여기니까……."

이윽고 배가 건너편 나루터에 닿았다. 그는 표시를 한 뱃전 밑 강물 속으로 뛰어들었지만 검을 찾을 리가 없었다.

어리석고 완고한 사람을 풍자한 이 우화는 매우 유명하다. 너무 엉뚱한 비유라서 세상에 이런 사람이 많지 않을 것 같지만, 실제로는 어리석음에 덮여서 이런 식의 행동을 하는 사람이 많다.

입은 재앙을 부르는 문
구화지문 口禍之門

흔히 입이 화근이라는 말로 사용된다. 출전은 풍도(馮道)가 지은 《설시(舌詩)》.

| 口 입 구 | 禍 재앙 화 | 之 어조사 지 | 門 문 문 |

입은 재앙의 문이요
혀는 몸을 자르는 칼이다.
입을 닫고 혀를 깊이 감추면
가는 곳마다 몸이 편안하리라.

이 시를 지은 풍도는 당나라 말기에 태어나 오대(五代)의 여러 왕조에서 벼슬을 한 사람이다. 당시의 혼란한 세태 속에서 중요한 직책을 두루 거친 풍도의 처세술이 잘 드러나는 시이다.
하지만 난세가 아니라 해도, 입을 가볍게 놀리다 화를 입은 사람이 많으니 조심할 노릇이다.

평지에 물결을 일으키는 것
평지파란 平地波瀾

> 오늘날에는 평지풍파(平地風波)라는 말을 더 많이 쓰고 있다. 쓸데없이 일을 더 악화시키거나, 사람들 사이에서 공연히 분쟁을 일으키는 것을 말한다. 출전은 당나라 시인 유우석(劉禹錫)이 지은 《죽지사(竹枝詞)》.

| 平 평평할 평 | 地 땅 지 | 波 물결 파 | 瀾 물결 란 |

기나긴 한이 서린 인심(人心)은 물과 같지 않아서
공연스레 평지에 물결을 일으킨다.
長恨人心不如水
等閑平地起波瀾

사람들은 제멋대로 문제를 일으켜 삶의 여정을 어렵게 만든다는 뜻이다.

나무로 만든 방울
목탁 木鐸

> 사회의 규범을 일깨우는 자위에 있는 사람들을 '사회의 목탁'이라고 한다. 원래 국가에서 문교(文敎)에 대한 명령을 내릴 때 울렸다고 하며, 무(武)에 관한 일을 내릴 때는 쇠 방울을 울렸다고 한다. 출전은 《논어(論語)》 '이인(里仁)' 편.

木 나무 목 | 鐸 방울 탁

    공자는 자기 뜻을 실현하려고 천하를 편력했는데, 그가 위나라 국경 마을 의(儀)에 도착했을 때의 일이다. 국경의 관문을 지키는 관리가 공자를 뵙고자 제자들에게 말했다.
    "저는 이곳에 오신 군자를 저는 만나지 못한 적이 없습니다. 그러니 당신들의 스승님을 뵙게 해주시오."
    그가 공자를 뵙고 나오면서 제자들에게 말했다.
    "여러분, 당신들의 스승이 벼슬을 잃었다고 너무 걱정하지 마시오. 천하에 도가 없어진 지 오래되었지만, 하늘은 장차 여러분의 스승을 '목탁'으로 삼으실 것입니다."
    즉 공자의 학문과 덕망으로 보아 하늘이 그를 사회의 규범으로 삼으시리라는 것이다.

문 앞이 시장을 이룬다
문전성시 門前成市

출입하는 사람이 많아 붐비는 광경을 형용한 말이다. 흔히 잘 나가는 세도가의 집에는 들락날락하는 사람이 끊이질 않는데, 이를 "문전성시를 이루고 있다"고 표현한다. 출전은 《한서(漢書)》 '정숭전(鄭崇傳)'.

| 門 문 문 | 前 앞 전 | 成 이룰 성 | 市 저자 시 |

한나라 애제(哀帝) 때는 외척이 권력을 휘두르던 시대였다. 그러나 곧고 바른 마음을 가진 신하도 있었으니, 정숭도 그중 한 사람이었다. 그는 왕실의 인척이었지만 외척의 횡포를 자주 애제에게 간했다. 그러나 애제는 외척들의 힘을 이기지 못해 점차로 정숭을 냉대했다. 나중에 애제가 미소년인 동현(董賢)과 사랑에 빠지자 보다 못한 정숭이 간곡하게 간했지만, 오히려 애제의 힐난만 들었다. 결국 그는 병이 들었다.

이때 평소에 정숭을 미워하던 상서령(尙書令) 조창(趙昌)이 애제에게 상소했다.

"정숭은 왕실의 친족과 통하면서 어떤 간사한 일을 꾸미고 있는 듯한 의심이 듭니다. 한번 조사해 보시기 바랍니다."

애제는 이 말을 듣고 정숭을 문책했다.

"그대 집 문은 마치 시장처럼 북적거린다. 어째서 그들과 모의하여 임금인 나를 배척하려 하는가?"

정숭이 대답했다.

"저의 집 문 앞은 시장과 같지만, 제 마음은 고요한 물과 같습니다.

부디 달리 생각하시길 바라나이다."

그러나 애제는 분노하여 정숭을 하옥시켜 혹독하게 문책했다. 결국 정숭은 옥에서 죽고 말았다.

여기서 정숭이 말한 "저희 집 문 앞은 시장과 같다(臣門如市)"고 한 말에서 '문전성시'가 나온 것이다. 동의어로는 '문정약시(門庭若市)'가 있다.

양 머리와 개고기

양두구육 羊頭狗肉

> 양머리를 걸어놓고 개고기를 판다는 말로 겉으로는 좋은 간판을 내걸지만 속으로는 나쁜 물건을 판다는 뜻이다. 비슷한 표현으로는 "양 머리를 걸어놓고 말고기를 판다", "소머리를 문에 걸어놓고 안에서는 말고기를 판다", "소뼈를 문에 걸어놓고 안에서는 말고기를 판다" 등이 있다. 출전은 《항언록(恒言錄)》이지만, 《안자춘추(晏子春秋)》에 실려 있는 일화를 소개한다.

| 羊 양 양 | 頭 머리 두 | 狗 개 구 | 肉 고기 육 |

춘추 시대 때 제나라 영공(靈公)은 아름다운 미녀를 남장 시켜놓고 감상하는 취미를 갖고 있었다. 그러자 곧 제나라에는 남장한 미녀들이 거리에 넘쳐났다. 결국 영공은 궁중 밖에서는 여인들이 남장을 하지 못하게 영을 내렸다. 그러나 효과가 없었다. 영공이 그 이유를 안자에게 묻자 안자는 이렇게 대답했다.

"왕께서는 궁중 안에서는 남장을 허용하면서도 궁중 밖에서는 금지하고 있습니다. 이는 마치 '소머리를 문에 걸어놓고 안에서는 말고기를 파는 것'과 같습니다. 어째서 궁중에서도 남장하는 것을 금지하지 않습니까? 안에서 금지한다면 궁 밖에서도 감히 남장하지 못할 것입니다."

이 말을 들은 영공은 궁 안에서도 남장하는 것을 금했다. 그러자 하루도 안 되어 전국에서 남장한 여인이 사라졌다고 한다.

녹림산

녹림 綠林

> 원래는 형주(荊州) 땅 녹림산(綠林山)을 가리키는 말이었으나 폭정에 항거하는 사람들이 이 산에 들어와 도둑이 되었기 때문에 나중에 도둑을 가리키는 말로 변형되었다. 출전은 《후한서》 '유현전(劉玄傳)'.

綠 푸를 녹   林 수풀 림

    왕망(王莽)은 한나라를 멸망시키고 '신(新)'이라는 나라를 세워 황제가 되었다. 그는 관료제도와 토지제도, 화폐제도 등을 개혁하여 새로운 정책을 수립했지만, 모두 실패로 돌아갔다. 게다가 대외정책도 실패로 돌아가 흉노의 병란이 그치질 않았다.

    왕망의 실정으로 인해 사람들은 도탄에 빠졌고 많은 백성들이 고향을 떠나 유민이 되어 떠돌아 다녔다. 이 틈을 타서 왕광(王匡)과 왕봉(王鳳)은 유민들을 모아 '녹림산'으로 들어갔다. 그들은 각지에서 소란을 피우고 도둑질을 하면서 지냈는데, 나중에는 5만이나 되는 큰 세력을 이루어서 관군과도 싸웠다.

    나중에 후한 광무제가 된 유수(劉秀)가 군대를 일으키자 이들은 유수와 합류하여 왕망에 저항하는 세력이 되었다.

의심이 암귀를 낳는다
의심암귀 疑心暗鬼

'암귀'는 밤 귀신을 말하는데, 착각을 비유하고 있다. 일단 의심하는 마음이 들면 멀쩡한 것도 수상스럽게 보여 착각을 일으키는 데서 비롯된 말이다. 출전은 《열자구의(列子口義)》'설부(說符)'편.

| 疑 의심할 의 | 心 마음 심 | 暗 어두울 암 | 鬼 귀신 귀 |

어떤 사람이 도끼를 잃어버렸다. 그는 이웃집 아이를 의심했다. 자기와 마주칠 때의 거동도 수상했으며, 안색이나 말투도 이상해서 틀림없이 그 놈이 도끼를 훔쳤다고 생각했다.

그런데 어느 날 골짜기를 파고 있다가, 잃었던 도끼를 다시 찾았다. 그는 집에 돌아와 이웃집 아이를 다시 살펴보았다. 이번에는 아이의 태도나 동작이 전혀 이상해 보이지 않았다.

이 우화를 소개하는 《열자구의》에서 인용하는 속담이 '의심암귀'이다. 선입견을 갖거나 미리 단정하는 것이 얼마나 위험한가를 보여주는 우화라 하겠다.

기나라 사람의 근심
기우 杞憂

'쓸데없는 걱정'을 '기우'라 한다. 흔히 "기우에 불과하다", "기우에 지나지 않는다"는 식으로 쓰인다. 출전은 《열자》 '천서(天瑞)' 편.

杞 기나라 기 | 憂 근심 우

옛날 기(杞)나라에 늘 하늘이 무너지고 땅이 꺼질까 근심하는 사람이 있었다. 어찌나 걱정했던지 잠도 못 자고 밥도 먹지 못할 정도였다.

옆에서 이를 딱하게 지켜보던 그의 친구가 말했다.

"하늘은 기운이 쌓여 이루어진 것이며, 기운은 어디에나 있는 것일세. 사람이 몸을 굽혔다 펴고, 숨을 들이마셨다 내쉬는 것은 모두 하늘 속에서 하는 일이네. 어찌 하늘이 무너질 걸 걱정하는가?"

"하늘이 진정 기운이 쌓여 이루어진 것이라면, 해나 달, 별들이 떨어져 내려올 것 아닌가?"

"해와 달과 별도 기운이 쌓여 빛나고 있는 것일세. 설령 떨어진다 해도 사람을 다치게 하지는 못하네."

"그러면 땅이 무너지면 어떻게 하나?"

"땅은 흙이 쌓인 것에 불과하네. 사방을 꽉 채우고 있어 어디에나 있는 것이지. 사람들이 종일 땅 위를 걸어다니고 있는데 어찌 땅이 무너질 걸 근심하나?"

이 말을 듣고 기나라 사람은 마음이 놓여 크게 기뻐했다.

빛을 부드럽게 하여 세상의 티끌에 섞인다
화광동진 和光同塵

> 참된 도인은 뛰어난 지혜의 빛을 안으로 갈무리하면서, 번뇌와 욕망이 들끓는 세속과 일체가 되어서 살아간다. 그러면서도 암암리에 사람들을 교화하고 참된 길로 이끌어 간다. 출전은 《노자》.

| 和 온화할 화 | 光 빛 광 | 同 같을 동 | 塵 티끌 진 |

    도는 텅 비었으나, 그 작용은 다함이 없다. 연못처럼 깊은 것이 마치 만물의 근원처럼 보인다.
    날카로운 기세는 약화시키고, 엉킨 것은 풀어 버린다. 그 지혜의 빛을 부드럽게 하고(和光), 세상의 티끌과 하나가 된다(同塵).
    도는 마치 깊고 가득 찬 물처럼 존재하는 듯하다. 나는 도가 어디에서 생겨났는지 모르지만, 조물주인 상제(象帝)보다 앞선 것 같다.

《노자》 4장

    아는 자는 말 못하고, 말하는 자는 알지 못한다. 그 감각의 문을 닫고, 그 기세를 꺾고, 그 엉긴 곳을 풀고, 그 빛을 부드럽게 하고(和光), 그 티끌과 일체가 되는데(同塵), 이를 일컬어 현동(玄同)이라 한다.

《노자》 56장

도와서 자라나게 한다
조장 助長

"그냥 내버려둬도 될 걸 쓸데없이 조장하지 말라"는 표현. 자연스럽게 순리대로 나가도록 내버려둬야 사사로운 욕심을 부려 억지로 재촉하거나 북돋지 말라는 뜻이다. 출전은 《맹자》 '공손추' 편.

助 도울 조 | 長 길 장

송나라 사람 중에 자기가 심은 싹이 빨리 자라지 않는 걸 안타깝게 여겨 그 싹을 뽑아 올린 사람이 있었다. 피곤한 기색으로 집에 돌아간 그는 집안 식구에게 말했다.

"오늘은 꽤 힘들었어. 난 싹이 빨리 자라도록 도와주었거든."

그 말을 듣고 아들이 밭으로 달려가 싹을 살펴보니, 싹들이 모두 말라 죽어 있었다.

맹자는 위의 일화를 예로 들면서 다음과 같이 말하고 있다.

"천하 사람 중에 싹을 조장하지 않는 자가 별로 없다. 이익이 없다고 생각해 싹을 내버려두는 자는 김을 매지 않는 자이다. 하지만 무리하게 자라도록 싹을 조장하는 자는 이익이 없을 뿐만 아니라 그 싹을 해치는 자이다."

외밭에서는 신발을 고쳐 신지 말고,
오얏나무 아래서는 갓을 바로잡지 말아야 한다.

과전불납리 이하부정관 瓜田不納履 李下不整冠

이 말은 쓸데없는 행동을 해서 남의 의심을 사지 말라는 뜻이다. 출전은 《문선(文選)》 '군자행(君子行)'.

| 瓜 오이 과 | 田 밭 전 | 不 아니 불 | 納 들일 납 | 履 신발 리 |
| 李 오얏나무 리 | 下 아래 하 | 整 가지런히할 정 | 冠 갓 관 | |

군자는 미연에 방비를 하여
쓸데없이 혐의를 받는 상황에 처하지 않는다.
외밭에서는 신발을 고쳐 신지 말고
오얏나무 아래서는 갓을 바로잡지 말아야 한다.

외밭에서 신발을 고쳐 신으려고 허리를 숙이면 남의 눈에는 외를 훔치는 사람으로 보일 우려가 있다. 또 오얏나무 아래서 갓을 바로 쓰려고 손을 올리면 마치 오얏나무 열매를 따려는 광경으로 비칠 우려가 있다. 이 때문에 군자는 신발을 고쳐 신거나 갓을 바로 잡을 상황이라도 외밭이나 오얏나무 아래서는 하지 않는다. 쓸데없는 혐의를 미연에 방지하기 위해서다. 이처럼 매사에 신중을 기하면서 오해나 의심을 사전에 예방하는 것이야말로 지혜로운 사람의 행동이라 하겠다.

지붕 위에 지붕을 올린다
옥상옥 屋上屋

이미 잘되어 있는데도 쓸데없이 똑같은 일을 중복하는 것을 말한다. 원래는 "지붕 밑에다 다시 지붕을 만든다(屋下架屋)"에서 나왔다. 출전은 《세설신어(世說新語)》.

屋 지붕 옥   上 위 상

동진(東晉)의 유중초(庾仲初)는 당시의 수도 건강(建康)의 아름다움을 찬미한 《양도의 부(楊都之賦)》를 지었다. 이 작품이 사람들의 입에서 입으로 퍼지자, 너나할것 없이 앞다투어 베껴서 감상했다.

그러나 태부 벼슬을 하는 사안(謝安)은 그의 작품을 이렇게 혹평했다.

"평가할 만한 것이 아니다. 마치 '지붕 밑에다 지붕을 지은 것(屋下架屋)' 같다. 모두 옛사람들의 작품을 모방한 것에 불과하며, 게다가 되바라지기까지 하다."

여기서는 원래 작품이 이미 있는데도 그와 유사한 작품을 만들어 놓았다는 의미다.

진기한 재물이니 잡아두자
기화가거 奇貨可居

> 남의 불행을 이용해서 큰 이익을 남길 때 쓰는 말이다. 또 흔히 나라에 재난이 있을 때, "이번 사건을 기화(奇貨)로 삼아 모두 힘을 합해 극복합시다"라는 식으로 쓰인다. 출전은 《사기》 '여불위전(呂不韋傳)'.

| 奇 기이할 기 | 貨 재물 화 | 可 가할 가 | 居 머물 거 |

전국 시대 말, 진나라 소공(昭公)의 태자가 죽자 소공은 안국군(安國君)을 태자로 삼았다. 안국군은 사랑하는 애첩이 있었는데, 그는 그녀를 정부인으로 삼아 화양부인(華陽夫人)이라 불렀다. 또 그에겐 아들이 스무 명 있었는데, 그중 자초(子楚)라는 서자를 조(趙)나라에 볼모로 보냈다.

그런데 진나라가 조나라를 자주 공격한 탓에 자초는 제대로 대우를 받지 못했다. 재물이 넉넉지 못해 늘 생활이 곤궁했다. 그때 여러 나라를 돌면서 장사를 해 부호가 된 여불위가 조나라의 수도 한단(邯鄲)에 왔다. 그는 자초가 처한 불행한 현실을 보고 불쌍히 여겼다.

"이 사람은 진기한 재물이니 잡아두어야겠군(奇貨可居)."

그리하여 여불위는 자초의 낡은 집을 찾아가 그를 설득했다.

"소공은 연세가 높기 때문에 머지않아 그대의 부친인 안국군이 왕이 될 거요. 게다가 정부인인 화양부인에겐 아들이 없소. 당신을 포함한 스무 명의 아들 중에서 누가 태자가 될 것 같소. 솔직히 당신은 유리하지가 못합니다."

"그럼 어떻게 해야겠소?"

"제겐 돈이 있으니 인재를 모을 수 있는 자금과 화양부인에게 드릴 선물을 대겠습니다."

"당신 말대로라면 진나라를 당신과 함께 나누겠소."

여불위는 진나라로 가서 화양부인을 설득해, 마침내 자초를 태자로 책봉하는 데 성공했다.

또 여불위에겐 조희(趙姬)라는 아리따운 여인이 있었는데, 당시 여불위의 아이를 배고 있었다. 자초가 조희를 사모한 나머지 그녀를 원했다. 여불위는 아까운 생각이 들었지만, 모처럼의 '기화(奇貨)'를 여인 하나 때문에 잃을 수 없어 승낙했다. 조희는 임신한 것을 숨기고서 자초에게 시집가 아이를 낳았다. 이 아이가 바로 진시황이다.

사자 몸속의 벌레

사자신중충 獅子身中蟲

원래 불교 신도로서 불교에 해를 끼치는 사람을 비유한 것이다. 나중에 자기편에 해를 끼치는 사람, 내부에서 재앙을 가져오는 사람이란 뜻으로 쓰였다. 즉 어떤 조직이나 단체의 구성원이면서도, 조직에 해를 끼쳐 내부 붕괴를 야기하는 사람을 사자 몸속의 벌레라고 말한다. 출전은 《범망경(梵網經)》.

| 獅 사자 사 | 子 아들 자 | 身 몸 신 | 中 가운데 중 | 蟲 벌레 충 |

《범망경》에 이런 얘기가 있다.

"사자 몸속에 벌레가 생겨서 사자를 먹는 것이지, 외부의 벌레가 사자를 먹는 것이 아니다. 이처럼 불교를 믿는 자 스스로가 불법(佛法)을 파괴하지, 다른 종교를 믿는 자(外道)나 천마(天魔)는 불법을 파괴할 수 없다."

즉, 사자가 죽어 시체가 되면 그 시체를 먹어치우는 것이 외부에서 온 벌레들이 아니라 사자 몸 안에서 생긴 벌레라는 것이다. 《범망경》은 이 비유를 통해 불법의 파멸을 경계하고 있다.

세 사람이 말하면 시장 바닥에 호랑이도 있게 된다
삼인시호 三人市虎

근거 없는 낭설도 많은 사람이 진짜인 듯 말하면 믿게 된다는 뜻. 출전은 《전국책(戰國策)》.

| 三 석 삼 | 人 사람 인 | 市 저자 시 | 虎 호랑이 호 |

　위나라의 혜왕은 진나라의 압박을 못 이겨 동쪽 양(梁)으로 천도했는데, 이 일화도 그와 관련된 것이다.
　위나라 신하 방총(龐蔥)이 태자와 함께 조나라의 수도 한단에 인질로 가게 되었다. 그는 혜왕을 만나 이렇게 말했다.
　"지금 어떤 자가 '저자 거리에 호랑이가 나타났다'고 말한다면, 왕께서는 믿으시겠습니까?"
　"아니오, 믿지 않소."
　"또 다른 사람이 '저자 거리에 호랑이가 나타났다'고 말한다면, 믿으시겠습니까?"
　"아마 반신반의할 것이오."
　"세 번째 사람이 다시 '저자 거리에 호랑이가 나타났다'고 말한다면, 왕께서는 믿으시겠습니까?"
　"그러면 믿겠지요."
　"하지만 저자 거리에 호랑이가 나타난다는 건 있을 수 없는 일입니다. 그런데도 세 사람이 똑같은 말을 한다면, 없던 호랑이도 있게 되는 것입니다. 제가 가는 한단은 위나라에서 멀리 떨어져 있고, 저에 대해 이러쿵저러쿵하는 사람은 세 사람만이 아닐 것입니다. 바라건대 왕께서는 잘 살피시기 바랍니다."

"안심하시오. 난 내 눈으로 직접 확인한 것만 믿겠소."

그러나 방총이 떠나자마자, 혜왕에게 참언(讒言)하는 자가 하나둘 나타났다. 결국 태자는 인질에서 풀려나 위나라로 돌아왔지만 방총은 혜왕의 의심을 받아 귀국하지 못했다.

해골을 구걸하다

걸해골 乞骸骨

신하가 자기 한몸은 주군에게 바쳤지만 이제 뼈만이라도 돌려주십사 청하는 것. 관리가 사직을 신청할 때 쓰는 말이다. 출전은 《사기》 '항우본기(項羽本紀)'.

乞 구걸할 걸 | 骸 해골 해 | 骨 뼈 골

유방은 항우의 군사에게 쫓겨 형양 땅에서 포위되었다. 그때 유방의 신하 중에 진평(陳平)이라는 지략이 뛰어난 사람이 있었다. 일찍이 항우의 휘하에 있다가 나중에 유방 밑으로 들어왔기 때문에 항우의 성급한 기질을 잘 알았다. 당시 유방은 항우에게 휴전할 것을 제의했다. 항우는 이를 받아들이고자 했으나 노신 범증이 강력하게 반대하고 나섰다. 진평은 이러한 상황을 이용하기 위해 먼저 첩자를 초나라에 잠입시켜 이런 소문을 퍼뜨렸다.

"범증은 논공행상에 불만을 갖고 한나라와 내통하려 한다."

항우는 이 소문을 듣고 의심했지만 범증에 대한 신뢰는 잃지 않았다. 하지만 범증 몰래 항우는 유방에게 사자를 보냈다. 진평은 온갖 요리를 마련해 놓고 사자를 정중히 맞아들였다. 그리고는 아무 일 없다는 듯이 이렇게 물었다.

"아보(亞父, 항우가 범증을 아버지처럼 존경하여 부르는 호칭)께서는 안녕하십니까?"

사자는 불쾌한 듯이 말했다.

"나는 항우의 사자로서 온 것이오."

그러자 진평은 짐짓 놀란 듯이 말했다.

"뭐라고, 항우 장군의 사자라고요? 난 아보의 사자인 줄 알았는데."

이렇게 말하고는 짐짓 차려놓은 요리를 치우고는 너절한 음식으로 바꿔놓았다. 사자는 이 사실을 항우에게 보고했다. 항우는 마침내 범증이 적과 내통하고 있다고 믿고서, 그에게 부여한 권한을 빼앗았다. 범증은 항우의 마음을 알자 격노해서 말했다.

"천하의 일은 대강 정해진 듯합니다. 앞으로는 왕 스스로 해나가십시오. 나는 해골을 구걸하여(乞骸骨) 평범한 사람으로 돌아가겠습니다."

항우는 결국 진평의 책략에 걸려 범증을 보내고 말았다. 범증은 팽성으로 돌아가다가 도중에 등창이 나서 죽었다. 그의 나이 일흔다섯이었다.

작은 언덕에 올라가는 것
농단 壟斷

시장에서 가장 높은 곳에 올라가, 좌우를 둘러보며 가장 유리한 곳을 차지해 이익을 독점한 고사에서 유래됐다. "부를 농단한다", "권력을 농단한다"는 식으로 쓰인다. 출전은 《맹자》 '공손추' 편.

壟 언덕 농   斷 끊을 단

먼 옛날 세상은 평화롭고 사람들은 모두 순박했다. 그러한 시대에도 시장이 섰지만, 어느 누구도 돈을 벌려 하지 않았으며, 그저 물물교환으로 생계를 유지해 나갔다. 그래서 관리들의 감독도 아주 수월했다.

그런데 한 교활한 남자가 돈을 벌어보려고 생각했다. 그는 진귀한 물건들을 많이 가지고 시장으로 와서는 먼저 작은 언덕에 올라가(壟斷) 주변을 살펴보았다. 그리곤 많이 팔릴 듯한 장소로 가서 시장의 이익을 혼자서 독점했다. 사람들이 모두 그 남자를 천박하다고 미워해서 그에게 세금을 붙이도록 했다. 상인들에게 세금을 붙이는 건 이 천박한 남자로부터 시작된 것이다.

조화롭지만 똑같지는 않다
화이부동 和而不同

군자는 남과의 관계에서 항상 조화로움을 꾀하지만, 영합하지는 않는다는 뜻. 출전은 《논어(論語)》 '자로'편.

和 화합할 화 | 而 말이을 이 | 不 아니 부 | 同 같을 동

공자가 말했다.
"군자는 조화를 꾀할 뿐 영합하지는 않는다(和而不同). 그러나 소인은 영합할 뿐이지 조화를 꾀하지는 않는다(同而不和)."
'화(和)'는 오케스트라의 악기가 서로 화음을 이루듯이, 각자의 개성을 지키면서 인간의 도리에 어울리는 '조화'를 말한다. '동(同)'은 자신의 개성도 없이 그저 상대방에게 영합하는 것을 말한다.

늙은 말의 지혜

노마지지 老馬之智

아무리 하찮은 사람이라도 그 나름대로의 독특한 지혜나 장기는 갖고 있다는 뜻이다. 풍부한 경험에서 나오는 지혜를 가리키기도 한다. 출전은 《한비자(韓非子)》 '세림' 편.

老 늙을 노　　馬 말 마　　之 어조사 지　　智 지혜 지

춘추 시대 때, 제나라의 명재상 관중과 대부 습붕(濕朋)은 환공을 따라 고죽국(孤竹國)을 정벌하러 갔다.

그런데 갈 때는 봄이었는데, 올 때는 겨울이라서 악천후 속에 그만 길을 잃고 말았다. 모두가 길을 찾으려고 우왕좌왕하고 있자, 관중은 영단을 내려 이렇게 말했다.

"이럴 때는 늙은 말의 지혜(老馬之智)가 필요하다."

늙은 말은 본능적으로 길을 찾아갈 수 있다고 본 것이다. 과연 늙은 말을 풀어놓고 길을 따라가다 보니 마침내 길을 찾게 되었다.

또 산속을 가다가 물이 떨어져 갈증으로 심한 고생을 하게 되었다. 아무리 뒤져도 작은 샘이나 시냇물조차 발견할 수 없었다.

그러자 습붕이 말했다.

"개미는 겨울에는 산 남쪽에 집을 짓고, 여름에는 산 북쪽에 집을 짓는다. 개미집이 있는 곳에서 지하 여덟 자를 파면 물이 나온다."

일행은 개미집을 찾아내 땅을 팠는데, 정말로 물이 솟아나왔다.

말이나 개미 같은 하찮은 미물에게서도 지혜를 배울 수 있는 법이다.

풀잎을 엮어서 은혜를 갚다
결초보은 結草報恩

한 번 입은 은혜를 잊지 않고 갚는다는 뜻. 출전은 《춘추좌씨좌전》.

結 맺을 결   草 풀 초   報 갚을 보   恩 은혜 은

춘추 시대 때, 진(晉)나라의 위무자(魏武子)에겐 애첩이 있었는데, 위무자는 병이 들자 본처의 아들인 위과(魏顆)에게 말했다.

"내가 죽거든 사랑하는 첩을 개가시켜라."

그런데 임종할 무렵이 되자 위무자는 다시 아들에게 말했다.

"내가 죽거든 사랑하는 첩을 무덤에 같이 묻어 달라."

위무자가 죽자 위과는 첩을 개가시키면서 이렇게 말했다.

"사람이 위독해지면 마음이 흐트러집니다. 저는 아버님이 올바른 정신상태에서 한 말을 따르기로 했습니다."

그 뒤 진(秦)나라 환공이 진(晉)나라를 공격했다. 전쟁에 나간 위과는 적장 두회(杜回)에게 쫓기게 되었다. 한창 도망치는데, 넓은 초원에서 한 노인이 풀과 풀을 엮고 있었다. 위과가 그곳을 지나가자, 뒤따라오던 두회는 그만 풀에 걸려 넘어졌다. 이 때를 틈타 위과는 적장 두회를 사로잡아 크게 승리했다. 그날 밤 위과의 꿈에 노인이 나타났다.

"나는 당신이 개가시킨 여인의 아비되는 사람이오. 당신이 내 딸의 목숨을 구해 주었기 때문에 은혜를 갚은 것(結草報恩)입니다."

한 그릇 밥과 한 바가지 물
단사표음 簞食瓢飮

지극히 소박한 음식으로 영위하는 청빈한 생활을 가리킨다. 출전은 《논어(論語)》 '옹야' 편.

簞 도시락 단　　食 밥 사　　瓢 표주박 표　　飮 마실 음

　공자의 제자 중에서 가장 뛰어난 제자는 안회(顔回)다. 공자의 뛰어난 제자 자공도 안회에 대해 이렇게 말했다.
　"내 어찌 안회에 견줄 수 있겠는가? 그는 하나를 들으면 열을 아는 사람이다."
　이처럼 뛰어난 안회였지만, 그는 명리에 집착하지 않고 늘 소박하고 청빈한 생활을 했다. 언젠가 공자는 이렇게 말했다.
　"안회야말로 현명하구나! 한 그릇 밥과 한바가지 물(一簞食一瓢飮)로 누추한 곳에 살면서도, 다른 사람들은 그 괴로움을 견디지 못하는데, 안회는 오히려 자신의 즐거움이 변치 않는구나. 안회는 정말 현명하구나."

대도가 무너짐으로써 인의가 있게 된다
대도폐유인의 大道廢有仁義

> 우주만물의 본성에 일치하는 무위자연의 길을 따르면, 인위적 규범으로서의 인의(仁義) 따위는 필요 없게 된다. 하지만 그 대도를 따르지 않기 때문에 어쩔 수 없이 인의나 도덕이 나오게 되는 것이다. 출전은 《노자》 18장.

| 大 클 대 | 道 길 도 | 廢 폐할 폐 | 有 있을 유 | 仁 어질 인 | 義 옳을 의 |

"대도가 무너지면 인의가 있게 된다. 기교적인 지혜가 나옴으로써 커다란 거짓이 있게 된다. 가족끼리 화목하지 못하기에 효도와 사랑이 나오게 된다. 나라가 혼란해진 탓에 충신이 있게 된다."

도덕은 흔히 '이러이러해야 한다'는 당위로서 표현된다. 이 당위는 자칫 도덕적 강요로 변질되면서 인간의 굴레로 작용한다. 진정한 도덕은 자연스럽게 우러나오는 인간 내면의 발로이며, 이 발로야말로 진정 무위자연의 대도인 것이다.

쓸모없는 것의 쓸모 있음

무용지용 無用之用

흔히 사람들이 쓸모없다고 여기는 것이 대도의 차원에서 볼 때는 세속적인 효용성을 넘어선 쓸모 있는 것이다. 출전은 《장자(莊子)》 '인간세' 편.

無 없을 무   用 쓸 용

공자가 초나라에 갔을 때, 초나라의 광접여(狂接與)가 문 앞에서 노래를 불렀다.

"봉새여, 봉새여. 덕이 쇠퇴하는 걸 어찌하겠느냐? 오는 세상은 기다릴 수 없고, 지나간 세상은 좇을 수가 없다. 천하에 도가 있으면 성인은 그 공을 이루지만, 천하에 도가 없다면 그냥 살아갈 뿐이다. 지금 이 세상은 형벌을 겨우 모면하는 시대다. 복은 털끝보다 가볍건만 실어 나를 줄 모르고, 화는 땅보다 무겁건만 피할 줄을 모르누나. 그만둘지니, 그만둘지니, 덕으로써 사람을 상대하는 짓은 그만둘지니. 위태롭고 위태롭구나. 각지를 따라 돌아다니는 것은 위태롭구나.

산의 나무는 베어져서 스스로를 해치고, 기름은 불로 이용돼 스스로를 태우누나. 계피는 먹을 수 있기에 나무가 베어지고, 옻은 칠할 수 있기에 그 나무가 쪼개진다. 사람들은 너나 할 것 없이 쓸모 있는 것의 효용성만 알지, 쓸모없는 것의 효용성(無用之用)은 모르는구나."

일정한 재산이 없는 자는 일정한 마음도 없다
무항산자무항심 無恒產者無恒心

일정한 직업이나 어느 정도의 재산이 없는 사람은 이해관계에 따라 마음이 왔다갔다 한다는 뜻. 출전은 《맹자》 '등문공(滕文公)' 편.

| 無 없을 무 | 恒 항상 항 | 產 낳을 산 | 者 놈 자 | 心 마음 심 |

등문공이 맹자에게 나라 다스리는 법을 묻자, 맹자는 이렇게 답했다.
"일정한 재산이 없는 자는 일정한 마음도 없습니다(無恒產者無恒心). 일정한 재산이 없으면서도 늘 일정한 마음을 갖는 자는 오직 선비라야 가능합니다."

즉, 지조와 절개를 갖춘 선비만이 재산에 관계없이 변치 않는 마음을 가질 수 있지, 그렇지 못한 서민들은 경제적인 이익을 추구하게 마련이라는 뜻이다.

세상 사람들이 이러쿵저러쿵 말하거나 평가하는 것
물의 物議

어떤 사건으로 세상에 물의를 일으켰다고 할 때 쓰는 말이다. 출전은 《한서(漢書)》 '사기경전(謝幾卿傳)'.

物 물건 물 | 議 의논할 의

   사기경은 남조 시대 사람으로, 그의 증조부는 도연명과 쌍벽을 이루는 유명한 사영운(謝靈運)이었다. 그는 어렸을 때부터 신동이란 소리를 들었으며, 천성이 대범하여 작은 예절에 구애받지 않았다.
   언젠가 그는 잔칫집에서 돌아오다가 술집에서 수레를 멈춘 뒤, 함께 간 사람들과 술을 마셨다. 주변에 사람들이 모여 다 구경하고 있었지만 개의치 않았다. 이처럼 그는 술을 좋아해 자기 멋대로 행동하면서 세상의 물의(物議)는 개의치 않았다.

흘겨보는 것
백안시 白眼視

상대를 싫어해서 흘겨보는 것을 말한다. 출전은 《진서》 '완적전(阮籍傳)'.

| 白 흰 백 | 眼 눈 안 | 視 볼 시 |

남북조 시대 때, 완적은 죽림칠현 중 한 사람이다. 그는 많은 책을 읽었는데, 그 중 노자와 장자를 좋아했으며 또 술을 좋아하고 거문고도 잘 탔다고 한다.

특히 세속의 예의범절에 구애받지 않았는데, 어머니 장례식 때 조문객들이 왔는데도 침상에 앉아 손님들을 바라볼 뿐, 조문객에 대한 예절인 곡도 하지 않았다. 그는 기쁜 표정이나 성내는 표정을 잘 짓지 않았지만, 예절에 사로잡힌 사람을 보면 흰 눈으로 흘겨보았다(白眼視).

어느 날 죽림칠현의 한사람인 혜강의 형 혜희가 찾아왔다. 그러나 완적이 '백안시'하며 상대해 주지 않자, 혜희는 멋쩍은 표정으로 돌아갔다. 이 소식을 들은 혜강이 완적이 좋아하는 술과 거문고를 갖고 찾아가자, 완적은 크게 기뻐하면서 환영했다.

완적이 백안시했던 당시의 선비들은 그를 마치 원수처럼 미워했다고 한다.

원한을 덕으로써 갚는다

보원이덕 報怨以德

원한을 원한으로 갚으면 악순환이 되어 끝이 없을 것이다. 덕으로써 원한을 갚을 때, 원한의 씨앗은 소멸된다. 출전은 《노자》 63장.

報 갚을 보 怨 원망할 원 以 써 이 德 덕 덕

　작위가 아닌 무위(無爲)를 행할 것이며, 일없음(無事)을 일삼을 것이며, 맛없음(無味)을 맛보아야 한다.
　무릇 큰 것은 작은 것에서 나오고, 많은 것은 작은 것에서 나온다. 그러니 원한은 덕으로써 갚아라(報怨以德).
　어려운 일은 쉬운 데서부터 풀어야 하고, 큰 일은 미세한 데서부터 착수해야 한다. 천하의 어려운 일도 반드시 쉬운 데서부터 일어나고, 천하의 큰 일도 반드시 미세한 데서부터 시작한다. 그래서 성인은 처음부터 끝까지 큰 것을 하지 않아야 위대함을 이룰 수 있다.
　가볍게 승낙하는 사람은 분명히 신뢰가 부족하고, 너무 쉽게 생각하는 사람은 반드시 어려운 일을 당한다. 그래서 성인은 오히려 어렵게 여기는 것이며, 이로 인해 끝까지 어려움을 겪지 않는다.

붕새의 여정은 만 리나 된다
붕정만리 鵬程萬里

갈 길이 아득히 먼 것을 말한다. 또 원대한 사업을 계획할 때도 이 말을 쓴다. 출전은 《장자(莊子)》 '소요유(逍遙遊)' 편.

鵬 붕새 붕   程 길 정   萬 일만 만   里 고을 리

장자는 '소요유' 편에서 다음과 같은 이야기를 했다.

"북쪽 바다에 큰 고기가 사는데, 그 이름을 곤(鯤)이라 한다. 곤은 아주 커서 그 크기가 몇 천 리나 되는지 모른다. 곤이 변하여 새가 되는데, 그 이름을 붕새라 한다. 붕새의 등은 몇 천 리나 되는지 알지 못한다. 한번 성내서 날면, 그 날개가 하늘에 드리운 구름을 다 덮는다. 이 새는 바다의 기운을 타고 남쪽 바다로 간다. 남쪽 바다는 천지(天池)다.

《제해(齊諧)》는 괴이한 일을 기록한 것인데, 이런 얘기가 실려 있다. '붕새가 남쪽 바다로 갈 때는 물을 삼천리나 치고, 그 기운을 타고 위로 구만 리를 올라가 여섯 달을 간 뒤에야 쉰다.'"

또한 바람이 두텁게 쌓이지 못하면 붕새의 큰 날개를 띄울 힘이 없다. 그러나 구만 리 상공이라면 바람이 그 밑에 있어 마침내 바람을 타고 푸른 하늘을 등지고서 날아가는데 아무것도 걸리는 것이 없다.

이처럼 장자는 세속을 벗어나 어느 것에도 구애받지 않는 초탈한 경지를 붕새에 비유해 말하고 있다.

가난한 사람의 등불 하나
빈자일등 貧者一燈

가난하더라도 정성을 다해 부처님에게 바친 등불 하나는 부자가 바친 만 개의 등불보다 공덕이 크다는 일화에서 유래했다. 재물이나 이름보다는 참다운 마음이 소중하다는 뜻이다. 출전은 《현우경(賢愚經)》.

| 貧 가난 빈 | 者 놈 자 | 一 하나 일 | 燈 등불 등 |

석가모니 부처님이 기원정사에 계실 때였다.
아랫마을에 난타라는 여자가 있었는데 거지 노릇을 하며 살아가고 있었다. 그녀는 국왕과 대신들이 호화롭게 부처님께 공양하는 광경을 보고 생각했다.
'나는 너무나 가난해서 조그만 공양조차 할 수 없구나.'
그녀는 너무나 슬프고 부끄러워 어떻게든 공양을 하려고 했다. 그래서 하루 종일 구걸하여 겨우 1전을 얻어서, 그 돈으로 기름을 사러 갔다. 기름집 주인이 말했다.
"기름 1전어치는 별로 많지 않은데, 도대체 어디에 쓰려는 거지?"
난타가 마음에 품은 생각을 말하자, 주인은 불쌍히 여겨 1전어치보다 더 많은 기름을 주었다. 그 정도면 등불 하나는 밝힐 수 있었다. 난타는 매우 기뻐하면서 기원정사로 달려가 수많은 등불 안에 자기 등불을 놓았다.
난타의 등불은 밤새 빛났으며, 다른 등불이 모두 꺼진 새벽에도 꺼지지 않았다. 후에 석가세존은 그녀의 정성스런 마음을 받아들여 비구니로 삼았다.

쥐가 쥐구멍에서 머리를 내밀고 이리저리 둘러보다

수서양단 首鼠兩端

판단을 내리지 못하고 망설이는 상태, 또는 형세를 보아 이리 붙을까 저리 붙을까 기회를 엿보는 것을 뜻한다. 출전은 《사기》'위기무안후열전(魏其武安候列傳)'.

首 머리 수   鼠 쥐 서   兩 둘 양   端 끝 단

한나라 경제(景帝) 때, 위기후 두영(竇嬰)과 무안후 전분(田蚡)은 황실의 인척으로 서로 앙숙이었다. 전분이 연나라 왕녀에게 장가를 갔을 때 축하연이 벌어졌다. 전분이 술잔을 권하자 모두 일어나 술잔을 받았지만, 뒤이어 두영이 권하자 모두 앉아서 받았다. 두영의 측근인 장군 관부(灌夫)가 이를 보고 전분에게 술을 따랐으나, 받지 않자 술주정을 부렸다. 결국 축하연은 엉망이 되었다. 전분은 화가 나서 관부를 감옥에 넣었다, 이 일은 마침내 조정에까지 알려지게 되어, 황제는 대신들을 모아놓고 시비를 가렸다. 어사대부 한안국(韓安國)은 이렇게 대답했다.

"두영과 관부는 크게 공을 세운 사람으로, 이번 일은 술좌석에서 벌어진 일에 불과합니다. 폐하께서 판단을 내려 주십시오."

다른 대신들도 분명한 대답을 앉자 황제는 화를 내면서 회의를 중지해 버렸다. 전분은 이런 일로 황제의 마음을 괴롭힌 것이 부끄러워 재상직을 내놓고 밖으로 나왔다. 그리고는 어사대부를 만나자 호통을 쳤다.

"이 일은 시비곡직이 분명한 것인데 그대는 어째서 쥐구멍에 머리만 내민 쥐처럼 기웃거리기만 하고(首鼠兩端) 분명한 태도를 취하지 않았소?"

세상 사람들이 다 형제다
사해형제 四海兄弟

사해(四海)는 천하, 즉 세상을 말한다. 세상의 모든 이웃들과 형제처럼 지내야 한다는 뜻. 출전은 《논어(論語)》 '안연' 편.

| 四 넉 사 | 海 바다 해 | 兄 형 형 | 弟 동생 제 |

사마우의 형은 송나라에서 반란을 도모하다가 실패해서 국외로 도망쳤다. 사마우는 그가 결국 죽게 될 거라고 걱정하면서 이렇게 말했다.

"사람들은 다 형제가 있는데, 나만이 없구나."

이 말을 들은 자하가 말했다.

"나는 이렇게 들었소. '죽고 사는 데는 명(命)이 있고, 부귀는 하늘에 달려 있다. 군자가 늘 경건하여 잘못이 없고, 다른 사람에게 공손해서 예의가 있다면, 사해의 안이 다 형제이다.' 그러니 군자가 어찌 형제가 없는 걸 근심하겠소?"

양포의 개

양포지구 楊布之狗

겉모습이 바뀐 것을 보고 알맹이도 다른 것이라 판단할 때 양포지구라는 말을 쓴다. 출전은 《한비자(韓非子)》 '세림(說林)'편.

楊 버들 양 | 布 베 포 | 之 어조사 지 | 狗 개 구

양주(楊朱)는 '오로지 나 자신만을 위한다'는 위아설(爲我說)로 유명한 전국 시대의 사상가이다.

그에게는 동생이 있었는데, 이름을 양포라 했다.

하루는 양포가 흰 옷을 입고서 외출을 했다. 그런데 하늘에서 비가 내리자, 흰 옷을 벗고 검은 옷을 입고 돌아왔다. 그러자 집에서 기르는 개가 양포를 알아보지 못하고 짖었다. 양포가 화가 나서 개를 때리려고 하자, 그것을 본 양주가 말했다.

"개를 때리지 마라. 가령 너의 개가 흰 모습으로 나갔다가 검은 모습으로 돌아오면, 너라고 어찌 괴상하게 생각지 않겠느냐?"

먹다 남은 복숭아를 먹인 죄
여도지죄 餘桃之罪

사랑할 때는 좋게 보이다가도 미워할 때는 나쁘게 보인다는 뜻이다. 자기 의견을 내세우기가 힘들다는 뜻으로도 쓰인다. 보는 관점에 따라 달라질 수 있기 때문이다. 출전은 《한비자(韓非子)》 '세난(說難)' 편.

餘 나머지 여   桃 복숭아 도   之 어조사 지   罪 죄 죄

전국 시대 때, 미자하(彌子瑕)라는 아름다운 사람이 위나라 왕의 총애를 받았다. 당시 위나라에서는 왕의 수레를 타는 사람은 월형(刖刑, 발뒤꿈치를 자르는 형벌)을 받게 되어 있었다. 어느 날 미자하의 어머니가 병이 나자, 미자하는 거짓말을 하고서는 왕의 수레를 타고 집으로 달려갔다. 나중에 이를 알게 된 왕은 오히려 그를 칭찬했다.

"효자로다! 어머니를 위하느라 월형도 잊었구나."

또 어느 날 미자하는 왕과 과수원에서 놀다가 복숭아를 따서 한입 베어 먹었다. 복숭아의 맛이 하도 달아서 그는 먹다 남은 복숭아를 왕에게 바쳤다. 왕은 기뻐하면서 말했다.

"얼마나 나를 사랑하는 것인가! 자기의 단맛을 잊고서 나에게 먹으라고 주는구나."

그러나 세월이 흘러 미자하가 늙자 왕의 총애도 사라졌다. 마침내 미자하가 죄를 범하자, 위나라 왕은 옛날 일을 기억하고서 말했다.

"이 놈은 예전에 거짓말을 하고서 내 수레를 탔고, 게다가 나에게 먹다 남은 복숭아(餘桃)까지 먹였다."

요동 지방의 돼지

요동시 遼東豕

하찮은 공적을 큰 공이나 되는 듯 자랑하는 것을 말한다. 또 남이 보면 당연한 것을 자신은 신기하다고 자랑하는 걸 뜻하기도 한다. 출전은 《후한서》 '주부전(朱浮傳)'.

| 遼 멀 요 | 東 동녘 동 | 豕 돼지 시 |

    후한 광무제가 즉위한 지 얼마 안 됐을 때였다. 대장군 주부는 여러 군현의 곡창을 개방해 뛰어난 선비들에게 고루 나누어 주려고 했다. 그러나 어양 땅의 태수 팽총(彭寵)은 군량을 확보한다는 이유로 곡창의 개방을 금했다. 게다가 그는 암암리에 반란을 획책하고 있었다. 주부는 그의 동정을 조정에 보고했다. 이 사실을 알게 된 팽총이 군사를 이끌고 그를 치려 하자, 주부는 그의 그릇됨을 꾸짖는 글을 보냈다.
    "내가 당신을 참언(讒言)했다고 생각한다면, 직접 황제에게 상소해도 좋소. 당신이 천자를 도와 공을 세우긴 했지만, 당신의 공적만이 큰 것이 아니오. 옛날 요동 지방에서 돼지가 흰머리의 돼지 새끼를 낳자, 이를 기이하게 여겨 왕에게 바치려는 자가 있었소. 그래서 하동 지방까지 갔는데, 그곳의 돼지는 모두 머리가 희어서 그만 부끄러워 돌아오고 말았다는 것이오. 지금 당신의 공적은 '요동 지방의 돼지(遼東豕)'에 불과하오."
    팽총은 광무제를 도와 천하를 평정한 공신이었지만, 무척 오만했다. 그는 스스로 연왕이라 칭하며 반란을 일으켰다가, 토벌당하고 말았다.

긴 소매는 춤을 잘 추고, 돈이 많으면 장사를 잘한다

장수선무 다전선고 長袖善舞 多錢善賈

춤출 때는 긴소매 옷을 입고 추는 춤이 돋보이고, 장사를 할 때는 돈이 많은 사람이 잘한다는 말이다. 조건이 좋은 사람이 유리하다는 뜻. 출전은 《한비자(韓非子)》 '오두(五蠹)' 편. '오두'는 나라를 갉아먹는 다섯 가지 좀을 말한다.

| 長 길 장 | 袖 소매 수 | 善 착할 선 | 舞 춤출 무 | 錢 돈 전 | 賈 팔 고 |

한비자가 말했다.

"속담에 '긴소매는 춤을 잘 추고, 돈이 많으면 장사를 잘한다(長袖善舞 多錢善賈)'는 말이 있다. 이는 자본이 많으면 사업하기가 쉬운 걸 말한 것이다. 그러므로 정치가 튼튼하면 일을 도모하기가 쉽고, 약해져 혼란에 빠지면 계획을 짜기가 어렵다."

하늘에 지은 누각

공중누각 空中樓閣

허상(虛像), 환상(幻像)의 뜻으로서 전혀 비현실적인 것이나 가공(架空)의 사물을 말한다. 출전은 송나라 때의 심괄(沈括)이 지은 《몽계필담(夢溪筆談)》.

| 空 빌 공, 하늘 공 | 中 가운데 중 | 樓 누각 루 | 閣 누각 각 |

다음은 《몽계필담》에 나오는 내용이다.

"등주는 사방이 바다로 둘러싸여서 봄과 여름에는 멀리 하늘가에 도시와 누대(樓臺)의 모습이 보이는데, 그곳 사람들은 이를 해시(海市)라고 했다."

나중에 청나라의 적호(翟灝)가 《통속편(通俗篇)》이라는 저서에서 이 문장에 대한 주석을 달아놓았다.

"오늘날 말과 행실이 거짓된 자를 칭하여 '공중누각'이라고 하는 것은 바로 여기서 나온 것이다."

즉, 해시(海市)를 일컬어 '공중누각'이라고 한 것이니, 유사한 말로는 신기루(蜃氣樓)가 있다.

괴이한 일, 이상한 힘, 인륜을 어지럽히는 일, 귀신에 대한 일 등은 말하지 않는다

괴력난신 怪力亂神

출전은 《논어(論語)》 '술이(述而)' 편.

| 怪 괴이할 괴 | 力 힘 력 | 亂 어지러울 난 | 神 귀신 신 |

공자가 살던 춘추 시대는 매우 어지러운 난세라서 하극상(下剋上)이 빈번히 일어나면서 사람들이 귀신과 같은 신비하고 이상한 현상에 대해 말하는 경향이 잦았다. 아마 공자도 이런 말에 대해 자주 들었으리라 추정되는데, 그런 현상은 유교의 가르침에 반하는 것이기 때문에 공자는 이렇게 말했다.

"나는 괴이한 일이나 이상한 힘이나 인륜을 어지럽히는 일이나 귀신에 대한 일 따위는 말하지 않는다."

여기서 괴이한 일(怪)은 상식을 벗어난 이상한 현상을 말하는 것이며, 이상한 힘(力)은 하나라 때 배를 움직인 역사(力士) 이야기 따위이며, 인륜을 어지럽히는 일(亂)은 신하가 임금을 시해하고 자식이 아버지를 해치는 일 따위이며, 귀신에 대한 일(神)은 인간의 합리적 생각을 벗어난 귀신들에 대한 이야기를 말한다.

공자는 이런 네 가지 현상은 인간의 교화에 아무런 도움을 주지 못하기 때문에 말하지 않은 것이며, 나아가 자식이 아버지를 해치는 일 따위는 차마 입에 담지 못했기 때문에 말하지 않은 것이다.

종기의 고름을 빨아주는 인자함

연저지인 吮疽之仁

순수하게 자비를 베푸는 것이 아니라 어떤 의도 하에서 베푸는 선행을 뜻한다. 출전은 《사기》 '손자오기열전(孫子吳起列傳)'.

| 吮 빨 연, 핥을 연 | 疽 악창 저 | 之 어조사 지 | 仁 어질 인 |

　　전국 시대 때 오기는 손자와 더불어 병법의 대가로 알려진 사람인데, 그는 목적을 위해서는 인륜도 저버릴 정도로 냉혹한 사람이었다. 어머니가 별세했다는 소식을 듣고도 가지 않고, 아내가 제나라 사람이라는 이유로 장군 임명을 망설이자 아내의 목을 베었다. 그러나 병사들과 있을 때는 함께 숙식을 하면서 온갖 궂은일을 마다하지 않았다.
　　어느 날 다리에 종기가 나서 고생하는 병사를 보자 입으로 종기를 빨아낸 뒤 약을 발라주었다. 이 소식을 들은 병사의 어머니는 대성통곡을 했다. 이웃 사람이 의아하게 생각하여 이유를 물었다.
　　"장군이 병사의 종기를 빨아주니, 얼마나 큰 영광입니까? 그런데도 통곡을 하다니 어찌된 일입니까?"
　　"작년에도 오기는 그 애 아버지의 종기를 빨아주었죠. 그러자 그 애 아버지는 전쟁에 나가서 목숨도 돌보지 않고 싸우다가 결국 죽었습니다. 또 자식의 종기를 빨아주었으니, 저 애가 언제 죽을지 모릅니다. 이 때문에 우는 것입니다."
　　어머니는 '종기를 빨아주는 인자함'이 오히려 두려웠던 것이다.

대의를 지키기 위해서는 친족도 죽인다
대의멸친 大義滅親

공적인 대의를 위해서는 사적인 친족 관계를 돌아보지 않는다는 뜻이다. 출전은 《춘추좌씨전(春秋左氏傳)》.

大 큰 대   義 옳을 의   滅 멸할 멸   親 친할 친

노(魯)나라 은공(隱公) 때의 일이다.

위(衛)나라의 환공(桓公)과 주우(州吁)는 배다른 형제였다. 주우는 첩의 자식으로 자기 멋대로 하는 성격이었지만, 그의 아버지 장공(莊公)은 그를 편애해서 내버려두었다. 이를 걱정스럽게 여긴 대부 석착(石碏)이 장공에게 간했다.

"주우를 태자로 세우실 생각이라면 빨리 결정하셔야 합니다. 만약 그대로 내버려 두신다면 결국 화를 불러들일 것입니다."

그러나 장공은 그의 말을 받아들이지 않았다. 왜냐하면 장공의 애첩 장강(莊姜)이 주우를 싫어했기 때문이다. 장강은 빼어난 미인이었지만, 자식이 없어 다른 여자에게서 난 환공을 자기 아들로 삼았다. 결국 장공은 장강의 사랑을 받고 있는 환공을 후계자로 삼았다.

석착은 자신의 아들 석후(石厚)에게 주우를 따르지 말라고 했지만, 석후는 아버지의 말을 듣지 않았다. 석착은 환공의 시대가 되자 은거했는데, 마침내 주우가 군주를 시해하고 자신이 왕위에 오르는 변고가 발생했다.

왕위에 오른 주우는 백성들의 인기를 얻기 위해 이웃 정(鄭)나라를 치는 등 여러모로 힘써 보았지만, 주우의 인기는 여전히 매우 낮았다. 이를 걱정한 석후는 아버지에게 왕권을 확립하기 위한 방책을 물었다.

석착이 말했다.

"천자님을 배알하는 것이 좋겠다."

"어떻게 해야 천자님을 배알할 수 있을까요?"

"진(陳)나라의 환공은 천자님이 깊이 기억하실게다. 지금 진나라와 위나라는 사이가 좋으니 진나라에 가서 탄원해 보려무나."

그리하여 석후와 주우는 진나라로 향했다.

한편 석착은 급히 사자를 진나라로 보내 말했다.

"진나라는 국력이 약해 나 같은 늙은이는 어찌해야 좋을지 모르겠습니다. 이 두 사람은 주군을 시해한 자들입니다. 아무쪼록 잘 처리해주시기 바랍니다."

결국 진나라에서는 두 사람을 붙잡아 죽였다.

《춘추좌씨전(春秋左氏傳)》에서는 석착의 행동을 이렇게 평가하고 있다.

"석착은 두 마음이 없는 충신이라 주우와 아들 석후의 행실을 미워했다. '대의(大義)를 지키기 위해 친족까지 저버린다(大義滅親)'는 바로 이를 말하는 것이다."

눈 속의 못

안중지정 眼中之釘

자기에게 장애나 방해가 되는 것을 가리킨다. 눈엣가시라는 우리말과 같은 뜻.
출전은 《오대사(五代史)》 '조재례전(趙在禮傳)'.

眼 눈 안　　中 가운데 중　　之 어조사 지　　釘 못 정

당나라 말기, 천하는 어지러워지고 관리들의 횡포는 극에 달했다. 탐관오리 조재례는 뇌물을 바쳐 출세했다. 그가 송주(宋州)의 절도사로 부임한 후, 온갖 착취로 인해 심한 고통을 겪었던 송주 땅의 백성들은 나중에 그가 떠나게 되자, 모두 기뻐하면서 이렇게 말했다.

"눈 속의 못(眼中之釘)이 빠졌다. 얼마나 기쁜 일인가?"

이 말을 들은 조재례는 다시 1년간 유임할 수 있도록 청원했다. 그의 뜻대로 청원이 받아들여지자, 그는 발정전(拔釘錢, 못을 빼는 돈)을 발행해 더욱 착취를 했으며 세금을 내지 않는 자는 형벌에 처했다.

같은 뜻으로 정(釘) 대신 정(丁)을 쓰기도 하는데, 이때의 정(丁)은 정위(丁謂)라는 사람을 가리킨다. 이 내용은 '속자치통감장'편에 나온다. 남송 때의 사람 정위는 구공(寇公, 구준을 말함)을 참소하여 깎아내렸다. 그러자 천하 사람들이 이렇게 노래를 지어 불렀다.

"천하의 안녕을 이루고 싶다면, 반드시 눈 속의 정위(眼中丁)를 뽑아버려야 한다. 천하의 태평 시절을 이루고 싶다면, 구공을 불러들이는 것보다 더 좋은 것은 없다."

푸른 바다가 변해서 뽕나무 밭이 된다
상전벽해 桑田碧海

세상이 몰라볼 정도로 심하게 변한 것을 말한다. 창상지변(滄桑之變), 창해상전(滄海桑田), 상창(桑滄), 상해(桑海)라고도 한다. 출전은 '신선전'.

| 桑 뽕나무 상 | 田 밭 전 | 碧 푸를 벽 | 海 바다 해 |

옛날 마고(麻姑)라는 여신선이 왕방평에게 말했다.
"지난번에 만난 후로 동해가 세 번이나 뽕나무밭으로 변하는 것을 보았어요. 또 봉래산에 갔었는데, 물이 예전보다 절반이나 줄어 있었죠. 어찌 다시 육지가 되지 않는다고 말할 수 있겠습니까?"
왕방평이 대답했다.
"동해는 가보아도 티끌만이 날릴 뿐입니다."

동해가 티끌만을 날린다는 동해양진(東海揚塵)은 바다가 육지로 변화했다는 말이다.

양 천 마리의 가죽은 여우 한 마리의 겨드랑이 가죽보다 못하다
천양지피 불여일호지액 千羊之皮 不如一狐之腋

어리석은 사람은 아무리 많이 있어 봤자 현명한 사람 하나에도 미치지 못한다는 뜻.
출전은 《사기》 '조세가(趙世家)'.

| 千 일천 천 | 羊 양 양 | 之 어조사 지 | 皮 가죽 피 | 不 아니 불 |
| 如 같을 여 | 一 하나 일 | 狐 여우 호 | 腋 겨드랑이 액, 겨드랑이 가죽 액 | |

춘추 시대 때, 조간자의 신하 중에 주사(周舍)라는 자가 있었다. 그는 서슴지 않고 직간하기를 좋아했는데, 그만 죽고 말았다. 조간자는 조정 회의를 할 때마다 늘 찌푸린 모습이었다. 한 대부가 이유를 묻자, 조간자가 대답했다.

"나는 '양 천 마리의 가죽은 여우 한 마리의 겨드랑이 가죽보다 못하다'고 들었소. 대부들은 조정에 나와서 그저 네, 네 할 뿐 주사처럼 따지지를 못하니, 이 때문에 걱정을 하는 것이오."

암탉의 새벽 울음
빈계지신 牝鷄之晨

암탉이 새벽에 울면 집안이 망한다는 뜻. 즉, 여자가 너무 나서서 설쳐 대는 것을 경계한 말이다. 출전은《서경》'목서(牧誓)'편.

牝 암컷 빈　　鷄 닭 계　　之 어조사 지　　晨 새벽 신

《서경》을 보면 이런 말이 나온다.

"암탉은 새벽에 울지 않는다. 암탉이 새벽에 울면 집안이 망한다."

이 말은 주나라 무왕이 은나라의 마지막 왕 주왕(紂王)을 정벌하기 위해 군사를 모아놓고서 한 말이다. 무왕이 말한 암탉은 온갖 잔인하고 요사스런 짓을 해서 주왕의 총명을 흐리게 한 달기(妲己)를 가리킨다.

용 머리와 뱀 꼬리

용두사미 龍頭蛇尾

처음 시작할 땐 화려하고 거창하나 끝으로 갈수록 보잘것없어진다는 뜻. 출전은 《벽암록(碧岩錄)》.

| 龍 용 용 | 頭 머리 두 | 蛇 뱀 사 | 尾 꼬리 미 |

송나라 때 원오극근(圓悟克勤) 선사가 선사들의 선문답을 모아놓은 《벽암록》은 선문제일서(禪門第一書)라고 불려지며, 선 수행자에겐 가장 중요한 교과서 같은 책이다. 용두사미는 이 책에 나오는 구절이다.

어느 날 목주 화상에게 한 승려가 찾아왔다. 목주가 그에게 물었다.

"어디서 오셨소이까?"

승려는 "꽥" 하고 일할(一喝, 喝 : 불교에서 스승이 수행자를 질타하는 일종의 고함소리)을 했다. 목주가 말했다.

"허허, 노승이 그대에게 일할을 당하고 말았군."

말이 끝나자마자, 그 승려는 다시 "꽥" 하고 일할을 했다. 목주가 그를 살펴보니 아직 수행이 설익은 것 같아서 이렇게 말했다.

"비슷하긴 하지만 정확치가 않아. 용 머리에 뱀 꼬리군(龍頭蛇尾). 자네가 세 번, 네 번씩 할을 한 다음에는 어찌하겠는가?"

승려는 아무 대답도 하지 못했다. 그러자 목주 화상이 승려를 후려치면서 말했다.

"에라, 이 멍텅구리야."

수레바퀴 자국의 고여 있는 물에 갇힌 붕어
학철부어 涸轍鮒魚　철부지급 虎鮒之急

더 이상 어쩔 수 없는 곤경이나 궁지에 처했을 때 쓰이는 말인데, 거철부어(車轍鮒魚), 학철(涸轍)로도 쓰인다. 출전은 《장자(莊子)》 '외물(外物)'편.

| 涸 마를 학 | 轍 수레바퀴 자국 철 | 鮒 붕어 부 | 魚 물고기 어 | 急 급할 급 |

　　무위자연(無爲自然)을 주창한 장자는 끼니조차 잇기 어려운 가난한 생활을 했다. 어느 날 그는 친구인 남하후에게 식량을 좀 꾸어달라고 했다. 별로 꾸어줄 생각이 없었던 남하후는 이렇게 핑계를 대었다.
　　"빌려주겠네. 며칠만 있으면 세금을 거두게 되는데, 그때 3백 금(金)을 빌려주겠네."
　　지금 당장 굶어 죽을 판인데 며칠 뒤의 거금이 무슨 소용이 있단 말인가! 장자는 화가 나서 말했다.
　　"내가 이곳으로 오는데, 누가 나를 부르지 않겠나. 주위를 살펴보았더니 '수레바퀴 자국의 고여 있는 물에 붕어 한 마리(涸轍鮒魚)'가 있더군. 내가 왜 불렀느냐고 묻자, 붕어는 '당장 말라죽을 지경이니 물 한 되만 부어 달라'고 하더군. 그래서 내가 말했네. 나는 지금 오나라와 월나라 임금을 만나러 가는데, 가는 길에 서강(西江)의 물을 잔뜩 길어다 줄 테니 그때까지 기다리게. 그러자 붕어는 화가 나서 말했네. 나는 물 한 되만 있으면 목숨을 부지할 수 있는데도 그렇게 말하다니 다 틀렸소. 나중에 마른 고깃간에나 가서 날 찾을 거요."

호계에서 세 사람이 웃다
호계삼소 虎溪三笑

서로 나누는 이야기에 골몰하다가 평소의 규칙을 어겼을 때 쓰이는 말이다. 출전은 《《진성유(陳聖俞)》가 지은 《여산기(廬山記)》.

| 虎 호랑이 호 | 溪 계곡 계 | 三 석 삼 | 笑 웃을 소 |

송나라 때의 문인(文人)인 진성유가 지은 《여산기》에 나오는 내용이다.

샘물이 사원을 돌아서 흐르는데, 아래로는 호계로 들어간다. 옛날에 혜원(慧遠) 대사가 손님을 전송하는데, 이곳을 지날 때 갑자기 호랑이 소리가 들렸기 때문에 호계라는 이름이 붙었다고 한다.

당시 도연명은 율리산에서 살고 육수정(陸修靜)은 산 남쪽에서 살고 있었는데, 모두 도를 닦는 선비였다. 혜원 대사가 두 사람을 전송한 적이 있었다. 그런데 도에 대한 이야기를 나누다가 이곳을 지나면서도 깨닫지 못했다고 한다. 나중에 이 사실을 안 세 사람은 박장대소를 했다. 오늘날 이 세 사람이 웃는 삼소도(三笑圖)가 세상에 전해지고 있다.

원래 혜원은 사람을 전송할 때는 이 호계를 넘지 않는다는 규칙을 스스로 세워 놓았다. 그런데 도연명과 육수정과는 도를 논하다가 그만 이 규칙을 스스로 어겼고, 이로 인해 세 사람이 웃었던 것이다.

몸에 옻을 칠하고 숯을 삼키다
칠신탄탄 漆身吞炭

온 몸을 던져 복수를 시도하는 것. 출전《사기》'자객열전'.

| 漆 옻칠할 칠 | 身 몸 신 | 吞 삼킬 탄 | 炭 숯 탄 |

춘추 시대 말기, 진(晉)나라는 지백(知伯), 조(趙), 한(韓). 위(魏)의 공경(公卿)들이 실권을 다투고 있었다. 가장 강력한 세력을 가진 지백은 한·위와 손을 잡고 조가(趙家)를 공격했다. 그러나 지백이 조가의 거점을 함락하기 직전, 한·위 양가가 배신하여 지백은 오히려 죽음을 당했다.

그런데 지백의 신하 중 예양(豫讓)이라는 사람이 지백의 원수를 갚고자 조가의 우두머리 조양자(趙襄子)를 노렸다. 처음엔 궁중의 공사에 끼어들어가서, 변소에 들어가는 조양자를 보고 찔러 죽이려 했지만, 오히려 붙잡히고 말았다. 조양자가 자기를 죽이려는 이유를 묻자, 그는 이렇게 대답했다.

"지백은 나를 국사(國士)로서 대했으니, 나도 국사로서 보답하는 것이다."

조양자는 그를 충신이라 하면서 풀어주었다. 그러나 예양은 결코 복수를 포기하지 않았다. 그는 다시 몸에 옻칠을 해서(漆身) 문둥이처럼 꾸미고, 숯을 삼켜서(吞炭) 벙어리 흉내를 내며 걸식을 하면서 동정을 살폈다.

어느 날 예양은 다리 밑에 숨어서 그곳을 지나게 될 조양자를 기다리고 있었다. 그런데 조양자의 말이 다리 직전에서 더 나가지를 않는 것이었다. 수상하게 여긴 신하들이 다리 밑을 살펴보니 예양이 숨어 있었다. 조양자가 그에게 말했다.

"그대도 이미 옛 주인에게 할 일을 다 했고, 나 역시 그대에게 충분히 예(禮)를 다했다. 그런데도 나를 노리니 어쩔 수 없다."

조양자가 그를 죽이라고 명하니, 예양은 마지막 소원이니 조양자의 옷을 빌려달라고 했다. 옷을 빌려주니, 그는 비수를 꺼내 세 번 찌르고는 "지백이여, 이제 원수를 갚았습니다" 하면서 자신을 찔러 자결했다.

제4장 처세

사슴을 쫓는 자는 산을 보지 못한다

뱀의 발

사족 蛇足

뱀을 그리는데 발을 덧붙이다(畵蛇添足)를 줄인 말. 쓸데없는 말이나 행동을 덧붙임으로써 일을 그르칠 때 "사족을 붙인다"고 말한다. 또 책을 다 쓰고 나서 뒤에 몇 마디 덧붙일 때 겸양의 표현으로 사족이라고 한다. 출전은 《전국책(戰國策)》 '제책(齊策)'.

| 蛇 뱀 사 | 足 발 족 |

초나라의 재상 소양(昭陽)은 위(魏)나라를 쳐서 군대를 와해시키고 여덟 개의 성을 빼앗은 뒤, 다시 선봉부대를 돌려 제나라를 공격했다.

그때 제나라에서 진진(陳軫)이라는 세객(說客, 유세하는 선비)을 사자로 보냈다. 그는 소양을 만나 전쟁에 이긴 것을 축하한 뒤 이렇게 물었다.

"초나라의 법에서 장군을 죽이고 군대를 와해시켰을 경우 벼슬은 어떻게 됩니까?"

소양이 답했다.

"벼슬은 상주국(上柱國, 최고의 공로를 세웠을 때 주는 벼슬), 작위는 집규(執珪, 최고의 작위)가 될 것이오."

"그보다 높은 지위는 무엇입니까?"

"오직 영윤(令尹, 재상)일 뿐이오."

"영윤은 고귀한 지위입니다. 그래서 왕도 영윤을 두 사람씩 두지는 않습니다. 비유를 통해 당신에게 말씀드리겠습니다.

초나라의 제사를 맡은 사람이 임금의 시종들에게 큰 잔에 술을 따라 주자 시종들이 서로 말했습니다.

'몇 사람이 마시기엔 모자라지만, 혼자 마시면 충분할거요. 땅에 뱀을 그리는데 제일 먼저 그린 사람이 마시도록 합시다.'

그래서 한 사람이 먼저 뱀을 그렸습니다. 그는 술을 마시려고 왼손으론 잔을 잡고 오른손으론 뱀을 그리면서 '난 발까지 그릴 수 있어'라고 말했죠. 그러나 그가 발을 그리고 있는 사이 또 한 사람이 뱀을 그린 뒤 술잔을 뺏으면서 말했습니다.

'뱀은 원래 발이 없네. 발을 그리면 안 되는 걸세.'

이렇게 말하고는 그 술을 마셔 버렸습니다. 뱀의 발(蛇足)을 그리던 사람은 결국 술을 마시지 못한 겁니다.

지금 당신은 초나라의 재상으로 위나라를 공격해 장군을 죽이고 군대를 와해시켜 여덟 개의 성을 빼앗았습니다. 그리고는 그 여세를 몰아 제나라를 공격하려고 하니, 제나라는 당신을 매우 두려워하고 있습니다. 이것만으로도 당신은 충분히 명성을 떨쳤으며, 더 오를 벼슬도 없습니다.

전투에서 패하는 일도 없고, 더구나 멈출 줄을 모르는 자는 조만간 그 몸은 죽고 벼슬은 후임자가 맡게 될 것입니다. 뱀의 발을 그리는 일과 똑같습니다."

소양은 그의 말이 옳다고 생각해 군대를 철수시켰다.

많으면 많을수록 좋다
다다익선 多多益善

출전은 《한서(漢書)》 '한신전(韓信傳)'.

多 많을 다 | **益** 더할 익 | **善** 착할 선

한나라 고조 유방(劉邦)은 초나라의 항우를 꺾고 천하를 통일했다. 그는 초왕(楚王) 한신이 반란을 일으키려 하자, 그를 붙잡아 왕위를 박탈하고 회음후(淮陰候)로 좌천시켰다. 어느 날 고조는 한신에게 물었다.

"내가 군대를 얼마나 거느릴 수 있겠는가?"

한신이 답했다.

"폐하는 10만 정도에 불과할 것입니다."

"그럼, 그대는 어느 정도인가?"

"저는 많으면 많을수록 좋습니다(多多益善)."

"많으면 많을수록 좋다는 자가 어째서 10만의 장군에 불과한 내게 포로가 되었는가?"

"폐하는 병졸들은 잘 거느릴 수 없지만 장군들은 잘 거느리십니다. 이것이 제가 폐하의 포로가 된 이유입니다. 더욱이 폐하의 능력은 소위 하늘이 주신 것으로 인력으로는 어찌할 수가 없습니다."

《사기》'회음후열전'에서는 '다다익변(多多益辨)'으로 되어 있다. '많으면 많을수록 잘 처리한다'는 뜻으로 다다익선의 뜻과 큰 차이는 없다.

아침에 법령을 내렸는데 저녁에 고친다
조령모개 朝令暮改

법률이나 규칙은 한번 정하면 지속적으로 지켜져야 하는데 너무 자주 뜯어고치면서 이랬다저랬다 할 때 이 말을 쓴다. 출전은 한나라의 문제(文帝) 때 조조(晁錯)가 상소한 '논귀속소(論貴粟疏, 곡식의 귀중함을 논한 상소문)'.

朝 아침 조   令 명령 령   暮 저물 모   改 고칠 개

"지금 다섯 명의 식구가 있는 농가에서는 부역(賦役)이 과중하기 때문에 부역에 따르는 자가 두 명도 채 되지 않습니다. 경작의 수확도 백 무(畝)가 고작으로 백 무의 수확은 기껏해야 백 섬에 불과합니다. 그들은 부역에 징발되어 봄, 여름, 가을, 겨울 쉴 날이 없습니다. 또 개인적으로 손님을 맞이하고 죽은 자를 조문하고 고아를 기르고 병자를 위로하는 등 일이 많습니다. 게다가 홍수나 가뭄의 재해를 당하게 되면 갑자기 조세와 부역을 강요당합니다. 시기를 정하여 세금과 부역을 내지 않으니, 마치 아침에 영을 내리고 저녁에 고치는(朝令暮改) 결과가 됩니다. 그래서 논밭과 집을 내놓거나 자식을 팔아 빚을 갚는 사람이 나오게 되는 것입니다."

그러나 청(淸)나라의 왕념손(王念孫)은 '조령모개'가 아니라 '조령모득(朝令暮得)', 즉 아침에 법령을 내리고서 저녁에 거두어 들인다'로 고쳐야 한다고 말하고 있다. 문맥에 비추어 볼 때 왕념손의 주장이 옳은 것 같지만, 어쨌든 '조령모개'는 '법령을 이랬다저랬다 자주 고치는' 뜻으로 관용적으로 쓰이고 있다.

진흙탕이나 숯불에 빠졌다
도탄 塗炭

진흙탕이나 숯불 속에 빠져있는 듯한 격심한 고통을 도탄에 빠진 괴로움(塗炭之苦)이라고 한다. 출처는 《서경(書經)》'상서(商書)'에 나오는 '중훼(仲虺)의 상고문'.

塗 진흙 도   炭 숯 탄

은(殷)나라 탕왕은 하(夏)나라 걸(桀)왕을 공격하여 혁명에 성공했다. 그러나 탕왕은 과거 요(堯) 임금이 순(舜) 임금에게 왕위를 양보하고 순 임금이 우(禹) 임금에게 왕위를 양보한 데(이를 선양禪讓이라 함) 반해 자기는 무력으로 왕위를 얻은 것을 부끄러워해서 이렇게 말했다.

"후세 사람들이 나를 힐난할까 두렵다."

이 말을 들은 신하 중훼는 탕왕을 위로하는 상고문을 올렸는데, 그 중 한 대목을 들어보자.

"오호라, 하늘이 백성들을 내시긴 했지만, 그들의 욕망을 다스리는 군주가 없으면 혼란이 일어납니다. 그래서 하늘은 총명한 군주를 내셔서 통치하도록 한 것입니다. 하나라의 걸왕은 덕이 없었기에 백성들이 도탄(塗炭)에 빠졌습니다. 결국 하늘은 탕왕에게 용기와 지혜를 주셔서 우왕의 옛 나라를 계승토록 한 것입니다. 그러니 이제 우왕이 실천한 전범(典範)을 따르고 천명(天命)을 받들어야 합니다."

중훼는 '도탄에 빠진 괴로움'을 겪는 백성을 구원한 탕왕의 무력혁명을 찬양하고 격려한 것이다.

닭을 잡는데 어찌 소 잡는 칼을 쓰겠는가?
할계언용우도 割鷄焉用牛刀

사소한 일을 처리하는데 큰 일을 다루는 사람이 나설 필요가 없다는 뜻. 출처는 《논어(論語)》 '양화(陽貨)'편.

| 割 가를 할 | 鷄 닭 계 | 焉 어찌 언 | 用 쓸 용 | 牛 소 우 | 刀 칼 도 |

공자가 제자 자유(子游)가 재상으로 있는 무성(武城)에 갔을 때, 악기의 연주 소리를 들었다. 공자는 빙그레 미소 지으면서 말했다.

"닭을 잡는데 어찌 소 잡는 칼을 쓰는가?"

자유가 대답했다.

"전에 저는 선생님께 '군자가 도를 배우면 남을 사랑하고, 소인이 도를 배우면 부리기가 쉬워진다'라고 배웠습니다."

"얘들아, 자유의 말이 옳다. 아까 내가 한 말은 농담일 뿐이다."

자유는 원래 노(魯)나라의 작은 마을 무성에서 공자의 가르침대로 예악(禮樂)을 통해 백성들을 교화하고 있었다. 그래서 공자가 무성에 갔을 때 악기의 연주를 들을 수 있었던 것이다. 그런데 공자는 예악은 천하를 바로잡는 데 쓰이는 군자의 도인데, 이 조그만 마을 무성의 소인들에게 예악을 펴는 것은 "닭 잡는데 소 잡는 칼을 쓰는 것이 아닌가?"라고 물었다. 공자는 자유를 넌지시 시험해 본 것이다. 하지만 자유는 예전 공자의 가르침을 들어 예악은 군자에게나 소인에게나 필수적이라고 말했고, 공자는 자기의 말이 농담이었음을 고백한 것이다.

술잔과 그릇들이 어지럽게 흩어져 있다
배반낭자 杯盤狼藉

술좌석이 한창이거나, 아니면 그 술좌석이 끝난 자리를 가리킨다. 출전은 《사기》 '골계열전(骨稽列傳)', '순우곤전(淳于髡傳)'.

| 杯 잔 배 | 盤 쟁반 반 | 狼 어지러울 낭 | 藉 어지러울 자 |

    제나라 위왕(威王)은 초나라가 쳐들어오자, 황금 천일(千鎰)과 사두마차 백 대, 흰구슬 열 쌍을 공물로 해서 조나라의 구원을 청하려고 순우곤을 사자로 보냈다. 조나라 왕은 10만 군대와 전차 천대를 빌려주었다. 이 소식이 전해지자 초나라 군대는 한밤에 철수해 버렸다.
    초나라가 철수하자 제나라 위왕은 크게 기뻐하면서 순우곤을 초대해 주연을 베풀었다. 술좌석에서 왕이 순우곤에게 물었다.
    "그대는 어느 정도 마셔야 취하는가?"
    "한 말로도 취하고 한 섬으로도 취합니다."
    "한 말에 취하는 사람이 한 섬을 마실 수는 없는 법 어떤 뜻에서 한 말인가?"
    "대왕 앞에서 술을 마시면 앞뒤로 고관대작이 늘어서 버티고 있기 때문에 한 말도 마시기 전에 취해 버립니다.
    집안의 큰일로 손님을 접대할 때는 공경히 술을 받아먹거나, 상대방의 장수를 빌면서 마시면 두 말도 안 되어서 취해 버립니다.
    또 친구와 오랜만에 만나 이야기를 주고받으면서 마시면 대 여섯 말을 마셔야 어지간히 취합니다.

그러나 남녀가 뒤섞여 놀이를 하거나 내기를 하면서 마실 때는 여덟 말쯤 마셔야 취합니다.

또 해가 넘어가고 술은 거의 떨어지고, 남녀가 합석하여 신발이 뒤섞이고, 술잔과 그릇들이 이리저리 흩어지면서(杯盤狼藉) 집안의 등불이 꺼집니다. 주인은 손님을 돌려보내고 나만 머물게 한 뒤, 비단 적삼을 풀어헤치니 은근히 향내가 풍겨옵니다. 이럴 때 내 마음은 희희낙락해지면서 한 섬까지 마실 수 있습니다. 그래서 '술이 극에 이르면 흐트러지고, 즐거움이 극에 이르면 슬퍼진다'고 말한 것이니, 모든 일이 다 그렇습니다."

순우곤의 이 말은 사물이 극에 이르면 쇠퇴하게 마련이란 사실을 은근히 간한 것이다. 위왕은 순우곤의 말을 듣고 나서는 밤새워 연회하는 것을 중지했다고 한다.

백 번을 쏴도 백 번 다 맞춘다
백발백중 百發百中

활을 쏘는 데서 유래됐지만, 요즘에는 시험을 칠 때 답을 모두 맞추거나, 게임이나 놀이를 하는 데서도 쓰인다. 출전은 《사기》 '주기(周紀)'.

百 일백 백   發 필 발   中 가운데 중, 맞을 중

춘추 시대의 유명한 변설가 소진(蘇秦)의 동생 소려(蘇厲)가 주나라의 난왕에게 한 이야기이다.

진나라의 장군 백기(白起)는 한나라와 위나라의 군대를 격파하고, 위나라의 장군 사무(師武)를 죽였다. 또 북쪽의 인(藺)과 이석(離石)을 빼앗은 뒤, 위나라 수도 양(梁)을 공격하려고 했다. 양을 뺏기면 주나라가 위태로워질 걸 걱정한 난왕은 사람을 보내 백기 장군을 설득했다.

초나라의 양유기(養由基)는 활을 잘 쏘았다. 그는 백 보 떨어진 곳에서 활을 쏘아도 백 번 쏘면 백 번 다 맞추었다(百發百中). 사방의 수천 관중들이 다 활을 잘 쏜다고 말하는데, 한 사람이 곁에 있다가 말했다.

"잘 쏘는군. 활 쏘는 법을 가르칠 만한데."

이 말을 들은 양유기가 화를 내면서 활을 버리고 칼을 잡으며 말했다.

"당신은 어떤 방법으로 내게 활을 가르쳐 주겠는가?"

그 사람이 말했다.

"나는 활 쏘는 기술을 가르쳐 준다고 말한 것이 아니오. 백 보 떨어진 곳에서 버들잎을 백발백중 맞춘다 해도 사람들이 잘 쏜다고 말하기 전

에 그만두는 것이 좋소. 만약 무리해서 계속 쏘다가 기운이 떨어지고 팔힘도 없어지면, 활도 기울고 화살도 빗나가게 될 것이고, 화살이 하나라도 빗나가게 된다면, 지금까지 백발백중이던 것도 다 소용없어질 거요."

이 이야기는 백기 장군이 지금까지 승승장구하면서 다시 양을 공격해 뺏으려고 하지만, 만약 단번에 뺏지 못한다면 지금까지의 공로가 수포로 돌아갈 것이니 출전하지 않는 것이 상책이라고 권고한 것이다.

완전한 구슬
완벽 完璧

우리는 '완벽'이란 말을 자주 쓰는데, 이 말의 문자적 뜻은 '완전한 구슬'이다. 《사기》 '인상여전(藺相如傳)'.

完 완전할 완 │ 璧 구슬 벽

조나라 혜문왕(惠文王)이 초나라의 보배 화씨의 구슬(和氏之璧)을 얻었다. 그러자 진나라 소양왕(昭襄王)이 15개의 성과 맞바꾸자고 요구해 왔다. 그러나 혜문왕은 강대국 진나라의 청을 들어주자니 구슬만 뺏기고 성은 얻지 못할 것 같고, 들어주지 않자니 그걸 빌미로 진나라 군대가 쳐들어올 것 같아서 고민에 빠졌다.

혜문왕은 대장군 염파(廉頗)와 상의해 봤지만 뾰족한 수가 없었다. 그때 한 신하가 자기의 식객인 인상여(藺相如)라는 사람을 천거했다. 혜문왕이 인상여를 만나 의견을 물어보자 그가 답했다.

"적당한 사람이 없다면 제가 가겠습니다. 성을 주지 않으면 구슬(璧)을 완전하게(完) 갖고 돌아오겠습니다."

그리하여 인상여는 화씨의 구슬을 가지고 진나라에 가서 소양왕에게 바쳤다. 그러나 소양왕이 성을 줄 생각이 없다는 걸 알자 이렇게 말했다.

"사실인즉 그 구슬에는 흠이 있습니다. 제가 알려 드리지요."

소양왕이 구슬을 건네주자 인상여는 뒤로 물러나 기둥에다 등을 대고는 노한 목소리로 말했다.

"저는 왕께서 성을 떼어줄 생각이 없음을 알고 구슬을 도로 찾은 것입니다. 그런데도 강제로 구슬을 뺏으신다면, 저의 머리와 구슬을 함께 기둥에 부딪혀 부숴 버리겠습니다."

결국 소양왕은 인상여의 기지와 용기에 굴복해서 그를 국빈으로 대우하여 조나라로 돌아가게 했다. 조나라의 혜문왕은 그의 공로를 인정해 그를 상대부로 임명했다.

오늘날에는 완벽을 '완전한 구슬', 흠 하나 없는 완전무결한 구슬로 알고 있지만, 원래는 이 글에서 보듯이 '구슬을 완전하게'라는 뜻이다. 즉, 구슬을 온전히 보전한다는 의미였다.

창과 방패

모순 矛楯

서로 다른 주장이 동시에 양립할 수 없을 때 또는 말이나 행동의 앞뒤가 맞지 않을 때를 '모순'이라고 한다. 출전은 《한비자(韓非子)》 '난일(難一)' 편, '난세(難勢)' 편.

矛 창모 | 楯 방패 순

방패와 창을 파는 초나라 사람이 있었다. 그는 방패를 들고 말했다.
"나의 이 방패는 매우 견고해서 어떤 것으로도 뚫을 수 없소."
그러고 나서 창을 들고 말했다.
"나의 이 창은 너무나 날카로워 어떤 물건도 뚫을 수 있소."
이 말을 들은 어떤 사람이 그에게 물었다.
"그렇다면 당신의 창으로 당신의 방패를 뚫으면 어찌 되오?"
그 초나라 사람은 아무 대꾸도 할 수 없었다.
또 한비자는 '난세' 편에서 이 모순의 이야기를 인용하고 있다. 즉 유가의 학자들은 요 임금이 다스리던 시절 순 임금이 당시의 잘못되고 피폐한 풍속을 바로잡은 실례를 들고 있는데 이는 모순이라는 것이다. 왜냐하면 순 임금이 당시 풍속에서 바로잡을 것이 있다면 이는 성인이신 요 임금이 정치를 잘못한 것이고, 만약 바로잡을 것이 없었다면 순 임금이 교화할 것이 없기 때문이다. 결국 한비자는 이 모순의 이야기를 통해 당시 유생들의 덕치주의를 비판하고 대신 법치주의를 주장한 것이다.

좋은 약은 입에 쓰다
양약고구 良藥苦口

"좋은 약은 입에 쓰고(良藥苦口), 충직한 말은 귀에 거슬린다.(忠言逆耳)"에서 나온 말이다. 효과가 뛰어난 약일수록 입에 쓰게 마련이며, 자기의 잘못을 지적하는 충고일수록 귀에는 거슬리게 마련이다. 출전은 《공자가어》 '육본(六本)' 편.

| 良 좋을 량 | 藥 약 약 | 苦 괴로울 고 | 口 입 구 |

공자가 말했다.

"좋은 약은 입에 쓰지만 병에는 이롭고, 충직한 말은 귀에 거슬리지만 행실에는 이롭다.

탕왕과 무왕은 곧은 말을 하는 충신이 있어서 번창했고, 걸왕과 주왕은 굽실거리는 신하만 있어서 망했다. 임금에게 간하는 신하가 없고, 어버이에게 간하는 아들이 없고, 형에게 간하는 동생이 없고, 선비에게 간하는 친구가 없다면, 잘못을 저지르지 않는 자가 없을 것이다.

이 때문에 '임금이 잘못하면 신하가 바로잡아야 하고 어버이가 잘못하면 자식이 바로잡아야 하고, 형이 잘못하면 동생이 바로잡아야 하고, 자신이 잘못을 하면 친구가 바로잡아야 한다'고 말한 것이다.

이렇게만 한다면 나라는 망할 염려가 없을 것이고, 집안에는 패륜의 악행이 없을 것이며, 부자형제 사이에도 허물이 없을 것이며, 친구와의 사귐도 단절이 없을 것이다."

거꾸로 박힌 비늘

역린 逆鱗

> 원래 임금의 분노를 살 때, "역린을 건드렸다"고 말한다. 요즘은 상대의 아픈 곳을 건드린다는 폭넓은 의미로 쓰이고 있다. 출전은 《한비자(韓非子)》'세난(說難)'편.

| 逆 거스를 역 | 鱗 비늘 린 |

    용이라는 동물은 부드럽게 다스리면 타고 다닐 수 있다. 그런데 용의 목구멍 아래에는 직경 한자쯤 되는 '거꾸로 박힌 비늘(逆鱗)'이 있다. 만약 사람이 그 비늘을 건드리면, 용은 반드시 그 사람을 죽인다. 군왕 중에서도 '거꾸로 박힌 비늘'을 가진 사람이 있다. 군왕을 설득하려는 자가 그 군왕의 '거꾸로 박힌 비늘'을 건드리지만 않는다면 설득할 가능성이 있는 것이다.

    《한비자》의 '세난'편은 군왕 설득의 어려움을 기술한 것이다. 다음은 그 첫머리 구절인데, 설득의 어려움을 잘 나타내고 있다.

    "상대가 명예나 지조를 추구하는데 이익으로 설득하려 한다면, 상대는 자신을 천하게 생각해 멀리할 것이다. 상대가 이익을 추구하는데 명예나 지조로 설득하려 한다면, 세상일에 어둡다고 간주해버릴 것이다.

    상대가 속으론 이익을 도모하면서도 겉으로만 명예와 지조를 추구한다면, 설사 명예와 지조로 설득한다 해도 겉으로만 받아들이지 속으로는 싫어한다. 또 이익으로 설득한다 해도 속으로만 받아들이지 겉으로는 저버릴 것이다."

겁에 질려 어쩔 줄 모르는 것
전전긍긍 戰戰兢兢 포호빙하 暴虎馮河

> 잘못을 저질러 놓고 어쩔 줄 모르고 있을 때, "전전긍긍한다"고 표현한다. '전전'은 겁을 먹고 두려워하는 모양, '긍긍'은 몸을 삼가고 조심하는 모양이다. 출전은 《시경(詩經)》'소민(小旻)'의 일절.

戰 싸울 전, 두려울 전   兢 조심할 긍

감히 맨손으로는 호랑이를 잡지 못하고(不敢暴虎)
감히 걸어서는 큰 강을 건너지 못하는 법(不敢馮河).
사람들은 하나만 알고(人知其一)
둘이 있다는 건 알지 못하누나(莫知其他).
두려움에 떨며 조심조심해야 할지니(戰戰兢兢),
마치 깊은 연못가에 다다른 듯 하고(如臨深淵)
얇은 얼음을 밟고 가는 듯이 해야 하리(如履薄氷).

이 시는 폭정을 한탄한 시이다. 맨손으로 호랑이를 잡는 것을 '포호(暴虎)'라 하고, 걸어서 큰 강을 건너는 것을 '빙하(馮河)'라 한다. 폭정에 대놓고 덤벼들지는 못한다는 뜻이다. 하나만 알고 둘은 모른다 함은 눈앞의 이익에만 급급해 뒤에 재앙이 따르는 걸 모르는 것이다. 따라서 폭정하에서는 항상 두려움 속에서 조심해야 하는 법이다. 마치 깊은 연못가에 서 있거나(如臨深淵), 얇은 얼음을 건너는 것처럼(如履薄氷).

농서 땅을 얻고 나서 다시 촉 땅을 바란다
득롱망촉 得隴望蜀

사람의 욕심은 끝이 없어 하나를 얻으니 다른 하나마저 얻고 싶다는 말이다.
출전은 《후한서》 '광무기(光武紀)'.

| 得 얻을 득 | 隴 땅이름 롱, 언덕 롱 | 望 바랄 망 | 蜀 땅이름 촉 |

후한을 세운 광무제는 각지에서 발호한 세력들을 토벌했는데, 마지막으로 남은 것이 농서 땅의 외효(隗囂)와 촉 땅의 공손술(公孫述)이었다.

외효는 날로 강대해지는 광무제의 세력이 두려워 공손술과 연합해 대항하려고 했지만, 공손술은 외효의 사신을 예우하지 않고 냉대해서 돌려보냈다. 이에 실망한 외효는 반대로 광무제와 맹약을 맺었으나, 광무제가 신하로써 섬길 것을 강요하자 반란을 일으켜 대립했다.

그러나 건무(建武) 9년에 외효가 병으로 죽고, 이듬해 그의 아들이 광무제에게 항복하자, 농서 땅은 완전히 광무제에게 평정됐다. 이때 광무제는 이렇게 말했다고 한다.

"인간의 삶은 만족할 줄을 모른다더니, 이미 농서 땅을 얻었는데 다시 촉 땅을 바라는구나(得隴望蜀)."

그 후 4년 뒤, 광무제는 촉 땅을 격파하고 마침내 천하통일을 이루었다.

먹고 입는 것이 충분해야 명예와 수치를 안다

의식족즉지영욕 衣食足則知榮辱
의식족이지영욕 衣食足而知榮辱

사람이 배가 고프면 염치를 잊는다. 따라서 사람들에게 명예와 염치를 알게 하려면, 무엇보다도 먹고 입는 것부터 해결해야 하는 법이다. 흔히 "의식이 족해야 예절을 안다"는 말로 쓰이고 있다. 출전은 《관자(管子)》 '목민(牧民)' 편.

| 衣 옷 의 | 食 먹을 식 | 足 족할 족 | 榮 번영할 영 | 辱 욕될 욕 |

춘추 시대 때, 주나라 왕실을 도와 제후들을 호령한 사람은 제나라 환공이었다. 그리고 그 환공이 패자(覇者)가 되도록 도와준 사람은 관중(管仲)이었다. 현실적 정치가였던 관중은 경제를 중시했으며, 인간의 예절과 염치도 경제적 기반 위에서 가능하다고 보았다. 《관자》 '목민' 편에 나오는 내용은 대략 다음과 같다.

"땅과 백성을 다스리는 사람은 사시사철의 변화를 잘 살펴서 곡식 관리에 힘써야 한다. 나라에 재정이 넉넉하면 다른 지역 사람들도 모이는 법이고, 개간할 토지가 풍부하면 백성들은 그곳에 머물게 마련이다. 창고에 곡식이 넉넉하면 예절을 아는 법이요, 먹고 입는 것이 충분하면 명예와 염치를 아는(衣食足則知榮辱) 법이다. 그리하여 윗사람이 법도를 지키면 한 집안 전체가 화합할 것이고, 예의와 염치가 행해지면 임금의 법령도 잘 실행될 것이다."

나무에 올라가 물고기를 구한다

연목구어 緣木求魚

터무니없이 불가능한 일을 비유할 때 쓰이는 말이다. 출전은 《맹자》 '공손추장'.

| 緣 연할 연 | 木 나무 목 | 求 구할 구 | 魚 고기 어 |

맹자는 인의를 중심으로 한 왕도정치(王道政治)를 주장했는데, 이는 무력으로 다른 나라를 제패하려는 패도정치(覇道政治)와는 대립되는 것이었다.

어느 날 제나라 선왕(宣王)은 맹자에게 춘추 시대 때 패업을 이루었던 제환공과 진문공의 일을 듣고 싶다고 말했다. 그에게는 제후국의 통일이 주된 관심사였던 것이다. 이에 대해 맹자는 이렇게 대답했다.

"왕께서는 전쟁을 일으켜 신하의 목숨을 위태롭게 하고, 이웃나라와 원수가 되는 것이 좋습니까?"

"아니오, 좋을 리가 있겠소. 하지만 그렇게 하려는 것은 내게 커다란 바람이 있기 때문이오."

"그 바람이 무엇인지 들려주시겠습니까?"

그러나 선왕은 맹자가 인의에 따르는 왕도정치를 말한다는 걸 알고 있었기 때문에 웃기만 하고 말하지 않았다. 맹자가 다시 말했다.

"살찐 고기와 맛있는 음식이 부족하십니까, 가볍고 따뜻한 옷이 부족하십니까? 아니면 아름다운 빛깔을 감상하는 게 부족하십니까?"

"아니오, 내가 원하는 건 그런 게 아니오."

"그렇다면 왕께서 바라시는 걸 알겠습니다. 영토를 확장하여 진나라나 초나라 같은 큰 나라를 굴복시키고, 나아가 중국 전체를 지배함으로서 오랑캐까지도 복종시키려는 것 아닙니까? 하지만 무력을 통해 그러한 욕망을 이루려는 것은 마치 '나무에 올라가 물고기를 구하는 것(緣木求魚)'과 같습니다."

"그게 그토록 터무니없는 일이오?"

"'나무에 올라가 물고기를 구하는' 것보다 더 힘들 것입니다. 나무에 올라가 물고기를 구하는 짓은 고기만 얻지 못할 뿐 후환은 없습니다. 그러나 전쟁을 통한 영토 확장은 백성들을 괴롭히고 나라를 망쳐 재난을 초래할 뿐입니다."

쓸데없는 말 또는 거짓말
식언 食言

말만 앞세우고 실천이 따르지 않을 때, '식언한다', '식언을 밥 먹듯이 한다'는 표현을 쓴다. 출전은 《서경》 '탕서(湯誓)'편.

食 먹을 식 | 言 말씀 언

'탕서(湯誓)'는 '탕왕의 맹서'이다. 은나라 탕왕이 하나라 걸왕의 잔학무도함을 응징하기 위해 군사를 일으키면서 백성들에게 맹서한 말인데, 그 끝에 이렇게 선언하고 있다.

"바라건대, 하늘의 벌을 내릴 수 있도록 나를 도와주시오. 내 그대들에게 큰 상을 줄 것이오. 그대들은 반드시 믿을지니, 짐은 결코 '식언'을 하지 않소."

토끼가 죽으면 사냥개도 삶아진다
토사구팽 兎死狗烹

목표를 성취할 때까지는 쓸모 있었지만 일단 목표를 이룬 뒤에는 더 이상 쓸모가 없어 버려진다는 뜻. 남에게 이용만 당하고 아무 소득도 없을 때 쓰이는 말이다. 출전은 《사기》 '회음후열전(淮陰候列傳)'.

| 兎 토끼 토 | 死 죽을 사 | 狗 개 구 | 烹 삶을 팽 |

항우와의 마지막 싸움에서 이긴 유방은 제위에 올라 한나라 고조(高祖)가 되었다. 그는 초나라와의 전투에서 가장 혁혁한 공을 세운 한신을 초왕(楚王)에 봉했다.

그런데 한신 휘하에는 명장 종리매(鍾離昧)가 있었는데, 그는 원래 항우의 장수였다. 과거 초나라와의 전투에서 종리매로 인해 숱한 고초를 겪은 유방은 그를 미워해서 한신에게 체포하라고 명했다. 그러나 한신은 옛 친구를 차마 체포하지 못하고 오히려 그를 숨겨 주었다.

이 사실을 안 어떤 사람이 "한신에겐 모반의 징조가 보인다"고 상소했다. 유방이 이 일을 진평과 상의하자, 진평은 이렇게 말했다.

"초군은 정예부대며, 한신은 비할 데 없는 명장입니다. 폐하께서 운몽호(雲夢湖)로 행차하셔서 제후들을 초나라 서쪽 경계로 집합하도록 명령하십시오. 한신도 나올 것이니, 그때를 틈타 체포하시죠."

명령을 받은 한신은 반란을 일으킬 것인지, 아니면 유방을 배알할 것인지 결정할 수가 없었다. 그러던 어느 날 가신 하나가 한신에게 말했다.

"종리매의 목을 베서 갖고 가신다면, 폐하도 기뻐하실 겁니다. 그렇게만 하면 더 이상 걱정하지 않아도 됩니다.”

한신은 그럴듯한 생각이 들어 종리매에게 이야기했다. 종리매가 말했다.

"유방이 초나라를 공격하지 못하는 건 내가 있기 때문일세. 자네가 나를 죽여 유방의 환심을 사려 한다면, 자네도 얼마 안가 화를 볼 걸세. 내가 자네를 잘못 보았어. 내 기꺼이 죽어주지! 자네 같은 사람은 남의 위에 설 그릇이 못 되네.”

이렇게 한신을 꾸짖고는 종리매는 스스로 목을 베어 죽었다. 한신은 그의 목을 갖고 유방을 찾아갔으나, 과연 모반자로 체포되고 말았다. 한신은 비분강개하면서 말했다.

"사람들이 ‘민첩한 토끼가 죽으면 훌륭한 사냥개도 삶아지고(狡兎死走狗烹), 높이 나는 새를 다 잡으면 좋은 활도 사장되며, 적국이 무너지면 지혜 있는 신하도 망하게 마련이다’라고 하던데, 과연 그 말이 맞구나. 천하가 이미 평정됐으니, 나 역시 사냥개처럼 삶아지는구나.”

한신은 낙양으로 압송됐지만, 유방은 나중에 그를 용서해 회음후로 좌천시켰다.

닭의 머리가 될지언정 소꼬리는 되지 마라
영위계구 무위우후 寧爲鷄口 無爲牛後

'닭 머리'는 작지만 귀중한 것이요, 소꼬리는 크지만 보잘것없는 것이다. 큰 것만을 따르다가 말단의 인물이 되지 말고, 작더라도 중심적인 역할을 하는 핵심 인물이 되라는 뜻이다. 출전은 《사기》 '소진전(蘇秦傳)'.

寧 차라리 영, 편안할 영
無 없을 무
爲 할 위, 될 위
牛 소 우
鷄 닭 계
後 뒤 후
口 입 구

　　소진은 제후국들을 한데 뭉쳐 강대한 진나라에 대항하는 합종책(合縱策)을 세운 사람이다. 그는 연(燕)나라로 가서 문후(文候)를 설득했다.
　　"연나라의 시급한 문제는 멀리 떨어진 진나라가 아니라 인접해 있는 조(趙)나라와의 관계입니다. 먼저 조나라와 동맹을 맺고, 다음 다른 제후들에게 알려 진나라를 함께 상대해야 합니다. 이것이 이른바 합종책입니다."
　　문후는 그의 말에 기뻐하면서, 수레와 재물을 하사한 뒤 조나라로 보냈다. 소진은 조나라도 설득한 뒤, 다시 한(韓)나라로 갔다. 그는 선혜왕(宣惠王)을 알현한 자리에서 이렇게 말했다.
　　"한나라는 넓은 토지에 수십만의 병사가 있습니다. 온갖 무기도 갖추었고, 병사들은 일당백의 용사들입니다. 이러한 조건과 대왕의 현명함이 있는데도 진나라를 섬긴다면 천하의 웃음거리가 됩니다. 진나라에게 토지를 내주다 보면, 결국 점점 더 많은 토지를 내주게 될 것입니다. 이는 싸우지 않고서도 토지를 베어주는 결과가 되지요.
　　속담에 이런 말이 있습니다. '차라리 닭의 머리가 될지언정 소꼬리는 되지 마라(寧爲鷄口 無爲牛後).' 이제 진나라를 섬기는 것은 소꼬리가 되는 것과 다를 바 없습니다. 대왕께서 소꼬리라는 이름을 듣는 것은 오히려 제가 부끄러울 지경입니다."

소진의 예상대로 선혜왕은 안색이 돌변하고 눈에 독기를 띠면서 말했다.

"내 아무리 어리석다 해도 진나라를 섬긴다는 것은 안 될 말이오. 당신의 의견을 따르겠소."

그 뒤 소진은 위(魏), 제(齊), 초(楚)의 군왕도 설득해서, '합종의 동맹'을 맺고 여섯 나라의 재상을 겸임했다.

이가 없어져도 혀는 계속 존재한다
치망설존 齒亡舌存

강하고 딱딱한 것이 먼저 없어지며 부드러운 것은 계속 존재한다는 뜻. 출전은 《설원(說苑)》.

齒 이빨 치   亡 없앨 망   舌 혀 설   存 간직할 존

춘추 시대 때, 상창이 병들었다. 노자가 문병을 가서 말했다.

"선생께선 병이 위중합니다. 제자들에게 마지막으로 내릴 말씀이 없으십니까?"

"당신이 묻지 않아도, 내 당신께 말하려고 했소."

그리고는 입을 벌려 노자에게 보이며 다시 말했다.

"내 혀가 있습니까?"

"있습니다."

"내 이가 있습니까?"

"없습니다."

"이것이 무슨 뜻인지 알겠습니까?"

"혀가 계속 있는 것이 어찌 혀의 부드러움 때문이 아니겠습니까? 이가 없어진 것이 어찌 이의 강함 때문이 아니겠습니까?"

상창이 말했다.

"바로 그렇소. 천하의 모든 일도 이 한 가지 일로 다할 수 있소. 내 더 이상 당신에게 무슨 말을 하겠소?"

알을 포개 놓은 듯한 위기
누란지위 累卵之危

국가의 운명이 풍전등화에 처하거나 회사가 도산의 위기에 처했을 때 쓴다.
출전은 《사기》 '범수채택열전(范雎蔡澤列傳)'.

| 累 쌓을 누 | 卵 알 란 | 之 어조사 지 | 危 위급할 위 |

    전국 시대 때, 제후들을 설득하여 자신의 정견(政見)을 실현하려는 무리들이 나왔는데, 이들을 종횡가(縱橫家)라 한다. 범수도 그중 한 사람이었다. 처음에 그는 위나라 대부인 수가(須賈) 밑에서 벼슬하고 있었다.

    어느 날 수가는 위나라의 사절로서 제나라를 가게 되었는데, 이때 범수도 수행하게 되었다. 그런데 교섭을 하는 도중에, 그는 갑자기 위나라의 비밀을 제나라에 누설했다는 혐의를 받았다. 범수를 시기하고 있던 수가는 귀국하자마자 재상 위제(魏齊)에게 고해 바쳤다. 위제는 화가 치밀어 사람을 시켜 범수를 호되게 매질했다. 범수가 죽은 듯이 누워 있자, 가마니에 감아 변소에 던져 놓고 오줌을 뿌렸다.

    나중에 범수는 틈을 보아 도망을 쳐서, 정안평(鄭安平)이라는 사람에게 몸을 의탁했다. 그리고는 이름을 장록(張祿)으로 바꾸고서 호시탐탐 위나라를 탈출할 기회를 노렸다. 때마침 위나라에 온 진나라 사자 왕계(王稽)가 인재를 구하고 있다는 사실을 안 정안평은 그에게 범수를 추천했다.

    "당신에게 추천할 만한 훌륭한 인물이 있습니다. 하지만 원수 때문에 대낮에 데리고 갈 수 없습니다."

왕계는 밤중에 찾아온 범수를 데리고 진나라로 돌아가서 이렇게 보고했다.

"위나라 장록 선생은 천하에 뛰어난 변사(辯士)입니다. 그는 진나라의 정치를 이렇게 평하고 있습니다.

'진나라는 알을 포개 놓은 것처럼 위태롭습니다(危如累卵). 하지만 나를 신하로 쓰면 안전할 것입니다. 하지만 이것을 글로써 전할 수는 없습니다.'

이 때문에 제 수레를 태워서 데리고 온 것입니다."

요점을 얻지 못하다
요령부득 要領不得

> 여기서 요령은 요점이란 뜻이다. "당신이 제출한 보고서는 전혀 요령부득이야"라고 하면, 보고서의 요점을 이해하지 못하겠다는 뜻이다. 그러나 "요령을 잘 피운다", "요령이 좋다"고 하면, 꾀나 수단의 의미로 쓰이는 것이다. 출전은 《사기》 '대완전(大宛傳)'.

要 중요할 요 | 領 목 령 | 不 아니 부 | 得 얻을 득

흉노족의 침공은 늘 중국의 골칫거리였다.

한나라 무제는 즉위하자마자 대월씨국(大月氏國)과 결탁하여 흉노를 토벌할 생각을 했다. 대월씨국이 흉노에 의해 고향에서 서쪽으로 쫓겨나 흉노를 깊이 미워하고 있다는 소식을 흉노의 한 포로에게서 들었기 때문이다. 무제는 대월씨국에 파견할 사자를 모집했는데, 이때 뽑힌 사람이 바로 장건(張騫)이었다.

장건은 시종 백여 명을 데리고 서쪽으로 가는 도중, 흉노의 지역을 통과하다 붙잡히고 말았다. 이때부터 그는 흉노 땅에서 10여 년 동안 억류된 생활을 하면서 흉노의 딸과 결혼하여 자식까지 두었다. 하지만 그는 자신의 사명을 잊지 않았으며, 감시가 소홀한 틈을 타서 탈출했다. 천산산맥 남쪽을 따라 타림분지를 건너서 대완국에 도착했다. 대완국의 왕은 당시 한나라와 교류하고 있었기 때문에 장건에게 안내자를 붙여 대월씨국으로 보냈다.

장건은 대월씨국 왕을 만나 무제의 뜻을 전했다. 그런데 그간에 사정

이 달라졌다. 대월씨국은 서쪽으로 옮긴 후 남쪽 대하국(大夏國)을 속국으로 삼고 있었으며, 토지도 비옥하고 적군도 없어서 매우 만족을 하고 있었다. 따라서 멀리 떨어진 한나라와 동맹할 생각도 없었고, 흉노에 대한 복수심도 사라지고 있었다. 장건은 대하국까지 가서 설득했지만 불가능했다.

이를 《사기》에서는 이렇게 전하고 있다.

"마침내 장건은 대월씨국의 요령을 얻을 수 없었다(要領不得). 그는 일년여를 머무른 뒤 돌아왔다."

돌아오는 길에, 그는 다시 흉노에게 잡혀 1년 이상 억류당하지만, 흉노의 내분을 틈타 한나라로 돌아왔다. 장안을 출발한 지 13년째 된 해였으며, 돌아온 사람도 자기와 아내를 포함해 세 사람뿐이었다.

비록 바라던 성과는 없었지만, 장건의 대여행은 동서 교역의 물꼬를 튼 계기가 되었다. 서쪽의 명마, 포도, 보석, 비파 등과 한나라의 금, 비단이 천산의 길을 통해 교류된 것이다. 이른바 '실크로드'의 시작이었다.

여우가 호랑이의 위세를 가장하다
호가호위 狐假虎威

> 소인배들이 권력을 등에 지고 멋대로 구는 것을 말한다. 우리 말에 "호랑이 없는 곳에 여우가 왕노릇 한다"고 하는데, 뉘앙스의 차이는 있지만 이와 비슷한 말이다.
> 출전은 《전국책(戰國策)》.

| 狐 여우 호 | 假 빌릴 가 | 虎 호랑이 호 | 威 위세 위 |

전국 시대 때, 초나라 선왕(宣王)이 대신들에게 물었다.

"짐은 북쪽에 있는 나라들이 소해휼(昭奚恤)을 두려워한다고 들었는데 사실인가?"

소해휼은 초나라의 재상으로 실권을 장악하고 있었다. 당시 위나라에서 강을(江乙)이라는 사람이 초나라에 유세하러 왔는데, 그는 소해휼 때문에 선왕을 설득할 수 없었다. 그래서 그는 이렇게 대답했다.

"아닙니다. 북쪽 나라들이 무엇 때문에 재상에 불과한 소해휼을 두려워하겠습니까?

원래 호랑이는 백수의 왕으로 다른 짐승들을 잡아먹습니다. 어느 날 호랑이가 여우를 잡았는데, 그때 여우가 이렇게 말했습니다.

'날 잡아먹어선 안 된다. 천제(天帝)께선 날 백수의 왕으로 정하셨다. 만약 날 잡아먹으면, 그건 천제의 명을 거역하는 것이다. 믿지 못하겠다면, 잠깐 내 뒤를 따라오라. 모든 짐승이 날 보고 도망치는지 그렇지 않은지 살펴보기 바란다.'

호랑이는 그럴듯한 생각이 들어 여우를 따라 갔습니다. 짐승들은 이들을 보자마자 모두 도망쳤습니다. 호랑이는 짐승들이 자기를 보고 도망치는 건 모르고, 여우를 보고 도망친다고 생각한 것입니다.

지금 왕의 영토는 사방 5천 리요 병력은 백만인데, 이걸 소해휼 한 사람에게 맡겨두고 계십니다. 그래서 북쪽 나라들이 소해휼을 두려워하는 듯이 보이지만, 실인즉 왕의 군대를 두려워하는 것입니다. 마치 짐승들이 호랑이를 두려워하는 것과 같습니다."

멀리 있는 물은 가까운 불을 끄지 못한다
원수불구근화 遠水不救近火

먼 곳에 떨어져 있는 것은 분초를 다투는 시급한 일에는 소용이 없다는 뜻이다. 집 안에서 불이 났는데, 태평양 물이 아무리 많다 한들 무슨 소용이 있겠는가? 출전은 《한비자(韓非子)》 '세림(說林)'.

| 遠 멀 원 | 水 물 수 | 不 아니 불 | 救 구할 구 | 近 가까울 근 | 火 불 화 |

춘추 시대 때, 노(魯)나라는 약소국이었다. 북쪽과 동쪽으로는 늘 제나라의 침략을 받았고, 남쪽으로는 월나라의 위협을 받았으며, 또 북쪽에서는 초나라의 압력을 받아야 했다. 서기 405년 전, 삼진(三晉, 진나라가 삼분된 후의 趙, 魏, 韓 세 나라를 가리킴)은 제나라를 공격해 큰 승리를 거두었다. 이 승리로 삼진은 주나라 천자로부터 제후의 승인을 받았는데, 통상 이때부터를 전국 시대라 한다. 그 뒤부터 삼진은 과거 제나라와 대립하던 초나라와 자주 싸웠다.

이 틈을 타 제나라는 다시 노나라를 호시탐탐 노리게 되었다. 노나라 목공(穆公)은 제나라의 위협에 대치하기 위해, 초나라와 삼진에 공자들을 보내 유사시 도움을 청하도록 했다. 그러자 이서(犁鉏)라는 사람이 간했다.

"지금 자식이 물에 빠졌는데, 월나라 사람을 찾아다 아들을 구하려 한다면, 그가 아무리 수영을 잘한다 해도 아들을 구할 수는 없습니다. 불이 났는데, 멀리 떨어진 바다에서 물을 끌어다 끄려 한다면, 바닷물이 아무리 많다 해도 불을 끌 수는 없는 노릇입니다. 삼진과 초나라가 아무리 강하다 해도 노나라의 재난을 구할 수 있겠습니까?"

달팽이 뿔 위의 다툼
와각지쟁 蝸角之爭

사소한 일, 쓸데없는 일로 다투는 것을 와각지쟁, 또는 와우각상지쟁(蝸牛角上之爭)이라 한다. 원래는 춘추전국 시대 때 제후들의 패권다툼을 대도(大道)의 입장에서 풍자한 말이다. 출전은 《장자(莊子)》 '칙양(則陽)' 편.

| 蝸 달팽이 와 | 角 뿔 각 | 之 어조사 지 | 爭 다툴 쟁 |

    양나라 혜왕은 제나라 위왕과 맹약을 맺었는데, 뒤에 위왕이 배반하자 자객을 보내 죽이려 했다. 혜왕의 신하 공손연(公孫衍)은 그 계획을 듣고서 암살보다는 당당히 군사를 일으켜 제나라를 공격해야 한다고 말했다. 그러자 다른 신하 계자(季子)는 백성을 전란에 빠뜨리는 것은 잘못된 행동이라고 간했다. 두 신하의 얘기를 들은 다른 신하 화자(華子)가 이마를 찌푸리면서 왕에게 말했다.

    "제나라를 공격하라고 하는 자도 나라를 어지럽히는 자요, 공격치 말라고 하는 자도 나라를 어지럽히는 자입니다. 또한 이들을 나라를 어지럽히는 자라고 말하는 자도 나라를 어지럽히는 자입니다."

    "그럼 어찌 하면 좋은가?"

    "시비의 분별을 떠난 도의 입장에서 사물을 보아야 합니다."

    이 말을 듣고 있던 재상 혜자(惠子)는 좋은 기회라 생각해 대진인(戴眞人)이라는 도인을 왕에게 소개했다.

    대진인이 왕에게 말했다.

    "왕께서는 달팽이라는 동물을 아십니까?"

"알고 있소."

"달팽이 왼쪽 뿔엔 촉씨(觸氏)가, 오른쪽 뿔엔 만씨(蠻氏)가 나라를 세우고 있습니다. 서로 영토를 뺏으려고 싸웠는데, 죽은 자가 수만이었으며 도주하는 적을 추적한 지 15일 만에 돌아왔다고 합니다."

"그건 터무니없는 거짓말이오."

"좋습니다. 그럼 현실의 이야기로 말씀드리죠. 임금께서는 이 우주의 사방과 상하에 끝이 있다고 생각하십니까?"

"끝이 없소이다."

"그럼, 그 끝이 없는 우주에서 노니는 사람에겐 오히려 사람이 왕래하는 나라들이 있는 듯 없는 듯하겠습니다."

"그렇소."

"사람이 왕래하는 나라 중에 위나라가 있고, 위나라 속에 양나라가 있고, 양나라 안에 왕이 계십니다. 우주의 무궁함에 비한다면, 왕과 달팽이 뿔 위의 만씨 사이에 다른 점이 있습니까?"

"다른 점이 없소."

대진인이 나가자, 왕은 망연히 정신 나간 사람 같았다.

세상에서 벌어지는 시비곡절이 모두 와각지쟁에 불과하다는 관점이다. 하지만 인간의 투쟁 또한 그치질 않으니, 대도를 이해하기란 쉽지 않은 일이다.

호랑이를 탄 형세
기호지세 騎虎之勢

달리는 호랑이 등을 타고 있으면 중간에 내릴 수가 없듯이, 일단 벌려놓은 일을 중간에서 그만두지 못하는 상황을 가리킨다. 출전은 《수서(隋書)》.

騎 탈 기   虎 호랑이 호   之 어조사 지   勢 세력 세

    남북조 최후의 왕조인 북주(北周)의 의제(宜帝)가 죽자, 외척인 양견(楊堅)이 의제의 어린 아들을 보좌하여 국정을 장악했다.
    그러나 그는 자신이 황제가 되려는 야망을 가졌는데, 이 사실을 그의 아내 독고(獨孤)씨가 간파하고서 환관을 시켜 말을 전했다.
    "대세는 방향이 정해졌습니다. 일단 호랑이 등에 탄(騎虎之勢) 이상 도저히 내릴 수는 없는 노릇입니다. 이미 큰일을 도모한 이상 도중에 그만둘 수는 없으니, 부디 노력해 주십시오."
    그리하여 양견은 어린 황제에게 제위를 이어받아 정식으로 수나라를 세우고, 8년 뒤 남조인 진(陳)을 멸망시켜 중국 천하를 통일한다. 이 사람이 바로 수 문제(文帝)이다. 그런데 이 독고황후는 질투심이 강한 여자였다고 한다. 양견은 그녀가 50세로 죽을 때까지 후궁에 손을 대지 못했다. 단 한 번 손을 댄 일이 있었는데, 이를 안 독고황후는 그 후궁을 죽여 버렸다. 화가 난 양견은 말을 타고 궁중 밖으로 나가서 뒤따르는 신하에게, "난 천자인데도 마음대로 할 수 없다니……"라고 하면서 울었다고 한다.

어부의 이익

어부지리 漁父之利

> 둘이서 이해를 다투다가 제3자가 그 이익을 차지할 때 '어부지리'를 취했다고 말한다. 출전은 《전국책(戰國策)》.

漁 고기잡이 어　　父 아비 부　　之 어조사 지　　利 이익 리

　　전국 시대 때 연나라는 서쪽으론 조나라, 남쪽으론 제나라와 인접하고 있었기 때문에 항상 양국의 위협을 받고 있었다. 어느 해 연나라에 흉년이 들자, 이를 기화로 조나라는 연을 침략하려고 했다. 연나라 소왕(昭王)은 많은 병사를 제나라로 보냈던 터라 조나라와 분쟁을 일으키고 싶지 않았다. 그래서 소대(蘇代)를 보내 조나라 왕을 설득토록 했다. 소대는 합종책으로 유명한 소진의 동생으로 그 역시 연나라에서 세객(說客)으로 활약했다. 그가 조나라 혜왕을 찾아가 말했다.

　　"이번에 제가 이리로 오는 길에 역수(易水)를 건너다가, 큰 조개 하나가 입을 벌리고 햇볕을 쬐는 광경을 보았습니다. 그런데 마침 황새 한마리가 날아와 조개의 살을 쪼자, 기겁을 한 조개는 입을 다물어 황새의 주둥이를 물었습니다.

　　황새가 말했습니다.

　　'오늘도 비가 오지 않고 내일도 비가 오지 않는다면, 너는 말라 죽을 거야.'

　　그러자 조개도 황새에게 말했습니다.

'내가 오늘도 놓지 않고 내일도 놓지 않는다면, 너야말로 죽고 말겠지.'

둘은 서로 양보하려 하지 않았습니다. 그때 마침 그곳을 지나던 어부가 둘을 모두 잡아 버렸습니다.

지금 조나라는 연나라를 치려 하고 있습니다. 하지만 조나라와 연나라가 서로 양보하지 않는다면, 강대한 진나라가 어부가 되지 않을까 걱정스럽습니다. 부디 왕께서는 깊이 생각하시기 바랍니다."

혜왕은 즉시 침공 계획을 중지했다.

여기서 조개와 황새가 서로 팽팽하게 대립하면서 양보하지 않는 형세를 방휼지세(蚌鷸之勢)라 한다. 방휼지세를 틈타 어부지리를 얻는다면, 남들이 팽팽하게 싸우는 틈을 타서 이득을 취하는 것을 말한다.

입술이 없어지면 이가 시리다
순망치한 脣亡齒寒

떼려야 뗄 수 없는 밀접한 관계, 어느 한쪽이 멸망하면 다른 한쪽도 위태로워지는 관계를 말한다. 출전은 《춘추좌씨전(春秋左氏傳)》.

| 脣 입술 순 | 亡 잃을 망, 망할 망 | 齒 이빨 치 | 寒 찰 한 |

춘추 시대 때, 진나라 헌공(獻公)은 주변의 작은 나라들을 병합해 나갔다. 그는 괵(虢)나라를 치려고 했는데, 그러자면 우나라를 지나가야 했다. 그래서 헌공은 길을 비켜주면 많은 재물을 주겠다고 제의했다. 우공이 진나라에게 길을 내주려고 하자 신하 궁지기(宮之奇)가 간했다.

"괵은 우나라의 외곽입니다. 괵나라가 망하면 우나라도 반드시 망하게 됩니다. 진나라에게 길을 열어주어서는 안 됩니다. 속담에 '수레의 바퀴와 그 바퀴에 대는 보조 판자는 서로 의지하고(輔車相依), 입술이 없어지면 이가 시리다(脣亡齒寒)'고 말했는데, 이는 바로 우나라와 괵나라를 두고 말한 것입니다."

하지만 진나라의 뇌물에 눈이 어두워진 우공은 궁지기의 말을 따르지 않고 우나라에 길을 내주었다. 화가 미칠 걸 두려워 한 궁지기는 가족들을 이끌고 우나라를 도망치면서 이렇게 말했다.

"우나라는 올해를 넘기지 못할 것이다."

과연 진나라는 괵을 멸망시킨 뒤, 돌아오는 길에 우나라도 공격해서 멸망시켰다. 순망치한은 순치보거(脣齒輔車)로도 쓰인다.

동호의 올바른 기록
동호지필 董狐之筆

동호는 역사를 기록하는 사관이다. 권력에 굴하지 않고 올바르게 역사적 사건을 사실대로 기록했기 때문에 올바른 역사 기록을 '동호지필'이라 한다. 출전은 《춘추좌씨전(春秋左氏傳)》.

| 董 바로잡을 동 | 狐 여우 호 | 之 어조사 지 | 筆 붓 필 |

춘추 시대, 진(晉)나라 영공(靈公)은 사치스럽고 무도한 군주였다. 신하인 조순(趙盾)은 자주 간했지만 영공은 오히려 번거롭게 생각해 술자리를 마련해 놓고 그를 죽이려했다. 조순은 호위관과 다른 사람의 도움을 받아 도망을 쳤다. 그가 국외로 도망치기 위해 국경에 도착했을 때, 영공이 시해당했다는 소식을 듣고 다시 돌아왔다.

나중에 사관인 동호가 "조순이 임금을 시해했다"고 기록해서 조정에 고시했다. 조순이 그렇지 않다고 말하자, 그는 이렇게 대답했다.

"당신은 이 나라의 책임 있는 벼슬아치입니다. 국경을 넘지 않았으니 아직 국내에 있는 것이고, 돌아와서도 범인을 죽이지 않았습니다. 그러니 책임자는 당신이지 누구이겠습니까?"

조순은 이 말을 듣고 탄식하면서 그의 말을 받아들였다.

후에 공자는 이 사건을 이렇게 평했다.

"동호는 훌륭한 사관이다. 법대로 기록하면서 숨기지 않았다. 조순도 훌륭한 대부이다. 법을 위해 오명을 뒤집어썼다. 아깝구나, 국경을 넘었더라면 오명을 피할 수 있었을 텐데."

가혹한 정치는 호랑이보다 더 무섭다
가정맹어호 苛政猛於虎

옛날에는 호랑이에게 잡혀 먹히는 사람이 많아서 호랑이는 늘 공포의 대상이었다. 하지만 과중한 세금 부과와 강제 노역으로 백성들을 착취하는 것은 호랑이보다 더 무서운 해독을 끼친다는 뜻이다. 출전은 《예기(禮記)》.

| 苛 가혹할 가 | 政 다스릴 정 | 猛 사나울 맹 | 於 어조사 어 | 虎 호랑이 호 |

공자가 제자들을 데리고 태산의 한적한 길을 가고 있었다. 그런데 어디선가 한 여인의 울음소리가 들려왔다. 그 소리가 하도 슬퍼서 공자는 수레 앞에 몸을 기대고 듣다가, 자로에게 가서 사연을 알아보라고 했다.

"부인의 울음소릴 들어보니, 마치 슬픈 일을 몇 번이나 당한 듯한데, 도대체 어떤 일이 있었습니까?"

"이 일대는 아주 무서운 곳이죠. 옛날 저의 시아버님이 호랑이에게 잡아먹혔는데, 얼마 전에는 제 남편이 호랑이에게 죽었고, 이번에는 제 자식이 또 호랑이에게 물려 죽었습니다."

"아니, 그럼 이 무서운 곳에서 왜 떠나지 않습니까?"

"여기서 살면 무거운 세금을 물지 않아도 되기 때문입니다."

여인의 말을 들은 공자는 제자들을 돌아보며 말했다.

"너희들도 가슴에 잘 새겨두라. 가혹한 정치는 호랑이보다 더 무섭다(苛政猛於虎)는 것을."

당나라의 유종원은 과중한 세금의 해독이 뱀독보다 더 심하다고 비판했다.

땅을 치면서 부른 노래

격양가 擊壤歌

백성들이 태평세월을 노래한 것인데, 나중에 '태평성대'를 뜻하게 됐다. 원래 배를 두드리고 땅을 치면서(鼓腹擊壤) 노래한데서 유래한 것임. 출전은 《십팔사략》.

| 擊 칠 격 | 壤 토지 양 | 歌 노래 가 |

　영원한 성군 요(堯)임금이 천하를 다스린 지 50년이 될 무렵 요임금은 천하가 잘 다스려지는지 궁금했다. 그래서 직접 눈으로 확인하기 위해, 서민들 옷차림으로 거리로 나가보니 아이들이 노래를 부르고 있었다.

　우리들 백성이 이렇게 지낼 수 있으니
　모두가 임금님 덕택이로다.
　백성들은 부지불식간에
　임금님의 다스림을 따라간다네.

　요임금은 아이들의 노래를 듣자 기분이 좋았다. 하지만 노인들의 생활이 궁금했다. 그래서 거리로 나가보니, 저쪽에서 한 노인이 '배를 두드리고 땅을 치며(鼓腹擊壤)' 박자를 맞춰 노래를 부르고 있었다.

　해가 뜨면 밭에 나가 일하고
　해가 지면 들어와서 쉬네.

우물을 파서 마시고
밭을 갈아서 먹으니
임금의 힘이 나와 무슨 상관이랴!

이는 요임금의 덕치로 천하가 태평성세를 누리게 된 것을 말한다. 하지만 인위적인 다스림이 아니라, 만물의 조화와 순리를 따라 정치를 했기 때문에 일반 백성들은 제왕의 힘이 작용하는지 안 하는지도 모른다는 것이다.

하얀 무지개가 태양을 관통하다
백홍관일 白虹貫日

지극한 정성이 하늘에까지 감응하여 나타나는 현상을 말한다. 출전은 《사기》.

| 白 흰 백 | 虹 무지개 홍 | 貫 뚫을 관 | 日 날 일,해 일 |

전국 시대 때의 일이다.

연나라 태자 단은 진나라에 인질로 잡혀갔다. 원래 단은 진나라의 왕인 정(政, 나중에 진시황이 됨)과 어린 시절 같이 놀던 사이였지만, 진시황은 그에게 무례하게 대했다. 마침내 진나라를 도망쳐서 연나라로 돌아온 단은 진시황을 없앨 생각에 골몰했다.

마침내 단은 자객을 보내기로 하고 형가(荊軻)를 잘 대우한 뒤 서쪽으로 가서 진시황을 찔러 죽이게 했다. 이때 형가의 순수한 충정이 하늘에까지 감응해서 하얀 무지개가 태양을 꿰뚫었다(白虹貫日).

오십 보나 백 보나 마찬가지다
오십보백보 五十步百步

이런 잘못이나 저런 잘못이나 잘못하기는 마찬가지라는 뜻. 출전은 《맹자》 '양혜왕' 편.

| 五 다섯 오 | 十 열 십 | 步 걸을 보 | 百 일백 백 |

양혜왕이 맹자에게 물었다.

"과인은 나라를 다스리는 데 전심전력하고 있습니다. 흉년이 들면 백성들을 하동 지방으로 옮기고, 하동의 곡식을 하내로 옮깁니다. 하동이 흉년이 들어도 마찬가지입니다. 그런데 이웃나라의 왕은 나보다 정치를 못하는데 그곳의 백성은 점차로 늘고 우리 백성은 늘지 않으니 무슨 까닭입니까?"

"싸움을 비유로 말씀드리죠. 북소리가 울리면서 병사들이 싸움을 시작했다고 합시다. 그런데 병졸을 이끌고 도망치다가 어떤 장수는 백 보를 간 뒤에 멈춰서고 어떤 장수는 오십 보를 간 뒤에 멈춰 섰는데, 오십 보를 간 자가 백 보를 간 자를 비웃는다면 어떻습니까?"

"백 보를 도망가지 않았을 뿐이지, 도망간 건 마찬가지입니다."

"왕께서 이를 아신다면, 이웃나라보다 백성이 많아질 걸 기대치 마십시오."

양혜왕이 정치에 마음을 두고는 있지만, 백성을 위한 덕치(德治)를 실행치 못한다는 점에선 이웃나라 왕과 다를 바 없다는 뜻이다.

보리가 자라나는 걸 보고 탄식함
맥수지탄 麥秀之嘆

망한 나라를 한탄할 때 쓰는 말이다. 출전은 《사기》 '송미자세가(宋微子世家)'.

麥 보리 맥   秀 빼어날 수   之 어조사 지   嘆 탄식할 탄

은나라의 폭군 주왕 때 세 사람의 어진 현자가 있었다. 미자(微子), 기자(箕子), 비간(比干)이 그들이다.

미자는 주왕의 이복형이었는데, 주왕이 자기의 간언을 듣지 않자 자기의 죽음으로 제사가 끊길까 염려하여 다른 나라로 망명했다.

기자는 주왕의 친척이었는데, 그 역시 주왕이 자신의 간언을 듣지 않자 다른 나라로 망명했다. 그는 임금의 수치를 드러내기 싫어서 머리를 풀어헤치고 미친 사람 행세를 했다.

비간도 주왕의 친척이었는데, 그는 죄 없는 백성들을 생각해 주왕에게 끝까지 간했다. 주왕은 화가 나서 "내 성인의 심장에는 일곱 개의 구멍이 있다고 들었는데, 정말 그런지 보겠다"고 하면서 비간을 죽여 버렸다.

마침내 주나라 무왕이 은나라를 멸망시키고서 미자를 송나라의 제후로 봉하고 기자도 조선의 왕으로 봉했다.

몇 해 뒤, 기자는 주나라로 가다가 은의 옛 도읍지를 지나게 되었다. 그토록 번화했던 도읍은 이미 폐허가 되어 있었고, 옛궁전이 있던 근처에는 보리와 기장이 무성했다. 기자는 뜨거운 감회를 누를 길 없어 시 한

수를 지었다.

　보리 이삭은 무럭무럭 자라고
　벼와 기장도 무성하구나.
　저 사나운 아이 주왕이
　내 말을 듣지 않은 탓이로다.

　이 '맥수의 시'를 듣고, 은나라를 알던 사람들은 모두 눈물을 흘렸다고 한다.

아홉 마리 소에서 뽑은 털 하나
구우일모 九牛一毛

> 헤아릴 수 없이 많은 소털 가운데서 털 하나면 아주 적은 것이다. 거의 없는 거나 다름없는 극소수를 의미한다. 출전은 《한서(漢書)》 보임안서(報任安書). 친구인 임안에게 보내는 편지글이다.

| 九 아홉 구 | 牛 소 우 | 一 한 일 | 毛 털 모 |

이릉(李陵)은 한나라 무제 때 흉노를 정벌한 장수이다. 이릉은 불과 5천의 군사로 수십 배나 되는 적의 주력부대와 싸우다가 패하고 말았다.

이듬해 무제는 죽은 줄 알았던 이릉이 흉노에게 투항해 후한 대접을 받고 있다는 소식을 들었다. 분노한 그는 이릉의 일족을 몰살하라고 명했다. 대신들은 자신의 안전 때문에 무제의 안색만 살필 뿐 누구 하나 변호하는 사람이 없었다.

그러나 이릉을 '목숨을 걸고 국난에 임한 용사'라고 생각한 사마천은 무제에게 나가 자기 생각을 솔직하게 말했다.

"이릉은 소수의 병력으로 적의 수만 군사와 싸워 그들 왕의 간담을 써늘케 했습니다. 그가 패한 이유는 원군은 오지 않는데다 내부에서 내통한 자가 있었기 때문입니다. 하지만 이릉은 병사들과 고통을 함께 하면서 마지막 순간까지 최선을 다한 명장이라고 해도 과언이 아닙니다. 흉노에게 투항한 것도 나중에 한나라에 보답하려는 의도가 담긴 것이라 생각합니다. 이번 기회에 이릉의 공을 천하에 알리십시오."

그러나 무제는 더욱 분노하면서 사마천을 투옥시켜 궁형(宮刑)에 처해 버렸다. 궁형은 남성의 생식기를 거세하는 형벌이었다. 이 수치스런 형벌을 사마천은 최하급의 치욕이라고 하면서, 친구 임안에게 보낸 편지에서 이렇게 말했다.

"내가 법에 따라 주살 당한다 해도, 그것은 '아홉 마리의 소털 중에서 터럭 하나 없어지는 것(九牛亡一毛)'에 불과할 것이니, 땅강아지나 개미 등과 무엇이 다르겠나? 또 세상 사람들은 나의 죽음을 절개를 위한 것이 아니라 말을 잘못하다 죽은 것으로 볼 것이네."

사마천이 죽음보다 더한 치욕을 참았던 이유는 아버지의 유언에 따라 《사기》를 쓰고 있었기 때문이다.

안에도 근심이 있고 밖에도 걱정이 있다
내우외환 內憂外患

안팎으로 근심 걱정에 시달리는 것을 말한다. 출전은 《국어(國語)》.

內 안 내 | 憂 근심 우 | 外 밖 외 | 患 근심 환

춘추 시대 중엽에는 초나라와 진(晉)나라가 대립하고 있었다. 당시 진나라의 대부 낙서(樂書)는 진나라에 항거한 정(鄭)나라를 치기 위해 군사를 일으켜 자신이 장군이 되고 범문자(范文子)는 부장군이 되었다.

그런데 진나라의 군사가 초나라 군사와 충돌하자, 낙서는 초나라와 싸우자고 주장했다. 하지만 범문자는 이에 반대했다.

"오직 성인만이 밖으로부터의 환란이나 안으로부터의 근심을 없앨 수 있다. 하지만 우리에겐 밖으로부터의 환란이 없으면 반드시 안에서의 근심이 있다."

길에 떨어진 것을 줍지 않는다
도불습유 道不拾遺

> 백성들이 잘사는 태평스런 세상을 말한다. 출전은 《사기》 '상군전(商君傳)'.

| 道 길 도 | 不 아니 불 | 拾 주을 습 | 遺 버릴 유 |

전국 시대 때, 진(秦)나라 효공은 공손앙을 중용했다. 그는 엄격한 법치주의를 통해 부국강병을 도모하려 했다. 엄중한 법률을 차례로 공표했는데, 다섯 집이나 열 집마다 연대 책임을 지는 십오제(什伍制)를 시행했으며, 법을 범한 자를 고발하지 않거나 범인을 숨겨준 사람은 적에게 항복한 자와 똑같은 형벌을 내리고, 또 범죄를 고발한 자에겐 적의 목을 벤 자와 똑같은 상을 내렸다. 그의 법치는 삼엄하리만치 엄격했다. 언젠가 태자가 법을 범하자, 공손앙은 태자 대신 태자의 교육을 맡은 관리와 태자의 스승을 처벌했다.

이러한 엄격한 법이 10년간 시행되었다. 그러자 사람들은 길에 떨어진 물건을 줍지 않고(道不拾遺), 산에는 도적이 없어졌으며, 집집마다 생활이 나아졌고, 전쟁에 나간 백성들은 용맹하게 싸웠으며, 개인적인 싸움은 없어져서 나라가 태평스러웠다.

그러나 혜문왕이 즉위하자, 그에게 불만을 품고 있던 귀족들은 그를 모함했다. 결국 그는 자기가 만든 가장 참혹한 형벌인 차열(車裂, 두 다리를 두 대의 수레에 묶어서 찢어 죽이는 형벌) 형으로 죽고 말았다.

아홉 길의 공이 한 삼태기로 무너진다
구인공휴일궤 九仞功虧一簣

아홉 길이나 되는 산을 거의 다 쌓아 놓고서 마지막 한 삼태기를 게을리 한다면, 지금껏 쌓아온 공적이 모두 수포로 돌아간다는 뜻이다. 99.9퍼센트까지 일을 다 해놓고 마지막 0.1퍼센트의 마무리를 못해 일이 수포로 돌아갈 때 이 말을 쓴다. 출전은 《서경》 '여오(旅獒)'편.

| 九 아홉 구 | 仞 길 인, 잴 인 | 功 공적 공 | 虧 이지러질 휴 | 簣 삼태기 궤 |

주나라 무왕이 은나라를 멸망시키고 새롭게 주왕조를 열었을 때다. 당시 서쪽에 있는 여(旅)나라에서 오(獒)라는 짐승을 공물로 바쳤다. 오는 4척이나 되는 큰 개인데, 사람 말을 이해하고 잘 따랐기 때문에 무왕은 매우 진귀하게 여겼다. 그러자 아우인 소공(昭公)이 그런 기이한 동물에 마음을 빼앗겨 막 창업한 왕조를 위태롭게 해서는 안 된다고 간했다.

"왕께서는 아침부터 저녁까지 정사에 부지런히 힘써야 합니다. 이런 사소한 행실부터 삼가지 않으면, 마침내 큰 덕을 훼손할 것입니다. 이른바 '산을 쌓는데 아홉 길까지 다 쌓아 놓고서, 마지막 한 삼태기가 모자란다면 지금까지의 공이 수포로 돌아간다(九仞功虧一簣)'는 것입니다."

가장 완전한 대책
만전지책 萬全之策

흔히 "만전을 기한다"는 말로 많이 쓰인다. 출전은 《후한서》 '유표전(劉表傳)'.

| 萬 일만 만 | 全 온전할 전 | 之 어조사 지 | 策 꾀할 책 |

조조의 군대와 원소의 군대는 관도(官渡)에서 대치하고 있었다. 그러나 원소의 군대는 10만이나 되었지만, 조조의 군대는 3만에 불과했다. 당시 형주의 목사 유표는 원소가 도움을 청하자, 이를 수락했지만 실제로는 아무 일도 하지 않았다. 또 조조를 도우려고도 안 하면서 그냥 천하의 대세를 관망하고 있었다. 그러자 그의 휘하에 있던 신하가 말했다.

"아무 행동도 취하지 않고 방관만 하고 있으면, 양쪽의 원한을 사게 됩니다. 조조가 원소의 군대를 격파한 후 공격해 온다면, 우린 막아내지 못할 것입니다. 그러니 조조를 따르는 것이 좋을 듯합니다. 이것이 '가장 완전한 대책(萬全之策)'입니다."

그러나 의심 많은 유표는 태도를 결정치 못하다가 결국 나중에 화근을 당했다.

사리를 잘 알아 처신을 잘한다
명철보신 明哲保身

지혜와 덕이 있는 사람은 세상 돌아가는 이치를 훤히 알아, 나아갈 때 나아가고 물러날 때 물러나는 지혜로운 처신을 한다는 뜻. 출전은 《시경(詩經)》 '대아(大雅)' 편에 나오는 '증민(蒸民)'이라는 시. 이 시는 주나라 선왕(宣王) 때의 명재상 중산보(仲山甫)의 덕을 찬양한 것이다.

| 明 밝을 명 | 哲 밝을 철 | 保 보호할 보 | 身 몸 신 |

엄숙한 임금님의 명령을
중산보가 받들어 행하시네.
여러 나라들의 바르고 삿됨을
중산보가 분명히 밝히시네.
지혜로운데다 사리에 밝아서(明哲)
자기자신을 잘 처신하네(保身).
밤낮으로 게으르지 않고
임금님을 잘 섬기고 있네.

그러나 후대의 난세 속에서는 명철보신이 자기 몸의 안전을 위해 요령 있게 처신하는 뜻으로도 쓰였다.

나라를 망치는 음악 또는 망한 나라의 음악
망국지음 亡國之音

《예기(禮記)》 '악기'편을 보면, "난세의 음악은 원한과 분노가 담겨 있으니 정치를 잘못했기 때문이요, 망한 나라의 음악(亡國之音)은 애달프고 슬프니 백성들이 곤궁했기 때문이다"라는 말이 나온다. 출전은 《한비자(韓非子)》 '십과(十過)'편.

| 亡 망할 망 | 國 나라 국 | 之 어조사 지 | 音 소리 음 |

춘추 시대 때, 위나라 영공(靈公)이 진(晉)나라로 가다가, 복수(濮水) 부근에서 묘한 음악 소리를 들었다. 기이한 음색과 절묘한 가락에 취한 영공은 즉시 악사에게 명해 그 음악을 채록했다.

진나라에 도착한 영공은 연회에서 그 음악을 연주해 보였다. 유명한 악사 사광(師廣)이 깜짝 놀라면서 영공의 손을 잡고 말했다.

"이것은 나라를 망치는 음악(亡國之音)입니다. 연주하면 안 됩니다."

영공과 평공이 의아하게 생각하자, 사광은 그 내력을 말해주었다.

"옛날 은나라의 악사 사연(師延)은 주왕을 위하여 신성백리(新聲百里)라는 음란하고 사치스런 음악을 만들었습니다. 주왕은 이 음악을 즐겨 들으면서 방탕한 생활을 했습니다. 주왕이 주나라 문왕에게 토벌당하자 사연은 동쪽으로 도망가다 복수에서 투신자살했습니다. 그 후 그곳을 지나게 되면 반드시 이 음악을 듣습니다. 사람들은 이를 '나라를 망친 음악'이라고 하면서, 반드시 귀를 막고 지나갔습니다."

당시의 정치는 예절과 음악이 나라를 다스리는 근간이었다. 망국지음은 사람의 마음을 들뜨게 하고 정신을 어지럽히는 음악이었던 것 같다.

묵적의 지킴

묵수 墨守

자기 영역을 잘 지켜서 굴복하지 않는 것을 말한다. 묵적은 춘추 시대의 사상가로 만인에 대한 차별 없는 사랑을 내세운 겸애설(兼愛說)과 서민들을 위해 전쟁을 벌이지 말자는 비공설(非攻說)을 주장했다. 출전은 《묵자》 '공수(公輸)'편.

墨 먹 묵 | 守 지킬 수

묵자는 서민들을 위해 제후의 전쟁을 막으려고 늘 동분서주했다. 언젠가 그는 공수반이 성을 공격하는 새로운 장비를 만들어서 송나라를 친다는 소식을 듣고, 급히 초나라로 갔다. 공수반은 묵자를 보자 물었다.

"무슨 일로 오셨습니까?"

"북방에서 나를 모욕하는 자가 있소. 나를 위해 당신의 힘으로 죽여주었으면 하오."

공수반이 불쾌한 얼굴로 답했다.

"나는 의(義)를 중시하는 만큼 사람을 죽이지 않습니다."

그러자 묵자는 공손히 절하면서 말했다.

"나는 당신이 새로운 장비를 만들어 송나라를 친다는 소식을 들었소. 도대체 송나라에 무슨 죄가 있소이까? 초나라는 땅이 남아 돌 만큼 백성이 부족합니다. 부족한 백성을 죽이면서까지 남의 땅을 빼앗는다면 도리를 모르는 것이고, 송나라에 죄가 없는데도 공격한다면 덕이 없는 것입니다. 사람을 죽이지 않는 것이 의라면, 어째서 송나라의 수많은 사람을 죽이려는 것입니까?"

제4장 처세 303

묵자에게 질타를 당한 공수반은 그를 초나라 왕에게 안내했다. 묵자는 다시 왕에게 말했다.

"새 수레를 가진 사람이 이웃의 헌 수레를 훔치려 하고, 비단옷을 입은 사람이 이웃의 남루한 옷을 훔치려 하고, 맛있는 음식을 먹는 사람이 이웃집의 지게미나 훔치려 든다면 어떻습니까?"

"그건 도벽 때문일 것이오."

"그럼 5천리나 되는 영토를 가진 초나라가 5백 리도 안 되는 송나라를 치려는 것과 무엇이 다릅니까?"

초나라 왕은 말문이 막히자, 이렇게 대답했다.

"아니, 내 생각이라기보다는, 공수반이 장비를 써서 송나라를 차지해 보겠다고 말한 것이오."

그러자 묵자는 공수반의 능력과 겨뤄보겠다고 하면서, 허리띠를 풀어 성을 만들고 나무패로 성벽을 쌓았다. 공수반이 아홉 번 성을 공격했지만, 묵자는 그때마다 다 막아내었다. 마침내 공수반은 공격용 도구가 다 떨어지자 묵자에게 굴복했다. 초나라 왕도 결국 송나라를 공격치 않겠다고 약속했다.

묵자가 공수반의 공격을 막은 것을 묵적의 지킴(墨翟之守), 또는 묵수라고 한다. 원래는 성을 굳게 지키는 것이었지만, 후대에는 자기주장을 굽히지 않는다는 뜻으로도 쓰였다.

통발을 뛰어넘는다

발호 跋扈

함부로 날뛰면서 윗사람을 해치는 것을 발호라고 한다. 발(跋)은 뛰어넘는다, 호(扈)는 통발이란 뜻인데, 작은 고기는 통발에 남지만 큰 고기는 통발을 뛰어넘어 도망치는 데서 유래한 말이다. 출전은 《후한서》 '양익전(梁翼傳)'.

跋 뛰어넘을 발 | 扈 통발 호

후한 순제(順帝) 때의 양익은 황후의 오빠로서 20년간 권력을 쥐고 멋대로 휘둘렀다. 그는 순제가 죽자 두 살짜리 조카를 즉위시켰으며, 그가 세 살에 죽자 여덟 살짜리를 질제(質帝)로 즉위시켰다. 질제는 어렸지만, 양익의 횡포와 거만이 눈에 거슬렸다.

언젠가 질제는 신하들이 있는 자리에서 양익을 바라보며 말했다.

"당신은 발호(跋扈)장군이구려."

양익은 이 말을 듣고 질제를 미워했으며, 마침내 측근을 통해 질제를 독살했다. 즉위한 그 해 여덟 살 때였다.

백 년 세월이 흘러도 황하의 탁류는 맑아지지 않는다
백년하청 百年河淸

아무리 기다려도 소용이 없다는 뜻이다. 출전은 《춘추좌씨전(春秋左氏傳)》 양왕(襄王) 8년.

| 百 일백 백 | 年 해 년 | 河 물 하 | 淸 맑을 청 |

　춘추 시대 때, 초나라가 정나라를 공격하자 여섯 명의 대부들이 대책을 수립했는데, 세 명은 초나라에 항복할 것을 주장했고, 세 명은 동맹국 진(晉)나라에 구원을 청하자고 했다. 항복을 주장한 자사(子駟)가 구원을 청하자는 사람들에게 말했다.
　"주나라 시에 '황하의 탁류가 맑아지기를 기다린다면, 사람의 수명으로 어찌 기다리겠는가?'라는 시가 있는데, 언제 진나라가 오길 기다립니까? 현재 백성들의 상태가 위급하니, 일단 초나라 편을 들다가 진나라 군대가 오면 진에 항복합시다."
　구원을 기다리자는 자전(子展)이 반박했다.
　"우리 같은 작은 나라는 신의가 없으면 망할 것입니다. 정나라와 진나라는 다섯 번이나 동맹을 맺었는데, 지금 신의를 저버린다면 초나라의 구원도 소용없을 것입니다. 그때는 진나라도 우리와의 관계를 끊을 것이며, 초나라는 우릴 속국으로 삼을 것입니다. 그러니 진나라를 기다립시다."
　"이렇게 해서는 아무 일도 안 됩니다. 일단 초나라를 따르기로 합시다."
　자사의 말대로 결국 정나라는 초나라와 화친을 맺었다.

창백한 얼굴의 서생

백면서생 白面書生

글만 읽었지 세상물정에는 전혀 경험이 없는 사람을 가리킨다. 출전은 《송서》 '심경지전(沈慶之傳)'.

白 흰 백   面 얼굴 면   書 글 서   生 날을 생

남북조 시대 때 남조 송나라의 문제(文帝)와 북조 북위(北魏)의 태무제(太武帝)는 때로는 전쟁을 하고 때로는 화친을 맺으면서 대립했다.

서기 449년 북위가 군사를 일으켜 유연을 공격하자, 송나라 문제의 뒤를 이은 무제는 대신들과 북위를 칠 계획을 의논했다. 그때 장군 심경지가 출병을 반대하면서 말했다.

"밭가는 일은 농사짓는 머슴들에게 물어 보아야 하고, 베 짜는 일은 하녀들에게 물어야 하는 법입니다. 지금 폐하께서는 적국을 치려 하시면서 한갓 백면서생(白面書生)들과 의논하시니 어찌 성공할 수 있겠습니까?"

심경지가 귀족이나 대신들을 백면서생에 빗대면서 간곡히 말렸지만, 무제는 그의 말을 듣지 않고 출병했다가 황하를 넘어온 북위의 대군에 패하고 말았다.

비방하는 나무
비방지목 誹謗之木

> 정치에 불만이 있는 사람은 나무 기둥에 그 불만을 써놓고 희망을 말하게 한 데서 유래했다. 출전은 《회남자》.

誹 나무랄 비   謗 헐뜯을 방   之 어조사 지   木 나무 목

    중국의 태평성대를 이룩한 임금으로 첫손가락에 꼽히는 사람이 요임금이다. 하지만 요임금의 거처는 허름한 초가집에다 세 개의 흙계단을 설치한 초라한 것이었다. 요임금은 오직 백성을 위한 선정에만 전력을 기울였는데, 그래도 혹시 과오가 있을까봐 궁문 입구에 큰 북을 걸어 놓았다. 또 궁전 앞 다리목에는 네 개의 나무로 만든 기둥을 세워놓았다.

    이 북을 '감간(敢諫, 감히 간함)의 북'이라고 이름 지었는데, 요임금의 정치에 잘못이 있다고 생각한 사람은 누구든지 북을 울려 거리낌 없이 의견을 말하도록 했다. 그리고 기둥은 '비방지목'이라고 이름 지었는데, 정치에 불만이 있는 사람은 누구나 그 기둥에 사연을 써놓고 희망을 말하게 했다.

법률을 세 가지로 요약하다
약법삼장 約法三章

복잡한 규정을 간단하게 정하는 것을 말하는데, 이 간단한 규정만은 반드시 지킨다는 뜻에서 약속을 지킨다는 의미도 갖고 있다. 출전은 《사기》 '고조본기'.

| 約 요약할 약 | 法 법 법 | 三 석 삼 | 章 문장 장 |

유방은 마침내 진나라 군사를 격파하고 스스로 패왕이 되었다. 진나라 왕 자영(子嬰)이 몸소 옥새를 가지고 항복함으로써 진나라는 멸망하고 말았다.

유방은 수도인 함양에 입성하자 진나라 궁궐로 들어갔다. 호화스런 군정과 수많은 보물, 수천 명의 미녀를 보자 유방은 그곳을 뜨고 싶지 않았다. 번쾌가 성 밖에서 야영을 하도록 권했지만 말을 듣지 않았다. 그러자 장량이 말했다.

"우리가 진나라를 이길 수 있었던 것은 진나라 궁정이 환락에 빠져 흥청거렸기 때문입니다. 그런데 진나라에 들어와 진나라와 똑같은 즐거움을 누리신다면 진나라의 전철을 밟는 것이 아니겠습니까? '충고하는 말은 귀에 거슬리지만 행동에는 이롭고, 좋은 약은 입에 쓰지만 병에는 좋다'고 말합니다. 제발 번쾌의 말을 따르시지요."

유방은 장량의 말을 듣고 깨달은 바가 있어 다시 패수로 돌아와 여러 현의 노인들과 호걸들을 불러 말했다.

"여러분은 진나라의 가혹한 법에 오랫동안 시달렸소. 진나라 법을 비방한 사람은 다 주살당했고, 입에 올린 사람마저 죽었소. 내 여러분께 약속하니, 법은 3장만으로 하고 나머지 법률은 모두 폐기하겠소. 즉 사람을 죽인 자는 사형에 처하고, 남을 중상한 자 그리고 도둑질한 자는 형벌에 처하겠소.

   내가 여기 온 것은 여러분들을 위해 해를 제거하기 위함이지 횡포를 부리러 온 것이 아니오. 그러니 아무것도 두려워할 것이 없소."

   유방이 말에 진나라 백성들은 전부 기뻐하면서 유방이 왕이 되길 원했다.

솥 안의 고기
부중지어 釜中之魚

삶아지는 것도 모른 채 솥 안에서 헤엄치는 고기를 말한다. 생명이 얼마 남지 않았다는 뜻이다. 출전은 《자치통감》 '한기(漢紀)'.

| 釜 솥 부 | 中 가운데 중 | 之 어조사 지 | 魚 고기 어 |

후한 순제(順帝) 때, 임금의 외척인 양익(梁翼)은 20여 년간 권력을 제멋대로 휘둘렀다. 그가 대장군이 되고, 그의 아우가 하남 고을의 태수가 됐을 때, 그들은 여덟 명의 사자로 하여금 고을을 순찰하도록 명했다.

그러나 여덟 명 중 한 사람인 장강(張綱)은 오히려 이렇게 말했다.

"이리 같은 양익 형제가 요직에 있는데, 여우나 살쾡이 같은 지방 관리를 조사한들 제대로 되겠는가?"

이렇게 말하면서 그는 상소문을 제출해 양익 형제를 탄핵했다. 결국 그는 양익의 미움을 받아 도적떼가 우글거리는 광릉군 태수로 임명되었다.

광릉군에 부임한 장강은 단신으로 도둑의 소굴로 들어가서 도적떼의 두목에게 사물의 도리를 설명하면서 설득했다.

"이런 식으로 사는 것은 설사 목숨을 유지할지라도 마치 솥 안에서 물고기(釜中之魚)가 헤엄치는 것과 같아 결코 오래가질 못할 것입니다."

마침내 만여 명의 도둑은 모두 장강에게 항복했다. 장강은 잔치를 베푼 뒤 도적들을 모두 풀어주었다.

엎어진 수레의 교훈
복차지계 覆車之戒

이전 사람들의 실패를 거울삼아 현재를 돌아볼 것을 깨우친 말이다. 출전은 《한서(漢書)》 '가의전(賈誼傳)', 《설원(說苑)》.

| 覆 엎을 복 | 車 수레 차 | 之 어조사 지 | 戒 경계 계 |

　전한의 3대 황제 효문제(孝文帝)는 원래 제후였는데 황실 내분으로 인해 제위에 오른 사람이었다. 이 때문에 황제를 가볍게 여기는 자가 있었다. 이를 의식한 효문제는 명신을 등용해 대책을 수립하고 국정을 쇄신했다. 이 가운데 가의(賈誼)가 올린 정책 중에 이런 말이 있다.

　"'앞수레의 엎어진 수레바퀴 자국은 뒤에 오는 수레의 교훈'이라는 속담이 있습니다. 먼 옛날 하나라, 은나라, 주나라 삼대는 분명 잘 다스려진 나라입니다. 이 삼대에서 배우지 못하는 자는 오래도록 번영치는 못할 것입니다. 또 진나라가 일찍 망한 것을 보았습니다. 그들의 어리석은 행동을 피하지 않는다면, 우리 앞길도 어두울 것입니다."

　전국 시대 때, 위나라 문후(文候)는 술 마시는 규칙을 정한 뒤, 이를 깨뜨리는 자는 벌주로 큰 잔을 받게 했다. 그런데 문후가 먼저 이 규칙을 어기자, 신하인 공손불인(公孫不仁)이 말했다.

　"'앞수레의 엎어진 수레바퀴 자국은 뒤에 오는 수레의 교훈'이라는 속담이 있습니다. 주군께서 법을 만드시고 지키지 않으면 앞일이 어떻게 되겠습니까? 벌주를 받으셔야 됩니다."

초나라 왕이 잃어버린 활을 초나라 사람이 줍다
초왕실궁 초인득지 楚王失弓 楚人得之

도량이 좁은 것을 뜻한다. 출전은 《설원(說苑)》 '지공편(至公)' 편.

| 楚 초나라 초 | 王 임금 왕 | 失 잃을 실 | 弓 활 궁 | 人 사람 인 | 得 얻을 득 |

초나라 공왕(共王)이 사냥을 나갔다가 활을 두고 왔다. 곁에 있던 신하들이 활을 찾아오겠다고 청하자 공왕이 말했다.

"그만두어라. 초나라 사람이 잃어버린 활을 초나라 사람이 주울 테니, 굳이 찾으러 갈 필요가 있겠느냐?"

이 이야기는 공왕의 도량이 크다는 이야기로 후세까지 전해진 듯하다. 후대에 태어난 공자는 이 말을 듣고 이렇게 말했다.

"애석하구나. 그는 도량이 크지 않다. 사람이 잃어버린 활을 사람이 주었다고 하면 더 좋았을 텐데 하필 초나라에 국한시킬 건 무언가?"

사슴을 쫓는 자는 산을 보지 못한다
축록자불견산 逐鹿者不見山

> 명예나 이익에 눈이 먼 사람은 주변도 무시하고 도리도 저버린다는 뜻. 또는 한 가지 일에 마음을 뺏긴 사람이 그 밖의 다른 일을 돌보지 않을 때도 쓰인다. 출전은 《회남자》 '설림훈(說林訓)'편.

| 逐 쫓을 축 | 鹿 사슴 록 | 者 놈 자 | 不 아니 불 | 見 볼 견 | 山 뫼 산 |

"산속에 들어가 짐승을 쫓는 사람에겐 큰 산이 보이지 않는다. 밖으로 욕망과 쾌락을 쫓는다면 명철함이 가려진다." 《회남자》

"사슴을 쫓는 자는 산을 보지 못하고, 돈을 움켜쥐려는 자는 사람을 보지 못한다." 《허당록》

사슴(鹿)은 황제의 자리를 뜻하기도 한다. 이때의 축록(逐鹿)은 천하의 패권을 다투는 것을 말한다. 출전은 《사기》 '회음후열전'.

한나라 유방이 반란을 일으킨 진희(陳豨)를 토벌하러 간 틈을 타서 진희와 내통하고 있던 회음후 한신도 반란을 일으키려 했다. 그러나 사전에 계획이 누설되면서 한신은 붙잡혀 사형을 당했다.

진희의 반란을 평정하고 돌아온 유방은 한신의 죽음을 듣고 황후에게 물었다.

"한신이 남긴 최후의 말은 무엇인가?"

"괴통(蒯通)의 계략을 듣지 않은 것을 후회한다고 했습니다."

괴통은 변설가로서, 유방이 아직 항우와 천하를 다투고 있을 때 한신에게 독립을 권했던 사람이다. 유방은 괴통을 사로잡아 삶아 죽이라고 명령했다. 그러자 괴통이 말했다.

"저는 죄가 없습니다. 저는 죽을 짓을 한 적이 없습니다. 진나라가 무너지면서 천하는 혼란에 빠졌고, 각지에서 영웅들이 들고 일어났습니다. 말하자면 진나라가 사슴(황제의 지위를 뜻함)을 잃어버리니 천하가 이를 쫒은(逐鹿) 것입니다. 그 중 폐하가 가장 훌륭하여 이 사슴을 잡은 거죠. 대도적 도척의 개가 요임금을 보고 짖었다고 해서 요임금이 나쁜 건 아닙니다. 개는 주인 외에는 누구에게나 짖습니다.

당시 나는 한신만을 알고 있었기 때문에 그의 편을 들어서 폐하에게 짖은 겁니다. 폐하처럼 천하를 도모하고자 한 영웅들은 많았으나 그들은 성공하지 못했습니다. 이제 천하가 평정된 지금, 한때 천하를 노려보았다고 해서 죽인다는 건 온당치 못한 일입니다. 저는 죄가 없습니다."

유방은 결국 괴통을 용서해 주었다.

또 《회남자》에는 "사슴을 쫒는(逐鹿) 자는 토끼를 돌아보지 아니하고, 천금의 돈을 노리는 자는 몇 푼의 돈을 갖고 다투지 않는다"는 말이 나온다. 이때 "큰 일을 도모하는 자는 작은 일에 구애받지 않는다"는 뜻이다.

한단 지방의 걸음걸이
한단지보 邯鄲之步

자기 분수는 생각지 않고 남의 흉내만 내다가 하나도 얻지 못하는 것을 말한다.
출전은 《장자(莊子)》 '추수(秋水)'편.

| 邯 땅이름 한 | 鄲 땅이름 단 | 之 어조사 지 | 步 걸음 보 |

공손룡이 위나라의 공자 모(牟)에게 물었다.
"나는 장자의 말을 들었으나, 정신이 아득하여 도저히 이해할 수가 없었습니다. 내 이론이 못 미치는 탓입니까, 아니면 내 지혜가 장자만 못한 탓입니까?"
공자 모는 책상에 기대 있다가 탄식하면서 말했다.
"자네는 저 수릉(壽陵)이라는 작은 마을에 사는 소년이 걸음걸이를 배우러 한단에 간 이야기를 듣지 못했는가? 그는 한단의 걸음걸이(邯鄲之步)도 채 배우지 못했는데 자기 나라의 걸음걸이를 잊어버렸다네. 그래서 엉금엉금 기어서 돌아올 수밖에 없었지. 자네도 즉시 돌아가지 않으면 장자의 도를 알기도 전에 자네 본래의 학문도 잊어버리고, 자네의 변설마저 잃고 말걸세."
공손룡은 벌린 입을 닫지 못하고 인사도 못한 채 달아나고 말았다.

갈증이 나도 도천의 물은 마시지 않는다
갈불음도천수 渴不飮盜泉水

아무리 처지가 나쁘더라도 의롭지 못한 일은 하지 않는다는 뜻이다. 출전은 《문선(文選)》에 실려 있는 육사형(陸士衡)의 시 '맹호행(猛虎行)'.

| 渴 목마를 갈 | 不 아니 불 | 飮 마실 음 | 盜 도둑 도 | 泉 샘 천 | 水 물 수 |

아무리 갈증이 나도 도천(盜泉)의 물은 마시지 않고,
아무리 더워도 나쁜 나무(惡木) 아래서는 쉬지를 않노라.
나쁜 나무인들 가지가 없겠느냐마는
뜻있는 선비의 길엔 고충이 많더구나. (이하 생략)

이 시는 깨끗한 선비가 되기 어려운 고충을 노래하고 있다. 여기서 도천(盜泉)은 도둑의 샘물 이란 뜻인데, 산동성 사수현(泗水縣) 동북쪽에 있다. 도천에 대해서는 설원 설총(說叢)에 다음과 같은 공자의 일화가 나온다.

공자가 승모(勝母)라는 마을에 갔다. 마침 날이 저물었는데도 그 마을에서 자지 않았다. 또 도천이란 샘물 곁을 지났는데 목이 말랐어도 그 샘물을 떠먹지 않았다.

승모는 어머니를 이긴다는 뜻이다. 공자는 그런 마을에 머무는 게 부도덕한 일이라 여겼기 때문에 머무르지 않은 것이다. 또 도둑의 샘물을 마시는 것도 깨끗한 선비로서 취할 일이 아니라고 생각했기 때문에 마시지 않은 것이다.

사마귀가 매미를 잡으려 하다
당랑박선 螳螂搏蟬

"이익을 탐내다가 자신의 위험은 돌아보지 못한다"는 뜻이다. 출전은 《장자(莊子)》'산목(山木)'편.

螳 사마귀 당   螂 사마귀 랑   搏 잡을 박   蟬 매미 선

    장자가 밤나무 밭 근처를 산책하다가 이상한 까치 한 마리가 남쪽에서 날아오는 것을 보았다. 날개의 넓이는 일곱 자이고 눈 둘레는 한 치나 되었다. 까치는 장자의 이마를 스치고 날아가서는 밤나무 숲에 앉았다.

    "저 놈은 어떤 새인가? 저렇게 큰 날개를 갖고도 멀리 날지 못하고, 저렇게 큰 눈을 갖고도 잘 보질 못하다니."

    장자는 옷깃을 걷어 올리고 급히 다가가서 화살을 겨누었다. 그런데 한쪽을 보니, 매미 한 마리가 나무 그늘에서 자신을 잊고 맴맴거리고 있었다. 또 그 곁에는 사마귀 한 마리가 매미를 잡으려고 정신이 쏠려 있었고, 이상한 까치는 기회를 보아 사마귀를 잡으려고 정신을 놓고 있었다.

    장자는 이 광경을 보고 놀라면서 말했다.

    "아, 슬픈 일이다. 만물은 서로를 해치고, 이익과 손해는 서로 관계되어 있구나."

    장자는 활을 버리고 도망치듯 그곳을 빠져나왔다. 그때 밤나무 숲을 지키던 사람이 그 모습을 보자 도둑이라 생각해 쫓아오면서 욕을 퍼부었다. 장자는 집에 돌아와 석 달 동안 뜰 앞에도 나가지 않았다.

대롱을 통해 표범을 보다
관중규표 管中窺豹

사물을 보는 시야가 좁은 것을 뜻한다. 대롱을 통해 본다(管見)와 같은 뜻. 출전은 《진서》 '왕헌지전(王獻之傳)'.

管 대롱 관　中 가운데 중　窺 엿볼 규　豹 표범 표

　　고금의 명필 왕희지(王羲之)에겐 왕헌지라는 아들이 있었다. 그가 어렸을 적 일이다. 어느 날 정원 나무 밑에서 식객들이 자리를 깔고 노름하고 있었는데, 왕헌지는 그중 한 사람을 보고 이렇게 말했다.
　　"아저씨, 형세가 불리하니 힘내서 잘해 보세요."
　　그러자 그 식객이 응수했다.
　　"이 도련님이 대롱을 통해 표범을 보는군(管中窺豹). 표범 무늬 한 점밖에 보지 못하고 있어."
　　대롱을 통해 표범을 보면 표범 전체가 아닌 무늬 한 점 밖에 볼 수 없듯이, 어린 사람의 좁은 시야로는 나의 수를 읽어낼 수 없다는 뜻이다.
　　이 말을 들은 왕헌지는 화난 얼굴로 대꾸했다.
　　"저 유진장(劉眞長) 어른에게 부끄러움을 느끼세요. 아버지 친구인 그 어른은 노름을 하다가 환온(桓溫)의 역모를 간파했으니까요."
　　이렇게 말한 뒤 왕헌지는 옷을 털고 가버렸다. 사람들은 어린 헌지의 견식에 감탄했다.

문 앞에 참새를 잡는 그물이 쳐 있다
문전작라 門前雀羅

> 부와 권력이 쇠락하자 사람은 찾아오지 않고 새들만 찾아와서 그물을 칠 정도이다. 세력이 몰락한 집안의 풍경을 말해준다. 또 집안이 쓸쓸하고 한산한 상태를 가리키기도 한다. 출전은 《사기》 '급정열전(汲鄭列傳)'.

| 門 문 문 | 前 앞 전 | 雀 참새 작 | 羅 벌릴 라, 그물 라 |

한나라 무제 때, 높은 벼슬을 한 급암(汲黯)과 정당시(鄭當時)는 모두 의리를 소중히 여기는 사람으로서 찾아오는 손님들을 극진히 대우했다. 늘 겸손했으며 귀천을 가리지 않고 사람들을 대한 것이다.

그러나 두 사람의 관직은 부침이 심했다. 급암은 매사에 직간을 하다가 무제의 미움을 사 면직되기도 했으며, 정당시 역시 연좌제에 걸려 평민이 되었다가 나중에 여남군 태수로 끝을 맺었다. 이 두 사람이 벼슬자리에 물러나자, 평소에 많던 빈객들이 다 흩어지고 찾아오지 않았다.

적공(翟公)도 벼슬에 있을 때는 문 앞에 빈객이 득실거렸지만, 벼슬을 그만두자 빈객들이 뚝 끊어졌다. 문 앞에는 참새 떼가 놀아서 새 잡는 그물을 칠(門前雀羅) 정도였다. 그러다 적공이 다시 벼슬을 하자 예전처럼 빈객들이 모여들었다. 이를 본 적공은 문 앞에다 크게 써붙여 놓았다.

"한번 죽고 한번 사는 데서 서로 사귀는 정(交情)을 알고
한번 가난하고 한번 부자가 되는 데서 서로 사귀는 실태(交態)를 알며
한번 귀하고 한번 천하게 되는 데서 서로 사귀는 정(交情)이 나타난다.
이 얼마나 슬픈 일이던가."

죽은 재가 다시 불붙기 시작한다
사회부연 死灰復然

꺼져 버린 불꽃이 다시 타기 시작하듯이, 일단 잃어버린 세력을 다시 만회하는 것을 뜻한다. 출전은 《사기》 '한장유전(韓長孺傳)'.

| 死 죽을 사 | 灰 재 회 | 復 다시 부 | 然 그러할 연, 탈 연(燃과 같은 뜻임) |

한나라 때, 한안국(韓安國)이 죄를 지어 옥에 갇혔다. 그때 몽현의 감옥을 담당하는 관리가 그에게 비난을 퍼부었다. 듣다 못한 한안국이 그에게 말했다.

"꺼진 불꽃이 다시 타지 않을 줄 아느냐?"

관리가 대답했다.

"만약 다시 타기 시작하면, 즉시 오줌을 누어서 끄겠다."

죽은 재에서 다시 불씨가 올라오면 즉각 오줌을 누어서 끄겠다는 간수의 응수가 재미있다. 세력을 만회하려는 징조가 보이기만 하면 그 즉시 발본색원하여 뿌리까지 뽑겠다는 단호한 자세다.

양주의 학

양주지학 揚州之鶴

여러 가지 소망을 다 채우길 바란다는 뜻으로, 학을 타고 양주로 날아간다는 말에서 나왔다. 출전은 '사류전서(事類全書)'.

| 揚 오를 양 | 州 고을 주 | 之 어조사 지 | 鶴 학 학 |

손님들이 모여서 서로 원하는 일을 말했다. 첫번째 사람이 말했다.
"난 양주의 자사(刺史)가 되고 싶어."
두번째 사람이 말했다.
"난 부자가 되고 싶어."
세번째 사람이 말했다.
"난 학을 타고 하늘로 날아가고 싶어."
그러자 다른 한 사람이 말했다.
"난 돈 십만 관을 허리에 찬 채, 학을 타고 양주로 날아가고 싶어. 세 가지를 겸하고 싶은 거지."

썩은 나무에는 조각을 할 수 없다
후목불가조 朽木不可雕

본바탕을 올바르게 정립시키지 않는다면 가르침을 펼 수가 없다는 뜻.
출전은 《논어(論語)》 '공야장(公冶長)' 편.

| 朽 썩을 후 | 木 나무 목 | 不 아니 불 | 可 가할 가 | 雕 새길 조 |

어느 날 공자는 제자 재여(宰子)가 낮잠 자는 것을 보고 그를 꾸짖었다.
"썩은 나무에는 조각을 할 수 없고(朽木不可雕), 썩은 흙으로 만든 담장에는 흙 손질을 할 수 없다. 내 더 이상 너를 뭐라고 꾸짖겠느냐?"

재여는 평소에도 언행이 일치하지 않는 불성실한 태도를 보였다. 그래서 공자는 그에 대해 이렇게 말했다.

"처음에 나는 사람을 대할 때, 그 말만 듣고도 그 행실을 믿었었다. 그런데 지금은 말을 들어도 그 행실을 직접 살피게 되었다. 바로 재여 때문에 이렇게 바뀐 것이다."

꼬리를 진흙 속에서 끌다
예미도중 曳尾塗中

벼슬아치가 되어 속박을 받기보다는 가난하더라도 고향에서 편하게 지내는 게 낫다는 뜻. 출전은 《장자(莊子)》 '추수(秋水)' 편.

| 曳 끌 예 | 尾 꼬리 미 | 塗 진흙 도 | 中 가운데 중 |

장자가 강가에서 낚시질을 하고 있을 때, 초나라 왕이 두 대부를 장자에게 보내 자신의 신하가 되어 줄 것을 청했다.

장자는 낚싯대를 든 채 돌아보지도 않고 말했다.

"나는 초나라에 신령스런 거북(神龜, 점치는데 쓰이는 거북을 말한다)이 있다고 들었소. 죽은 지 3천 년이 되었는데도 왕은 그 거북을 비단으로 싸고 상자에 넣어 묘당 위에 보관한다고 합디다.

그 거북은 죽어서 뼈를 남겨 귀하게 되기를 바랐을까요? 아니면 진흙 속에서 꼬리를 끌더라도(曳尾塗中) 살기를 바랐을까요?"

두 대부가 말했다.

"물론 진흙 속에서 꼬리를 끌더라도 살기를 바랐겠지요?"

장자가 말했다.

"그렇다면 당신들은 돌아가시오. 나는 진흙 속에서 꼬리를 끌 작정이오."

배꼽을 물려 해도 입이 미치지 못한다

서제막급 噬臍莫及

그냥 서제(噬臍)로도 쓰인다. 기회를 잃고 나면 아무리 후회해도 소용이 없다는 뜻이다. 출전은 《춘추좌씨전(春秋左氏傳)》'장공(莊公)'편.

| 噬 물 서 | 臍 배꼽 제 | 莫 말 막 | 及 미칠 급 |

주나라 장왕 때의 일이다.

초나라 문왕이 신(申) 땅을 치기 위해 이웃인 등(鄧)나라를 지나게 되었다. 그때 등나라의 기후(祈候)는 "내 조카가 왔다"고 하면서 문왕을 잘 대접했다.

그러나 기후의 다른 세 조카는 문왕을 죽이자고 청했다. 기후가 말을 듣지 않자 그들은 이렇게 진언했다.

"머지않아 문왕은 등나라를 멸망시킬 것입니다. 빨리 그를 없애지 않는다면, 나중에는 배꼽을 물려 해도 입이 미치지 않는(噬臍莫及) 경우를 당할 것입니다. 늦기 전에 계획을 세우십시오."

기후가 말했다.

"내가 조카를 죽인다면 사람들이 나를 상대하지 않을 것이다."

"우리의 말을 따르지 않는다면 사직이 위태로울 것입니다."

그러나 기후는 끝내 그들의 말을 따르지 않았다. 10년 뒤 초나라 문왕은 과연 등을 쳐서 멸망시켰다.

목이 길고 입이 새처럼 뾰족 나온 모습
장경오훼 長頸烏喙

> 범려가 월나라 왕 구천(句踐)을 평한 말인데, 사람됨이 도량이 좁고 의심이 많은 것을 뜻한다. 이런 자는 일을 성취하고 나면 동지에게 등을 돌리는 관상이다. 출전은 《사기》.

| 長 길 장 | 頸 목 경 | 烏 까마귀 오 | 喙 부리 훼 |

    월나라 왕 구천은 마침내 오나라를 무찌르고 패자(覇者)가 되었다. 이때 그를 보좌하던 범려(范蠡)는 구천이 패자가 되자 오히려 그의 곁을 떠나 제나라로 갔다. 제나라에서 그는 월나라 대부 유문종에게 편지를 썼는데, 이런 말이 나온다.

    "월왕은 목이 길고 입이 새처럼 뾰족해서(長頸烏喙) 환난은 같이 할 수 있으나 안락은 함께 누릴 수 없는 인물이라네. 자네는 어째서 그의 곁을 떠나지 않는가?"

    결국 유문종은 범려의 충고를 듣지 않고 미온적으로 대처하다가 구천의 손에 죽고 말았다.

개와 토끼의 다툼
견토지쟁 犬兎之爭

서로 만만한 상대끼리 싸우는 바람에 제3자가 이익을 보는 것으로 어부지리(漁父之利)와 같은 뜻이다. 밭을 가는 농부가 중간에서 이익을 취하는 것과 같기 때문에 전부지공(田父之功)이라고도 한다. 아울러 쓸데없는 싸움을 뜻하기도 한다. 출전은 《전국책(戰國策)》.

犬 개 견   兎 토끼 토   之 어조사 지   爭 다툴 쟁

전국 시대 때 제나라의 순우곤은 해학과 변론에 뛰어난 재능을 가진 유세객이었다. 그는 제나라 왕이 위(魏)나라를 치려고 하자 이렇게 말했다.

"옛날에 한자로(韓子盧)라는 날쌘 사냥개가 동곽준(東郭逡)이라는 재빠른 토끼를 쫓았습니다. 두 놈은 수십 리를 달리면서 산기슭을 세 바퀴나 돈 다음에 산꼭대기까지 다섯 번이나 오르락내리락했습니다. 그러다 결국 둘 다 지쳐서 죽고 말았습니다. 마침 그것을 발견한 농부가 힘들이지 않고 횡재를 했습니다.

지금 제나라와 위나라는 오래 대치하고 있어서 국력이 쇠약할 대로 쇠약해져 있습니다. 이런 상황에서 만약 위나라를 공격한다면, 서쪽의 진나라와 남쪽의 초나라가 기회를 틈타서 농부가 되지 않을까 걱정입니다."

이 말을 들은 왕은 위나라를 칠 생각을 버리고 국력을 기르는 데 힘을 쏟았다.

수염에 묻은 티끌을 턴다
불수진 拂鬚塵

권력자나 윗사람에게 아부하거나 비굴한 태도를 보일 때 쓰는 말이다.
출전은 《송사(宋史)》 '구준전(寇準傳)'.

| 拂 떨칠 불 | 鬚 수염 수 | 塵 티끌 진 |

    송나라 진종(眞宗) 때의 재상인 구준(寇準)은 정의롭고 강직하기로 유명한 사람이었다. 그는 나라를 위해 유능한 인재를 발굴해서 기용했는데, 정위(丁謂)도 그중 한 사람이었다. 구준은 단연(澶淵)의 맹약(송과 거란이 단연에서 맺은 평화조약)을 체결하는 등 진종의 신뢰가 두터웠다. 하지만, 한때 왕흠약(王欽若)의 참언으로 좌천되었다가 1019년에 다시 재상으로 복귀했는데, 그때 정위를 참정(參政)으로 발탁했다. 정위는 감격해 마지않으면서 벼슬길로 나아갔다.

    어느 날 중서성에서 연회가 있었을 때 구준의 수염에 국 찌꺼기가 묻어 있었다. 정위는 그걸 보자마자 자리에서 일어나 구준에게 다가가서 그 찌꺼기를 조심스럽게 털어냈다. 그러자 구준이 웃으면서 말했다.

    "허허, 참정이라면 한 나라의 대신(大臣)이오. 어찌 윗사람이라고 해서 '수염에 묻은 티끌을 터는(拂鬚塵)' 일을 할 수 있단 말이오."

    부끄러움을 느낀 정위는 이때의 일을 가슴에 품고 구준의 실각을 획책했다. 결국 정위는 진종이 병으로 정사를 보지 못하는 틈을 타서 황후에게 참언하여 구준을 중앙 정부에서 추방하고 재상의 지위에 올랐다.

돌로 양치질하고 냇물로 베개를 삼는다
수석침류 漱石枕流

자신의 실수를 인정하지 않고 억지를 쓰는 것을 말한다. 출전은 《진서(晉書)》 '손초전(孫楚傳)'.

漱 양치질 수 | 石 돌 석 | 枕 베개 침 | 流 흐를 류

서진(西晉) 시대는 노자나 장자 사상을 바탕으로 한 청담(淸談)이 유행했다. 청담을 즐기는 사람들은 속세의 도덕을 무시하고 세간을 벗어난 초월의 경지를 추구했는데, 그 대표적인 인물들이 바로 죽림칠현(竹林七賢)이다.

명문가 출신인 손초도 젊은 시절 속세를 떠나 산림에 은거하고자 친구인 왕제(王濟)에게 자신의 뜻을 말했다. 그런데 이때 "돌을 베개로 삼고 냇물로 양치질한다(枕石漱流)"고 말해야 하는데 그만 "돌로 양치질하고 냇물을 베개로 삼는다(漱石枕流)"고 말해 버렸다. 왕제가 웃으면서 말했다.

"어찌 냇물로 베개를 벨 수 있고, 돌로 양치질할 수 있겠는가?"

손초가 대답했다.

"냇물로 베개를 삼는 것은 바로 귀를 씻고자 함이요, 돌로 양치질하는 것은 치아를 갈고자 함이네."

이 말은 자존심이 강한 손초가 자신의 실수를 인정하고 싶지 않아서 억지로 꿰어 맞춘 말이다.

네 마리의 말이 끄는 수레도 혀보다 빠르지 않다
사불급설 駟不及舌

사람들 사이에 퍼지는 입소문이 그 어느 것보다 빠르다는 것으로서 항상 말조심을 하라는 뜻이다. 출전은 《논어(論語)》 '안연(顔淵)' 편.

| 駟 네 말의 수레 사 | 不 아니 불 | 及 미칠 급 | 舌 혀 설 |

《논어》 '안연' 편에 나오는 이야기다.

위나라의 대부 극자성(棘子成)이 말했다.

"군자는 바탕(質)만 있으면 된다. 어찌 문채(文)로 수식할까 보냐?"

이 말을 들은 자공이 말했다.

"애석하군요, 군자에 대한 당신의 발설이. 아마 네 마리 말이 끄는 수레로도 당신의 혀를 따라잡지 못할 겁니다. 문채가 오히려 바탕과 같고 바탕도 오히려 문채와 같다면, 호랑이나 표범의 가죽 털도 개나 양의 가죽 털과 같을 것입니다."

공자는 이 바탕(質)과 문채(文)의 관계에 대해서 바탕과 문채가 서로 조화를 이루어야 한다, 즉 문질빈빈(文質彬彬)이어야 한다고 말했다.

과녁의 표적 한가운데를 맞추는 것
정곡 正鵠

어떤 일이나 문제의 핵심을 짚을 때에 "정곡을 찔렀다"고 말한다. 출전은 《예기(禮記)》 '사의(射義)'편.

正 바를 정 | 鵠 고니 곡

《예기》 '사의'편에는 다음과 같은 공자의 말이 나온다.
"활을 쏘는 사람은 어떻게 쏘아야 하고 어떻게 들어야 하는가? 소리를 따라서 발사하고, 발사하면 정곡을 놓치지 않는 자는 오직 현자(賢者)뿐이리라. 저 보잘것없는 사람들이라면 어떻게 능히 적중시킬 수 있겠는가?"

일설에 의하면 정(正)이나 곡(鵠)이나 모두 표적이라고 한다. 즉 사방 10척이 되는 것을 후(侯)라 하고, 사방 4척(尺)이 되는 것을 곡(鵠)이라 하고, 사방 2척이 되는 것을 정(正)이라 하고, 사방 4촌(寸)이 되는 것을 질(質)이라 한다고 했다.

당나귀의 뒷발질

검려지기 黔驢之技

서투른 짓거리를 말함. 출전은 《유하동집(柳河東集)》.

| 黔 땅이름 검 | 驢 당나귀 려 | 之 어조사 지 | 技 재주 기 |

    옛날 검(黔) 땅에는 당나귀가 없었다. 호기심이 많은 어떤 사람이 당나귀 한 마리를 배로 실어 왔다. 그런데 그는 당나귀를 어떻게 다루어야 하는지, 또 무엇에 써야 하는지 몰라서 산속에 방치해 두었다.
    어느 날 산속을 어슬렁거리던 호랑이 한 마리가 이 당나귀를 보게 되었다. 호랑이는 당나귀를 본 일이 없었기 때문에 신수(神獸, 신령한 짐승)라 생각해서 숲속에 몸을 숨기고 가만히 동정을 살폈다.
    얼마 후 호랑이는 슬슬 주위를 살피면서 숲에서 나와 당나귀에게 접근했다. 그때 당나귀가 갑자기 소리 높여 울었다. 호랑이는 '이건 분명 나를 잡아먹으려는 것이다'라고 생각해서 황급히 도망을 쳤다.
    며칠이 지나 익숙해지자 아무래도 무서운 동물은 아닌 듯했다. 호랑이는 당나귀 주위를 서성거려 보았으나 아무런 반응이 없었다. 용기가 생긴 호랑이는 당나귀의 본성을 시험해 보려고 일부러 덤벼들었다. 그러자 당나귀는 화가 나서 호랑이에게 서투른 뒷발질을 했다.
    '뭐야, 겨우 이 정도야?'
    호랑이는 당나귀에게 덤벼들어 순식간에 잡아먹었다.

제5장

정치 외교

세 치밖에 안 되는 혀가
백만의 군사보다 강하다

먼저 외부터 시작하라

선시어외 先始於隗

가까운 데서부터 시작하라는 뜻. 나중에는 어떤 일을 할 때 '나부터 시작하라' 또는 '너부터 시작하라'는 뜻으로 쓰였다. 출전은 《전국책(戰國策)》.

先 앞 선   始 시작할 시   於 어조사 어   隗 높을 외

전국 시대 때 연나라는 제나라의 공격을 받아 영토의 절반을 빼앗긴 채 제나라의 지배를 받고 있었다. 연나라 소왕(昭王)은 즉위하자 실지(失地) 회복을 위해 인재를 구하는 데 힘썼다.

어느 날 소왕이 재상 곽외에게 인재를 구하는 방법을 묻자, 곽외는 이렇게 말했다.

"저는 이런 이야기를 들은 적이 있습니다.

옛날 한 임금이 천금을 주고 천리마를 구하려 했으나, 3년이 지나도록 구하지 못했습니다. 그러던 어느 날 잡일을 하는 말단 관리가 천리마를 구해 오겠다고 자청해서 그에게 천금을 주었습니다. 그 관리는 3개월이나 걸려 겨우 천리마가 있는 곳을 알아내 급히 달려갔으나, 애석하게도 그가 오기 전에 말은 죽어 버렸다고 합니다.

그런데도 그 관리가 죽은 말의 뼈를 오백금을 주고 사가지고 돌아오자, 임금은 매우 분노해서 말했습니다.

'난 살아 있는 말을 원했다. 누가 죽은 말을 오백금을 주고 사오라고 했느냐?'

그가 대답했습니다.

'잠깐만 기다려 주십시오. 사람들은 죽은 말도 오백 금을 주고 사는데 산 말은 얼마나 비싸게 사겠느냐고 생각할 겁니다. 아마 머지않아 반드시 천리마가 들어올 것입니다.'

과연 일 년도 안 되서 천리마가 세 필이나 들어왔다고 합니다.

지금 임금께서 진정 인재를 구하시려 한다면, '먼저 저 곽외부터(先始於隗)' 선생의 예로 대하십시오. 저 같은 자가 그런 대우를 받는다면, 저보다 훌륭한 자가 어찌 천릿길을 멀다 하겠습니까?"

소왕은 그의 말을 받아들여 황금대(黃金臺)라는 궁전을 세워 그를 스승으로 극진히 예우했다. 이 소식이 퍼지자 명장 악의(樂毅), 음양가의 시조인 추연(鄒衍) 등 천하의 인재들이 모여들었다. 소왕은 이들 인재의 도움을 받아 제나라를 정벌했다.

호랑이를 길러 후환을 남기다

양호유환 養虎遺患

어떤 일을 깨끗이 마무리하지 못하고 화근을 남기는 것을 말한다. 출전은 《사기》 '항우본기(項羽本紀)'.

養 기를 양 　 虎 호랑이 호 　 遺 남길 유 　 患 근심 환

진나라의 함곡관을 돌파한 유방은 항우보다 먼저 진나라의 수도 함양에 들어갔고, 항우의 군사도 뒤늦게 도착해 유방의 군사와 대립했다. 한퇴지가 지은 시 '과홍구(過鴻溝)'에서도 나오듯이, 둘은 '용은 지치고 호랑이는 피곤한 상태'였다('건곤일척' 편 참조). 마침내 항우와 유방은 홍구(鴻溝)를 경계로 천하를 둘로 나누어 영토로 삼자고 언약하고, 홍구 서쪽은 유방이, 홍구 동쪽은 항우가 차지하기로 합의했다.

그러나 막상 유방이 서쪽으로 가려하자, 신하인 장량(張良)과 진평(陳平)이 말했다.

"한나라는 지금 천하의 태반을 차지하고 있고, 제후들도 공을 지지하고 있습니다. 그러나 초나라 군사는 매우 지쳐 있고 식량도 떨어졌습니다. 이는 하늘이 초나라를 멸망시키려는 것입니다. 이 기회를 타서 항우를 치지 않고 풀어 준다면, 이는 호랑이를 길러 후환을 남기는 것(養虎遺患)이 됩니다."

결국 유방은 약속을 어기고, 항우와 건곤일척의 승부를 걸어 해하성에서 대승을 거두었다.

현명한 새는 나무를 가린다
양금택목 良禽擇木

현명한 새는 아무 데나 둥지를 틀지 않고, 알맞은 나무를 찾아서 둥지를 튼다. 현명한 사람은 아무에게나 종사하는 것이 아니라, 자기의 재능을 키워줄 수 있는 사람을 택해 종사한다는 뜻. 출전은 《춘추좌씨전(春秋左氏傳)》.

| 良 어질 양 | 禽 새 금 | 擇 가릴 택 | 木 나무 목 |

공자는 이상으로 삼고 있는 덕치(德治)를 구현하기 위해 여러 나라를 돌면서 제후들을 설득했다. 언젠가 위나라의 공문자(孔文子)가 적을 공격하는 일을 공자에게 상의하자, 공자는 이렇게 답했다.

"제사지내는 일은 배운 적이 있습니다만, 전쟁에 대해선 전혀 아는 바가 없습니다."

공자는 그 자리를 나오자마자, 제자들에게 서둘러 위나라를 떠나자고 했다. 제자들이 그 까닭을 묻자, 공자가 답했다.

"현명한 새는 나무를 가려서 둥지를 트는(良禽擇木) 법이다. 신하된 자는 반드시 훌륭한 군주를 가려서 종사해야 한다."

들판을 태우는 불길

요원지화 燎原之火

들판을 태우는 불길처럼 세력이 엄청나서 도저히 막을 수 없는 것을 말한다. 흔히 요원의 불길처럼 번져 나간다는 말을 자주 쓴다. 출전은 《서경》 '상서(商書)'. 은나라 임금 반경(盤庚)이 도읍을 옮기는 일에 대해 제후들에게 경고하는 말 속에 나온다.

| 燎 태울 료 | 原 들판 원 | 之 어조사 지 | 火 불 화 |

"그대들은 어찌 짐에게 알리지도 않고 유언비어를 퍼뜨려 백성들을 공포에 빠뜨리는가? 이는 마치 들판을 태우는 불길(燎原之火) 같아서 가까이 갈 수도 없으니 어찌 끌 수가 있겠는가? 이는 그대들이 스스로 불안정을 초래한 것이지 내게 잘못이 있는 것이 아니다."

은나라의 거울은 먼 데 있지 않다
은감불원 殷鑑不遠

은나라가 나라를 다스리는데 거울로 삼을 만한 것은 먼 데 있지 않고 바로 하나라 걸왕에 있다는 뜻. 즉, 남의 실패를 자신의 거울로 삼아야 한다는 것을 말한다. 출전은 《시경(詩經)》 '대아(大雅)'편.

| 殷 은나라 은 | 鑑 거울 감 | 不 아니 불 | 遠 멀 원 |

중국의 고대 왕조인 하나라와 은나라는 혁명으로 왕조가 교체되었다. 하나라의 걸왕은 공물로 보내온 말희라는 여인에게 빠져 정사를 돌보지 않다가, 은나라를 세운 탕왕에 의해 멸망당했다.

하지만 은나라 역시 마지막 임금 주왕 때에 똑같은 상황에 처했다. 주왕도 처음에는 지혜와 용기를 갖춘 군주였지만, 공물로 보낸 달기라는 여인에 빠져 정사를 돌보지 않고 향락만을 일삼았다. 주지육림(酒池肉林)을 마련해 밤낮으로 연회를 베풀었으며, 올바르게 간하는 사람은 포락의 형(炮烙之刑)으로 다스렸다. 당시 삼공(三公) 중에서 두 사람은 주살되고, 나중에 주나라 문왕이 된 서백(西伯)은 귀양가는 몸이 되었다. 그때 서백이 주왕에게 간한 말이 《시경》 '대아' 편에 실려 있다.

"은나라의 거울은 먼 데 있지 않으니(殷鑑不遠), 하나라 걸왕 시대입니다."

이는 은나라를 세운 탕왕에게 주살당한 하나라 걸왕의 전철을 밟지 말라는 뜻이었다. 그러나 이미 주색에 빠져 정신이 없는 주왕은 오히려 그를 유폐시켰다가, 나중에 그의 아들 무왕(武王)에게 멸망당했다.

콩을 삶는데 콩깍지를 태운다
자두연기 煮豆燃萁　칠보지재 七步之才

피를 나눈 형제끼리 시기하고 다투는 것을 뜻한다. 출전은 《세설신어(世說新語)》.

| 煮 삶을 자 | 豆 콩 두 | 燃 불탈 연 | 萁 콩깍지 기 |
| 七 일곱 칠 | 步 걸을 보 | 之 갈 지 | 才 재주 재 |

　조조는 전쟁터를 달리는 풍운의 인물이었지만 글재주도 매우 뛰어났다. 그는 맏아들 조비(曹丕), 셋째 아들 조식(曹植)과 함께 삼조(三曹)라 불리면서 건안(建安) 시대의 문학을 꽃피웠다. 특히 셋째 아들 조식의 재능은 비할 바 없이 뛰어나서 조조는 그를 깊이 사랑했다. 몇 번이나 형인 조비 대신 태자에 책봉하려고 했을 정도였다. 그러나 조비와 조식은 서로 시기하면서 자주 충돌했다.
　나중에 조비가 조조의 뒤를 이어 위나라 문제(文帝)가 된 뒤에도, 그는 조식을 시기하여 괴롭혔다.
　어느 날 조비는 조식을 불러 명을 내렸다.
　"내 앞에서 일곱 보를 걷는 동안 시 한 수를 짓지 못하면, 명을 어긴 죄로 엄벌에 처하겠다."
　그러자 조식은 조비의 말이 떨어지자마자 즉시 걸어가면서 시를 지었다.

　콩을 삶는데 콩깍지를 때니(煮豆燃豆萁)
　콩은 솥 안에서 우는구나.

본래 둘은 같은 뿌리에서 나왔는데
어째서 이리 급하게 서로를 삶아대는고.

이 시는 같은 부모에게서 난 형제끼리 왜 이리 시기하고 미워하는가를 콩과 콩깍지에 비유해서 읊은 것이다. 이 시를 들은 조비는 느끼는 바가 있어서 매우 부끄러워했다고 한다. 또 이 시는 일곱 걸음을 걸으며 지었다고 해서 칠보시(七步詩)라고 하는데, 후대에 시를 짓는 재능이나 글재주가 뛰어난 것을 칠보지재(七步之才)라 부르게 되었다.

일을 빨리 하려다가 오히려 이루지 못한다

욕속부달 欲速不達

정치든 사업이든 일을 서두르면 오히려 망친다는 뜻이다. 출전은 《논어(論語)》 '자로(子路)' 편.

| 欲 바랄 욕 | 速 빠를 속 | 不 아니 불 | 達 도달할 달 |

공자의 제자 자하가 거보 땅의 재상이 되었다. 그는 공자에게 마을을 다스리는 방법에 대해 물었다. 공자가 대답했다.

"빨리 서두르지 말 것이며, 사소한 이익을 탐내지 말아야 한다. 일을 빨리 하려다가는 오히려 일을 이루지 못할 것이며(欲速不達) 사소한 이익을 탐내다가는 큰 일을 성취하지 못하기 때문이다."

성스러움을 끊고 지혜를 버린다
절성기지 絶聖棄智

출전은 《노자》 19장. 노자는 성인이 나온 후부터 큰 도적이 일어났다고 본다. 즉, 성인이 나와 인의를 내세우기 위한 제도를 만든 뒤부터 이를 악용하는 도적들이 나왔다는 것이다. 따라서 성인이 만든 인의도 끊고 도적도 풀어 놓아야 천하가 무위자연의 원만한 상태로 돌아간다고 주장한 것이다.

絕 끊을 절　聖 거룩할 성　棄 버릴 기　智 지혜 지

　성스러움을 끊고 지혜를 버리면 백성들의 이익은 백 배나 늘 것이고, 인(仁)을 끊고 의(義)를 버리면 백성들은 다시 효도하고 사랑하는 마음으로 돌아가며, 기교를 끊고 이익을 버리면 도적이 없어지리라.
　이 세 가지만으로는 설명이 충분치 않으니 다시 덧붙이겠다. 즉, 늘 소박한 상태에 머물면서 사사로운 욕심을 줄이는 것이다.

난간을 부러뜨리다

절함 折檻

임금에게 올바른 말로 직간하느라 난간까지 부러뜨린 데서 유래했다. 충신의 직간을 뜻한다. 출전은 《한서(漢書)》 '주운전(朱雲傳)'.

折 부러질 절   檻 난간 함

　　한나라 성제(成帝) 때는 외척과 환관들의 횡포가 심했다. 이에 분개한 남창의 장관 매복(梅福)은 황제에게 상소를 올렸다.
　　"지금 외척이 발호하여 황실의 위엄이 땅에 떨어지고 있습니다. 선대의 황제 때부터 일식과 지진, 수해가 빈번히 발생하고 있는데, 이는 정치가 올바로 행해지지 않은 탓입니다."

　　그러나 성제는 더욱더 외척을 중용하고, 급기야 안찬후(安昌候) 장우(張禹)까지도 황제의 스승이라는 이유로 정치에 관여했다. 이로 인해 각지에서 상소문이 빗발치듯 올라오자 황제는 이 사태를 장우에게 의논했다. 장우는 그러한 천재지변은 성인도 모르는 것이라 하면서 소인들의 말에 현혹되지 말라고 주장했다. 황제 역시 그의 말이 타당하다고 받아들여 더욱더 그를 신임했다.
　　그러자 이에 분노한 주운이 황제를 뵙고 말했다.
　　"황실 창고에 있는 칼을 제게 내려주시면 악인의 목을 베어 다른 사람에게 본보기로 보여주겠습니다."

"그 악인이 도대체 누구냐?"

"안창후 장우입니다."

이 말을 듣자 황제는 노발대발해서 그를 끌어다 죽이라고 명령했다. 곁에 있던 어사(御史, 관리의 죄를 다스리는 직책)가 그를 끌어내려 하자 주운은 필사적으로 난간에 매달리면서 말했다.

"제발, 제 말을 들어 주십시오."

어사가 주운을 강제로 끌어내리려 하자 그만 난간이 부서지고(折檻) 말았다. 곁에서 보고 있던 장군 신경기(辛慶忌)는 주운의 충성에 감동하여, 그 역시 바닥에 머리를 찧으면서 간절히 간했다. 그의 머리엔 피가 줄줄 흐르고 있었다. 마침내 두 사람의 충절에 감동한 황제는 자기의 잘못을 뉘우쳤다.

"내 잘못이로다. 하마터면 충신을 잃을 뻔했구나."

나중에 그 난간을 고치려고 하자, 황제는 직간한 충신을 기념하고 정치의 거울로 삼겠다고 하면서 그대로 놔두게 하였다.

왼쪽 어깨를 벗는다
좌단 左袒

어느 한쪽 편을 드는 것을 뜻한다. 출전은 《사기》 '여후본기(呂后本紀)'.

左 왼쪽 좌 │ 袒 옷 벗어 멜 단

한나라의 혜제(惠帝)가 죽자 유방의 황후 여태후는 실권을 장악하고 여씨 문중의 사람들을 중용했다. 그러자 유방과 함께 한나라를 세운 창업공신 진평은 정무를 게을리하고 주색에 빠져들었다. 이는 여씨 집안의 서슬을 피하려는 위장전술이었다.

그러나 여씨의 권세는 오래가지 않았다. 여태후가 병이 들어 죽게 된 것이다. 마지막으로 여태후는 조왕(趙王)여록과 여왕(呂王)여산을 상장군으로 임명해, 북군과 남군을 장악한 뒤 이렇게 말했다.

"너희들은 고조가 한 맹약을 어기고 왕이 된 것이라 대신들이 좋아하지 않는다. 그들은 내가 죽으면 반란을 일으킬 것이다. 그러니 너희들은 반드시 궁중을 지켜야 한다."

마침내 여태후가 죽고 장례도 치르자 이제껏 잠자코 있던 진평과 주발(周勃)은 여씨 문중을 타도하는 계획을 짰다. 진평은 먼저 여록과 친한 역기를 보내 군사권을 이양하도록 설득했다.

"당신들은 왕인데도 영지로 가지 않고 여기서 군사를 장악하고 있으니, 모든 대신들이 불안해하고 있습니다. 군사권을 태위에게 반환하고 영지로 돌아간다면, 대신들도 안심하고 당신들도 왕으로서 편안히 지낼 수 있을 겁니다."

여록은 이 술수에 넘어가 상장군의 도장을 내주고, 북군의 군사권을 주발에게 넘겨주었다. 주발은 북군을 모아놓고 말했다.

"한나라 황실은 원래 유씨로 이어지고 있다. 그런데도 여씨는 유씨를 누르고 권력을 쥐고 있다. 이는 황실만이 아니라 천하를 위해서도 불행한 일이다. 이제 여씨를 지지하는 사람은 오른쪽 어깨를 벗고, 유씨를 지지하는 자는 왼쪽 어깨를 벗어라(左袒)."

모든 장수들은 왼쪽 어깨를 벗어 유씨를 위해 싸울 것을 맹세했다.

창업하기는 쉬워도 이룬 것을 지키기는 어렵다
창업이수성난 創業易守城難

> 어떤 일을 시작하기는 쉬워도 성취한 것을 지키기는 어렵다는 뜻. 출전은 《정관정요(貞觀政要)》.

| 創 비롯할 창 | 業 업 업 | 易 쉬울 이 | 守 지킬 수 | 城 성 성 | 難 어려울 난 |

당나라의 기초를 다져 태평성대를 이룩한 사람은 태종 이세민(李世民)이었다. 그는 즉위한 이듬 해 연호를 정관(貞觀)으로 고치고, 민생을 안정시키고 영토를 확장했으며, 인재들을 등용해 문화를 발전시켰다. 사람들은 이러한 태종의 뛰어난 치세를 칭송해서, 이 시기를 정관의 치(治)라고 불렀다.

오긍이 편찬한《정관정요(貞觀政要)》는 태종과 대신들의 문답을 집대성한 것으로 제왕학의 교과서라고 할 수 있는 것이다. 여기에 군주의 길(君道)에 관한 문답이 나온다.

태종이 곁에 있는 신하에게 물었다.

"나라를 세우는 일(草創)과 세운 나라를 지키는 일(守城) 중 어느 것이 더 어려운 제왕의 일인가?"

재상 방현령이 대답했다.

"나라의 창업은 시대가 혼란하고 군웅이 할거하는 난세 속에서 무수한 적을 격파해 승리를 얻어야 합니다. 그렇다면 당연히 창업이 어렵다고 봅니다."

그러나 위징(魏徵)의 생각은 달랐다.

"제왕이 일어날 때는 반드시 혼란한 세상을 이어받습니다. 그리하여 저 몽매한 군주를 없앰으로써 백성들이 추대하고 천하가 복종합니다. 이는 하늘이 내리고 사람들이 부여한 것이니 어렵다고 볼 수는 없습니다.

그러나 천하를 얻은 뒤에는 마음이 교만하고 방자해집니다. 그때는 백성들이 편안히 있고 싶어도 부역이 그치질 않고, 백성들이 피폐해 있는데도 번거로운 일이 멈추질 않습니다. 나라의 쇠망은 늘 이로부터 일어납니다. 그렇다면 수성이 어렵다고 볼 수 있습니다."

태종이 말했다.

"방현령은 나를 따라 천하를 평정하는 사업에 종사하면서, 온갖 고난을 겪었으며 구사일생의 경우도 여러 번 당했소. 그래서 창업이 어렵다고 본 것이오. 위징은 나와 함께 천하를 안정시키면서, 교만과 방자함으로 인해 늘 나라가 위태로워질까 봐 걱정하고 있소. 그래서 수성이 어렵다고 본 것이오. 지금 창업의 어려움은 이미 과거가 되어버렸소. 수성의 어려움은 이제부터 경들과 상의하여 신중히 해나가겠소."

발정한 말이나 소
풍마우 風馬雨

> 발정한 말이나 소가 짝을 찾아도 찾을 수 없을 만큼 멀리 떨어져 있다는 데서 유래했다. 전혀 관계가 없다는 뜻. 출전은 《춘추좌씨전(春秋左氏傳)》.

| 風 바람 풍 | 馬 말 마 | 牛 소 우 |

춘추 시대 때, 제나라 환공이 부인 채희(蔡姬)와 함께 뱃놀이를 했다. 채희가 장난삼아 배를 좌우로 흔들자, 환공은 놀라서 그러지 말라고 했지만 채희는 그만두지 않았다. 마침내 화가 난 환공은 채희를 고향 채나라로 돌려보냈다. 그런데 채희가 초나라로 재가하자 환공은 다시 화를 내면서 채나라로 쳐들어가 멸망시켰다.

환공은 그 여세를 몰아 선봉부대를 초나라로 향하게 했다. 놀란 초나라 성왕(成王)은 사신을 제나라로 보내서 물었다.

"임금은 북해에 있고 나는 남해에 있으니, 발정난 말이나 소(風馬牛)라도 짝을 찾을 수 없을 만큼 멀리 떨어져 있어 싸울 이유가 없습니다. 임금께서 내 땅을 건너오리라고는 생각지도 못했는데, 어찌 된 일입니까?"

나중에 초나라는 굴완(屈完)을 보내 제나라와 평화의 조약을 맺었다.

필부의 용기

필부지용 匹夫之勇

혈기만 믿고 날뛰는 비천한 사람의 용기를 뜻한다. 출전은 《맹자》 '양혜왕' 편.

匹 짝 필   夫 지아비 부   之 어조사 지   勇 용감할 용

"이웃 나라와의 교류에 길이 있습니까?"

제선왕(齊宣王)이 묻자, 맹자가 답했다.

"있습니다. 오직 어진 사람만이 큰 나라로써 작은 나라를 섬길 수 있습니다. 이 때문에 은나라 탕왕은 갈(葛)라를 섬기고, 주나라 문왕은 곤이(昆夷)를 섬겼습니다. 또 지혜 있는 사람만이 작은 나라로써 큰 나라를 섬길 수 있습니다. 이 때문에 주나라 태왕이 훈육(獯鬻)을 섬기고, 월나라 왕 구천이 오나라를 섬긴 것입니다. 큰 것으로 작은 것을 섬기는 자는 하늘을 즐기는 자요, 작은 것으로 큰 것을 섬기는 자는 하늘을 두려워하는 자입니다. 하늘을 즐기는 자는 천하를 보호하고, 하늘을 두려워하는 자는 자기 나라를 보호합니다."

"위대한 말씀이십니다. 그런데 제게는 병이 있는데, 용기를 좋아하는 것입니다."

"왕께서는 작은 용기를 좋아하지 마십시오. 칼을 어루만지면서 '그놈이 어찌 나를 당하리오'라고 한다면, 이는 필부의 용기(匹夫之勇)이니 한 사람만을 대적할 뿐입니다. 바라건대 커다란 용기를 가지소서."

호랑이가 노려보듯이 본다
호시탐탐 虎視眈眈

호랑이가 사냥감을 뚫어지게 노려보는 것처럼 방심하지 않는 것을 말한다. 출전은 《역경》.

虎 호랑이 호 | 視 볼 시 | 眈 노려볼 탐

《역경》이괘(頤卦)의 효사(爻辭)에 나온다.

"거꾸로 길러져도 길하다. 호랑이가 노려보듯(虎視眈眈) 주의하면서 욕망을 쫓는다면 잘못이 없으리라."

천자를 보좌하여 백성을 다스리는 지위에 있지만, 아랫사람의 도움을 받아야 한다. 이때 호랑이가 노려보듯 방심하지 않고 위엄을 갖춰 정중하게 대한다면, 아랫사람도 함부로 넘보지 못할 것이다. 이렇게 하여 하고 싶은 욕망을 좇아간다면 백성들을 잘 다스릴 수 있어서 허물이 없을 것이다.

울리는 화살
효시 嚆矢

중국에서는 선전포고를 할 때 먼저 '울리는 화살'을 쏘아 알렸다고 하는데, 이때부터 사건의 시작, 사물의 시초를 말하는 것으로 쓰였다. 출전은 《장자(莊子)》 '재유(在宥)'편.

| 嚆 울릴 효 | 矢 화살 시 |

    하지만 지금 세상은 어떠한가? 죽은 자끼리는 서로 베고 있고, 족쇄를 찬 사람은 비좁아서 서로를 밀치고, 형벌을 당한 사람은 서로를 바라본다. 그런데도 저 유가나 묵가 사람들은 발걸음 높이 들고 질곡 사이를 팔을 휘두르며 다니고 있다. 아아, 너무나 심하구나. 남에 대한 부끄러움도 없고, 스스로도 부끄러워할 줄 모르다니.
    성인의 지혜가 족쇄가 되지 않고 인의가 질곡이 되지 않는다고 내 아직 장담할 수 없는데, 어찌 증삼이나 사유 같은 인물이 걸왕이나 도척같은 무리의 효시(嚆矢)가 되지 않는다고 장담하겠는가? 따라서 성인을 끊고 지혜를 버려야 천하가 크게 다스려진다고 말하는 것이다.

제5장 정치 외교

솥의 무게를 묻다
문정경중 問鼎輕重

솥의 크기와 무게를 묻다(問鼎之大小輕重)를 줄인 말이다. 상대의 실력이나 속마음을 떠보아서 약점을 잡으려는 것인데, 원래는 황제의 지위를 엿보기 위한 물음이었다. 출전은 《춘추좌씨전(春秋左氏傳)》.

問 물을 문　鼎 솥 정　輕 가벼울 경　重 무거울 중

　춘추 시대 때, 초나라 장왕(莊王)은 오랑캐를 토벌하고 돌아오는 길에 군대를 낙수 근처에 주둔시켰다. 낙수 이북에는 주나라의 수도 낙양이 있었는데 장왕은 주나라의 태도 여하에 따라 공격할 태세였다. 이에 놀란 주나라 정왕(定王)은 왕손만(王孫滿)을 보내 장왕의 노고를 위로했다.
　하지만 장왕은 왕손만을 만나자 주나라에 있는 구정(九鼎)의 크기와 무게를 물었다(問鼎之大小輕重). 구정은 하나라 때 주조한 거대한 솥인데, 대대로 천자가 계승하였으며 은나라를 거쳐 주나라에까지 이어졌다. 천자의 지위에 오르고 싶다는 속셈을 간파한 왕손만은 이렇게 말했다.
　"솥의 무게가 아니라 덕이 있느냐 없느냐가 문제입니다. 하나라의 덕이 쇠퇴하자 솥은 은나라로 옮겨갔고, 은나라의 덕이 쇠퇴하자 다시 주나라로 옮겨갔습니다. 지금까지 주나라가 솥을 이어온 것은 천명(天命)입니다. 주나라의 덕이 비록 쇠퇴했다고는 하지만, 천명이 바뀐 것은 아닙니다. 따라서 솥의 무게는 물을 필요가 없다고 생각합니다."
　장왕은 무력만으로는 아직 주나라를 칠 수 없다는 걸 깨닫고 군대를 철수시켰다.

베개를 높이 베고 자다
고침이와 高枕而臥

외부 위협에 대한 불안감 없이 편안히 잘 수 있다는 뜻. 출전은 《사기》 '장의열전(張儀列傳)', 《전국책(戰國策)》 '위책(魏策)'.

| 高 높을 고 | 枕 베개 침 | 而 말이을 이 | 臥 누울 와 |

전국 시대 사람 소진은 합종책(合縱策)으로, 장의는 연형책(連衡策)으로 열국들을 설득하며 다녔다. 합종책은 한(韓), 위(魏), 조(趙), 연(燕), 제(齊), 초(楚)의 6국이 연합해서 강대한 진(秦)나라에 대항하자는 주장이며, 연형책은 여섯 나라가 제각기 진나라와 손을 잡자는 주장이다.

장의는 자신의 연형책을 펴면서 직접 군대를 이끌고 위나라를 침공했다. 그 후 위나라 재상이 된 장의는 진나라를 위해 위나라의 애왕(哀王)에게 합종을 포기하고 연형책을 따를 것을 권했지만 받아들여지지 않았다. 그래서 본보기로 한나라를 쳐 8만 군사를 죽이고, 장의는 다시 애왕을 설득했다. 그는 먼저 위나라는 약소국으로, 다른 네 나라와 인접한 사분오열의 지형이라고 설득하였다,

"진나라를 섬기면, 초나라와 한나라는 두려워서 공격하지 못할 것입니다. 초나라와 한나라로부터 화만 없으면, 왕께서는 베개를 높이 베고(高枕而臥) 편안히 잘 수 있을 것이며, 나라도 걱정이 없을 겁니다."

마침내 애왕은 진나라와 화친을 맺고 합종을 탈퇴했다. 이후 장의는 나머지 나라들을 돌아다니며 연형을 성립시켰다.

뜨거운 국에 데인 나머지 냉채 나물도 후후 불면서 먹는다
징갱취제 懲羹吹齏

한 번의 실패로 모든 일에 겁이 나서 조심하는 것을 말한다. 출전은 굴원이 지은 《초사》.

懲 징계할 징 | 羹 국 갱 | 吹 불 취 | 齏 나물 제

전국 시대 말, 초나라는 합종책을 취하면서 진나라를 견제하고 있었다. 굴원(屈原)은 제나라와의 동맹을 강화하도록 진언했으며, 초나라 회왕(懷王)도 처음에는 그의 견해를 따랐다.

그러나 진나라의 재상 장의는 굴원의 반대파들을 매수하여 굴원을 정치 일선에서 물러나게 했다. 그리고 제나라와 단교를 하면 진나라의 육백 리 땅을 주겠다고 회왕에게 제의했다. 장의의 말을 믿은 회왕은 제나라와 단교했으나 장의는 약속을 지키지 않았다. 분노한 회왕은 진나라를 공격했으나 크게 패하고 말았다.

회왕은 지난날을 후회하면서 굴원을 다시 등용했다.

10년 뒤 진나라는 빼앗은 영토를 반환하겠다고 하면서 회왕을 진나라로 초청했다. 굴원은 진나라를 믿을 수 없다고 하면서 끝까지 반대했으나 회왕은 동생 자란(子蘭)의 말을 듣고 진나라로 갔다. 결국 회왕은 진나라의 포로가 되어 다음해 객사하고 말았다.

굴원은 회왕을 진나라로 가게 한 재상 자란에게 책임을 물었으나 오히려 참소를 당해 추방되고 말았다.

이때부터 그는 10여 년간 나라를 걱정하면서 동정호 근처를 방랑하다가, 마침내 울분을 못 참고 멱라수에 빠져 죽었다.

굴원의 《초사》는 대부분이 이 방랑시절에 씌어진 작품인데, 불타는 조국애와 고고한 지조, 비분강개의 심정을 노래하고 있다. 징갱취제는 '석송(惜誦)'이란 작품의 한 구절이다.

뜨거운 국에 데인 나머지 냉채 나물도 후후 불면서 먹는구나.
어찌하여 이 뜻을 바꾸지 않는가?

찡그리는 모습을 본받는다
효빈 效顰

춘추 시대 월나라의 미녀 서시(西施)가 가슴을 앓아서 늘 찡그리고 다녔는데, 이를 본 어느 못생긴 여자가 똑같이 따라했다는 이야기에서 유래했다. 무엇이 좋고 나쁜 것인지, 옳고 그른 것인지 생각지 않고 무조건 남의 흉내를 내는 것을 뜻한다. 출전은 《장자(莊子)》 '천운(天運)'편.

效 본받을 효 | 顰 찡그릴 빈

공자는 늘 주나라의 문왕, 무왕과 주공이 편 정치를 이상으로 삼고, 이를 실현하기 위해 평생을 돌아다녔다. 하지만 장자는 공자의 이런 복고주의를 월나라의 미녀 서시에 빗대 풍자하고 있다.

"삼황 오제의 법도와 예의는 똑같다는 걸 자랑으로 삼은 게 아니라 다스림(治)을 자랑으로 삼았다. 그래서 삼황 오제의 예의와 법도는 그 맛은 서로 반대였지만 모두 입에는 맞았다. 예의와 법도라는 것은 때에 따라 변하는 것이다. 이처럼 원숭이를 잡아다가 주공의 옷을 입힌다면, 원숭이는 이 옷을 갈기갈기 찢어버린 뒤에야 만족할 것이다. 예와 지금의 차이를 살펴볼 때, 원숭이와 주공의 차이와 같은 것이다.

서시가 가슴을 앓아서 얼굴을 찡그리고 다녔는데, 그 마을의 추녀는 서시의 그런 모습을 보고 아름답다고 생각했다. 그래서 추녀는 서시처럼 한 손으로 가슴을 받치고 얼굴을 찡그리면서 마을을 돌아다녔다. 마을의 부자들은 그 모습을 보고 문을 닫고 나오질 않았으며, 가난한 사람도 그녀의 모습을 보고 처자를 이끌고 도망쳤다. 그녀는 찡그린 모습이 아름답다는 건 알았어도 왜 아름다운지는 몰랐다. 애석하게도 그대 역시 그렇다."

세 치 혀

삼촌지설 三寸之舌

"세 치밖에 안 되는 혀가 백만의 군사보다 강하다"에서 유래함. 앞서 소개한 '낭중지추'에 나오는 모수의 얘기다. 출전은 《사기》 '평원군열전'.

三 석 삼 　 寸 마디 촌 　 之 어조사 지 　 舌 혀 설

전국 시대 때, 조나라는 진나라의 위협으로 인해 멸망의 위기에 처해 있었다. 초나라왕에게 구원을 청하러 가기 위해 평원군은 3천 명의 식객 중에서 20명을 사절로 뽑았다. 그때 마지막으로 뽑힌 사람이 모수(毛遂)였다.

평원군은 효열왕과 교섭을 벌였지만 동맹은 잘 이루어지지 않았다. 19명의 식객들도 별다른 묘책을 내놓지 못하자, 모수가 협상장소로 들어갔다.

"반나절이 지났는데도 결론이 나지 않으니, 어찌된 일입니까?"

효열왕이 무례하다고 꾸짖어도 그는 굽힘없이 당당히 말했다.

"초나라와 같은 대국이 한 번도 겨뤄보지도 않고 진나라를 섬긴다는 것은 우습기 짝이 없는 일입니다. 우리가 제후국들의 합종(合縱)을 권하는 것도 다 초나라를 위해섭니다."

마침내 효열왕은 조나라와 동맹을 맺었으며, 조나라는 멸망의 위기를 넘겼다. 평원군은 그를 알아보지 못한 걸 사과하면서 말했다.

"선생께선 단 한 번 초나라에 사자로 갔을 뿐인데도 국위를 튼튼히 세웠습니다. 단지 세 치의 혀(三寸之舌)만으로 백만 군사보다 더 강한 일을 하셨습니다. 앞으로 저도 경솔히 사람을 평가하지 않겠습니다."

팔꿈치를 당기다
철주 掣肘

> 글을 쓰는 사람의 팔꿈치를 당기면서 훼방을 놓는 것. 남의 일을 방해하거나 구속하는 것을 뜻한다. 출전은 《여씨춘추》와 《공자가어》.

掣 당길 철 | 肘 팔꿈치 주

노나라 애공(哀公)은 공자의 제자인 복자천(宓子賤)에게 단보 땅을 다스리게 했다. 하지만 복자천은 애공이 참언에 이끌려 자신을 방해하면, 결국 자기 뜻대로 다스리지 못하리라 생각했다. 그래서 애공의 측근 두 사람을 데리고 단보에 부임했다. 관리들이 인사를 오자, 복자천은 그 두 사람에게 문서를 쓰게 했다. 두 사람이 붓을 들어 글씨를 쓰자, 복자천은 이따금씩 그들의 팔꿈치를 당겼다. 당연히 문서는 엉망이 되고 말았는데, 복자천은 한술 더 떠 글씨가 엉망이라고 나무랐다. 화가 난 두 사람은 즉시 애공에게 달려가 보고했다.

"복자천 밑에선 일할 수 없습니다. 글씨도 제대로 쓰게 하지 않습니다."

단보에서 있었던 일을 듣고 난 애공은 깊이 탄식하면서 이렇게 말했다.

"아마 내가 그의 일에 많은 간섭을 했기 때문에 그는 뜻대로 정치를 하지 못했을 것이다. 이를 몰랐다면 큰 과오를 범할 뻔했다."

애공은 즉시 사람을 보내 복자천에게 말을 전했다.

"이제부터 단보 땅은 자네 소유일세. 자네 마음대로 다스린 뒤 5년 후에 보고하게나."

자기를 극복하다
극기 克己

> 자신의 사사로운 욕망을 절제해서 이치에 맞게 행동하는 것을 뜻한다. 원래는 공자가 말한 "자신을 극복해 예로 돌아간다(克己復禮)"에서 나온 말이다. 출전은 《논어(論語)》 '안연(顔淵)' 편.

克 극복할 극   **己** 자기 기, 몸 기

어느 날 안연은 스승 공자에게 인(仁)에 관해 물었다. 공자가 그에게 대답했다.

"자기를 극복해서 예로 돌아가는(克己復禮) 것을 인이라 한다. 단 하루라도 자기를 극복해서 예로 돌아간다면 천하가 인으로 돌아갈 것이다. 이 인은 자기로부터 실천하는 것이지, 남을 통해서 하는 것이 아니다."

안연이 다시 물었다.

"그렇다면 인을 실천하기 위한 세목은 무엇입니까?"

공자가 대답했다.

"예가 아니면 보지도 말고, 예가 아니면 듣지도 말고, 예가 아니면 말하지도 말고, 예가 아니면 행동하지도 말아야 한다."

"제가 비록 불민합니다만, 반드시 이 말씀을 실천하도록 하겠습니다."

문제시하지 않는다
도외시 度外視

'중요하다고 생각지 않는다', 나아가 '무시한다' 등의 뜻이 있다. 출전은 《후한서(後漢書)》.

| 度 법도 도, 헤아릴 도 | 外 밖 외 | 視 볼 시 |

    후한(後漢)을 일으킨 광무제 유수는 왕망의 신(新)나라를 멸하고 한나라를 부흥시켰다. 그는 비록 황제의 지위에 올랐지만 여전히 반란군과 싸움을 벌였는데, 대부분의 반란을 평정하고 중원을 회복하였지만 진(秦) 땅의 외효와 촉(蜀) 땅의 공손술만은 항복을 하지 않았다.
    광무제의 신하들은 이 두 반란군에 대한 토벌을 주장했지만, 그는 그들의 제의를 거절하면서 이렇게 말했다.
    "이미 중원은 평정되었으므로 그들은 더 이상 문제 삼을 것 없소(度外視)."

나무 옮기기로 신뢰를 얻음
이목지신 移木之信

헛된 소리를 하지 않고 반드시 약속을 지키는 것을 뜻한다. 출전은 《사기》 '상군열전(商君列傳)'.

移 옮길 이 | 木 나무 목 | 之 갈 지 | 信 믿을 신

    전국 시대 때 진(秦)나라의 효공(孝公)은 본격적으로 강한 국가를 만들려고 했다. 당시 재상 상앙은 엄격한 법률을 제정해서 강력한 법치주의로 천하통일의 기틀을 마련했다. 그러나 법률을 제정했을 때는 바로 포고하지 못했다. 백성들이 법령을 믿어주지 않을까 염려했기 때문이다.

    궁리 끝에 상앙은 3장(丈)이나 되는 나무를 저잣거리의 남문(南門)에 세우고, 백성들에게 이런 포고문을 써서 붙였다.

    "이 나무를 북문(北門)으로 옮겨놓는 자에게는 10금(金)을 준다."

    하지만 백성들은 이상한 포고문이라 생각해서 그 나무를 옮기지 않았다. 그래서 다시 새로운 포고문을 써서 붙였다.

    "이 나무를 옮기는 자에게는 50금을 주겠다."

    마침내 어떤 사람이 나타나서 나무를 북문에다 옮겨놓았다. 상앙은 즉시 50금을 지급하고서 결코 속임수가 아니란 걸 증명했다. 이렇게 백성들의 믿음을 얻고 나서 마침내 법령을 공포했는데, 법이 시행된 지 10년이 되자 길에 떨어진 물건을 줍는 사람이 없었고 산에는 도적이 없었으며, 집집마다 풍족하고 사람마다 넉넉하였다.

옷을 묶는 띠처럼 강폭이 좁은 물
일의대수 一衣帶水

거리나 간격이 아주 가깝다는 뜻이다. 출전은 《남사(南史)》 '진후주기(陳後主紀)'.

| 一 하나 일 | 衣 옷 의 | 帶 띠 대, 두를 대 | 水 물 수 |

남북조 시대가 되자, 북방은 주로 이민족들이 세운 5호 16국이 나타났고, 남방은 한족이 세운 송(宋), 제(齊), 양(梁), 진(陳)의 네 왕조로 교체되었다. 남북조 시대를 통일한 사람이 바로 수나라의 문제(文帝)인데, 그는 원래 북주(北周)의 신하였다가 선양을 받아서 황제가 된 사람이다.

황제가 된 후 천하 통일의 기반을 닦아 나가던 문제는 마지막으로 남조 최후의 왕조인 진(陳)나라를 칠 때 이렇게 선포하였다.

"지금 진나라의 왕은 황음(荒淫)에 빠져서 백성을 돌보지 않았으니, 백성들은 도탄에 빠져서 그 고통이 이루 말할 수 없다. 나는 백성의 어버이이니, 어찌 '옷을 묶는 띠와 같은 강물(一衣帶水)'의 장애가 있다고 해서 백성들을 구원하지 않을 수 있겠는가?"

결국 문제는 52만의 대군을 거느린 채 양자강을 건너서 진나라를 멸망시키고는 천하 통일의 위업을 달성하였다.

사물의 발전이 극에 이르면 반드시 반작용이 일어난다
물극필반 物極必反

더 나아가 지나친 욕심으로 일을 극한까지 밀고 가지 말라는 뜻도 담겨 있다. 원래는 노자 《도덕경》에 나오는 '반(反)은 도의 활동'에서 비롯되었다.

| 物 사물 물 | 極 지극할 극 | 必 반드시 필 | 反 돌아올 반 |

중국 역사상 유일한 여제(女帝)였던 측천무후(則天武后)는 이름이 무조로서 원래 태종의 후궁이었다. 그녀는 태종이 죽자 다른 후궁들과 함께 절에 들어가서 비구니가 되었는데, 태종의 뒤를 이은 고종이 후궁만을 총애하자 황후가 무조의 미모를 이용해서 고종과 후궁 사이를 갈라놓게 하였다. 기회를 얻은 무조는 고종의 총애를 얻는 데 온갖 정성을 다했으며, 마침내 다른 후궁들은 물론 황후까지 몰아내고 자신이 황후가 되었다.

그 후 그녀는 병약한 고종을 대신해서 국정에 개입하였고, 고종이 죽자 그 지위를 계승한 중종을 대신해서 섭정을 했다. 중종이 정치를 할 수 있는 나이가 되었는데도 그녀는 섭정의 자리에서 물러나지 않자 대신 소안환(蘇安桓)이 상소를 올려서 간했다.

"태자의 나이가 성년이 되었고 재능과 덕이 훌륭한데도 여전히 보좌를 탐내는 것은 모자의 정을 잊은 것입니다. 황후께서는 아직은 편안하게 황위에 있지만, '모든 사물은 극에 이르면 반드시 반전하고(物極必反)' 그릇도 가득 차면 쏟아지게 마련입니다. 제가 생명의 위험을 무릅쓰고 간언하는 것은 모두 나라를 위해서입니다."

종이 위에서만 병법을 논하다
지상담병 紙上談兵

실제의 일에는 밝지 못하면서 쓸데없는 탁상공론만 일삼는다는 뜻이다. 출전은 《사기》 '염파인상여열전'.

| 紙 종이 지 | 上 위 상 | 談 이야기할 담 | 兵 군사 병, 무기 병 |

전국 시대 때 진(秦)나라의 군사가 조나라에 쳐들어왔다. 조나라의 백전노장 염파는 성문을 걸어 잠그고 싸움에 응하지 않은 채 장기전을 펼쳤다. 그러자 진나라의 장군 백기는 첩자를 보내서 진나라가 가장 두려워하는 장수는 염파가 아니라 조괄이라는 소문을 퍼뜨렸다.

조나라 임금은 그렇지 않아도 염파의 장기전을 못마땅하게 여기고 있었기 때문에 조괄을 대장으로 삼았다. 소식을 들은 인상여는 결사적으로 반대했으며, 조괄의 어머니도 황급히 조나라 왕에게 간했다.

"조괄은 비록 병서를 많이 읽었지만 제대로 활용할 줄 모르고, 게다가 대장의 재목도 아니니 중용하지 마옵소서."

조괄의 어머니가 이렇게 말한 것은 일찍이 조괄의 아버지가 조괄에 대해서 "종이 위에서 병법을 논하는(紙上談兵)" 데 불과하며, 또 "장차 조괄을 쓰면 반드시 군대를 망칠 것이다"라고 말했기 때문이다.

그러나 조나라 왕은 끝내 조괄을 대장으로 삼았다. 진나라의 장군 백기는 먼저 보급로를 끊어놓은 다음에 40일간 포위하고 있다가 일거에 조괄의 40만 대군을 섬멸하고 조괄마저 죽여 버렸다.

장작을 안고서 불을 끈다

포신구화 抱薪救火

불을 물로 끄지 않고 장작을 안고서 끄려고 하면 불길이 더욱 거세져서 걷잡을 수가 없다. 즉, 잘못된 방법으로 인해서 사태를 수습하기는커녕 더 확대시키는 것을 뜻한다. 출전은 《전국책(戰國策)》 '위책(魏策)'.

| 抱 안을 포 | 薪 장작 신 | 救 구원할 구 | 火 불 화 |

전국 시대 때 위나라는 계속 진(秦)나라의 침공을 받았는데, 나중에는 수도인 대량(大梁)까지 위태로워졌다. 그러자 다른 제후국들도 위나라를 도와서 진나라의 공격에 공동으로 대응하기로 했으며, 그 결과 한나라와 조나라의 군대가 위나라와 연합하여 진나라에 대항했다. 그러나 군사 15만 명을 잃고 패배하고 말았다.

이때 위나라의 장수인 단우자(段干子)가 남양 땅을 진나라에게 떼어준 후에 강화를 요청하자고 건의했는데, 모사(謀士)인 소대(蘇代)가 반대하면서 이렇게 말하였다.

"지금 일시적으로 땅을 떼어준다고 하지만, 진나라는 더 이상 떼어줄 땅이 없을 때까지는 만족하지 않을 겁니다. 땅으로써 진나라를 섬기는 짓은 마치 장작을 안고서 불을 끄겠다(抱薪救火)는 것이나 마찬가지입니다. 장작이 남아 있는 한 그 불은 꺼지지 않을 것입니다."

결국 위나라의 왕은 결정을 내리지 못하다가 진나라의 공격을 받고 멸망하고 말았다.

나라는 작아야 하고 백성은 적어야 한다
소국과민 小國寡民

노자(老子)가 말한 이상적인 국가의 필요조건이다. 출전은 《도덕경》 제80장.

| 小 작을 소 | 國 나라 국 | 寡 적을 과 | 民 백성 민 |

노자는 이상적인 국가에 대해 이렇게 말하고 있다
"이상적인 국가는 이렇다.
국토는 작고 백성들도 많지 않다(小國寡民). 쓸 만한 도구가 많지만 어느 누구도 쓰지 않고, 생명을 중시해서 아무도 멀리 이사를 가지 않는다. 비록 배와 수레가 있더라도 아무도 타고 다니지 않고, 비록 갑옷과 무기가 있어도 아무도 쓰지 않으며, 또 문자도 쓰지 않고 다시 새끼줄을 묶어서 의사를 표시하는 시대로 돌아간다. 그런 시대에는 맛있게 먹고, 잘 차려입고, 편안하게 기거하며, 풍속을 재미있게 즐겨서 아무런 다툼이 없다.
작은 나라이기 때문에 이웃 나라 사람들과도 서로 바라볼 수 있으며, 닭이 울고 개가 짖는 소리도 서로 들을 수 있다. 생활이 안정되어 있기 때문에 피차간에 늙어 죽을 때까지 자기 나라를 벗어나서 이웃 나라와 왕래하는 일이 없다."

술잔과 도마 사이를 나가지 않고도 천리 밖에 있는
적의 예봉을 끊는다

준조절충 樽俎折衝

준조는 제사에 쓰이는 술잔과 제물이며, 절충은 상대의 공격을 끊어버리는 것이다. 오늘날에는 외교적인 담판이나 의견 조정을 할 때 '절충'이라는 말을 쓴다. 출전은 《안자춘추(晏子春秋)》.

樽 술잔 준　　俎 도마 조　　折 부러질 절　　衝 부딪칠 충, 찌를 충

　　제나라 때의 유명한 재상 안영은 사마천의 감탄과 존경을 받은 인물로서 능란한 외교술로 제나라의 위치를 반석 위에 올려놓은 사람이다. 게다가 그는 한 벌의 옷을 30년이나 입을 정도로 청렴한 관리였다.
　　사마천은 안자의 열전 말미에서 그를 이렇게 평가하고 있다.
　　"안자는 최저에게 시해를 당한 장공(莊公)의 시신 위에 엎드려서 곡을 하며 예를 다했는데, 예를 마치고는 그대로 떠났을 뿐 도적을 치려 하지 않았으니, 그는 의(義)를 보고도 행하지 않은 용기 없는 자인가?
　　그러나 군주의 면전에서 간하면서도 군주의 얼굴빛에 구애받지 않은 것은 이른바 나아가서는 충성을 다할 것을, 물러나서는 허물을 보완할 것을 생각한다는 것으로 보아야 하지 않을까. 만약 안자가 살아 있다면, 나는 그의 마부가 되는 것도 사양하지 않을 만큼 그를 흠모하고 있다."
　　"술잔과 도마 사이를 나가지 않고도 천리 밖에 있는 적의 예봉을 끊는 사람이 바로 안자이다."
　　《안자춘추》에 나오는 이 구절에서 준조절충이 나왔는데, 요즘은 주로 외교적인 담판이나 협상을 할 때 절충이라는 말이 자주 쓰인다.

시체가 되어서도 임금에게 간하는 것

시간 尸諫

지극한 충성을 뜻한다. 출전은 '한시외전(韓詩外傳)'.

| 尸 시체 시 | 諫 간할 간 |

　춘추 시대 때, 위(衛)나라의 대부 사어(史魚)는 병이 들어 죽게 되었다. 그는 아들을 불러 이렇게 말했다.
　"나는 자주 거백옥이 현명한 사람임을 말씀드렸으나, 임금은 그를 벼슬에 등용하지 않았다. 또 미자하가 어리석은 사람이라고 말씀드렸으나, 임금은 그를 물리치지 않았다. 신하된 몸으로 살아서는 현명한 사람을 벼슬에 나가게 하지 못했고, 어리석은 사람을 물리치지도 못했으니, 이제 내가 죽으면 정당(正堂)에서 상을 치르지 마라. 빈소를 내 방에 마련하는 것이 옳으니라."
　나중에 위나라 임금이 사어의 죽음에 대해 물었다. 사어의 아들은 아버지에게 들은 대로 임금에게 고했다. 그러자 위나라 임금은 즉시 거백옥을 불러들여 그를 소중히 대우하고 미자하를 멀리했다.
　그리고 빈소를 정당으로 옮겨서 예를 갖춘 뒤에 장례를 치렀다. 살아서는 온몸으로 간했고 죽어서는 시체로써 간했으니(尸諫), 진정 충직한 사람이라 하겠다. 사어가 시체가 되어서도 간했다는 뜻에서 사어시간(史魚尸諫)이라고도 한다.

합종책과 연횡책

합종연횡 合從連衡

중국 전국 시대 때 소진이 주장한 합종책과 장의가 주장한 연횡책으로서, 모두 외교상의 술책을 말한다. 출전은 《사기》 '소진장의열전(蘇秦張儀列傳)'.

合 합할 합 　 從 좇을 종 　 連 이을 연 　 衡 저울대 형, 가로 횡

전국 시대 때는 천하를 돌아다니면서 능란한 말솜씨로 군주를 설득한 유세객(遊說客)이 있었다. 소진과 장의는 대표적인 유세객이었다.

소진은 당시 강대국이 된 진(秦)나라의 위협으로 나머지 조(趙), 위(魏), 한(韓), 초(楚), 제(齊), 연(燕) 여섯 나라가 전전긍긍하자, 6국이 남북으로 힘을 합쳐서 진나라에 대항해야 한다는 '합종책'을 주장하였다. 그는 여섯 나라가 뭉치지 않으면 각개 격파를 당할 거라고 설득하여 마침내 6국의 재상이 되어 합종책을 펼치게 되었다.

반대로 장의는 진나라를 찾아가서 '연횡책'을 주장하였다. 진나라가 한 나라씩 동맹을 체결해서 6국의 연합을 깨뜨리는 방식이었다. 이렇게 개별적으로 깨뜨려 나가면 여섯 나라는 마침내 고립될 것이며, 그때 정벌을 나서면 천하 통일의 위업을 달성할 수 있다는 것이었다.

진나라는 장의의 연횡책을 받아들여서 마침내 소진이 만들어놓은 6국의 합종을 붕괴시키고 천하를 통일하였다. 이 역사적 사실에서 합종책은 약자들이 연합해서 강자에게 대항하는 것을 말하고, 연횡책은 강자가 약자와 결탁해서 그들을 무력화시키는 것을 뜻하게 되었다.

한 무리를 이루어 다른 무리를 친다
당동벌이 黨同伐異

옳고 그름을 떠나 다른 집단을 무조건 배격하는 것을 말한다. 출전은 《후한서(後漢書)》 '당동전(黨同傳)'.

黨 무리 당　**同** 한가지 동　**伐** 칠 벌　**異** 다를 이

　　진시황(秦始皇)이 중국을 통일하고 강력한 중앙집권화를 이룩한 이래, 중국의 권력은 오직 황제 한 사람에게만 집중되었다. 자연히 황제를 둘러싼 친위 집단이 권력을 농단하게 되었는데, 그 중심을 이룬 것이 환관과 외척 세력이었다.

　　또 한(漢)나라 때에는 유교를 국교로 했기 때문에 유학을 공부한 선비 집단이 성장하였다. 그런데 왕망(王莽)이 황제의 지위를 찬탈하자, 선비들은 초야로 피해 청의(淸議)를 일삼다가 자연스럽게 명망 있는 인물을 중심으로 뜻을 같이하는 무리들이 모였다. 이를 당인(黨人)이라 한다.

　　후한 때에는 화제(和帝) 이후 모든 황제가 어린 나이에 즉위하였다. 그래서 황태후가 섭정을 하게 되고, 이 과정에서 황태후의 외척들이 실권을 잡게 되었다. 그러나 후일 장성한 황제는 이들의 전횡을 탐탁지 않게 여겨서 자신의 친위 세력을 키우고 이들을 제거해 나갔는데, 그 중심 세력이 바로 환관이었다. 환관들은 신분 상승의 욕구를 갖고 스스로 거세한 사람들이었으므로 집단의 결속력이 유달리 강했으며, 사회적 책임이

나 정치적 경륜보다는 자신들의 이해에 민감하였다. 따라서 이들이 권력을 쥐면 부정과 부패가 만연하게 마련이었다.

유교적 교양을 쌓은 예비 관료 집단인 선비들이 환관의 농단으로 국정이 문란하고 풍속이 타락해 가는 것을 방관만 하고 있을 리 없었다. 이들도 명망 있는 인물을 중심으로 모여 전국적으로 방대한 세력을 형성하고 있었기 때문이다. 이렇게 선비 집단과 외척, 환관 세력이 서로 물고 물리는 정권 다툼을 벌이는 과정에서, 옳고 그름을 떠나 다른 집단을 무조건 배격하는 것은 예상되는 일이었다. 이를 가리키는 말이 '당동벌이(黨同伐異)'이다.

좁게는 당고(黨錮)의 옥(獄) 이후 이응(李膺)을 중심으로 한 당인들이 유교적 지식 계급 이외의 세력을 적대시하던 사실을 가리키기도 한다. 전한은 외척이 망쳤고, 후한은 환관이 망쳤다고 한다. 후한 말에 이르러 환관들은 외척과 선비 집단을 철저히 탄압했고, 그 결과로 지식인 관료 집단인 선비 집단이 황실을 버림으로써 후한은 자멸하게 되었다.

제6장

책략

천지를 걸고 단번에 승부를 건다

온 사방에서 초나라 노래가 들려온다
사면초가 四面楚歌

완전히 궁지에 몰려 도저히 빠져나갈 수 없는 상황일 때 사면초가라는 말을 쓴다. 출전은 《사기》 '항우본기(項羽本紀)'.

| 四 넉 사 | 面 얼굴 면 | 楚 초나라 초 | 歌 노래 가 |

    초나라 왕 항우와 한나라 왕 유방의 패권 다툼은 초기에는 항우에게 유리하다가 후기로 가면서 유방에게 유리해졌다. 항우는 유방에게 강화를 청하여 홍구(鴻溝)를 기점으로 천하를 이분하였다.
    강화를 체결한 항우는 군대를 이끌고 동쪽으로 돌아갔다. 유방 역시 서쪽으로 가려는데, 참모인 장량(張良)과 진평(陳平)이 반대했다.
    "지금이야말로 초나라를 정벌할 좋은 기회입니다."
    결국 한신을 비롯한 한나라 군사들은 항우의 군대를 추격하여 해하(垓下)까지 이르렀다. 항우의 군대는 해하성으로 피신했으나 군사들의 수가 반으로 줄고 식량도 다 떨어졌다. 게다가 한나라 군대는 성을 몇 겹으로 포위하고 밤마다 초나라 노래를 불렀다. 항우는 크게 놀라면서 이렇게 말했다.
    "한나라 군사가 이미 초나라를 정복했는가? 어찌 초나라 사람이 이렇게 많은가?"
    이것은 한나라 군사가 초나라 노래를 불러 해하성의 항우와 그의 군사들을 고립시키려는 심리전술이다.

밤이 되자 항우는 스스로 이별의 주연을 베풀었다. 그 자리에서 항우는 비분강개하면서 시 한 수를 지었다.

힘은 산을 뽑아버리고, 기개는 세상을 덮었는데
시세가 불리하니 추(騅)도 가려 하지 않는구나.
추도 가려하지 않으니, 이를 어찌할 것인가?
우미인아, 우미인아, 그댈 어찌할 것인가?
力拔山兮氣蓋世
時不利兮騅不逝
騅不逝兮可奈何
虞兮虞兮奈若何

이 시에서 말하는 '추'는 항우의 애마(愛馬)를 말하며, '우미인'은 항우의 애첩을 가리킨다. 시를 읊고 난 항우의 뺨에는 눈물이 흘렀고 좌우의 사람들도 모두 슬피 울었다.

강을 뒤에다 두고 진을 친다
배수진 背水陣

> 더 이상 물러날 곳이 없다는 뜻. 결국 싸우는 군사는 사력을 다해 싸울 수밖에 없다. 이처럼 더 이상 물러날 수 없는 곳에서 결사적으로 항전하는 것을 "배수진을 치고 싸운다"고 말한다. 출전은 《사기》 '회음후열전(淮陰候列傳)'.

背 등 배　　水 물 수　　陳 진칠 진

한나라와 초나라가 패권을 다툴 때의 일이다. 한나라가 팽성(彭城)에서 초나라에게 패하자, 다른 제후국들이 초나라를 가까이하려 했다. 그러자 한고조 유방은 한신을 시켜 이 제후국들을 정벌케 했다. 한신은 위(魏)나라를 정벌한 후, 조(趙)나라를 치려고 나섰다.

그러나 조나라를 치려면 정경(井徑)이라는 좁은 길을 지나야 했다. 이때 조나라의 이좌거(李左車)는 함안군(咸安君)을 이렇게 설득했다.

"한신의 군대는 식량을 천 리 밖에 있는 본국에서 실어옵니다. 그런데 정경의 길은 너무 좁아서 일렬로 지나갈 수밖에 없으니 식량을 운반하는 부대는 자연히 뒤쪽으로 처지게 됩니다. 나는 기습부대를 이끌고 이 부대를 차단할 테니 당신은 진지를 지키면서 적과 싸움은 하지 마십시오. 그리하면 적은 식량보급이 끊겨 자멸할 것입니다."

그러나 함안군은 그러한 술수를 사도(邪道)라 치부하고 정면 대결을 원했다. 결국 한신은 1만 명을 먼저 진군시켜 매복시킨 다음 강을 등지고 진을 쳤다(背水陣). 조나라 군대는 이 광경을 보고 한신을 병법을 모르는 자라고 비웃었다. 날이 밝자 한신의 군대는 정경 입구에서 적을 유인하여 강가의 군대와 합류한 다음 결사적으로 조나라의 군대와 항전했다. 조나라 군대는 이 배수진을 치고 싸우는 한신의 군대를 쉽게 격파하지 못했다.

그 사이에 한신이 매복해 놓은 병사가 조나라 성을 함락하고, 여세를 몰아 조나라 군사를 격파했다. 함안군은 죽고 이좌거는 포로로 잡혔다. 한신은 이좌거를 동쪽에 앉히고 자신은 서쪽에 앉아 이좌거를 스승의 예로 대우했다.

싸움이 끝난 뒤 장수들이 한신에게 물었다.

"병법에는 '산을 등지거나 오른쪽에 끼고, 강이나 늪은 앞이나 왼편에 두라'고 했습니다. 그런데 장군께서는 강을 등지고 싸웠는데 이것은 어떤 전법입니까?"

한신이 대답했다.

"병법에 군사를 사지(死地)에 빠뜨려야 사는 길이 있으며 군사를 반드시 절망적인 상황에 놓아야 살아남는 길이 보인다는 말이 있다. 게다가 나는 훈련이 제대로 되지 않은 오합지졸을 끌고 싸워야 했다. 그래서 군사를 사지에 내몰아 스스로 결사항전하도록 한 것이다."

이것이 바로 유명한 한신의 '배수진' 전략이다. 오늘날에도 사업상의 경쟁이나 운동 시합 중에서 "배수진을 치고 싸운다"는 식으로 자주 사용되고 있다.

얼굴과 눈

면목 面目

요즘도 흔히 "면목이 없다"거나 "무슨 면목으로 얼굴을 들고 다니냐?"는 등의 말을 많이 쓴다. '면목'은 글자 그대로는 얼굴과 눈이다. 얼굴을 들 수 없고 눈으로 바라볼 수 없을 정도로 부끄럽다는 뜻이다. 출처는 《사기》 '항우본기(項羽本紀)'.

面 얼굴 면   目 눈 목

    해하성에 갇혀서 이별의 주연까지 마친 항우는 날이 밝자 8백 명의 군사를 이끌고서 포위망을 뚫고 탈출했다. 한나라 군사도 곧 그를 추격했다. 쫓기는 과정에서 항우의 군사는 점점 줄어들어 마지막에는 28명만이 남았다.
    항우는 부하들을 뒤돌아보며 말했다.
    "나는 지금까지 많은 전투를 지휘했지만 단 한 번도 패한 적이 없었다. 지금 내가 이 지경이 된 것은 하늘이 나를 버렸기 때문이지 내가 싸움에 약해서가 아니다. 그 증거를 보여주리라."
    그리고는 적진으로 들어가 마구 베어 버리니 한나라 군사들은 두려워 감히 접근하지 못했다. 적장을 베어 버린 항우는 다시 동쪽으로 도망가 오강(烏江)을 건너려 했다. 마침 배를 대기시켜 놓고 기다리던 사람이 말했다.
    "강동 땅이 좁다지만 사방 천 리나 되고 수십만의 사람들이 있는 곳입니다. 충분히 왕 노릇을 하실 만한 곳이니 빨리 건너십시오. 한나라 군사가 닥치면 건널 수 없습니다."

그러자 항우가 웃으면서 말했다.

"하늘이 나를 버렸는데 내 어찌 건너겠는가? 나는 전에 강동 땅의 자제들 8천 명과 함께 강을 건너 서쪽으로 갔네. 그런데 지금 그들은 한 사람도 돌아가지 못했네. 설사 강동의 어른이나 형제들이 나를 불쌍히 여겨 왕을 삼는다 해도 내 무슨 면목(面目)으로 그들을 보겠는가? 그들이 아무 말 않는다 해도 나 자신은 부끄러운 마음을 갖지 않을 수 없네."

항우는 다시 한나라 군사와 최후의 일전을 벌여 수백 명의 적군을 베고서는 스스로 자신의 목을 쳐서 죽었다.

비단옷을 입고 밤길을 간다
금의야행 錦衣夜行

> 제아무리 좋은 비단옷을 입었다 해도 밤에는 잘 보이지 않아 남들이 알아주지 못한다. 즉, 출세를 하고 부귀영화를 차지했다 해도 남들이 알아주지 않으면 쓸데없다는 의미다. 출전은 《사기》 '항우본기(項羽本紀)'.

錦 비단 금 | 衣 옷 의 | 夜 밤 야 | 行 다닐 행

　유방에 이어 진나라의 수도 함양에 입성한 항우는 왕자 영을 죽이고, 유방이 손도 대지 않던 진나라 궁실을 불질러 버렸다. 그 뒤 항우는 재물과 아녀자를 데리고 동으로 가려 했다. 그러자 한생(韓生)이 이렇게 말했다.
　"관중(關中, 함양을 말함)은 산하가 험난하여 사방이 막혀 있습니다. 게다가 토지도 비옥하니 이곳에 도읍하면 천하의 패권을 차지할 수 있을 것입니다."
　그러나 항우는 이미 진나라 궁실이 잿더미가 되어 버렸고, 또 마음속으로는 고향 강동 땅으로 돌아가 자신을 과시하고 싶었다. 그래서 그는 이렇게 답했다.
　"부귀를 차지해도 고향에 돌아가지 않는다면, 비단 옷을 입고 밤길을 가는(錦衣夜行) 것과 같다. 누가 비단 옷 입은 걸 알아주겠는가?"
　한생은 나중에 사람들에게 이렇게 말했다.
　"사람들이 '초나라 사람은 원숭이가 관(冠)을 쓴 것 같다'고 하는데 정말 그렇다."
　이 말을 들은 항우는 한생을 삶아 죽였다고 한다.

대나무를 쪼개는 기세
파죽지세 破竹之勢

> 흔히 전쟁이나 운동 경기에서 상대의 진영을 거침없는 기세로 쳐들어갈 때 '파죽지세'라고 한다. 출전은 진서 '두예전(杜預傳)'.

破 깰 파 | 竹 대나무 죽 | 之 어조사 지 | 勢 세력 세

삼국 시대가 끝나고 진나라와 오나라가 대치할 때다. 진나라의 장군 양고(羊祜)는 오나라를 정벌할 것을 여러 차례 상소했지만, 조정 대신들의 반대로 이루어지지 못했다. 양고는 죽으면서 두예(杜預)를 무제에게 천거했다. 두예도 오나라 정벌을 주장하는 사람이었다. 장군이 된 두예는 오나라의 명장 장정(張政)의 군대를 격파한 뒤, 두 번에 걸쳐 남벌할 것을 상소했다. 결국 무제는 그의 의견을 받아들였다. 두예의 군대가 오나라의 형주를 점령한 뒤, 작전회의 때 한 사람이 말했다.

"단번에 승리하기는 어렵고 지금은 봄철이라 비가 많이 내리고 병에 걸리기도 쉬우니, 작전을 중지하고 겨울까지 기다립시다."

두예가 대답했다.

"옛날 악의(樂毅)는 단 한 번의 싸움으로 강대한 제나라를 합병했소. 지금 우리 군대의 위세는 마치 대나무를 쪼개는 것(破竹之勢)과 같소."

결국 두예의 말대로 진나라 군대가 쳐들어가자 오나라 군대는 싸움도 하지 않고 항복했으며, 다음 해 진나라는 천하를 통일했다. 훗날 작전 중지를 요청한 장군은 두예에게 편지를 보내 자신의 어리석음을 사과했다.

꿰매어 잇다

미봉 彌縫

일시적인 임기응변책이나 자신의 결점을 눈가림으로 넘기려는 술책을 미봉책(彌縫策)이라고 한다. 출전은 《춘추좌씨전(春秋左氏傳)》 '환공(桓公)'편.

| 彌 더욱 미, 기울 미 | 縫 꿰맬 봉 |

춘추 시대는 주(周) 왕실이 쇠락하고 제후들의 세력이 성장하던 시대다. 주나라의 환왕(桓王)은 정나라의 장공(莊公)이 조공을 정지하자, 이를 빌미로 정나라를 정벌해 욱일승천하는 장공의 기세를 꺾으려 했다. 환왕이 쳐들어오자 장공 역시 이에 맞섰는데, 당시 장공이 쓴 진법은 어려지진(魚麗之陣)이었다. 어려지진은 물고기가 늘어서듯이 전차와 보병이 일렬로 늘어서는 진법이다.

먼저 전차를 앞세우고 뒤에다가 보병의 대오를 세운다. 이 보병의 대오는 전차의 사이를 마치 '실로 꿰매듯이 이어주는(彌縫)' 것이다.

여기서 보듯이, 미봉은 부족한 점을 일시적으로 보완하는 긍정적인 임기응변책으로 쓰였다. 하지만 나중에는 자신의 잘못을 눈가림식으로 은폐하는 부정적인 뜻으로도 쓰이고 있다.

아무튼 이 작전으로 장공은 대승을 거두었고, 주나라 왕실의 권위는 결정적으로 무너졌다. 천하에 명성을 떨친 장공은 후에 춘추오패(春秋五霸)의 선두주자가 되었다.

백 번 듣는 것이 한 번 보느니만 못하다
백문불여일견 百聞不如一見

말로만 듣는 것보다는 직접 체험해 보는 것이 가장 확실하다는 뜻. 출전은 《한서(漢書)》 '조충국전(趙充國傳)'.

| 百 일백 백 | 聞 들을 문 | 不 아니 불 | 如 같을 여 | 見 볼 견 |

한나라 선제(宣帝) 때, 변방의 유목민족인 강(羌) 족이 난을 일으켰다. 한나라는 이들을 토벌하려고 했으나 실패했다. 사태를 우려한 선제는 조충국 장군에게 사람을 보내 토벌군 장수로 누가 적임자인지 물어 보도록 했다. 조충국이 말했다.

"내 비록 늙기는 했지만, 나 이상 가는 자는 없소."

조충국은 무제 때 흉노족 토벌에 참가했다가 적군에 포위당하자, 겨우 백 명의 군사로 적진을 뚫고 전군을 구출한 장수다. 그는 용맹하고 지모가 깊었으며, 병법에 뛰어났을 뿐만 아니라 이민족 사정에도 밝았다.

선제는 조충국을 불러 물었다.

"강족을 토벌하기 위한 전략은 무엇이오? 병력은 얼마나 필요하오?"

"백 번 듣는 것은 한 번 보니만 못합니다(百聞不如一見). 군대의 일이란 현지 사정을 살피지 않고서는 계책을 세우기 어렵습니다. 현지사정을 살펴본 뒤 말씀드리겠습니다. 강족은 오랑캐로 하늘의 뜻을 어겼으니 머지않아 멸망할 것입니다. 너무 심려하지 마소서."

결국 선제는 조충국의 계책을 받아들여 강족의 난을 진정시켰다.

원한이 뼛속까지 사무친다
원철골수 怨徹骨髓

자기에게 해를 끼친 상대를 극도로 원망할 때 쓰이는 말이다. 출전은 《사기》 '진본기(秦本記)'.

怨 원망할 원 | 徹 사무칠 철 | 骨 뼈 골 | 髓 뼛속 수

춘추 시대 때 진나라의 목공(穆公)은 백리혜(百里奚)나 건숙(蹇叔)같은 명신을 중용하여 국력을 착실히 키우고 있었다.

어느 날 자기 출세만을 생각하는 정나라 사람이 목공을 찾아와 말했다.

"저는 정나라의 성문을 맡고 있습니다. 내가 남몰래 내통할 테니 정나라를 습격하십시오."

목공은 기분이 좋아서 이 일을 백리혜와 견숙과 상의했다. 두 사람은 정나라를 치려면 다른 나라들을 거쳐야 한다는 점과 그의 말을 믿을 수 없다는 점을 들어서 출병을 반대했다. 그러나 끝내 목공은 두 사람의 말을 듣지 않고 군사를 일으켜 정나라로 진군했다.

목공의 군사가 진(晉)나라의 속국인 활(滑) 나라에 이르렀다. 마침 그때 정나라의 상인이 소 12마리를 팔러 가다가 활나라에 머무르고 있었다. 그는 목공의 군대를 보고 놀랐다. 틀림없이 잡히거나 죽임을 당할 것 같자 그는 소를 바치면서 말했다.

"진(秦)나라 군사가 정나라를 정벌하려는 소식을 들었습니다. 우리 정

나라 왕께서는 방위를 굳건히 하면서, 동시에 저로 하여금 소를 바쳐 진나라 군사를 위로하라고 했습니다".

진(晉)나라의 세 장군은 그의 말을 듣고 상의했다.

"불시에 습격하려 했는데, 상대가 눈치챘다면 성공하기 힘들겠소."

결국 그들은 주둔하고 있던 활나라를 멸망시켰다. 당시 활나라의 맹주국인 진나라는 문공(文公)이 죽고 태자인 양공(襄公)이 장례도 마치지 못한 상태였다. 양공은 진나라의 행동에 분노해서 말했다.

"진나라는 내가 외롭고 약할 때, 게다가 상중인 때를 이용해 나의 활나라를 멸망시켰다."

그는 즉시 하얀 상복을 검게 물들인 뒤, 군사를 일으켜 진나라의 군사를 격멸시키고서 세 장군을 포로로 잡았다.

당시 양공의 아버지 문공의 부인은 진(秦)나라 목공의 딸이었다. 그녀는 세 장군의 목숨을 구하기 위해 양공에게 말했다.

"이 세 장군에 대한 목공의 '원한은 뼛속까지 사무칠(怨徹骨髓)' 정도입니다. 이 세 사람을 돌려보내서 나의 아버지가 이들을 삶아 죽이게 해주십시오."

양공은 그녀의 말을 받아들여 세 장군을 돌려보냈다. 목공은 교외까지 나와 울면서 그들을 맞이했다.

"내가 백리혜와 견숙의 말을 듣지 않았기 때문에 그대들 세 사람을 욕보였도. 경들에게 무슨 죄가 있으리오? 이 치욕을 씻기 위해 더욱더 힘써 주시오."

넓적다리에 살이 붙은 것을 한탄한다
비육지탄 髀肉之嘆

능력을 발휘하고 싶으나 기회가 오지 않는 걸 한탄한 말이다. 출전은 《삼국지》 '선주전주(先主傳注)'.

| 髀 넓적다리 비 | 肉 고기 육 | 之 어조사 지 | 嘆 탄식할 탄 |

　　삼국 시대 때, 조조는 허창(許昌)에서 스스로 대장군이라 칭하면서 조정의 실권을 장악했다. 유비도 조조의 주선으로 좌장군에 임명되었지만, 조조를 죽이려던 계획이 탄로나자 허창을 탈출해 형주 땅의 유표(劉表)에게 몸을 의탁했다. 조조가 하북을 평정하는 동안, 유비는 신야(新野)라는 작은 성을 지키고 있었다. 나이는 이미 오십이 가까웠다.
　　어느 날 유표와 술을 마시던 유비는 변소에 갔다가 넓적다리에 살이 두둑이 붙은 것을 보고 눈물을 흘렸다. 자리에 돌아온 유비의 처연한 표정을 본 유표가 그 까닭을 묻자 유비가 답했다.
　　"나는 늘 말을 타고 돌아다녀서 넓적다리에 살이 붙을 겨를이 없었습니다. 그런데 지금은 말을 타지 않기 때문에 넓적다리에 살이 붙었습니다. 세월 가는 것이 이토록 빨라 몸은 늙는데 아직도 공을 세우지 못했습니다."
　　수년 후 유비는 마침내 적벽의 싸움에서 명성을 떨친 뒤 양자강 중류의 요충지대인 강릉(江陵)까지 진출했다. 이 소식을 듣고, 조조는 망연자실하여 글씨 쓰던 붓을 자기도 모르게 떨어뜨렸다고 한다. 유비는 그 뒤 촉한(蜀漢)을 세워 삼국의 하나로서 확고부동한 기반을 구축한다.

닭의 갈비
계륵 鷄肋

별로 쓸모는 없지만 버리기는 아까운 것을 뜻한다. 출전은 《후한서》 '양수전(楊修傳)'.

| 鷄 닭 계 | 肋 갈비 륵 |

삼국 시대 때 유비와 조조는 한중(漢中) 땅을 차지하려고 서로 다퉜다. 그러나 익주를 점령한 유비가 먼저 한중 땅을 평정해서 군사 배치와 병참을 확보하고 있었다. 말하자면 유비의 세력권이었던 것이다.

조조의 군대는 유비 군대의 강력한 방어 전선에 막히자, 전진하기도 곤란하고 수비하기도 곤란한 상태에 빠졌다. 결국 조조는 부하들에게 '계륵'이라는 명령을 내렸다. 하지만 참모들 중 어느 누구도 조조의 명령이 무엇을 뜻하는지를 몰랐다. 단지 주부(主簿) 벼슬을 하고 있던 양수만이 조조의 뜻을 정확히 간파했다.

"일반적으로 닭의 갈비는 먹을 것이 별로 없으면서도 버리기엔 아까운 생각이 든다. 조조는 이곳을 버리고 돌아가기로 결심한 것이다."

이외에도 '왜소하고 허약한 몸'을 가리킬 때 '계륵'이라는 말을 쓴다.

단번에 패배하여 피와 창자 등이 땅을 도배할 정도다
일패도지 一敗塗地

회생불가능한 철저한 패배를 뜻한다. 출전은 《사기》 '고조본기(高祖本紀)'.

| 一 한일 | 敗 패할패 | 塗 바를도 | 地 땅지 |

진시황이 죽고 2세가 즉위하자 진승은 반란을 일으켰다. 그는 진나라 군대를 파죽지세로 격파한 뒤, 스스로 왕위에 올라 국호를 장초(張楚)라 했다. 패(沛) 땅의 현령은 진승의 위세가 두려워 그에게 귀속하려는 생각으로 측근인 소하(蕭何)와 조삼(曹參)에게 상의했다.

두 사람이 성 밖에 있는 유방의 세력을 끌어들이는 것이 더 낫다고 건의하자, 현령은 이를 받아들여 유방을 성으로 불렀다. 유방은 자기 세력을 이끌고 패 땅으로 돌아왔다. 그러나 현령은 유방과 같은 명망가가 곁에 있으면 지위를 잃을까 두려워 도중에 생각을 바꿔서 성문을 굳게 닫았다. 그리고 소하와 조삼을 죽이려고 했다.

소하와 조삼은 성을 빠져나와 유방에게 가서 저간의 사정을 얘기했다. 유방은 성 안의 어른들에게 보내는 편지를 써서 화살에 묶어 성 안으로 쏘았다.

"진나라는 이미 기울고 있다. 지금 성 안의 어른들은 현령을 위해 성을 지키고 있지만, 결국 군사를 일으킨 제후들에게 함락될 것이다. 따라서 지금 즉시 패 땅의 사람들이 힘을 합쳐 현령을 죽이고, 쓸 만한 사람을 내세워 제후들과 대응한다면 집안을 안전하게 보전할 수 있을 것이다."

편지를 읽은 성 안의 어른들은 현령을 죽이고 유방을 맞아들였다. 그들은 유방을 패의 현령으로 삼으려 했으나, 유방은 이를 거절했다.

"이제 천하는 혼란한 상태로서 곳곳에서 제후들이 일어나고 있다. 이때 훌륭한 장수를 앞세우지 않는다면, '단번에 패배해 피와 창자가 땅을 도배할 것이다(一敗塗地)'. 나는 내 안전만 생각해서 이러는 것이 아니다. 능력이 부족해 형제자매의 생명을 보호할 수 없을까 봐 걱정하는 것이다. 매우 중요한 일이니, 다시 한 번 생각해서 훌륭한 사람을 선택해주기 바란다."

장작 위에 눕고 쓸개를 맛본다
와신상담 臥薪嘗膽

자기 몸에 고통을 주어서라도 피맺힌 원한을 잊지 않으려는 것을 말한다. 또 고난과 역경을 극복하기 위해 자기 자신을 채찍질하는 말로도 쓰인다. 출전은 와신(臥薪)은 《십팔사략》, 상담(嘗膽)은 《사기》 월세가(越世家)이다.

| 臥 누울 와 | 薪 장작 신 | 嘗 맛볼 상 | 膽 쓸개 담 |

오나라 왕 합려(闔閭)는 군사를 일으켜 월나라를 공격했으나, 월나라 왕 구천(勾踐)에게 패배를 당해 죽음을 맞이했다. 임종에 이른 그는 아들 부차(夫差)를 불러 당부했다.

"부차야, 너는 월나라가 네 아비를 죽였다는 걸 잊지 말아라."

"네, 결코 잊지 않겠습니다."

부차는 복수를 잊지 않기 위해 늘 장작에 누워(臥薪) 잠을 잤다. 그리고 출입구에 사람을 세워놓고 이렇게 외치게 했다.

"부차야, 월나라가 아버지를 죽인 사실을 잊었는가?"

한편 월나라 왕 구천은 부차가 복수를 준비하고 있다는 소식을 듣자 먼저 오나라를 공격했다. 그러나 부차가 이끄는 오나라 군대에게 패하자, 나머지 5천 명을 이끌고 회계산(會稽山)으로 도망쳤다. 부차는 그를 추격해서 포위했다.

막다른 골목에 몰린 구천은 모든 재물을 부차에게 바치고, 자신과 아내는 노비가 되겠다고 애원하면서 화친을 청했다. 오나라 재상 오자서(伍子胥)는 월나라를 멸망시켜 화근을 없애야 한다고 주장했지만, 부차는 결국 구천의 화친을 받아들였다.

구천은 자기 나라로 돌아오자, 일부러 자신의 몸과 마음을 괴롭혔다. 즉, 쓸개를 옆에 놓고 앉으나 누울 때나 쓸개를 핥았으며, 음식을 먹을 때도 쓸개를 핥으면서 이렇게 말했다.

"너는 회계산의 치욕(會稽之恥)을 잊었는가?"

결국 20년쯤 흐른 뒤 구천은 오나라를 격파했으며, 오나라 왕 부차는 스스로 목숨을 끊었다.

패배의 치욕을 일컫는 회계지치(會稽之恥)라는 말도 이 고사에서 나왔다.

적을 알고 나를 알면, 백 번 싸워도 지지 않는다
지피지기 백전불태 知彼知己 百戰不殆

> 전투에서 상대의 작전을 알고, 기업 경쟁에서도 상대의 전략을 안다면, 아무리 싸워도 지지 않는다는 뜻이다. 즉, 상대를 아는 것이 승리의 지름길이라고 말할 때 '지피지기 백전불태'라는 말을 쓴다. 출전은 《손자(孫子)》.

| 知 알 지 | 彼 저 피 | 己 자기 기, 몸 기 | 百 일백 백 |
| 戰 싸울 전 | 不 아니 불 | 殆 위태로울 태 | |

손자는 피의 대가로 승리하는 것을 하책 중의 하책이라 했으며, 싸우지 않고 승리하는 것을 상책 중의 상책이라 했다. 즉, 그는 계략을 써서 상대의 전의를 꺾는 걸 상책으로 여겼으며, 싸워서 이기는 백전백승이란 말을 좋아하지 않았다.

"백전백승은 최상의 계책이 아니다. 싸우지 않고 적의 군사를 굴복시키는 것이 최선책이다."

그렇지만 항상 최선책만을 쓸 수 있는 상황이란 없는 법이다. 부득이 적군과 교전해야 할 상황도 있는 것이다. 그럴 때는 어떻게 해야 할까? 손자는 이렇게 말하고 있다.

"상대를 알고 자기를 아는 자는 백 번 싸워도 지지 않는다. 상대를 알지 못하지만 자기라도 아는 자는 한 번 이기고 한 번 진다. 하지만 상대도 모르고 자기도 모르는 자는 싸울 때마다 패한다."

천지를 걸고 단번에 승부를 건다
건곤일척 乾坤一擲

자신의 전 운명을 걸고서 단번에 결판을 내는 것을 말한다. '건곤일척의 승부'라는 표현이 자주 쓰인다. 출전은 한유가 지은 '과홍구(過鴻溝, 홍구를 지나면서)'라는 시.

| 乾 하늘 건 | 坤 땅 곤 | 一 하나 일 | 擲 던질 척 |

용은 지치고 호랑이는 피곤해서,
이 강을 기준으로 분할하니
마침내 수많은 생명들을 보존할 수 있게 되었구나.
하지만 누가 군왕의 말머리를 돌리게 해서
천지를 걸고 단판 승부를 내게 했던고?

이 시의 배경은 유방과 항우에 얽힌 고사이다.
첫 행의 용과 호랑이는 유방과 항우를 말한다. 두 사람은 천하를 차지하기 위해 수없이 전쟁을 치렀지만, 승부가 나지 않았다. 결국 지치고 피곤한 두 '용과 호랑이'는 홍구(현재 하남성 개봉 서쪽을 흐르는 강)를 기준으로 서쪽은 유방이, 동쪽은 항우가 차지하기로 했다.
두 사람의 결정이 천하 백성들의 생명을 보존하고, 더 이상 피를 흘리지 않게 했다는 것이 두번째 행의 뜻이다.
하지만 셋째 행에서 등장하는, 유방의 말머리를 돌리게 한 사람은 바로 장량(張良)과 진평(陳平)이었다. 그들은 이렇게 말했던 것이다.

"지금 초나라 군대는 지치고 식량도 떨어졌습니다. 지금이야말로 초나라를 멸망시킬 때입니다."

그래서 서쪽으로 가던 유방은 말머리를 돌려, 천하의 운명을 걸고 항우와 단판 승부에 들어간 것이다. 이 싸움에서 항우는 해하성에서 패배한 뒤, 오강(烏江)에서 스스로 목숨을 끊는다.

결국 "천지를 건다"는 말은 천하를 얻느냐 잃느냐 하는 운명을 걸었다는 뜻이다. 요즘은 어느 분야에서나 커다란 승부를 낼 때 '건곤일척'이란 말을 쓴다.

흙먼지를 일으키면서 다시 돌아오다
권토중래 捲土重來

> 전쟁에서 한 번 패한 사람이 다시 세력을 길러 흙먼지를 일으키면서 재차 공격해오는 것을 뜻한다. 지금은 실패에서 재기할 때, 또는 재기하려 할 때 이 말을 쓴다. 출전은 당대의 시인 두목(杜牧)이 지은 '제오강정시(題烏江亭詩)'.

| 捲 말 권 | 土 흙 토 | 重 무거울 중, 거듭 중 | 來 올 래 |

이기고 지는 것은 병가(兵家)도 기약할 수 없는 것이니
부끄러움을 안으로 삭이면서 참는 자가 진정한 남아로다.
강동(江東) 땅 젊은이 중엔 호걸들이 많은데
흙먼지를 일으키며 다시 쳐들어올지(捲土重來) 아직은 모르겠네.

이 시는 해하성 전투에서 유방에게 패한 항우의 이야기를 배경으로 하고 있다. (p. 380 참조).

이 시에서 두목은 나이 서른 한 살에 유방의 군사와 싸우다 스스로 목숨을 끊었던 항우에 대한 안타까움을 표시하고 있다.

시의 내용을 풀이하면 이렇다

승패는 병가들도 장담하지 못하는 것인데, 당신은 진정 남자답게 한 때의 수치를 참아야 했다. 게다가 강동 땅엔 호걸들도 많다던데, 어째서 힘을 길러 다시 권토중래하지 않았는가?

제6장 책략

부드러움이 굳센 것을 제압한다
유능제강 柔能制剛

한 방울의 물이 굳센 바위를 뚫을 수 있듯이, 가녀린 뿌리가 딱딱한 돌을 파고들듯이, 부드러움이 강함을 이긴다는 뜻. 병서인 《삼략(三略)》이 출전인데, 이 같은 사상은 특히 《노자》에 많이 나온다.

| 柔 부드러울 유 | 能 능할 능 | 制 다스릴 제 | 剛 굳셀 강 |

전략의 승패를 예언적으로 서술한 병법서 《삼략(三略)》에서 이렇게 말했다.

또 《군참(軍讖)》에 다음과 같은 말이 있다.

"부드러움이 굳센 것을 제압할 수 있고, 약함이 강한 것을 이길 수 있다. 부드러움이란 덕(德)이요, 굳셈이란 도적이다. 약함이란 사람의 도움을 받는 것이며, 강함이란 사람의 공격을 받는 것이다."

또 《노자》 78장에도 다음과 같은 구절이 있다.

"천하에서 부드럽고 약한 것으로는 물 이상 가는 것이 없다. 더구나 굳세고 강한 것을 꺾는 데는 이보다 나은 것이 없다. 그 어느 것도 물의 본성을 바꿀 수 없기 때문이다. 약함이 강함을 이기고, 부드러움이 굳셈을 이기는 것을 천하가 모를 리 없건마는 실천을 하지 못하는구나."

부드러움으로 강함을 극복한다는 이유제강(以柔制剛), 이유극강(以柔克剛)이란 말도 같은 뜻이다.

하늘은 높고 말은 살찐다
천고마비 天高馬肥

하늘이 높고 맑으며, 말의 식욕도 왕성해져서 살이 찌는 계절, 즉 가을을 말한다. 지금은 좋은 계절로서 가을을 말하지만, 원래의 뜻은 그렇지 않다. 출전은 《한서》 '흉노전(匈奴傳)'.

| 天 하늘 천 | 高 높을 고 | 馬 말 마 | 肥 살찔 비 |

    흉노는 은나라 초부터 위진남북조 시대까지 약 2천 년간 중국을 침공한 사나운 민족이다. 진시황이 쌓은 만리장성은 이들을 막기 위한 것이었다. 그들은 바람같이 쳐들어와 노략질을 하고는 바람같이 사라졌다.
    북쪽의 광대한 초원에서 흉노는 목축과 수렵으로 살아갔는데, 특히 교통수단으로서 말이 중요했다. 말은 봄부터 대초원에서 풀을 배불리 먹기 때문에 쾌청한 가을철이 오면 살이 투실투실 찐다. 하지만 겨울이 오면 혹한으로 먹을 것이 없어 말도 마르고 사람도 굶주린다. 그래서 흉노들은 가을에 겨울 양식을 구하러 따뜻한 남쪽으로 쳐들어온다. 좋은 가을 날씨에 살찐 말을 잡아타고, 그들은 해일같이 밀려든다.
    《한서》 '흉노전'은 이렇게 말한다.
    "흉노는 가을에 온다. 말은 살찌고, 활은 굳세다."
    가을이 오면 국경을 지키는 병사들은 성채에서 칼을 갈고 화살을 다듬으면서 경비를 강화했다. 결국 '천고마비'의 원래 의미는 쾌청한 가을날 살찐 말을 타고 쳐들어오는 흉노족을 가리키는 용어였다. 이것이 요즘은 '천고마비의 계절' 하는 식으로 의미가 바뀐 것이다.

주위에 사람이 없는 듯이 행동한다
방약무인 傍若無人

주변의 눈을 무시하고 제멋대로 행동하는 것을 말한다. 출전은 《사기》 '자객열전(刺客列傳)'.

| 傍 곁 방 | 若 같을 약 | 無 없을 무 | 人 사람 인 |

    진시황이 막 중국을 통일할 무렵, 위나라에 형가(荊軻)라는 사람이 있었다. 평소에 독서와 검술과 술을 좋아했는데, 위나라에서 등용되지 않자 여러 나라를 방랑하게 되었다. 그는 사람됨이 침착하고 사려 깊었으며, 각지에서 현자와 호걸들을 사귀었다.

    연나라로 갔을 때, 그는 개 잡는 백정과 축(筑, 대나무로 만든 악기)을 잘 연주하는 고점리(高漸離)를 사귀었다. 시중에 나가 술을 마시다가 취기가 돌면 고점리는 축을 연주하고 형가는 노래로 화답을 했다. 그러다 감정이 극에 이르면 서로 부여잡고 울었는데 곁에 사람이 없는 듯했다(傍若無人).

    얼마 뒤 형가는 연나라 태자 단(丹)의 청탁을 받고, 나중에 진시황이 된 진나라 왕 정(政)을 암살하기 위해 진나라로 떠나게 되었다. 형가가 떠나는 날, 태자와 빈객들은 상복을 입고 역수(易水) 물가에서 전송했다.

    이때 고점리가 축을 연주하고, 형가는 이에 화답하는 비장한 노래를 불렀다.

바람 쓸쓸하고 역수는 차가운데,
장사는 한 번 가면 다시 돌아오지 않노라.

風蕭蕭兮易水寒

壯士一去兮不復還

형가는 진나라로 들어가서 비수로 진왕을 찌르지만 실패하여 죽임을 당하고 만다. 고점리도 나중에 축을 잘 연주한다는 소문을 들은 진왕에게 초대를 받아, 그 자리에서 진왕을 암살해 친구의 원수를 갚으려 했지만 실패하여 죽고 만다.

이 일화에서 보면, 방약무인은 원래 주변을 의식치 않고 자기 감정에 빠져 있는 것을 뜻한다. 그러나 요즘처럼 '남을 무시하고 제멋대로 행동하는' 부정적 의미로 쓰인 것 같지는 않다.

그물 하나로 남김없이 소탕하다

일망타진 一網打盡

> 요즘도 범죄자들이나 부정을 저지른 자들을 모두 잡아들이면서 일망타진이라는 말을 쓴다. 출전은 《십팔사략》.

一 한 일   網 그물 망   打 두드릴 타   盡 다할 진

송나라 인종(仁宗)은 인재를 등용하고 학술을 장려하여 내치에 힘썼다. 당시의 명신 중에는 범중엄, 구양수, 사마광, 주돈이, 장횡거, 정이천, 정명도 등 후세에 알려진 사람이 많았다. 사람들은 당시 인종의 정치를 '경력(慶曆)의 치(治)'라고 하여 당 태종의 '정관(貞觀)의 치'와 함께 칭송했다.

하지만 조정에서는 대신들의 주장이 난무하여 통제가 잘되지 않았다. 급기야 대신들은 서로 당파를 지어 붕당 정치를 일삼았다. 사람들은 이를 '경력의 당의(黨議)'라고 불렀다.

개혁 세력인 두연(杜衍)이 등용됐을 때의 일이다. 당시 관습 중에 황제가 대신들과 상의하지 않고 마음대로 조서를 내리는 경우가 있었는데, 이를 '내강(內降)'이라 했다.

하지만 두연은 이 관습이 올바른 정치를 어지럽히는 것이라 생각했다. 그는 내강이 내려오면 깔고 앉았다가 10여 장이 모이면 그대로 황제에게 돌려보냈다. 두연의 이 같은 행동은 황제의 성지(聖旨)를 왜곡하는 것이라 하여 조정 내외의 비난을 샀다.

마침내 두연은 뜻밖의 사건에 연루되면서 궁지에 몰리게 되었다. 즉, 사위인 소순흠(蘇舜欽)이 제사를 지내고 손님을 초대해 주연을 베푸는 데 공금을 유용했다는 것이다. 절호의 기회라고 생각한 두연의 반대파 왕공진(王拱辰)은 즉시 소순흠 일당을 하옥하고 두연을 탄핵했는데, 당시 왕공진은 손뼉을 치고 기뻐하면서 이렇게 말했다.

"내가 그물 하나로 모조리 소탕하였다(一網打盡)."

두연은 이 사건으로 70여 일 만에 사직하게 됐고, 그의 당파도 벼슬에서 쫓겨났다.

장수 한 사람의 공적을 이루기 위해서 만 사람의 뼈가 시든다
일장공성만골고 —將功成萬骨枯

고위층에 있는 자가 뛰어난 공적을 이뤘을 때, 그 이면에는 밑에서 뼈빠지게 일한 수많은 사람들의 노고가 있다는 뜻. 역설적으로 말하면, 윗사람 혼자서 공을 독차지하는 세태의 비정함을 말한 것이다. 출전은 송나라 주필(周弼)이 편집한 시집 《삼체시(三體詩)》 중에서 조송(曹松)이 지은 '기해(己亥)의 시(詩)'.

一 한 일   將 거느릴 장   功 공로 공   成 이룰 성
萬 일만 만   骨 뼈 골   枯 마를 고

강동의 강과 산야는 온통 전란에 휩쓸렸으니
백성은 나무하고 풀베는 일도 즐길 수 없게 되었구나.
바라노니 장군이여, 제후로 봉함 받는 일을 말하지 말지니
장수 한 사람의 공적을 이루기 위해서 만 사람의 뼈가 시드노라.

당나라 마지막 황제 희종(僖宗) 6년에는 황소(黃巢)의 난이 전국을 휩쓸고 있었다. 황소의 농민군은 광주에서 양자강을 넘어 북상하려다가 관군에게 치명적인 타격을 받았는데, 이때 황소군은 강동 지방으로 도주했다. 당시 관군이 추격했더라면 황소의 군대를 쉽게 전멸시킬 수 있었지만, 관군이 군대를 거둬들였기 때문에 황소는 다시 세력을 규합해 수도 장안을 점거하기에 이르렀다. 그때 어떤 사람이 관군의 대장에게 왜 황소의 군대를 추적하지 않았냐고 묻자, 그 대장은 이렇게 답했다.
"조정은 위급할 땐 장수를 사랑하고 녹봉을 아끼지 않지만, 평화가 오면 그들을 버리고 심지어 죄까지 준다. 따라서 적을 남겨두는 게 낫다."
위의 시는 이 같은 사정을 반영한 작품이다.

호랑이 굴에 들어가지 않으면, 호랑이 새끼를 얻을 수 없다
불입호혈 부득호자 不入虎穴 不得虎子

목표를 이루기 위해서는 위험을 감수할 수밖에 없다는 뜻이다. 출전은 《후한서》 '반초전(班超傳)'.

| 不 아니 불 | 入 들 입 | 虎 호랑이 호 | 穴 구멍 혈 | 得 얻을 득 | 子 아들 자 |

　서역 정벌로 유명한 반초가 36명의 장사를 이끌고 선선국(鄯善國)에 갔을 때다. 선선국은 천산북로와 천산남로의 분기점에 위치한 전략상 중요한 나라였다. 선선국의 왕은 처음에는 반초 일행을 극진히 대우하다가 갑자기 태도를 바꿔 냉대하기 시작했다.
　반초는 그 이유를 생각하다가 갑자기 무릎을 치면서 말했다.
　"우리에겐 숨기고 있지만, 흉노의 사자가 온 것이 틀림없네."
　선선국은 흉노에게도 군사상 중요한 나라였으며, 선선국 왕은 흉노를 한나라 이상으로 두려워하고 있었다. 반초는 돌아가는 사태를 짐작하고 즉시 왕의 시종을 불러 떠보았다.
　"흉노의 사자가 도착했다던데, 지금 어디 있지?"
　시종이 사실대로 실토하자, 반초는 그를 가둬둔 뒤 36명의 장사를 모아놓고 말했다.
　"우리는 이역만리에서 공을 세우고자 왔다. 그런데 지금 흉노의 사자가 오자 선선국의 왕은 우리를 냉대하고 있다. 이들이 우릴 사로잡아 흉노의 땅으로 보낸다면, 우린 늑대나 이리의 밥이 되고 말 것이다. 대책

이 있는 자는 누구든지 말하라."

"사태가 위급하니, 죽든 살든 대장님의 명령을 따르겠습니다."

그러자 반초는 단호히 말했다.

"호랑이 굴에 들어가지 않으면, 호랑이 새끼를 얻지 못하는(不入虎穴 不得虎子) 법이다. 지금 생각으로는 밤에 화공을 하는 게 가장 좋을 듯하다. 그러면 놈들은 우리가 몇 명이나 되는지 알지 못해 크게 두려워할 테니, 이때를 틈타 그들을 소탕할 수 있다."

36명의 장사들은 밤에 습격하여 몇 배나 되는 적들을 모두 죽였다. 아울러 선선국도 한나라에 굴복하고 말았다.

남방의 음악은 굳세질 않다
남풍불경 南風不競

세력이 미약함을 뜻한다. 출전은 《춘추좌씨전(春秋左氏傳)》.

南 남녘 남 | 風 바람 풍 | 不 아니 불 | 競 다툴 경, 굳셀 경

춘추 시대 말엽, 정나라의 자공(子孔)은 권력을 장악하려고 했다. 당시는 제후들이 진(晉)나라를 맹주로 해서 제나라를 치려던 시기였다. 그러나 자공은 맹주국인 진나라를 배반하고 초나라를 사주하여 야망을 달성하려고 했다. 그는 초나라의 자경(子庚)에게 사자를 보내 남몰래 유혹했지만, 자경은 들어주지 않았다. 헌데 이 소식을 들은 초나라 강왕(康王)이 자경에게 사자를 보내 말했다.

"내가 사직을 맡은 지 5년간 군사를 일으킨 적이 없소. 백성들은 내가 태만에 빠져 선왕의 유업을 잊었다고 생각할지 모르니, 다시 생각해 보시오."

자경은 내키지 않았으나 국왕의 부탁이라 정나라로 쳐들어갔다. 그러나 이미 방비를 튼튼히 하고 있는 정나라를 함락시킬 수는 없었다. 게다가 엄동설한에 큰비를 맞아 말과 군사 대부분이 얼어죽었다.

진나라에서도 초나라의 출병 소식이 널리 퍼졌는데, 그때 음악을 맡은 사광(師曠)은 이렇게 말했다.

"그다지 큰일은 아니오. 남방의 곡조는 굳세질 못하고(南風不競) 생기가 거의 없소. 초나라 군사는 틀림없이 실패할 것이오."

제6장 책략 407

까마귀 떼와 같은 무리

오합지중 烏合之衆

원래 제대로 훈련되지 않은 어중이떠중이가 모인 군대를 말한다. 지금은 통솔이 잘 되지 않는 일반군중을 가리킬 때도 이 말을 쓰는데, 흔히 '오합지졸'이란 말로 자주 쓰인다. 출전은 《후한서》 '경엄전(耿弇 傳)'.

| 烏 까마귀 오 | 合 합할 합 | 之 어조사 지 | 衆 무리 중 |

왕망이 세운 신(新)나라가 망하자, 천하는 다시 혼란에 빠졌다. 그 중 한나라 황제 성제(成帝)의 아들이라고 사칭한 왕랑(王郎)은 스스로 황제라 칭하면서 그 위세가 당당했다. 그래서 신나라를 멸망시킨 유수(劉秀, 나중에 후한 광무제가 됨)는 군사를 이끌고 그를 정벌하러 나섰다.

평소 유수를 흠모하던 경감은 군대를 이끌고 그의 휘하에 들어가려고 했다. 그러나 부하인 손창(孫倉)과 위포(衛包)가 반대하면서 말했다.

"왕랑은 성제의 아들로서 한나라 혈통의 직계입니다. 이런 사람을 두고 어디로 가자는 말씀입니까?"

그러자 경감은 화가 나서 칼을 뽑으며 말했다.

"왕랑은 황제의 이름을 사칭하면서 난을 일으키고 있다. 우리가 돌격대로 공격하면, 왕랑의 까마귀 떼 같은 군대(烏合之衆)를 격파하기란 썩은 나무를 쓰러뜨리듯이 쉬운 일이라서, 반드시 놈을 생포할 것이다. 너희들이 놈과 한패가 된다면 얼마 안 가 패망해서 일족이 몰살되리라."

결국 두 사람은 도주해서 왕랑에게 갔고, 경감은 유수에게 가서 수많은 공훈을 세워 후한을 건국하는 데 일조했다.

위기가 닥쳐 사느냐 죽느냐의 기로에 선 시기
위급존망지추 危急存亡之秋

여기서 추(秋)는 시기, 혹은 때를 말한다. 출전은 제갈공명이 유비에게 올린 '출사표(出師表)'.

| 危 위태로울 위 | 急 급할 급 | 存 간직할 존 | 亡 없어질 망 | 之 어조사 지 | 秋 가을 추 |

제갈공명은 유비의 삼고초려를 받고 촉의 재상이 된 이후, 정치 군사 면에서 능력을 발휘해 약한 촉나라를 부흥시켜 위(魏), 오(吳)와 대립하는 삼국 시대를 이룩한다. 마침내 유비가 죽고 아들 유선이 즉위하지만, 유선은 평범한 군주라서 촉나라의 운명은 제갈공명의 어깨에 지워진다.

공명은 나라 안을 튼튼히 하고서 위나라와의 결전을 맞이한다. 그가 군사를 이끌고 나가면서 유선에게 바친 표문(表文)이 '출사표'다. 나라의 운명을 걱정한 고금의 명문장인데, 첫머리가 이렇게 나간다.

"선제(先帝, 유비를 말함)께선 창업을 반도 이루지 못하신 채 그만 중도에서 돌아가시고 말았습니다. 지금 천하는 셋으로 나뉘었고, 익주(益州, 촉을 말함)는 피폐해 있으니, 이는 진실로 '위급존망지추(危急存亡之秋)'입니다."

공명은 이 결전에서 성공하지 못하고, 이듬해 다시 결전에 나선다. 하지만 하늘은 공명의 편이 아니었다. 마침내 오장원(五丈原)에서 공명이 죽자, 촉나라는 삼국 중에서 제일 먼저 멸망하게 되었다.

제6장 책략

쇠처럼 견고한 성과 끓는 물의 연못
금성탕지 金城湯池

> 성 주변을 끓는 물의 연못으로 둘러치고, 성벽을 쇠처럼 굳게 해서 방어한다. 적의 공격에 대한 방어 진지가 견고함을 뜻하는 말. 출전은 《한서(漢書)》 '괴통전'.

| 金 쇠 금 | 城 성 성 | 湯 끓을 탕 | 池 연못 지 |

진나라는 반란군에 의해 점점 위기를 맞고 있었다. 당시 무신(武臣)이라는 사람이 조나라의 옛 영지를 평정하고서 스스로 무신군이라 불렀다.

돌아가는 상황을 간파한 변설가 괴통은 범양 땅의 현령인 서공(徐公)을 찾아가 말했다.

"당신은 지금 대단히 위험한 상황에 처해 있어서 문안드리러 왔습니다."

서공이 놀라면서 물었다.

"내가 무엇 때문에 위험합니까?"

"진나라의 형벌은 대단히 엄해서 사람들은 내심 원한을 품고 있습니다. 진나라의 벼슬아치인 당신을 해치지 못하는 것은 진나라가 무섭기 때문입니다. 하지만 지금은 천하에서 반란이 일어나 진나라의 위세도 기울었기 때문에 당신을 죽여 원한을 풀고 이름을 날리려는 사람이 나오고 있습니다."

"그럼 어떻게 하면 되오?"

"제가 무신군을 만나 이렇게 말하겠습니다.

'만약 당신이 범양의 항복을 받고 나서 현령을 마구 대한다면, 다른 현령들은 항복해도 소용없다는 걸 알고 '금성탕지(金城湯池)'를 갖춰 방비할 것입니다.

하지만 현령을 후하게 대접해서 각지로 사자를 파견하신다면, 다른 현령들도 싸우지 않고 항복할 겁니다. 이것이야말로 천 리 밖까지도 힘 안 들이고 평정하는 방법입니다.'

제가 이렇게 말하면 무신군도 깨닫는 바가 있을 것입니다."

서공은 괴통의 말을 따랐고, 무신군도 그의 말을 받아들였다. 그래서 전란을 모면한 범양 땅 사람들은 서공의 덕을 칭송했고, 30여 개의 성이 무신군에게 항복했다.

서른여섯 가지 계책에서 도망치는 것이 최고의 계책
삼십육계 주위상책 三十六計 走爲上策

도망칠 때 도망칠 줄 알아서 안전을 도모하는 것이 최고의 계책이라는 뜻. 흔히 '삼십육계줄행랑'이라는 말로 많이 쓴다. 비겁하게 도망치는 자를 비난할 때도 쓰이는 말이다. 출전은 제서(齊書) '왕경칙전(王敬則傳)'.

| 三 석삼 | 十 열십 | 六 여섯육 | 計 헤아릴 계 |
| 走 달릴 주 | 爲 할위 | 上 위상 | 策 꾀할 책 |

    남북조 시대 때 남조 송나라의 마지막 황제 순제(順帝)는 소도성(蕭道成)이나 왕경칙의 압력으로 나라를 제나라에 물려주고 끝내는 피살되었다. 소도성은 제나라를 세운 뒤 황제가 되었지만 얼마 안 가 죽고, 형의 아들인 소란(蕭鸞)이 대를 이어 명제(明帝)가 되었다.

    그는 자신의 자리를 위협하는 친인척들을 주살했으며, 심지어 소도성의 핏줄도 일거에 제거해 버렸다.

    그러자 제나라의 건국공신들이 불안을 느끼기 시작했는데, 왕경칙도 그 중 한사람이었다. 마침내 그는 회계에서 반군을 일으켜 수도인 건강(建康)으로 쳐들어갔다. 한편 왕경칙이 반란을 일으켰다는 보고가 들어오자, 조정은 큰 혼란에 휩싸였다.

    그때 우연히 성 북쪽에 있는 정로정(征虜亭)에서 방화로 연기가 났는데, 구경하던 사람이 달려와서 이렇게 보고했다.

    "왕경칙이 이미 정로정까지 이르렀습니다."

    이 말은 들은 태자와 대신들은 도망칠 궁리를 하기에 바빴다. 이 소식을 들은 왕경칙은 웃으면서 말했다.

"단공(檀公)의 서른여섯 가지 계책 중에서 도망치는 게 최고의 계책(三十六計 走爲上策)이라고 했다. 너희들 황제와 태자에겐 오직 도망치는 길만이 있을 뿐이다."

단공은 송나라의 명장 단도제(檀道濟)를 가리키는데, 그는 북위와 싸울 때 철수작전을 잘 썼다고 한다.

하지만 왕경칙의 군대는 얼마 못 가서 관군의 습격을 받아 궤멸되었으며, 그 와중에 왕경칙의 목도 떨어지고 말았다. 상대가 도망치는 걸 비웃은 그였지만, 그 역시 도망칠 때를 알지 못해 죽고 말았으니 아이러니가 아닐 수 없다.

패배한 군대의 장수는 용기에 대해 말하지 않는다
패군지장 불가이언용 敗軍之將 不可以焉勇

"패배한 장수는 병법에 대해 말하지 않는다"는 말로도 쓰인다. 실패한 사람은 그 일에 대해 구구하게 변명하지 않는다는 뜻이다. 출전은 《사기》 '회음후열전'.

| 敗 패할 패 | 軍 군사 군 | 之 어조사 지 | 將 장수 장 | 不 아니 불 |
| 可 가할 가 | 以 써 이 | 焉 어찌 언 | 勇 용감할 용 | |

조나라로 진격한 한신에게 정형 땅은 큰 골칫거리였다. 길이 너무 좁아 긴 대열로 가다보면 병력이 분산될 우려가 있었기 때문이다. 마침내 정형의 좁은 길을 쉽게 돌파한 한신은 배수진을 쳐 조나라 군사를 격파했다. 이 싸움에서 그는 적장 이좌거를 죽이지 않고 사로잡아 오는 자에겐 천금을 주겠다고 전군에 지시를 내렸다. 이좌거가 생포되자 한신은 그의 결박을 풀어 주고서 그를 스승으로 대우했다.

"저는 이제부터 북쪽 연나라를 치고 동쪽 제나라를 정벌하려는데, 어떻게 해야 성공할 수 있습니까?"

한신이 정중하게 묻자, 이좌거가 사양하면서 말했다.

"나는 '패배한 군대의 장수는 용기에 대해 말하지 않고(敗軍之將 不可以焉勇), 나라가 망한 신하는 나라 지키는 법을 획책하지 않는다'고 들었소. 지금 나는 패배한 군대, 망한 나라의 포로일 뿐이오. 어찌 큰일을 도모할 자격이 있겠소?"

한신은 열의를 갖고 간청해 마침내 이좌거의 마음을 움직였다. 그리하여 이좌거의 계책을 실행에 옮겨 연나라와 제나라를 정벌했다.

넷으로 나뉘고 다섯으로 쪼개진다
사분오열 四分五裂

여럿으로 분열되면서 지리멸렬해지는 것을 말한다. 출전은 《전국책(戰國策)》.

| 四 넉 사 | 分 나눌 분 | 五 다섯 오 | 裂 찢어질 열 |

　전국 시대 중엽 진(秦)나라의 동쪽 진출을 나머지 여섯 제후국이 연합하여 막는 것을 합종책(合縱策)이라 하고, 진나라와 연합해 나머지 제후국을 치는 것을 연횡책(連橫策)이라 하였다. 당시 유명한 변설가인 소진(蘇秦)은 합종설을, 그리고 장의(張儀)는 연횡설을 주장하면서 각국을 설득하며 돌아다녔다. 다음은 진나라를 위해 위나라 애왕(哀王)에게 연횡책을 설득한 변설이다.

　"위나라는 사방 천리도 안 되는 작은 나라로서 군대도 불과 30만입니다. 게다가 사방이 평지라서 큰 산의 요충지가 없으니, 땅의 형세가 원래 전쟁터의 형세입니다.

　위나라가 남쪽의 초나라와 연합하고 제나라와 연합하지 않으면, 제나라가 위나라의 동쪽을 공격할 것입니다. 또 동쪽의 제나라와 연합하고 조나라와 연합하지 않으면, 조나라가 위나라의 북쪽을 공격할 것입니다. 그리고 한나라와 연합하지 않으면 한나라는 서쪽을 공격할 것이며, 초나라와 친하지 않으면 초나라는 남쪽을 공격할 것입니다. 이것을 소위 사분오열(四分五裂)의 길이라고 합니다."

사람을 쏘려면 먼저 말을 쏴라
사인선사마 射人先射馬

> 상대를 굴복시키려면 먼저 상대가 의지하고 있는 것을 쓰러뜨리라는 말이다. 또 상대와 가장 관계 깊은 인물이나 사물을 먼저 손에 넣어야 상황을 타개할 수 있다는 뜻도 된다. 출전은 두보가 지은 '전출새(前出塞)'.

| 射 쏠 사 | 人 사람 인 | 先 앞 선 | 射 궁술 사 | 馬 말 마 |

활을 당기려면 반드시 강한 것을 당기고
화살을 쓰려면 반드시 긴 것을 써라.
사람을 쏘려면 먼저 말을 쏘고(射人先射馬)
적을 잡으려면 먼저 왕을 사로잡아라.
사람을 죽이는데도 한도가 있는 법이며
나라를 세우면 저절로 국경이 있는 법이네.
진정 침략을 억제할 수만 있다면,
어찌 수많은 살상이 필요하겠는가?

당시 현종이 영토 확장을 위해 국경으로 군사를 보낸 것에 대해 읊은 것이다. 국방은 다른 나라를 침략하는 것이 아니라, 다른 나라의 침략을 막을 수만 있다면 족하다는 심경을 담고 있다.

죽은 제갈공명이 산 사마중달을 쫓다
사제갈주생중달　死諸葛走生仲達

전략의 천재 제갈공명이 죽은 후에도 생전의 위세로 살아 있는 사마중달의 군사를 쫓은 데서 유래했다. 출전은 《삼국지》 '축지', 《십팔사략》.

| 死 죽을 사 | 諸 여러 제 | 葛 칡 갈 | 走 달릴 주 |
| 生 낳을 생 | 仲 버금 중 | 達 통달할 달 | |

　촉의 제갈공명은 위나라의 대장군 사마중달과의 전투에서 승패를 빨리 결정하려고 했다. 하지만 사마중달은 공명의 신출귀몰하는 전략이 두려웠고, 한편 촉나라 군사의 보급로가 먼 것을 간파했기 때문에 지구전으로 대치했다.
　그래서 제갈공명은 사마중달에게 여인의 목걸이와 옷 등을 보내 남자답게 싸우지 못하는 그를 야유했지만, 중달은 전혀 개의치 않고 제갈공명의 동정만 살폈다. 적진을 살피고 돌아온 사자는 그에게 말했다.
　"제갈공명께서는 아침부터 밤늦게까지 일하십니다. 상벌을 몸소 처리하시고, 식사는 조금밖에 드시지 않습니다."
　이 말을 들은 사마중달이 말했다.
　"그렇게 심하게 일하다니 오래 살지는 못하겠군. 머잖아 결전의 때가 올걸세."
　가을이 되자, 공명은 깊은 병에 걸렸다. 죽음이 임박한 걸 안 공명은 자기가 수레에 앉아 지휘하는 모습을 꾸며놓은 뒤 철수를 명령했다. 얼마 뒤 큰 별이 빨간 꼬리를 끌면서 제갈공명의 진중에 떨어졌는데, 얼마 있다 공명은 죽었다.
 공명이 죽었다는 소식을 들은 중달은 총공격을 개시해 촉나라 군사를 뒤쫓았다. 한참을 뒤쫓고 있는데, 갑자기 우렁찬 북소리와 촉의 깃발이 보이면서 공명이 탄 수레가 나타나는 것이 아닌가. 중달은 공명의 계략에 걸린 줄 지레 겁을 먹고 도망쳤다.
 나중에 사람들은 이 사건을 듣고 웃으면서 말했다.
 "죽은 제갈공명이 살아 있는 사마중달을 내쫓았다(死諸葛走生仲達)."
 이 말을 들은 사마중달도 웃으면서 말했다.
 "산 자의 책략은 알아도 죽은 자의 책략은 알 수 없는 법이다."

선수를 치면 상대를 제압한다
선즉제인 先則制人

상대와 대적할 때 먼저 기선을 뺏으라는 말이다. 출전은 《사기》 '항우본기(項羽本紀)'.

| 先 앞 선 | 則 곧 즉 | 制 다스릴 제 | 人 사람 인 |

진시황이 죽자, 진승의 반란을 필두로 각지에서 반란이 일어났다. 이에 자극을 받은 회계군수 은통(殷通)은 오중 땅의 실력자인 항량(項梁)을 불러 군사를 일으키자고 말했다.

"지금 강서에서는 모두 반란을 일으키고 있소. 바로 하늘이 진나라를 멸망시키는 때인 것이오. '선수를 치면 상대를 제압하고(先則制人), 뒤지면 상대에게 제압당한다'고 들었소이다. 나는 군대를 일으켜 당신과 환초를 장군으로 삼고 싶소."

은통은 병법에 능한 항량을 이용해 출세를 할 속셈이었지만, 항량은 그의 마음을 꿰뚫어 보고 있었다. 항량이 말했다.

"환초가 있는 곳을 항우가 알고 있을 테니, 잠시 기다려 주십시오."

항량은 밖으로 나가 항우를 불러 귀에다 속삭였다.

"내가 눈짓을 하면 지체 없이 은통의 목을 베라."

항량은 은통에게 항우를 인사시켰다. 항우가 인사를 마치고 자기를 쳐다보는 순간 눈짓을 하자 항우는 지체 없이 달려들어 은통의 목을 베었다. 항량이 은통보다 먼저 '선즉제인'을 실천한 것이다.

자리를 말다

석권 席卷

자리를 말듯이, 영토를 차지하는 것을 뜻한다. 요즘은 자기 세력으로 차지하는 걸 뜻한다. 출전은 《사기》 '위표(魏豹)', '팽월(彭越)', '열전'.

| 席 자리 석 | 卷 말 권 |

    한나라와 초나라가 천하를 다툴 때, 위나라를 평정한 위표는 항우로부터 위왕으로 봉해졌다. 그러나 한나라 왕 유방이 황하를 건너 동쪽으로 오자 위표는 한나라에 붙어서 초나라를 쳤는데, 유방이 패하자 다시 초나라에 붙었다. 그는 결국 한나라 장군 한신에게 잡혀 있다가 죽임을 당했다.
    팽월은 한나라 군대로 들어가 항우의 초나라 군사를 괴롭혔다. 유방은 그를 양왕(梁王)으로 삼아 군사를 출병케 해서 마침내 항우를 해하성에서 격파했다. 나중에 그는 반란을 평정하려는 유방의 병력 요청에 응하지 않아 죽임을 당했다.
    사마천은 이 두 사람을 《사기》에서 이렇게 말하고 있다.
    "위표와 팽월은 비천한 집안 출신으로 천리의 땅을 석권(席卷)했다……."

울면서 마속을 베다

읍참마속 泣斬馬謖

> 제갈공명이 기강 확립을 위해 아끼는 신하 마속을 울며 벤 데서 유래했다. 법을 공정히 지키기 위해 사사로운 정을 버리는 걸 뜻한다. 출전은 《삼국지》 '촉지', '제갈량전'.

| 泣 울 읍 | 斬 벨 참 | 馬 말 마 | 謖 일어날 속 |

제갈공명은 위나라 군사를 격파하면서 북진하다가, 기산(祁山) 벌판에서 사마중달의 20만 군대와 대치했다. 사마중달은 이미 부채꼴 모양의 진을 쳐서 대비하고 있었는데, 공명 역시 이를 돌파할 전략을 짜놓았다. 하지만 걸리는 곳이 한 곳 있었다. 바로 식량 보급로의 요충지인 가정(街亭) 땅이었다. 그곳을 적에게 뺏기면 군사를 움직일 수 없기 때문에 공명으로서는 가정의 수비가 큰 문제였다.

그때 스스로 가정을 수비하겠다고 나선 사람이 마속이었다. 마속은 공명의 절친한 벗인 마량(馬良)의 어린 동생인데, 재주와 능력이 뛰어나 공명은 그를 매우 아끼고 있었다. 그러나 사마중달과 대항하기는 아직 어렸다. 그런데도 마속은 간절히 탄원했다.

"몇 년간 병법을 배웠는데, 가정쯤이야 지키지 못하겠습니까? 만약 패한다면, 저만이 아니라 가족 전부를 벌에 처해도 원망하지 않겠습니다."

마침내 공명도 승낙했다.

"좋다. 진중(陳中, 군대 안)에서는 쓸데없는 말이 없는 법이다."

공명은 삼면이 절벽인 가정의 산기슭을 지키라고 명한 뒤 마속을 가정으로 보냈다. 그러나 마속은 적을 유인해 역습하겠다고 하면서 산꼭대기에 진을 쳤다. 위나라 군사가 산기슭을 포위하자, 식수가 끊긴 마속은 전병력을 휘몰아 포위망을 돌파하려고 했으나 결국 참패하고 말았다.

공명은 그를 보낸 것을 후회했지만, 어쩔 수 없이 잠시 군사를 한중 땅으로 후퇴시켰다. 그는 마속 같은 유능한 인재를 잃는 것은 나라의 손실이라는 측근의 말을 물리치면서 이렇게 말했다.

"마속은 아까운 남자다. 하지만 그런 사사로운 정은 그가 범한 죄보다 더욱 큰 죄다. 마속을 잃는 게 나라의 손실일지 모르지만, 베지 않으면 더욱 큰 손실을 초래한다. 아깝기 때문에 오히려 그를 베어서, 대의(大義)를 바로잡아야 한다."

공명은 마속을 베도록 명령했다. 마속이 형장으로 끌려가는 것을 보고 공명은 마루에 엎드려 울었다.

"마속아, 용서해다오. 정작 죄는 내게 있구나. 내가 현명치 못해 너를 보낸 것이야. 그러나 나는 죽을 수가 없구나. 내가 살아 촉나라를 위함으로써 너의 죽음을 살려야 하기 때문이란다."

전군의 장수들도 공명의 심정을 헤아리고서 모두 울었다고 한다.

담 안에서 편안히 살다

안도 安堵

원래는 해를 받지 않고 편안히 사는 것을 뜻했는데, 지금은 '근심걱정이 없는 것', '안심하는 것'을 뜻한다. 출전은 《사기》 '전단열전(田單列傳)'.

安 편안할 안　　堵 담 도

　　전국 시대 연나라 소왕(昭王)은 제나라를 공격해 5년 동안 70여 성을 빼앗았으며, 제나라 민왕은 망명하게 되었다. 하지만 제나라의 두 성, 즉묵(卽墨)과 거(莒)는 끝까지 항복하지 않았다.

　　즉묵성을 지키는 전단은 연나라의 소왕이 죽은 후 왕위에 오른 혜왕과 명재상 악의(樂毅)를 이간시켰으며, 스스로 병졸들의 일을 하면서 자기 식구들도 군대에 집어넣었다. 그리고 병사들을 숨겨 놓은 채, 노인과 어린이와 여자들을 성벽에 올라가게 해 연나라에게 거짓 항복을 하도록 했다.

　　"항복하면, 우리 집안과 여인들에겐 손대지 말고 안심하고 살 수 있도록(安堵) 해주시오."

　　이 말을 들은 연나라 군대는 더욱 안심을 했다. 전단은 그 틈을 타 연나라 군사를 일거에 무찌르고, 빼앗겼던 성을 모두 회복했다.

오나라와 월나라가 한 배에 타다
오월동주 吳越同舟

원수나 사이가 좋지 않은 사람이 함께 있는 경우를 오월동주라 한다. 출전은 《손자》 '구지(九地)'편.

吳 오나라 오   越 월나라 월   同 같을 동   舟 배 주

오나라의 군사전략가인 손무(孫武)는 《손자병법》에서 이렇게 말했다.
"군사를 통솔하는 데는 아홉 가지의 지(地)가 있다. 마지막 지(地)를 사지(死地)라 하는데, 두려움 없이 나가 싸우면 살길이 있고 겁을 먹고 위축되면 패망하는 필사의 지이다. 사지에 있을 때, 유능한 장수는 군사를 솔연(率然)처럼 부린다. 솔연은 상산(常山)에 사는 큰 뱀인데, 머리를 치면 꼬리로 반격하고 꼬리를 치면 머리로 덤벼들며, 몸 한가운데를 치면 머리와 꼬리가 함께 덮친다고 한다. 이처럼 유능한 장수는 세력을 하나로 합쳐서 운용한다.
옛부터 오나라 사람과 월나라 사람은 서로를 미워했다. 하지만 두 나라 사람이 한 배를 타고 가다(吳越同舟) 비바람을 만난다면 두 사람은 평소의 적개심을 잊고 서로 도울 것이다. 이처럼 궁극적으로 도움이 되는 것은 군사들의 필사적으로 뭉친 마음이다."
이 일화에서 보듯이, 적대 관계에 있는 사이라도 필요할 때는 서로 돕는 것을 오월동주라고도 한다. 또 '상산의 뱀'은 앞뒤가 상응하는 불패의 진용, 전혀 틈이 없는 만반의 준비태세를 가리키는 말로 쓰인다.

매실을 바라보면서 갈증을 풀다
망매해갈   望梅解渴

매실의 신 맛을 마음속에 떠올리면 입 안에 침이 고여 갈증이 풀린다는 뜻. 출전은 《세설신어(世說新語)》.

望 바랄 망   梅 매실 매   解 풀 해   渴 목마를 갈

위나라의 무제(武帝) 조조는 행군을 하고 있었다. 행군 도중, 군사들에게 물을 마시게 하려고 물 긷는 사람을 보냈는데 그만 길을 잃어버렸다. 군사들은 모두 목이 말라 애를 태웠다.

마침내 조조가 군사들에게 큰소리로 말했다.

"앞쪽에는 커다란 매화나무 숲이 있다. 열매가 아주 달고 시기 때문에 갈증을 충분히 풀 수 있다."

병사들은 이 말을 듣자, 모두 입에서 침이 나왔다. 여세를 몰아 행군을 계속한 끝에 전방에서 물이 나오는 곳을 찾을 수 있었다.

해는 저물었는데 갈 길은 멀다
일모도원　日暮途遠

원래 '나이는 먹었어도 할 일은 많다'는 뜻인데, 반대로 '할 일은 많은데 시간이 별로 없다'는 뜻으로 더 많이 쓰인다. 출전《사기》'오자서전(伍子胥傳)'.

日 날일　　暮 저물모　　途 길도　　遠 멀원

　　오사(伍奢)는 초나라 평왕(平王)의 태자를 가르치는 태부(太傅) 벼슬을 하고 있었다. 한편 소부(少傅) 벼슬을 하고 있던 비무기(費無忌)는 태자를 위해 진(秦)나라에서 데려온 여인을 평왕에게 바치고 아첨으로 신임을 얻었다. 그리고는 태자의 보복이 두려워 늘 왕에게 태자를 헐뜯는 말을 했다. 왕은 여자에 빠져 태자를 국경으로 보내 수비를 맡게 했다.
　　비무기는 그래도 안심이 되지 않자, 태자가 제후와 짜고 반란을 일으키려 한다고 참언했다.
　　왕은 오사를 불러 그를 엄중히 문책했지만, 오사는 왕이 간적의 말만 믿고 태자를 멀리하고 있다고 간하였다. 이로 인해 오사는 유폐되고, 태자는 송나라로 도망쳤다.
　　비무기는 또 태자의 음모가 오사의 두 아들이 뒤에서 조종한 것이라고 왕에게 참언했다. 결국 형인 오상(伍尙)은 아버지와 함께 사형을 당하고, 동생인 오자서는 송나라로 간 태자를 따라 오나라로 도망쳤다.
　　오자서는 오나라의 공자 광(光)이 왕위를 노리는 걸 알고 자객을 소개한 뒤, 자신은 들에서 밭을 갈면서 공자 광의 소망이 이루어지는 날을 기다렸다.

 한편 초나라에서는 평왕이 죽고 비무기가 바친 여자의 소생이 왕위에 오르니, 이가 소왕(昭王)이다. 권력의 정점에 서게 된 비무기는 멋대로 권력을 휘두르다가 내분으로 피살되었다.

 초나라에 내분이 일자, 오나라 왕은 이를 계기로 군사를 일으켜 초나라를 쳤다. 이 틈을 타 공자 광은 자객을 시켜 왕을 시해하고 스스로 왕위에 오르니, 이가 바로 오왕 합려(闔閭)이다. 이때부터 오자서는 오왕 합려를 도와 초나라로 쳐들어가서 마침내 수도를 함락시켰다. 그는 아버지와 형의 원한을 풀려고 소왕을 찾았으나, 소왕은 이미 도망친 상태였다. 그래서 그는 평왕의 묘를 파헤쳐 시체에 3백 번 매질을 가해 원한을 풀었다.

 이때 옛 친구가 오자서의 행위는 하늘을 거스르는 지나친 것이라고 말하자, 오자서는 이렇게 말했다.

 "나는 나이는 많이 먹었어도(日暮) 할 일은 많다(途遠)."

표범은 죽어서 가죽을 남기고, 사람은 죽어서 이름을 남긴다
표사유피 인사유명 豹死留皮 人死留名

우리나라에서는 표범 대신 호랑이를 넣어서 "호랑이는 죽어서 가죽을 남기고……"라는 표현을 주로 쓴다. 출전은 구양수가 쓴 《신오대사(新五代史)》 '사절전(死節傳)'.

| 豹 표범 표 | 死 죽을 사 | 留 남길 유 | 皮 가죽 피 | 人 사람 인 | 名 이름 명 |

당나라 말기의 절도사였던 주전충(朱全忠)은 스스로 황제가 되어 국호를 양(梁)이라 하였다. 그의 밑에는 왕언장(王彦章)이라는 용맹한 장수가 있었는데, 늘 철창을 옆에 끼고 적진에 뛰어들어 종횡무진했기 때문에 사람들은 그를 왕철창이라고 불렀다.

그러나 항상 강직했던 그는 간신의 모략을 받아 불과 5백여 명의 병졸로 후당(後唐)의 대군과 싸우게 되었다. 결국 수적 열세로 중상을 입고 사로잡히게 되었는데, 후당의 왕은 그의 용맹이 아까워서 투항하기를 권했다. 하지만 그는 왕의 제의를 거절하면서 이렇게 말했다.

"저는 당신과 혈전을 벌이기를 20여 차례나 했습니다. 이제 제가 패해서 명이 다했으니 죽는 것밖에 무얼 기대하겠습니까? 또 저는 양나라의 은혜를 받았습니다. 어찌 아침에 양나라를 섬기고 저녁에 진나라를 섬길 수 있겠습니까?"

결국 왕언장은 스스로 죽음의 길을 택했다. 그는 천성적인 무인으로 글을 알지 못했지만, 항상 이런 속담을 입버릇처럼 말했다.

"표범은 죽어서 가죽을 남기고, 사람은 죽어서 이름을 남긴다."

바람소리와 학 울음소리
풍성학려 風聲鶴唳

겁을 먹으면 사소한 일에도 놀란다는 뜻. 흔히 풍성학려에 놀란다고 한다. 출전은 《진서》 '사현전(謝玄傳)'.

| 風 바람 풍 | 聲 소리 성 | 鶴 학 학 | 唳 울음 려 |

전진(前秦)의 부견(符堅)이 백만 대군을 끌고 동진(東晉)을 쳐들어오자 동진의 효무제(孝武帝)는 8만 군사를 이끌고 회수와 비수 사이에 있는 수양(壽陽)에서 대치했다.

부견은 수양성에 올라가 상대의 군세를 살피다가 안색이 변했다. 동진의 군대가 질서정연하고 위세가 당당해서 두려움을 느꼈기 때문이다. 이윽고 동진의 군사가 강을 건너오자 부견의 군사는 지레 겁을 먹고 도망치기 시작했다. 당시의 상황을 사현전은 이렇게 묘사하고 있다.

"부견의 군사가 무너지면서 도망치다 밟혀 죽거나 강에 빠져 죽은 사람이 헤아릴 수 없이 많았다. 비수의 흐름이 그칠 정도였다. 나머지는 갑옷과 방패를 버리고서 도망쳤는데, 바람 소리와 학의 울음소리만(風聲鶴唳) 들어도 적의 군대가 다가온 것처럼 들렸다. 풀이 무성한 곳에서 노숙을 하고 추위와 굶주림에 시달려서, 열에 예닐곱만 죽었다."

결국 부견의 백만 군사는 대패하고 10만여 명만이 겨우 살아 돌아갔다. 이 비수의 싸움은 전진의 멸망과 남북조 시대의 개시를 알리는 유명한 전투였다.

운용의 묘는 마음 하나에 달려 있다
운용지묘 존호일심 運用之妙 存乎一心

아무리 좋은 시스템이라도 그 운용의 묘는 마음에 달려 있다는 뜻이다. 출전은 《송사》 '악비전(岳飛傳)'.

| 運 운세 운 | 用 쓸 용 | 之 어조사 지 | 妙 묘할 묘 |
| 存 간직할 존 | 乎 어조사 호 | 一 하나 일 | 心 마음 심 |

    여진족이 세운 금(金)나라가 남하하여 송나라의 수도를 함락하자 송나라는 남쪽으로 수도를 옮겼다. 그러나 일선에 남아 금나라와 대치한 사람은 종택(宗澤)이었는데, 종택 밑에는 악비라는 젊은 장수가 있었다. 그는 출중한 무공과 용감한 행동으로 여러 번 공을 세웠다. 그러나 종택은 그를 더욱더 키우기 위해 어느 날 불러 말했다.
    "자네의 능력과 용기는 옛 명장과 비교해도 뒤지지 않네. 하지만 자네는 야전을 좋아하는데 그건 상책이라고 할 수 없어."
    이렇게 말한 뒤 종택은 그에게 진용을 펴는 방식을 그린 진도(陣圖)를 보여 주었다. 악비가 이를 보고 대답했다.
    "진용을 펴고 싸우는 건 전술의 상식입니다. 하지만 그 진을 운용하는 묘는 마음 하나에 달려 있다고(運用之妙 存乎一心) 생각합니다."
    악비는 그 뒤 남송 최대의 명장이 되어 금나라와 싸웠다. 하지만 금나라와 화친을 주장하는 진회(秦檜)에게 죽임을 당했다.

백 번 싸워서 백 번 다 이긴다

백전백승　百戰百勝

> 싸울 때마다 언제나 승리한다는 뜻이다. 흔히 스포츠나 게임에서 백전백승이란 말을 쓸 때는 긍정적이고 적극적인 의미로 쓰이지만, 원래는 싸우지 않고 이기는 것보다 못한 차선책을 지칭할 때 쓰인 말이다. 출전은 《손자병법》.

百 일백 백　戰 싸울 전　勝 이길 승

　손자(孫子)가 쓴 《손자병법》 '모공(謀攻)' 편을 보면 이런 글이 나온다.
　"용병(用兵)의 법도에서 최선책은 적국을 온전히 둔 채로 굴복시키는 것이고, 차선책은 적국을 깨뜨려서 굴복시키는 것이다. 또 적의 군(軍)을 온전히 둔 채로 굴복시키는 것은 최선책이고, 적의 군을 깨뜨려서 굴복시키는 것은 차선책이다. 적의 여(旅)를 온전히 둔 채로 굴복시키는 것은 최선책이고, 적의 여(旅)를 깨뜨려서 굴복시키는 것은 차선책이다. 적의 졸(卒)을 온전히 둔 채로 굴복시키는 것은 최선책이고, 적의 졸을 깨뜨려서 굴복시키는 것은 차선책이다. 적의 오(伍)를 온전히 둔 채로 굴복시키는 것은 최선책이고, 적의 오를 깨뜨려서 굴복시키는 것은 차선책이다. 그러므로 백 번 싸워서 백 번 이긴다(百戰百勝) 해도 최선책은 아니니, 싸우지 않고 적의 병사를 굴복시키는 것이야말로 최선책이다."
　여기서 말하는 군(軍), 여(旅), 졸(卒), 오(伍)는 손자 시대의 군대 편제인데 1만2천5백 명을 '군', 5백 명을 '여', 1백 명을 '졸', 5명을 '오'라고 하였다.

제6장 책략　431

적은 숫자로는 많은 숫자를 대적할 수 없다
중과부적 衆寡不敵

> 나아가 상대의 실력이 나의 실력보다 뛰어나서 도저히 이길 수 없을 때 쓰이는 말이다. 출전은 《맹자》 '양혜왕(梁惠王)'.

衆 무리 중, 많을 중 | 寡 적을 과 | 不 아닐 부 | 敵 대적할 적, 원수 적

전국 시대 때 맹자는 열국의 왕들에게 왕도(王道)를 역설했는데, 제나라의 선왕(宣王)을 만났을 때 이렇게 말했다.

"스스로 방탕한 생활을 하면서 나라를 부강하게 하고 천하의 패권을 잡겠다는 것은 마치 '나무에 올라가서 물고기를 잡겠다(緣木求魚)'는 것과 같습니다."

제선왕이 깜짝 놀라서 물었다.

"아니, 과인의 행동이 그토록 나쁘단 말이오?"

"나쁘다뿐입니까? '나무에 올라가서 물고기를 잡겠다'는 것은 실패해도 해로울 것이 없지만, 임금의 정책이 실패하면 나라가 망하게 됩니다. 가령, 지금 작은 나라인 추(鄒)나라가 강한 나라인 초나라와 싸운다면 어느 쪽이 이기겠습니까?"

"물론 초나라가 이기겠지요."

"그렇다면 '적은 숫자로는 진실로 많은 적들을 이길 수 없고(衆寡不敵), 약한 나라는 강한 나라를 대적할 수 없는' 노릇입니다. 지금 천하에는 사방 천 리의 땅을 가진 강한 나라가 아홉 개 있는데, 제나라도 그 중의

하나입니다. 한나라가 나머지 여덟 나라와 싸워서 패권을 차지하겠다는 것은 결국 추나라가 초나라에게 대적하는 것과 무엇이 다르겠습니까?"

"그럼 어찌해야 합니까?"

"어진 덕으로 다스리면 천하의 백성들이 모두 폐하를 우러러볼 것이며, 그때 천하는 폐하의 뜻에 따를 것입니다. 오직 왕도를 따르는 자만이 천하를 다스릴 수 있습니다."

바람처럼 빠르게 공격하고 숲처럼 천천히 움직이며,
불처럼 뜨겁게 돌진하고 산처럼 머물러 있어야 한다

풍림화산 風林火山

적과 대치하고 있을 때 공격과 방어의 효율적인 방법을 말한 것이다. 출전은 《손자병법》.

| 風 바람 풍 | 林 수풀 림 | 火 불 화 | 山 뫼 산 |

《손자병법》에는 다음과 같은 내용이 나온다.

"그러므로 병법은 속임수로써 건립하고, 이익이 있을 때 움직이고, 합치고 분산하는 것으로 변화를 삼는 것이다. 따라서 빠를 때는 바람처럼 움직이고, 서서히 이동할 때는 숲처럼 하고, 침략할 때는 불처럼 뜨겁게 하고, 움직이지 않을 때는 산처럼 머물러야 한다."

양을 소 대신 쓰다
이양역우 以羊易牛

작은 것을 큰 것 대신 사용한다는 뜻이다. 출전은 《맹자》 '양혜왕(梁惠王)' 편.

| 以 써 이 | 羊 양 양 | 易 바꿀 역 | 牛 소 우 |

전국 시대 때, 제나라 선왕이 맹자에게 물었다.
"과인 같은 사람도 백성을 보호할 수 있습니까?"
맹자가 대답했다.
"있습니다. 저는 호흘에게 이런 말을 들었습니다.
왕께서 마루 위에 앉아 계시는데, 소를 끌고 마루 밑을 지나가는 자가 있었습니다. 왕께서 '소를 어디로 끌고 가는가?' 하고 물었죠. 그 사람은 '이 소를 잡아서 종에 피를 칠하는 의식을 치를 것입니다'라고 대답했습니다. 그러자 왕께서는 '내 차마 그 소가 벌벌 떨면서 죄 없이 사지로 가는 것을 못 보겠구나'라고 하셨죠. 그 사람이 '그러면 종에 피를 칠하는 의식을 없앨까요?'라고 물으니, 왕께서는 '어찌 없앨 수 있는가? 양을 소 대신 쓰거라'라고 답하셨습니다."
"잘 모르겠습니다만, 정말 그런 일이 있었습니까?"
맹자가 대답했다.
"있었습니다."

제7장 인물

삶과 죽음을 초월한 우정

큰 그릇은 늦게 만들어진다
대기만성 大器晚成

남달리 뛰어난 인물은 보통 사람보다 뒤늦게 이루어진다. 어떤 일에서 뒤늦게 성공한 사람을 가리킬 때 대기만성이라고 한다. 출전은 《노자(老子)》 41장.

| 大 큰 대 | 器 그릇 기 | 晚 늦을 만 | 成 이룰 성 |

뛰어난 사람(上士)이 도를 들으면, 부지런히 실천한다. 보통 사람(中士)이 도를 들으면, 그 도에 대한 믿음과 의심이 반반이다. 모자란 사람(下士)이 도를 들으면, 얼토당토 않다고 생각해 크게 웃고 만다. 웃지 않는다면 도라 하기엔 부족한 것이다. 그래서 옛사람은 이렇게 말했다.

"밝은 도는 어두운 것 같고, 앞으로 나가는 도는 물러나는 것 같고, 평탄한 도는 험난한 것 같다. 빼어난 덕은 오히려 골짜기처럼 낮은 것 같고, 너무나 흰 것은 더러운 것 같고, 넓은 덕은 부족한 것 같고, 건전한 덕은 나약한 것 같고, 변함없는 덕은 변하는 것 같다. 커다란 사각형은 그 각(角)이 없고, 큰 그릇은 늦게서야 이루어지고(大器晚成), 큰 소리는 그 소리가 미미한 것 같고, 크나큰 형상은 형태가 없다."

도는 숨어 있어 일정한 이름을 붙일 수 없다. 도야말로 만물에 힘을 잘 빌려 주어 만물을 생성케 하는 것이다. 여기서 '대기만성'은 큰 그릇은 완전히 이루어지지 않은 것처럼 보인다는 뜻이다. 그런데 지금은 '큰 인물은 쉽게 나오지 않는다'거나 '큰 인물은 늦게서야 완성된다'는 뜻으로 쓰인다. 즉, 때를 만나지 못한 사람을 형용할 때 쓰인다.

영웅적인 비상
웅비 雄飛

힘차고 씩씩하게 뻗어나가는 기상을 나타낼 때 쓴다. 출전은 《후한서》 '조전전(趙典傳)'.

雄 수컷 웅 ｜ 飛 날 비

후한 말기 때 조전(趙典)은 행실이 바르고, 경서에도 통달해 멀리서도 제자들이 모여들었다. 조전이 시중(천자의 비서 역할을 하는 벼슬)으로 있을 때, 환제가 궁궐 안에 호화로운 연못을 만들려고 하자 그가 간했다.

"제왕은 생활을 검소하게 해 백성들을 이롭게 해야 합니다."

또 그가 대홍로(외국 사절을 접대하는 관리)를 맡았을 때, 환제는 공로가 없는 자에게도 봉토(封土)를 주려고 했다. 대부분의 신하들이 감히 간하지를 못했으나 조전은 달랐다.

"공로가 없는 자에게 봉토를 주면, 나랏일에 온몸을 바친 사람은 의욕을 잃을 것이고, 따라서 세상이 혼란해져 좋지 않습니다."

이처럼 조전은 기개가 있는 사람이었다. 그의 조카 조온(趙溫)도 같은 기질을 가졌는데, 벼슬을 사직하면서 이런 말을 남겼다.

"대장부는 수컷처럼 훨훨 날아야(雄飛) 한다. 어찌 암컷처럼 엎드려만(雌伏) 있겠는가?"

어느 해 기근이 들자 조온은 집 안에 비축해 놓았던 식량으로 1만 명 이상의 사람들을 구했다. 그는 나중에 강남정후(江南亭候)에 봉해졌다.

태산과 북두칠성
태산북두 泰山北斗

> 한 분야의 정상에 서서 중심적인 역할을 수행하는 사람을 '태산북두' 또는 줄여서 '태두(泰斗)'라고 한다. 출전은 《당서》 '한유전(韓愈傳)'.

泰 클 태   山 외 산   北 북녘 북   斗 말 두

　한유(韓愈)는 당나라 때의 문장가로 소위 '당송팔대가(唐宋八大家)'의 첫머리에 놓이는 사람이다. 그의 공적은 육조(六朝) 시대부터 내려오는 사륙변려체(四六騈儷體)의 문장을 개혁해 한나라 이전의 고문(古文)을 부활시킨 것이었다. 이 한유가 부활시킨 문어체의 문장은 그 뒤 천여 년 동안 중국 산문체의 주류를 형성해 왔다.
　한편 한유는 노장(老莊)과 불교를 배척하고 유교를 숭상했는데, '한유전'에서는 그를 이렇게 칭송하고 있다.
　"한유가 죽은 뒤에도 그의 말은 크게 유행해 학자들은 그를 '태산북두(泰山北斗)'처럼 숭앙했다."
　여기서 태산(泰山)은 산동성에 있는 산으로 오악(五嶽)의 하나이며 북두(北斗)는 북극성을 가리킨다. 모두 으뜸되고 중심이 되는 것을 가리키는 말이다. 원래는 사람들이 항상 우러러보고 높이는 것을 가리키는 말이었는데, 나중에는 한 분야의 정상을 차지하거나 최고의 권위를 가진 사람을 가리키는 말로 변형되었다.

죽마를 함께 타고 놀던 옛 친구

죽마고우 竹馬故友

어릴 적부터 함께 사귀어 온 절친한 친구를 말한다. '죽마(竹馬)'는 두 개의 대나무에 다 적당한 높이의 발판을 만들어 타고 놀 수 있도록 만든 대나무 말이다. 출전은 《후한서(後漢書)》 '곽급전(郭伋傳)'.

竹 대 죽   馬 말 마   故 옛 고   友 벗 우

후한서(後漢書) '곽급전(郭伋傳)'에는 이런 말이 나온다.

"수백 명의 어린이들이 저마다 죽마를 타고 길에서 서로 맞이하는 절을 한다."

이를 보면 서기 전후해서 죽마 놀이가 있었던 것은 분명하다. 그러나 어린 시절부터의 친구라는 뜻을 가진 '죽마고우'는 진(晉)나라 무제(武帝) 사마염(司馬炎)이 제갈정(諸葛靚)에게 처음 말한 것이다.

제갈정의 아버지 제갈탄(諸葛誕)은 당시 조정에서 전횡을 일삼던 무제의 아버지 사마소(司馬昭)에게 반기를 들다가 살해당했다. 그리고 제갈정은 오(吳)나라에 인질로 가 있다가 오나라가 멸망하자 진나라로 돌아왔다.

진나라는 그를 대사마(大司馬)로 임명했지만 그는 부임하지 않았다. 진나라 황실을 늘 원수로 생각하고 있었기 때문이다. 무제는 제갈정과 어릴 적부터 친구였기 때문에 어떻게든 그를 만나고 싶어했지만, 그가 벼슬에 부임하지 않았기 때문에 만날 수가 없었다. 그래서 자기에겐 숙모이자 제갈정에겐 누님이 되는 제갈비(諸葛妃)에게 부탁하여 그를 불러오

게 했다.

제갈정이 누님을 찾아와 함께 이야기를 하고 있을 때, 무제가 그 자리에 나타나 제갈정과 오랜만에 만나 인사를 했다. 그리고 주연이 벌어졌을 때 무제는 진지한 얼굴로 말했다.

"자네는 예전 죽마를 타고 다니던 좋은 시절이 생각나지 않는가?"

제갈정이 대답했다.

"신(臣)은 '숯을 삼키지도 못하고 몸에 옻칠도 하지 못했는데' 오늘은 다시 폐하를 뵙게 되었습니다."

이렇게 말하면서 제갈정은 눈물을 흘렸다. 무제는 그의 마음을 알고서 그와 만나려고 그를 괴롭힌 것이 부끄러워 밖으로 나갔다.

여기서 '숯을 먹고 몸에 옻칠을 한다'는 것은 전국 시대 때 진나라의 예양(豫讓)이 은인의 원수를 갚으려고 숯을 먹어 목소리를 바꾸고 몸에 옻을 칠해 문둥이로 변장한 데서 유래한 것이다. 즉, 제갈정이 아직 부모의 원수를 갚지 못한 사실을 말하면서 은근히 무제를 힐책한 것이다.

복숭아가 피어 있는 동산에서 의형제를 맺다

도원결의 桃園結義

이 말은 중국 민중들 사이에서 의형제를 맺을 때 하나의 귀감으로 쓰는 말로, 그 출처는 명(明)나라 때 나온 장편소설 《삼국지연의(三國志演義)》로서 실제로는 꾸며낸 이야기다. 하지만 시간이 흐를수록 이 꾸며낸 이야기는 실제 사실인 양 받아들여져, 후세 사람들은 으레 이 '도원결의'를 그린 그림 앞에서 의형제를 맺곤 했다.

| 桃 복숭아 도 | 園 뜰 원 | 結 맺을 결 | 義 옳을 의 |

흔히 사람들은 전한(前漢)은 외척에 의해 멸망하고 후한(後漢)은 환관에 의해 멸망했다고 말한다. 이 환관의 횡포와 흉년으로 민중들의 피폐가 극도에 달했을 때, 한(漢) 왕실을 타도하려고 궐기한 무리가 태평도(太平道)의 교조 장각(張角)이 이끄는 황건적(黃巾賊)이었다. 이들은 전국 각지에서 봉기하여 대군을 형성한 뒤 수도 낙양(洛陽)으로 향했는데, 당황한 한 왕실은 전국에서 의용군을 모집하여 이들을 막으려 했다.

당시 이 의용군을 지원하는 과정에서 만나게 된 세 사람이 있었는데, 그들의 이름은 유비(劉備), 관우(關羽), 장비(張飛)였다. 세 사람은 장비의 집에서 군사를 일으킬 것을 모의하고 있었는데, 이때 장비가 말했다.

"우리 집 뒤에 복숭아 밭이 있는데, 지금 복숭아꽃이 한창입니다. 내일 그곳에서 천지신명께 제사를 지낸 뒤 우리 세 사람이 의형제를 맺읍시다. 힘을 합치고 마음을 하나로 할 것을 맹세하고서 군사를 일으킵시다."

유비와 관우도 장비의 말에 찬성했다. 다음날 세 사람은 복숭아 밭에서 향을 사르고 두 번 절하면서 맹세했다.

"생각건대 유비, 관우, 장비는 비록 성은 다르지만 이미 형제를 맺기로 하였습니다. 마음을 합치고 힘을 모아 위험과 곤궁에 빠진 자들을 구원해, 위로는 나라에 보답하고 아래로는 만백성을 편안케 하겠습니다. 같은 해, 같은 달, 같은 날에 태어나진 못했지만 같은 해, 같은 달, 같은 날에 죽고자 합니다. 하늘과 땅은 이 마음을 사실대로 비쳐 보셔서 만약 의를 배반하고 은혜를 저버리는 자가 있다면 하늘과 사람들이 함께 그 자를 죽이시옵소서."

이렇게 의형제를 맺어 황건적 토벌에 참가한 세 사람은 나중에 조조의 위(魏)나라, 손권의 오(吳)나라와 함께 촉(蜀)나라를 세워 삼국을 형성한다.

'도원결의'는 민중들 사이에서뿐만 아니라 정치적으로 이용되기도 했다. 즉, 청(淸)나라의 세조(世祖)는 명(明)나라를 치기에 앞서 몽고를 정복했는데, 그들이 배반할까 두려워해 형제의 동맹을 맺었다. '도원결의'를 모방해, 만주를 형인 유비로, 몽고를 아우인 관우로 해서 살아도 같이 살고 죽어도 같이 죽을 것을 맹세했던 것이다.

외눈박이 용

독안룡 獨眼龍

독안룡은 당나라 멸망의 원인이 된 '황소의 난'을 평정하는 데 최고의 공훈을 세운 이극용(李克用)을 가리키는 이름으로 외눈으로서 용맹한 사람을 뜻한다. 출전은 《당서》 '이극용전'.

| 獨 홀로 독 | 眼 눈 안 | 龍 용 룡 |

이극용은 돌궐족 출신이다. 아버지 이국창(李國昌)이 방훈(龐勛)의 난을 평정할 때 열다섯 나이로 종군하여 항상 앞장서서 활약해서 병사들이 그를 비호자(飛虎子)라 불렀다. 그는 하늘을 나는 솔개 두 마리를 화살 하나로 쏘아 맞췄다고 한다.

황소의 난 때 이극용은 달탄족의 군대 3만 5천을 이끌고 북쪽에서 남하했다. 당시 황소의 군대는 수십만 대군이 수도 장안에 집결해 있었고, 관군이 그들을 포위해 공격하는 형세였다. 그러나 황소의 군대가 점점 약해지긴 했지만, 전투력이 워낙 뛰어나서 관군은 함부로 공격하지 못하고 있었다. 그런 와중에서도 이극용이 이끄는 기마부대는 그 용맹함으로 황소의 부대를 크게 위협했다.

그들은 모두 검은 옷을 입고 있었기 때문에 황소군은 그들을 까마귀 부대(鴉兒軍)라 불렀고, 황소의 군대는 싸우지도 않고 도망쳤다. 결국 이극용은 관군과 연합하여 황소의 군대를 격파하고 최초로 장안에 입성했다. 《자치통감(資治通鑑)》에는 당시 상황을 이렇게 전한다.

"갑진년(甲辰年)에 이극용은 광태문(光泰門)을 통해 장안으로 들어갔다. 황소는 힘껏 싸웠지만 전세가 불리해지자 궁궐에 불을 지르고 퇴각했다. 황소 부대의 군사들 중에는 죽은 자도, 항복하는 자도 많았다. 관군의 약탈 또한 적과 다를 바 없었다. 장안에 있는 집들은 거의 파괴되었고 백성들도 거의 살아남지 못했다…….

당시 이극용의 나이는 스물여덟 살이었다. 최연소 장수로 황소를 격파하고 장안을 되찾았으니 공로가 제일이다. 최강의 군세를 가졌기 때문에 모든 장수들이 그를 두려워했다. 이극용의 눈은 한 쪽이 거의 감겨 있어서 당시 사람들은 그를 '독안룡'이라 불렀다."

이극용은 그 뒤 다시 주전충(朱全忠)과 조정에서 주도권 다툼을 벌였다. 주전충은 당을 멸망시키고 후량(後梁)을 세웠는데, 이극용의 아들이 다시 후량을 전복시키고 후당(後唐)을 세워 아버지에게 무황제(武皇帝)라는 시호를 내렸다.

거스름이 없는 친구
막역지우 莫逆之友

아주 친한 친구 사이를 표현할 때 막역(莫逆)한 사이라고 한다. 서로 간에 마음이 거스르지 않고 잘 맞는 것을 말한다. 출전은 《장자(莊子)》 '대종사편(大宗師)'편.

| 莫 말 막 | 逆 거스를 역 | 之 어조사 지 | 友 벗 우 |

자사(子祀), 자여(子輿), 자리(子犁), 자래(子來), 네 사람이 서로 말했다.

"누가 무(無)를 머리로 삼고, 생(生)을 등으로 삼고, 죽음을 엉덩이로 삼을 수 있겠는가? 누가 삶과 죽음, 유(有)와 무(無)가 한몸이란 걸 알겠는가? 우린 서로 함께 벗이 되자."

네 사람은 서로 바라보면서 웃었다. 서로의 마음에 전혀 거스르는 바가 없어서 마침내 함께 벗이 되었다.

자상호(子桑戶), 맹자반(孟子反), 자금장(子琴張), 세 사람이 서로 말했다.

"누가 서로 함께함이 없이 함께하며, 인위적 활동 없이(無爲) 행동할(爲) 수 있겠는가? 누가 하늘에 올라가 운무와 노닐고 무극(無極)의 경지를 떠돌면서 유한의 생을 잊고 무한 속에서 살아갈 수 있겠는가?"

세 사람은 서로 바라보면서 웃었다. 마음에 전혀 거스르는 바가 없자 마침내 세 사람은 친구가 되었다.

형제 사이
백중지간 伯仲之間

실력이 비슷비슷해서 우열을 가릴 수 없을 때, 곧잘 '백중지간'이란 말을 쓴다. 그러나 백중(伯仲)은 원래 형제간의 순서에서 나온 말이다. 가장 맏형을 백(伯), 그 다음을 중(仲), 셋째를 숙(淑), 그리고 맨 끝을 계(季)라고 한 것이다. 형제간은 비슷하여 닮았기 때문에 나온 말이라고 생각한다. 출전은 《예기(禮記)》 '단궁(檀弓)'편에 기록된 주나라의 관례에 보인다.

伯 맏 백   仲 버금 중   之 어조사 지   間 사이 간

자식이 태어나면 3개월 만에 이름을 짓고, 스무 살이 되면 성인이 되는 관(冠)을 씌우고(그래서 20살을 약관(弱冠)의 나이라고 한다) 자(字)를 짓는다. 나이 쉰 살이 되면 자(字) 위에다 백(伯), 중(仲) 등 형제의 순서를 나타내고, 죽으면 시호를 내린다. 이것은 주나라의 관례이다.

공자의 탄생을 기록한 《사기》 '공자세가(孔子世家)'를 보면 공자의 할아버지가 백하(伯夏)와 숙량흘(淑梁紇)을 낳았고, 이 숙량흘이 안씨의 여자와 야합하여 공자를 낳았다는 기록이 있다. 여기서 백하가 맏형이고 숙량흘이 셋째인 것을 알 수 있다.

그러나 백중지간이란 말을 처음 쓴 사람은 위(魏)나라 문제(文帝) 조비(曹丕)로 다음과 같다.

"문인끼리 서로 경시하는 것은 옛날부터 그랬다. 부의(傅儀)와 반고(班固)는 서로 백중지간일 뿐이다."

동녘에서 부는 바람이 말의 귀를 지나간다
마이동풍 馬耳東風

무관심하거나, 남의 말을 전혀 귀담아 듣지 않을 때 '마이동풍'이란 말을 쓴다. 문자적인 뜻은 '동녘에서 부는 바람이 말의 귀를 지나간다' 이다. 유사한 말로는 '소 귀에 경 읽기(牛耳讀經)'가 있는데, 말하는 사람의 취지를 전혀 이해하지 못하는 것이다. 출처는 이백이 지은 《답왕십이한야독작유회(答王十二寒夜獨酌有懷)》이다.

| 馬 말 마 | 耳 귀 이 | 東 동녘 동 | 風 바람 풍 |

"진나라의 왕자유(王子猷)는 간밤에 큰 눈이 오자 문을 열어놓고 술을 마셨소. 술 마시는 동안 대안도(戴安道)가 못 견디게 보고 싶었던 그는 배를 타고 대안도로 갔소. 그러나 도착할 때가 되자 그냥 돌아오고 말았는데, 이유를 묻자 그는 '흥을 타고 왔다가 흥이 다해 돌아갔을 뿐 꼭 대안도를 만나려고 했던 것은 아니오'라고 답했소이다."

왕십이가 '추운 밤 홀로 술잔을 기울이며 회포에 젖음(寒夜獨酌有懷)'이란 시를 보내오자, 이백이 답한 시이다. 즉, 자기도 이 같은 흥이 일어나서 시를 쓴다고 말한 것이다. 그리고는 관리들의 권력 다툼질을 따를 수는 없으니, 시를 읊거나 부(賦)를 짓는 일이 고작인데, 역시 아무리 많이 지어도 술 한잔의 가치도 없다면서 이렇게 읊고 있다.

"세상 사람들은 이렇게 지은 시를 들으면 누구나 머리를 흔들 걸세. 마치 동쪽에서 부는 바람이 말의 귀를 스치는 것(馬耳東風)과 같을 뿐이지."

세상 사람들이 자기가 지은 시나 다른 작품에 대해선 아예 관심도 없다는 것이다. 그러나 이백은 세태가 그렇다 해도 현재의 처지를 적극적으로 받아들이고, 억지로 부귀영화를 바라지는 말라고 권고하고 있다.

하얀 눈썹

백미 白眉

어떤 분야에서 가장 뛰어난 사람이나 가장 훌륭한 작품을 말할 때 '백미'라는 말을 쓴다. 출처는 《삼국지》 '마량전(馬良傳)'.

白 흴 백   眉 눈썹 미

삼국 시대 때 유비의 신하 마량은 문무를 겸비한 인물로 제갈량과 생사지교(生死之交)를 맺을 정도였다. 그의 형제는 다섯으로 모두 재주가 뛰어났지만, 그중에서도 마량이 가장 뛰어났기 때문에 사람들은 그를 이렇게 칭찬했다.

"마씨 형제들은 모두 수재지만, 그중에서도 저 백미(白眉)가 제일이다."

마량은 어릴 때부터 눈썹에 흰털이 많이 섞여 있어서 사람들은 그를 하얀 눈썹, 즉 백미라고 불렀다. 따라서 원래 백미는 마량의 별명으로 형제 중에서 가장 뛰어났다는 뜻이다. 이 말이 후대에는 범위를 넓혀서 출중한 인물이나 작품 등을 가리키는 말로 쓰인 것이다.

읍참마속(泣斬馬謖), 즉 제갈량이 눈물을 흘리면서 목을 벤 마속(馬謖)은 바로 마량의 동생이다.

천지개벽 이전의 혼돈 상태를 깨뜨린다
파천황 破天荒

'이전에는 결코 없었던 일'이란 뜻으로, 지금껏 아무도 생각지 못했던 놀랄 만한 일을 하는 것을 말한다. 출전은 송나라 때 손광헌(孫光憲)이 지은 《북몽쇄언(北夢瑣言)》.

| 破 깰 파 | 天 하늘 천 | 荒 거칠 황 |

중국의 과거제도는 수(隋)나라 때 시작하여 1,300년의 긴 역사를 갖고 있다. 유교 경전에 대한 지식과 시와 문장을 짓는 능력, 정치에 대한 식견 등을 출제한 공개 시험제도였다. 응시 자격은 지방의 국립학교에서 우수한 성적을 낸 자와 지방장관이 시행하는 선발 시험에 합격해서 중앙에 추천받는 두 종류였다. 이중 후자의 합격자를 '통달했다는' 뜻의 '해(解)'라고 불렀다. 손광헌이 지은 《북몽쇄언》에는 이런 이야기가 나온다.

"당나라 형주는 글공부하는 사람들이 많이 모이는 곳이다. 해마다 '해(解)'를 뽑아 중앙에 보냈지만 급제하는 사람이 없어서, 그들을 '천황해(天荒解)'라고 불렀다. 그런데 유세(劉蛻)라는 사람이 형주의 '해'로서 중앙에 급제하였다. 그래서 사람들은 그를 '파천황'이라 불렀다."

여기서 '천황'은 중앙에 급제하지 못한 것을 뜻하며, '파천황'은 이 '천황'을 깨버린, 다시 말해서 중앙에 급제한 것을 가리킨다. 이 의미가 전이되어 전대미문의 사건을 가리킬 때 파천황이란 말을 쓰는 것이다.

유세가 급제하자 당시 형남군절도사(荊南軍節度使) 최현(崔鉉)은 '파천황전(破天荒錢)'이란 명목으로 상금 70만 전을 보냈다고 한다.

목에 칼이 들어와도 변하지 않는 사귐
문경지교 刎頸之交

둘도 없는 친구 사이를 '문경지교'라고 한다. 생사를 같이 하는 친구 사이인 '생사지교(生死之交)'와 같은 말이다. 출전은 《사기》 '염파인상여열전(廉頗藺相如列傳)'.

| 刎 목벨 문 | 頸 목 경 | 之 어조사 지 | 交 사귈 교 |

    진나라는 조나라의 성을 빼앗은 뒤 평화교섭을 하자고 통고해 왔다. 조나라 혜문왕은 두려워서 가지 않으려 하자, 대장군 염파와 인상여가 간했다.

    "왕께서 가지 않는다면 조나라가 약하고 비겁하다는 걸 보여주는 꼴이 됩니다."

    결국 왕은 인상여와 함께 진나라에 가서 평화교섭을 했다. 진나라 왕은 주연이 벌어진 자리에서 조나라 왕을 굴복시키려 했지만 인상여의 기지와 용기로 뜻을 이루지 못했다. 조나라로 돌아온 혜문왕은 인상여의 공을 높이 사 경대부(卿大夫)로 임명했다. 그러자 대장군 염파는 인상여가 자신보다 높은 벼슬에 오르는 것에 불만을 가지게 되었다.

    "나는 조나라의 장군으로 적의 성을 빼앗고 전투에서 승리한 커다란 공적이 있다. 그런데 인상여는 입과 혀를 움직였을 뿐인데 나보다 벼슬이 높다. 게다가 인상여는 비천한 계급 출신이다. 내 어찌 이런 자 밑에 있을 수 있겠는가?"

    그리고는 기회만 오면 인상여에게 모욕을 주려고 했다. 이 말을 들은 인상여는 염파와 마주치지 않으려고 했다. 조정에서 불러도 병을 빙미로 들어가지 않아 염파와 서열 다툼이 일어나지 않도록 했다.

어느 날 인상여가 외출을 했는데, 멀리 염파의 모습이 보였다. 그는 수레를 옆 길로 돌려 염파가 지나갈 때까지 숨어 있었다. 그러자 인상여의 부하들이 말했다.

"저희들이 어른을 모시는 건 어른의 높은 뜻을 추앙하기 때문입니다. 그런데 항상 이런 식으로 염장군을 피해 도망치시는 까닭을 알 수 없습니다."

인상여가 말했다.

"너희들은 진왕과 염장군 중 누가 높다고 생각하는가?"

"물론 진왕이 높지요."

"나는 진왕을 그의 궁전에서 꾸짖고, 그의 신하들에게도 모욕을 안겨 주었다. 내 비록 우둔하다 해도 어찌 염장군을 두려워하리오. 다만 진나라가 조나라를 공격하지 않는 이유는 한마디로 염장군과 내가 있기 때문이다. 내가 염장군과 맞서 싸운다면 결국 함께 죽음에 이를 것이다. 내가 그를 피하는 것은 국가의 위난을 먼저 중시하고 나의 개인적인 원망은 뒤로 돌리기 때문이다."

염파는 이 말을 듣고 매우 부끄러웠다. 그는 벌거벗은 몸에 가시를 짊어지고 인상여를 찾아가 사죄했다.

"비천한 사람이 장군의 관대한 아량이 이토록 깊은 줄은 알지 못했습니다."

마침내 두 사람은 화해를 하고, '목에 칼을 대도 변하지 않는 사이(刎頸之交)'가 되었다.

넋이 나가다

낙백 落魄

> 뜻을 이루지 못하고 실의한 모습을 뜻한다. 《사기》 '역생육가열전(역生陸賈列傳)'에서 역생이기(酈生食其)라는 사람의 처지를 묘사할 때 나온 말이다.

落 떨어질 락   魄 넋 백

역생은 글읽기를 좋아했으나, 집이 가난해 먹고 입을 것이 없었다. 역생은 마을의 문지기였는데, 모두들 그를 미친 사람으로 여겼다. 나중에 그는 연줄을 통해 한나라 유방을 만나려고 했다. 하지만 중개인은 그를 만류하면서 이렇게 말했다.

"유방은 유생(儒生)을 싫어하네. 유생의 갓을 벗겨 거기다 오줌을 눌 정도라구."

하지만 역생은 태평스런 얼굴로 대답했다.

"상관없네. 만나게나 해주게."

마침내 그의 소개로 역생은 유방을 만나게 되었다. 유방은 의자에 앉아 두 여인에게 발을 씻게 하고 있었는데, 역생이 들어왔으나 의자에서 일어나지도 않았다. 역생도 고개만 까딱하고서 이렇게 말했다.

"당신은 진나라를 도와 제후를 공격하려는 것인가, 아니면 제후를 이끌고 진나라를 격파하려는 것인가?"

"이 좁쌀 같은 유생아, 제후들과 함께 진나라를 공격하려는 걸 모르느냐?"

"의병을 모아 무도하기 짝이 없는 진나라를 치는 것이라면, 의자에서 일어나 어른을 만나 뵈어야 할 것 아니오?"

유방은 즉시 태도를 고치고서 역생을 윗자리에 앉힌 뒤 그의 얘기를 들었다.

후에 제나라가 항우의 초나라에 붙으려 할 때, 그는 제나라 왕을 찾아가 한나라에 붙는 것이 유리하다고 설득했다. 마침내 제나라 왕은 그의 말을 듣고서 한나라에 대한 대비를 하지 않았다. 그 틈을 탄 명장 한신은 제나라를 공격했다. 제나라 왕은 함정에 빠졌다고 생각해 역생을 꾸짖었다.

"네가 한나라 군대를 제지하지 못하면 널 삶아 죽이겠다."

역생은 이미 돌이킬 수 없는 상황이란 걸 알고서 말했다.

"큰 일을 하는 사람은 작은 규범에 구애받지 않고, 뛰어난 덕이 있는 사람은 사소한 예절에 개의치 않는 법이오. 당신을 위해 앞에서 한 말을 번복하지는 않겠소."

제나라 왕은 마침내 역생을 삶아 죽였다.

대들보 위의 군자

양상군자 梁上君子

'도둑'을 가리킬 때 쓰는 말이다. 또 대들보 위로 쥐들이 잘 다니기 때문에 쥐를 가리키기도 한다. 출전은 《후한서》 '진식전(陳寔傳)'.

梁 대들보 양 　 上 위 상 　 君 임금 군 　 子 아들 자

　　후한 말기, 태구현의 원님 진식(陳寔)은 청렴하고 온화한 성품으로 정사를 잘해 나갔다. 어느 해 흉년이 들자 백성들은 심한 굶주림으로 고통받아야 했다. 어느 날 밤 도둑이 진식의 방에 들어와 대들보에 숨었다. 진식은 이 사실을 알아차렸지만 아무 말 없이 자손들을 불러들인 다음, 정색을 하고 그들을 훈계하기 시작했다.

　　"사람이란 반드시 스스로 노력해야 하는 법이다. 착하지 않은 사람도 본래 악한 것이 아니라 나쁜 습관으로 성격이 변해버린 것이다. 바로 여기 있는 '양상군자'가 그렇다."

　　도둑은 이 말을 듣고 깜짝 놀라 대들보에서 내려와 사죄했다. 진식은 천천히 그에게 훈계했다.

　　"네 얼굴을 보니 악한 사람 같지는 않구나. 가난 때문에 그런 짓을 했을 뿐이니 깊이 반성해 착한 사람으로 돌아가거라."

　　진식은 그 도둑에게 비단 두 필을 하사했다. 그 뒤부터는 마을에서 도둑질하는 사람이 없어졌다고 한다.

입에는 꿀이 있지만 뱃속에는 칼이 있다
구밀복검 口蜜腹劍

말은 꿀같이 달콤하게 하지만, 속으로는 음흉한 생각을 품고 있는 것을 말한다. 당나라 현종 때의 재상 이임보(李林甫)를 가리키는 말인데, 《십팔사략》에서는 이렇게 평하고 있다.

| 口 입 구 | 蜜 꿀 밀 | 腹 배 복 | 劍 칼 검 |

"이임보는 현명하고 재능 있는 사람을 질투하고, 자기보다 나은 사람을 억누르고 배척했다. 성격이 음험해서 사람들은 '입에는 꿀이 있지만, 뱃속엔 칼이 있다(口蜜腹劍)'고 말했다."

현종을 제외한 태자 이하 모든 사람들이 그의 술수를 두려워했다. 심지어 안록산까지도 그가 두려워 반란을 일으키지 못하다가 그가 죽은 뒤에야 비로소 반란을 일으켰다. 다음은 그의 음험함을 보여주는 일화다.

어느 날 현종이 갑자기 생각난 듯 이임보에게 물었다.
"엄정지(嚴挺之)는 지금 어디에 있는가?"
엄정지는 강직한 사람으로 요직을 맡고 있다가, 이임보에게 쫓겨나 지방의 태수로 있던 중이었다.
이임보는 숙소로 돌아오자 엄정지의 아우를 불러 말했다.
"황제께서는 자네 형님을 매우 칭찬하시네. 한번 황제를 뵙는 게 어떻겠나? 틀림없이 관직을 받을 수 있을 거네. 일단 병 치료차 장안에 돌아왔다고 상소문을 올리는 게 좋을 듯싶네."

결국 엄정지는 이임보의 말대로 상소문을 올렸다. 이임보는 상소문을 현종에게 보이며 말했다.

전날 말씀하신 엄정지가 상소문을 올렸습니다. 이 글을 보건대, 나이가 많고 병이 깊어 관직을 맡길 수는 없을 것 같습니다. 그냥 한량한 보직에나 앉혀두는 것이 좋을 듯합니다.

"그런가? 안됐지만, 할 수 없지."

이임보의 술수에 말려든 엄정지는 너무나 화가 치밀어 정말 병을 얻어 죽고 말았다.

제비나 참새가 어찌 기러기나 백조의 뜻을 알겠는가?
연작안지홍곡지지 燕雀安知鴻鵠之志

자기가 품고 있는 커다란 뜻을 상대가 몰라줄 때 쓰인다. 출전은 《사기》 '진승세가(陳勝世家)'.

燕 제비 연
鴻 기러기 홍
雀 참새 작
鵠 백조 곡
安 어찌 안
之 어조사 지
知 알 지
志 뜻 지

　진승은 젊은 시절 소작을 하면서 살았다. 어느 날 그는 밭 가는 일을 멈추고, 언덕에 올라가 장탄식을 하면서 친구에게 말했다.
　"앞으로 부귀를 얻는다면 서로 잊지 말도록 하세."
　그를 고용한 주인이 웃으며 말했다.
　"날품팔이 소작농 주제에 어찌 부귀를 얻을 수 있겠나?"
　진승이 탄식하며 말했다.
　"아아, 참새나 제비 따위가 어찌 기러기나 백조의 뜻을 알리오?"
　마침내 진시황이 죽자 진승은 오광과 함께 반란의 선봉장이 되었다. 당시 그는 반란을 일으키면서 '왕이나 제후, 장군, 재상(王候將相)에 어찌 씨가 있겠는가?'라는 유명한 말을 남겼다.
　어쨌든 왕후장상이 되려는 그의 반란은 성공을 거둬 마침내 부귀영화를 얻게 되었다. 그러나 전쟁의 복잡한 정세 속에서 점점 사람을 의심하게 된 진승은 결국 남에게 살해당하고 말았다. 하지만 그의 봉기는 진나라 멸망의 기폭제가 됨으로써 역사의 한 페이지를 장식했다.

오 리나 되는 안개 속에 있다
오리무중 五里霧中

> 안개가 오 리나 뻗쳐 있으면, 어디로 가야할지 방향을 잃고 만다. 이 뜻이 바뀌어 마음이 갈피를 잡지 못해 어찌할 줄을 모른다는 뜻으로 쓰인다. 출전은 《후한서》 '장해전(張楷傳)'.

| 五 다섯 오 | 里 마을 리 | 霧 안개 무 | 中 가운데 중 |

    장해는 뛰어난 학자로 덕행이 높았다. 사람들에게 널리 알려져 그 명성도 높았지만, 관직에 나가는 걸 싫어해 산속에 은거했다. 황제인 순제(順帝)가 불렀지만, 병을 이유로 나가지 않았다.

    장해는 도술을 좋아해서 오 리나 되는 안개를 일으킬 수 있었다. 당시 배우(裵優)라는 사람도 삼 리의 안개를 일으킬 수 있었다. 그러나 그는 장해보다 못하다고 생각해 그의 밑에서 배우고 싶어했다. 하지만 장해는 모습을 숨기면서 그를 보려 하지 않았다.

    나중에 배우는 자기가 일으킨 안개를 이용해 악행을 하다가 체포됐는데, 장해로부터 도술을 배웠다고 진술했다. 장해도 결국 투옥이 되고 말았다. 하지만 이내 장해에게 잘못이 없다는 것이 판명되어 석방이 되었다. 그는 70세까지 장수를 누렸다고 한다.

    여기서 장해가 일으킨 오 리의 안개에서 '오리무중'이라는 말이 나온 것이다.

천리를 보는 눈
천리안 千里眼

> 먼 곳까지 내다보는 안목을 가진 사람을 '천리안'을 가졌다고 말한다. 출전은 《위서(魏書)》'양일전(楊逸傳)'.

| 千 일천 천 | 里 마을 리 | 眼 눈 안 |

    양일은 명문세가 출신으로 늘 백성을 사랑하며 법을 엄정히 지켰다. 흉년으로 굶어죽는 사람이 속출하자, 그는 창고를 열어 식량을 배급하려 했다. 담당관리가 죄를 받을까 두려워서 반대하자 양일이 말했다.
    "나라의 근본은 백성이며, 백성은 먹지 않으면 살 수 없다. 백성이 굶주리는데, 어찌 임금이 배불리 먹겠는가?"
    이처럼 양일은 백성들을 지극히 사랑했다. 따라서 자기 부하가 법을 어기거나 백성에게 피해 입히는 것을 지극히 싫어했다. 그래서 늘 법을 어기는지 감시조를 만들어 살폈고, 관리를 파견할 때는 스스로 식량을 갖고 가게 했다. 백성들은 식사를 차려놓고 대접하려 했지만, 관리들은 들어가지 않았다.
    "양일에겐 '천리안(千里眼)'이 있는데, 어찌 그를 속일 수 있겠는가?"
    그러나 그는 황제 자리를 엿보던 이주(爾朱) 일족에게 미움을 받아 죽고 말았다. 당시 그의 나이 서른두 살이었다. 그가 죽자 광주 사람들은 너나할 것 없이 모두 슬퍼했다. 사람들은 제단을 설치하고, 1개월 이상 향불을 피우고 꽃을 바쳤다고 한다.

송나라 양공의 어짐
송양지인 宋襄之仁

'전혀 쓸모없는 인정'이나 '빗나간 동정심'을 말한다. 출전은 《십팔사략》,《춘추좌씨전(春秋左氏傳)》.

宋 송나라 송　襄 오를 양, 도울 양　之 어조사 지　仁 어질 인

　　송나라 양공은 제환공(齊桓公)이 죽자 제나라를 공격해 효공(孝公)을 즉위시켰다. 그리고 각 제후를 모아 놓고 자기가 맹주가 되었다. 이때 사마(司馬) 벼슬을 하던 목이(目夷)가 양공을 만류했다.
　　"작은 나라가 맹주가 되는 것은 화를 자초하는 일입니다."
　　그해 가을 초나라는 계략을 써서 그를 포로로 잡아가 버렸다. 겨우 용서를 받아 송나라로 돌아온 그는 정나라가 초나라와 내통하자 정나라를 공격했다. 초나라가 정나라를 구하러 오자, 양공은 초나라 군대와 홍수(泓水)에서 싸우기로 결심했다. 초나라 군대는 강을 건너느라고 진용이 충분히 정비되지 않았다. 이를 간파한 목이가 다시 간했다.
　　"적군은 많고 아군은 적으니, 저들이 진용을 정비하기 전에 칩시다."
　　하지만 양공은 찬성하지 않았다.
　　"적군의 진용이 정비되지 않은 틈을 타서 치는 것은 비겁한 일이오."
　　결국 양공은 초나라 군대가 진용을 정비한 뒤에 공격했다. 송나라 군대는 크게 패하고, 이때 당한 부상으로 그는 이듬해 죽고 만다. 사람들은 양공의 쓸모없는 인정을 비웃으면서, '송양공의 어짐'이라고 했다.

머리 끝에 난 뿔

두각 頭角

학업이나 스포츠 등에서 재능과 실력이 남보다 특히 뛰어날 때 "두각을 나타낸다"고 말한다. 두각의 낱말 뜻은 '머리 끝'인데, 출중한 능력을 표현할 때 쓰이는 말이다. 출전은 한유가 지은 '유자후묘지명(柳子厚墓誌銘)'. 자후는 당대의 명문장 유종원(柳宗元)의 자(字)다.

頭 머리 두 | 角 뿔 각

  유종원은 어려서부터 영민해서 모든 일에 통달하고 있었다. 그의 아버지가 살아 있을 때, 젊은 나이인데도 이미 완성의 경지에 달해 있었다. 과거에 급제해 진사가 되면서 단연 '두각(頭角)'을 나타냈다. 세상 사람들은 유씨 집안에 훌륭한 자손이 나왔다고 말했다.

  유종원이 진사에 합격한 것은 21세 때였다. '두각을 나타낸다(見頭角)'에서 '見'은 '현'으로 읽으며 '나타낸다'는 뜻이다.

철판을 깐 얼굴

철면피 鐵面皮

부끄러움도 모르는 뻔뻔한 사람을 가리킨다. 출전은 《북몽쇄언》.

| 鐵 쇠 철 | 面 얼굴 면 | 皮 가죽 피 |

왕광원(王光遠)은 과거에 합격할 정도로 학식이 있었지만, 대단한 출세주의자였다. 그는 권세 있는 집에 수시로 출입하면서 온갖 아부를 했다. 남이 보든 말든 아첨을 했으며, 상대가 술에 취해 무례를 범해도 웃어넘겼다.

한번은 술에 취한 상대가 손에 회초리를 들고 말했다.

"당신을 때려도 좋은가?"

"귀하의 매라면 기꺼이……."

이렇게 말하면서 왕광원은 등을 내밀었다. 술에 취한 상대방도 정말 매질을 했다. 그런데도 왕광원은 화를 내지 않고 상대방의 비위를 맞춰주었다. 그 자리에 함께 참석했던 친구가 나중에 그에게 물었다.

"자네는 정말 수치를 모르는가? 그런 모욕을 당했는데도 가만있다니."

하지만 왕광원은 태연히 이렇게 말했다.

"그 사람에게 잘 보여서 나쁠 것 없지 않은가?"

당시 사람들은 이 왕광원을 평하여 "왕광원의 얼굴은 두껍기가 열 겹 철판을 깐 것 같다"고 말했다. '철면피(鐵面皮)'는 바로 이 말에서 나온 것이다.

뛰어난 서예가는 붓을 가리지 않는다
능서불택필 能書不擇筆

좋은 붓이나 종이를 쓰려는 사람은 아직 서예의 뛰어난 경지에 이르지 못했다는 뜻이다. "실력 없는 놈이 연장 탓만 한다"는 우리 속담과 일맥상통한다. 출전은 《당서(唐書)》 198권.

| 能 능할 능 | 書 글 서 | 不 아니 불 | 擇 가릴 택 | 筆 붓 필 |

당나라 초기의 3대 서예가는 구양순(歐陽詢)과 우세남(虞世南), 저수량(楮遂良)이었다. 셋 다 왕희지에게 글씨를 배워 일가를 이뤘는데, 오늘날까지도 그들의 글씨는 서예의 전범이 되고 있다.

어느 날 저수량이 우세남에게 물었다.

"내 글씨는 지영(智英) 선생과 비교해 어떻습니까?"

지영 선생은 우세남에게 서예를 가르쳐 준 승려이다.

"지영 선생의 글씨는 한 글자에 5만 냥 가치가 있다고 들었네. 자네 글씨는 그렇지 못하잖나?"

"그럼 구양순과 비교하면 누가 더 낫습니까?"

"구양순은 글씨를 쓰는데, 종이나 붓을 가리지 않는다고 들었네. 그러면서도 마음먹은 대로 글씨를 쓴다는 거야. 자네는 아직 그렇게 못하잖나?"

하지만 저수량은 살쾡이 털 심지 위에 토끼털을 씌운 붓, 상아나 물소의 뿔로 만든 붓대가 아니면 결코 글씨를 쓰지 않았다고 한다. 구양순과는 반대로 글씨를 잘 쓰기 위해 붓을 고른 경우라 하겠다.

물이 너무 맑으면 물고기가 살지 않는다
수지청즉무어 水至淸則無魚

성격이 너무 오밀조밀하고 깐깐하기만 하면, 사람의 인심을 잃고 만다는 뜻. 무릇 사람을 다룰 때는 대범하면서도 넉넉하게 대해야 한다. 출전은 《후한서》 '반초전(班超傳)'.

水 물수   至 지극할지   淸 맑을청   則 곧즉   無 없을무   魚 고기어

반초는 서역을 평정한 뒤 서역도호부로 임명되었다. 나중에 반초가 서역도호부를 사임하자 임상(任尙)이 후임이 되었다. 임상은 업무를 인수받기 위해 반초를 방문했다.

"서역을 통치하는 요령을 가르쳐 주십시오."

반초가 답했다.

"자네는 성격이 너무 엄격하고 급하네. 본디 물이 너무 맑으면 큰 물고기가 살지 못하는(水至淸則無魚) 법일세. 당연히 대범하면서도 간편하게 다스려야 되네."

구체적인 정책을 듣고 싶어했던 임상은 반초의 말을 도덕적 설교에 불과하다고 생각해 받아들이지 않았다. 결국 그는 급하고 엄한 성격으로 깐깐하고 가혹한 정치를 했기 때문에 서역은 혼란에 빠져 평화를 잃고 말았다.

또 《공자가어》에도 "물이 너무 맑으면 물고기가 없고, 사람이 너무 살피기만 하면 따르는 자가 없다"는 말이 나온다.

손 한 번 들고 발 한 번 옮긴다
일거수일투족 一擧手一投足

> 동작을 통틀어서 말할 때 '일거수일투족'이라 한다. "대통령의 일거수일투족은 모든 국민의 관심사가 된다", "저 용의자의 일거수일투족을 감시하라" 등으로 쓰인다. 과거를 치르던 서생들은 미리 글을 지어 시험관에게 보내 자기 실력을 알아주기를 바랐다. 요즘 식으로 말하면 '자기소개서'라고 하겠다. 한유의 이 편지글도 시험관에게 보낸 것으로 추정된다.

| 一 한 일 | 擧 들 거 | 手 손 수 | 投 던질 투 | 足 발 족 |

　나는 큰 바다에 사는 괴물로서, 강이나 작은 바다에 사는 고기나 조개 따위와는 다르다. 하지만 하늘로 오르려면 물이 있어야 하며 물이 없으면 필경 말라죽어 남의 웃음거리가 될 뿐이다. 좋은 물에서 하늘로 올라갈 수 있도록 이끌어 달라. 당신으로서는 그저 '손 한번 들고 발 한 번 옮기는(一擧手一投足)' 수고에 불과하지 않은가?

　위 내용에서 보듯이 일거수일투족은 원래 '손 한 번 들고 발 한 번 옮기는' 수고를 뜻하는 것으로, 아주 쉽게 할 수 있는 일을 말했다. 이것이 오늘날에 와서는 '하나하나의 동작 전체'를 말하는 것으로 바뀐 것이다.

약통 속의 약품

약롱중물 藥籠中物

> 항상 상비되어야 할 구급약처럼 곁에 없어서는 안 되는 인물, 즉 측근의 심복을 말한다. 출전은 《당서》 '적인걸전(狄仁傑傳)'.

| 藥 약 약 | 籠 우리 롱 | 中 가운데 중 | 物 물건 물 |

측천무후가 지배하던 시절, 적인걸이라는 명재상이 있었다. 그는 청렴 강직한 성격으로 측천무후를 잘 보필했다. 민생을 안정시키고 인재를 등용했으며, 혼란한 정치를 바로잡아서 백성들의 존경을 받았다. 측천무후는 그에게 국로(國老, 국가의 원로)의 칭호를 주었으며, 그가 죽었을 때는 비탄에 잠겨 대성통곡을 했다고 한다.

적인걸이 많은 인재를 등용했기 때문에 그의 밑엔 많은 재능 있는 선비들이 모여들었다. 그 선비들 중 원행충(元行沖)이라는 박학다식한 사람이 있었는데, 어느 날 그가 적인걸에게 말했다.

"대감의 문하에는 맛있는 진미가 많이 있습니다. 과식하면 배탈이 나기 쉬우니, 나 같은 쓴 약도 비치해 두시죠."

여기서 맛있는 진미는 훌륭한 인재를 가리킨다. 수많은 인재들 속에서 원행충같이 고언(苦言)을 하는 사람도 있어야 되지 않느냐는 말이다.

적인걸은 원행충의 말을 듣자 웃으면서 대답했다.

"그대야말로 진정 내 약통 속에 들어 있는 약일세(藥籠中物). 하루라도 없어선 안 되지."

세 번 초가집을 돌아본다
삼고초려　三顧草廬

사람을 맞이할 때 모든 정성을 다한다는 뜻이다. 출전은 《삼국지》 '제갈량전'.

| 三 석 삼 | 顧 돌아볼 고 | 草 풀 초 | 廬 띠집 려 |

조조에게 쫓기고 있던 유비에게 서서(徐庶)라는 사람이 찾아왔다. 유비는 그가 보통 사람이 아닌 줄 알고 서로 좋은 의견을 주고받았다. 이윽고 서서가 말했다.

"제갈공명은 숨어 있는 용입니다. 장군께서는 그를 만나고 싶지 않습니까?"

유비가 말했다.

"당신이 모시고 오시오."

"그 분은 가서 뵈어야지, 불러들일 수는 없습니다. 직접 저와 함께 가서 뵙지요."

그리하여 유비는 마침내 제갈량을 찾아가게 된다. 그것도 세 번을 찾아가서야 비로소 만날 수 있었다.

삼고초려의 고(顧)는 돌아보다는 뜻인데, 원래 '제갈량전'에는 '찾아가다'는 왕(往) 자가 쓰였다. 즉 '세 번 초가집을 찾아갔다'는 뜻이다. 다만 제갈량이 유비에게 올린 《출사표(出師表)》에서 겸손의 표현으로 '고' 자를 썼기 때문에 '삼고초려'가 된 것이다.

사슴을 가리켜 말이라 한다
지록위마 指鹿爲馬

옳지 못한 것을 위압적으로 강요하여 사람을 함정에 빠뜨리는 것, 또는 윗사람을 농락하여 권력을 멋대로 휘두르는 것을 '지록위마'라 한다. 출전은 《사기》 '진시황본기(秦始皇本紀)'.

指 손가락 지, 가리킬 지 | 鹿 사슴 록 | 爲 할 위 | 馬 말 마

　　진시황제가 죽자, 환관 조고(趙高)는 조서를 꾸며 진시황제의 맏아들 부소(扶蘇)에게 죽음을 내렸다. 대신 호해(胡亥)를 황제로 세우고 정적인 승상 이사(李斯)마저 죽인 뒤 권력을 마음대로 휘둘렀다.
　　마침내 조고는 황제까지 물리치면서 모반을 일으킬 생각을 했다. 하지만 조정의 대신들이 호해를 따르고 있는지, 자기를 따르고 있는지 확인할 필요가 있었다. 어느 날 그는 사슴을 황제에게 바치면서 말했다.
　　"이것은 말입니다."
　　황제는 웃으면서 말했다.
　　"승상은 이상한 말을 하는군. 어째서 사슴을 가리켜 말이라고 하는(指鹿爲馬) 것이오?"
　　이렇게 말하면서 황제는 좌우의 대신들에게 사슴인지 말인지 물어보았다. 어떤 신하는 얼굴을 숙이고 잠자코 있었다. 또 어떤 신하는 말이라고 하면서 조고에게 아첨을 했다. 그러나 사슴이라고 직언하는 자도 있었는데, 조고는 이들을 기억해 두었다가 나중에 누명을 씌워 제거했다. 그 뒤부터 모든 신하들이 조고를 두려워하게 되었다.

스무 살의 성년 남자
약관 弱冠

"약관의 나이에 출세했다", "약관의 나이에 어려운 고시 시험을 패스했다" 등으로 자주 쓰인다. 출전은 《예기(禮記)》 '곡례(曲禮)'편.

| 弱 약할 약 | 冠 갓 관 |

　사람이 태어나서 10년은 유(幼, 어리다)라고 하는데, 배우는 시기다. 스무 살은 약(弱, 유약함)이라고 하는데 성인이 되는 갓(冠)을 쓴다. 서른 살은 장(壯, 건장함)이라고 하는데, 아내를 둔다.
　마흔 살은 강(强, 굳건함)이라고 하는데, 벼슬을 한다. 쉰 살은 애(艾, 머리가 희끗해짐)라고 하는데, 정사에 참여한다. 예순 살은 기(耆, 늙어감)라고 하는데, 자기 일을 남에게 시킬 수 있다.
　일흔 살은 노(老, 늙음)라고 하는데, 집안일을 자식에게 맡기는 시기다. 여든 살, 아흔 살을 모(耄)라 부르고, 일곱 살은 도(悼, 가장 어리다)라고 하는데, 이 모와 도는 죄를 지어도 형벌을 가하지 않는다. 백 살은 기(期)라고 하는데, 봉양을 받는다.

천 년에 한 번 만나다
천재일우 千載一遇

> 아주 귀중한 만남이나, 그 만남의 기회를 말할 때, '천재일우'나 '천재일우의 기회'라는 말을 쓴다. 출전은 원굉(袁宏)이 지은 《삼국명신서찬(三國名臣序贊)》. 삼국을 건국한 명신 20명에 대해 찬양하는 시와 서문을 쓴 글이다.

千 일천 천   **載** 해 재   **一** 하나 일   **遇** 만날 우

여전히 백락(伯樂)을 만나지 못했다면
천년이 지나도 천리마는 없으리라.
만 년에 한 번 기회가 오는 것은
인생의 일반적인 법칙이며,
천 년에 한 번 만나는(千載一遇) 것은
현자와 지혜로운 자의 아름다운 만남이다.
그 만남에는 기쁨이 없을 수 없는 것인데,
그 기회를 잃는다면 어찌 개탄치 아니하리오.

　백락은 주나라 사람으로 명마를 잘 식별하는 사람이다. 여기서 백락은 뛰어난 인물을 알아보는 눈을 가진 임금이며, 천리마는 탁월한 능력을 갖춘 명신이다. 이러한 임금과 신하의 만남은 '천 년 만에 오는 기회'라는 것이다.

우물 안 개구리

정저와 井底蛙

"우물 안 개구리는 바다를 알지 못한다(井中之蛙 不知大海)"에서 유래했다. 사물을 보는 눈이 좁고 치우친 자는 보다 큰 전체적인 국면을 보지 못한다는 뜻. 출전은 《장자(莊子)》 '추수(秋水)'편.

井 우물 정   底 밑 저   蛙 개구리 와

황하의 신(神) 하백(河伯)이 처음 바다로 나왔을 때, 그 광활함에 놀라 북해의 신에게 말했다.

"우물 안 개구리(井底蛙)는 큰 바다를 얘기할 수 없으니 자기가 사는 좁은 장소에 구애받기 때문이요, 여름 벌레는 얼음에 대해 말할 수 없으니, 여름 밖에 알지 못하기 때문이요, 한쪽만 아는 사람은 도를 알 수 없으니, 자기가 배운 가르침에 속박받기 때문입니다. 이제 그대는 좁은 지역에서 나와 큰 바다를 보았으니, 비로소 대도의 진리를 함께 얘기할 수 있는 것이오."

나라에 둘도 없는 인재

국사무쌍 國士無雙

나라의 모든 인재들 가운데서 가장 뛰어난 사람을 가리킨다. 원래는 유방의 신하 한신(韓信)을 가리키는 말이었다. 출전은 《사기》 '회음후열전'.

| 國 나라 국 | 士 선비 사 | 無 없을 무 | 雙 쌍 쌍 |

한신은 처음에는 초나라 군대에 속해 있었다. 그러나 아무리 계책을 올려도 항우는 이를 받아들이지 않았다. 실망한 한신은 도망쳐서 한나라로 투항했다. 그는 군대의 양식을 관리하는 직무를 수행하다가 승상 소하(蕭何)를 알게 되었다. 소하는 한신의 웅지와 능력을 알아보고 그에게 기대를 걸고 있었다.

그런데 유방이 남정(南鄭)으로 가는 도중 도망병이 속출하면서 군대는 동요의 빛을 보였다. 장군들도 여러 명 도망을 쳤다. 군관이었던 한신은 소하의 추천에도 불구하고 유방이 써주지 않자 도망쳤다.

소하는 그 소식을 듣자 급히 한신의 뒤를 쫓았다. 너무나 급히 쫓았기 때문에 소하도 도망쳤다고 보고한 자가 있었다.

유방은 누구보다도 믿고 있던 소하가 도망쳤다는 소식을 듣자 크게 낙담했다. 그런데 이틀 뒤에 소하가 돌아왔다. 유방은 한편으론 화를 내고 한편으론 기뻐하면서 물었다.

"승상이라는 자가 도망을 치는가?"

"도망한 게 아니라, 도망친 자를 쫓았습니다."

"누구를?"

"한신입니다."

"뭐라고? 수십 명의 장군들이 도망쳤을 때도 승상은 쫓아가지 않았다. 그런데 이름도 없는 한신을 쫓아갔다니 말이 되는가?"

"그런 장군들은 쉽게 얻을 수 있습니다. 하지만 한신 같은 인물은 진정 나라에 둘도 없는 인재(國士無雙)입니다. 왕께서 이 한중 땅의 왕노릇에만 만족하신다면 한신이란 인물은 필요 없습니다. 하지만 천하를 다툴 생각이시라면, 한신을 제외하곤 일을 도모할 자가 없습니다. 이는 왕께서 어떤 생각을 갖고 계시느냐에 달린 문제입니다."

"물론 나는 천하를 목표로 하고 있네."

"그렇다면 반드시 한신을 써야 합니다."

"좋소. 그대가 그렇게 천거하니 그를 장군으로 임명하겠네."

"아니, 그 정도로는 아직 그를 썼다고 말할 수 없습니다."

"좋아, 그를 대장군으로 임명하지."

마침내 한신은 대장군에 임명되어 그 빛나는 재능을 발휘하기 시작했다.

어린애와는 함께 일을 도모할 수 없다
수자부족여모 竪子不足與謀

일의 맥락을 알지 못하고 자기 기분대로 하는 사람과는 일을 함께 할 수 없다는 뜻. 유방과 항우가 만난 유명한 '홍문(鴻門)의 만남'에서 범증(范增)이 항우를 두고 한 말이다. 출전은 《사기》 '항우본기(項羽本紀)'.

竪 어린애 수 ／ 子 아들 자 ／ 不 아니 불 ／ 足 족할 족 ／ 與 더불 여 ／ 謀 꾀 모

　　진나라를 멸망시키고 먼저 함양에 입성한 유방은 패수(灞水) 근처로 돌아와 진을 쳤다. 그리고 측근의 조언에 따라 군사를 함곡관에 보내 항우의 진출을 대비했다.

　　뒤늦게 도착한 항우는 함곡관이 닫혀 있고, 또 유방이 이미 함양을 평정했다는 소식을 듣고 크게 노해 함곡관을 쳐부수고 홍문에 진을 쳤다. 당시 항우의 군사는 40만, 유방의 군사는 10만이었다.

　　당시 항우에게 아버지처럼 존경을 받고 있던 범증이 말했다.

　　"유방은 원래 탐욕이 많은 호색한입니다. 그런데도 함양에 와서는 보물에 손도 대지 않고 여자도 가까이하지 않습니다. 이건 그가 야심만만하다는 증거입니다. 그러니 이때를 놓치지 말고 기습해야 합니다."

　　그러나 항우의 숙부 항백은 비밀리에 이 계획을 자기와 친한 유방의 모사 장량에게 알렸다. 또 장량은 이 사실을 유방에게 알렸다. 유방은 이 소식을 듣고 항우와의 싸움을 피하기 위해 장량과 상의한 끝에 항백을 만나 이렇게 말했다.

　　"저는 함양에 들어온 이래 보물에는 손도 대지 않고, 그대로 봉인해

서 항우 장군이 도착하기만을 기다렸습니다. 함곡관을 지킨 것은 도적을 경계하고 비상사태를 대비하기 위한 것이지, 항우 장군을 막기 위한 것이 절대 아닙니다."

항백이 자기 진영으로 돌아와 항우에게 유방의 말을 전하자, 항우의 분노도 어느 정도 누그러졌다. 유방은 다음날 항우를 찾아와 사죄를 했고, 항우는 그에게 주연을 베풀었다.

주연이 시작되자 범증은 연방 항우에게 눈짓을 하면서 허리에 찬 옥결을 들어 세 번 신호를 보냈다. 이는 바로 유방을 죽이라는 신호였다. 그러나 항우는 묵묵히 앉아 있으면서 미동도 하지 않았다. 참다못한 범증은 항우의 동생 항장을 불러내어 말했다.

"항우는 너무나 정이 많은 분이다. 네가 들어가 검무를 추다가 기회를 보아 유방을 죽여라."

항장은 항우의 허락을 받고 검무를 추기 시작했다. 낌새를 눈치 챈 항백도 앞으로 나와 춤을 추면서 유방을 몸으로 가렸다. 결국 항장은 유방을 죽일 기회를 잡지 못했다.

장량은 위기가 닥친 걸 눈치채고 밖으로 나가 번쾌를 불렀다.

"사태가 긴박하네. 항장이 검무를 추면서 주군을 죽이려 하고 있어."

"내가 가서 주군과 생사를 함께 하겠소."

그리고는 막사로 들어가 한복판에 버티고 서서 항우를 노려보았다. 머리털은 곤두서고 눈매는 찢어질 듯하여 매우 험상궂은 모습이었다.

항우가 검을 잡으면서 말했다.

"저자는 누군가?"

"패공(沛公)의 장수 번쾌입니다."

"장사로군. 술 한잔 따라 주게."

그러면서 술 한 말이 들어가는 대접을 주었다. 번쾌는 선 채로 그 술을 단숨에 마셔 버렸다. 항우가 그 모습을 보고 다시 말했다.

"훌륭하네. 돼지고기를 안주로 먹게나."

날돼지고기가 나오자, 번쾌는 방패에 올려놓고 칼로 썰어 먹었다.

"대단한 장사로군. 또 한잔 마시겠나?"

"죽음도 피하지 않는데, 어찌 술잔을 사양하겠소."

이렇게 말한 번쾌는 유방의 처사를 옹호하면서, 항우가 어찌 소인배의 말만 듣고 공을 세운 유방을 치려는지 따져 물었다. 항우는 그의 말에 답하지 않고 그냥 자리에 앉으라고 말했다. 번쾌가 장량 아래에 앉자, 유방은 즉시 변소에 가겠다고 하면서 번쾌를 불러 밖으로 나갔다.

유방은 위기를 벗어난 것이다. 그는 갖고 온 선물을 장량에게 맡기고서 그대로 말을 달려 자기 진영으로 도망쳤다.

장량은 연회장으로 돌아오자, 유방이 너무 취해 무례를 저질렀다며 항우와 범증에게 선물을 전했다. 범증은 선물로 받은 술잔을 칼로 내려치면서 이렇게 한탄했다.

"어린애와는 함께 일을 도모할 수 없는(竪子不足與謀) 법이다. 항우의 천하를 빼앗을 자는 반드시 유방이리라. 내 일족은 틀림없이 그의 포로가 되겠구나."

항우는 비정한 마음으로 결단을 내려 유방을 죽였어야 했는데, 그러질 못했다. 그의 이 같은 성격이 유방과의 패권다툼에서 패배하게 된 한 원인이 아닐까?

간과 쓸개를 꺼내어 서로 내보인다
간담상조 肝膽相照

마음을 툭 터놓고 격의 없이 사귀는 친구 사이를 말할 때 '간담상조'라고 한다. 출전은 한유의 《유자후묘지명(柳子厚墓誌銘)》.

| 肝 간 간 | 膽 쓸개 담 | 相 서로 상 | 照 비칠 조 |

    당송팔대가의 한 사람인 유종원은 혁신적인 정책을 펴나가다가 유주자사(柳州刺史)로 좌천되었다. 동료인 유몽득(劉夢得)도 좌천되었는데, 그는 늙은 어머니에게 차마 말씀드리지 못하고 있었다. 이 소식을 들은 유종원은 눈물을 흘리면서 말했다.
    "그곳은 척박한 변방으로 도저히 유몽득 같은 사람이 살 곳이 못된다. 그의 모습을 차마 볼 수 없구나. 차라리 내가 자청해서 가야겠다."
    두 사람의 우정에 감동한 한유는 《유자후묘지명(柳子厚墓誌銘)》에서 이렇게 말하고 있다.
    "선비는 역경에 처했을 때 그 지조와 절개가 나타나는 법이다. 평소에 담소하고, 술좌석에도 함께 어울리고, 서로 사양하며 손을 마주잡고, 간과 쓸개를 꺼내어 서로 보이고(肝膽相照), 태양을 가리키며 눈물을 흘리면서 맹세를 하고, 죽은 뒤에도 배신치 않겠다고 서약을 한다.
    하지만 머리카락만한 이해관계라도 생기면 눈을 부릅뜨고 낯선 사람처럼 행동한다. 상대가 함정에 빠졌는데도 손을 내밀어 구원할 생각은 하지 않고, 오히려 함정에 밀어 넣고 돌을 던지려고 할 뿐이다."

닭 떼들 가운데 한 마리 학
군계일학 群鷄一鶴

많은 닭들 가운데 학 한 마리가 있으면 돋보이듯이, 수많은 사람 가운데서 걸출하게 뛰어난 사람을 가리킬 때 쓰인다. 출전은 《진서(晉書)》 '혜소전(嵇紹傳)'.

| 群 무리 군 | 鷄 닭 계 | 一 한 일 | 鶴 학 학 |

혜소는 죽림칠현의 한 명으로 유명한 혜강(嵇康)의 아들이다. 그는 열 살 때 아버지 혜강이 무고죄로 사형당하자 어머니를 모시고 근신하고 있었다. 하지만 혜강의 절친한 친구 산도(山濤, 역시 죽림칠현의 한 명)는 그의 능력이 아까워서, 어느 날 무제에게 상소했다.

"서경을 보면, 아버지와 아들의 죄는 서로 영향을 미치지 않는다고 했습니다. 혜소는 혜강의 아들이지만 매우 걸출한 인물입니다. 그에게 비서랑의 관직을 내려주십시오."

무제는 상소를 받고, 오히려 한 단계 높여 비서승(秘書丞)에 임명했다.

혜소가 처음 낙양으로 들어왔을 때, 어떤 사람이 죽림칠현의 하나인 왕융(王戎)에게 말했다.

"어제 사람들 가운데서 처음 혜소를 보았습니다. 우뚝 뛰어난 것이 마치 들녘의 학이 닭 떼들 가운데 있는 것 같았습니다."

그러자 왕융이 말했다.

"자넨 아직 그의 아버지를 보지 못해서 그런 말을 하는 걸세."

혜소는 반란군에 포위된 황제를 몸으로 지키다가 화살에 맞아 죽었다.

관중과 포숙아의 사귐

관포지교 管鮑之交

서로에 대한 믿음과 의리가 결코 변하지 않는 친구 사이를 가리킨다. 출전은 《사기》 '관안열전'.

管 대롱 관   鮑 말린 생선 포   之 어조사 지   交 사귈 교

관중(管仲)과 포숙아(鮑叔牙)는 어릴 적부터 친구였다.

나중에 관중은 제나라 양공(襄公)의 아들 규(糾) 아래에서 벼슬을 했고, 포숙아는 규의 동생 소백(小白)을 섬겼다. 얼마 뒤 양공이 반란군에 의해 죽자 관중은 규와 함께 노나라로 망명했고, 포숙아는 소백과 함께 거나라로 망명했다. 이윽고 반란군이 평정되자 규와 소백은 임금의 자리를 놓고 대립하게 되었다.

그런데 관중은 규를 왕위에 앉히기 위해 소백의 암살을 시도했지만 실패로 끝나고 말았다. 결국 소백이 먼저 제나라로 들어와 왕위에 올랐으니, 이 사람이 춘추오패(春秋五覇) 중 하나인 제환공이다. 환공은 노나라로 망명한 규와 관중을 잡아서, 규는 즉석에서 죽이고 관중은 제나라로 압송했다. 환공은 자기를 죽이려 한 관중을 죽일 작정이었지만, 포숙아가 이를 간절히 말렸다.

"왕께서 제나라만을 다스리겠다면, 저와 고혜로 충분합니다. 하지만 천하의 패자가 되실 생각이라면 관중을 중용해야 합니다."

환공은 자기가 신뢰하는 포숙아의 말을 따라 관중을 대부로 임명했

제7장 인물   481

다. 관중은 과연 자신의 역량을 발휘하여 환공을 패자로 군림하게 만들었다.

죽을 목숨인 관중을 오히려 환공에게 추천한 일은 관중에게 변함없는 우정을 발휘한 포숙아가 있었기 때문에 가능한 일이었다. 관중은 포숙아에 대해 이렇게 말한 적이 있다.

"나는 전에 가난해서 포숙아와 함께 장사를 했는데 내 몫을 더 챙겼다. 그래도 그는 나를 욕심쟁이라고 하지 않았다. 내가 가난하다는 걸 알고 있었기 때문이다. 또 그를 위해 해준 일이 실패로 돌아가 그를 더욱 궁지에 빠뜨린 적이 있었다. 그래도 그는 나를 어리석은 자라고 말하지 않았다. 일이란 성공할 때도 실패할 때도 있다는 걸 알아서였다. 또 나는 세 번이나 벼슬을 했지만, 그때마다 쫓겨났다. 그때도 포숙아는 나를 무능하다고 하지 않았다. 내가 아직 때를 만나지 못했다는 걸 알았기 때문이다. 또 나는 세 번 싸우다 세 번 도망친 일이 있는데, 그는 나를 비겁하다고 말하지 않았다. 나에게 늙은 어머니가 계신 걸 알았기 때문이다. 또 공자 규가 죽었을 때도 나는 사로잡히는 치욕을 당했다. 그런데도 그는 나를 부끄러움을 모르는 자라고 욕하지 않았다. 내가 작은 일에 구애받기 보다는 천하에 공명을 떨치지 못하는 걸 부끄러워한다는 사실을 알고 있었기 때문이다. 나를 낳아주신 분은 부모이지만, 나를 알아준 사람은 포숙아였다."

쇠처럼 굳고 난초처럼 향기로운 우정

금란지교 金蘭之交

아주 친한 친구 사이를 말할 때 금란지교라는 말을 쓴다. 출전은 《역경》 '계사(繫辭)' 편.

金 쇠 금　　蘭 난초 란　　之 어조사 지　　交 사귈 교

공자가 말했다.

"군자의 도는 나가 벼슬하기도 하고, 물러나 집에 머물기도 한다. 또 침묵할 때도 있고, 말할 때도 있다. 두 사람의 마음이 하나로 합쳐지면 그 날카로움은 쇠라도 끊어 버리며 그 하나된 마음에서 나오는 말은 난초와 같은 향기를 풍긴다."

표범으로 변한다

표변 豹變

다정하게 굴다가 갑자기 안색을 바꿔 사납게 굴 때 '표변한다'고 말한다. 하지만 원래는 정반대의 뜻을 담고 있다. 출전은 《역경》.

豹 표범 표 | 變 변할 변

주역 혁괘(革卦)의 효사(爻辭)에 나오는 말이다.

"九五, 대인(大人)은 호랑이로 변한다. 점을 치지 않아도 올바름이 있다. 上六, 군자는 표범으로 변한다. 소인은 얼굴을 혁신한다."

여기서 말하는 '표변'은 '표범의 털이 바뀌어져 새롭게 빛나는 것'을 말한다. 군자가 자기 혁신을 하여 새로운 면모를 나타내는 것이 마치 표범의 털이 새롭게 바뀌는 것과 같다는 뜻이다.

얽히고 설킨 뿌리와 마디
반근착절 盤根錯節

얽히고 설켜서 해결하기 힘든 사건이나 형세를 말한다. 출전은 《후한서》 '우후전(虞詡傳)'.

盤 서릴 반 | 根 뿌리 근 | 錯 섞일 착 | 節 마디 절

우후는 후한 안제(安帝) 때 낭중(郞中)의 벼슬을 지낸 사람으로 부모를 잃고 할머니 밑에서 자랐으나, 뛰어난 영재였다. 언젠가 강족과 흉노족이 양주(凉州) 땅을 침략하자, 대장군 등즐은 재정 부족을 이유로 양주를 포기하자고 주장했다. 등즐은 수렴청정을 하는 태후의 오빠로서 권력을 장악하고 있었다. 하지만 우후가 나서서 반대를 했다.

"예로부터 양주는 많은 열사와 무장이 배출된 곳입니다. 이런 곳을 어떻게 강족에게 내줄 수 있습니까?"

대신들에게 우후의 설득이 먹혀들고 자신의 주장이 꺾이자, 이때부터 등즐은 우후를 미워했다. 마침 조가현의 비적 떼들이 현령을 죽이고 노략질을 하자, 등즐은 기회라고 생각해 우후를 조가현의 후임으로 결정했다. 우후의 친구들이 걱정을 하자 우후가 웃으면서 말했다.

"마음가짐은 쉽고 편한 것을 찾지 않고, 일할 때는 어려움을 피하지 않는 것이 신하된 자의 직분이다. 얽히고 설킨 뿌리와 마디(盤根錯節)를 만나지 않고서는 칼날이 얼마나 예리한지 알 수 없는 것 아닌가?"

조가현에 부임한 우후는 지략을 써서 비적들을 토벌했다.

형제의 우열을 가리기가 어렵다
난형난제 難兄難弟

원래는 형제간의 우열을 가리는 데서 나온 말이지만, 지금은 사물의 우열을 가릴 수 없을 때 흔히 쓰인다. 출전은 《세설신어(世說新語)》.

難 어려울 난 | 兄 형 형 | 弟 동생 제

후한 말엽 태구의 현령 진식(陳寔)은 두 아들 진기(陳紀), 진심(陳諶)과 함께 '삼군자'라고 불릴 만큼 덕망이 높았다. 어느 날 손님이 찾아오자 진식은 두 아들에게 밥을 지으라고 해놓고 손님과 토론에 열중했다. 진기와 진심은 밥을 짓다가, 그만 아버지와 손님의 토론을 듣느라 밥 짓는 일을 까맣게 잊어버렸다. 문득 정신을 차리고 얼른 솥뚜껑을 열어 보니 쌀은 이미 죽이 돼버렸다. 진기와 진심이 무릎을 꿇고 사정을 말하자 아버지가 물었다.

"그럼 우리들이 얘기하고 있던 내용을 조금이라도 기억하느냐?"

두 아들이 토론의 내용을 줄줄 말하자, 진식은 웃으면서 말했다.

"죽이라도 좋으니 내 오거라."

진기의 아들 진군(陳群)과 진심의 아들 진충(陳忠)도 역시 뛰어난 수재였다. 어느 날 진군과 진충은 서로 자기 아버지의 공적을 논하면서 우열을 다투었다. 아무래도 결론이 나지 않자 두 사람은 할아버지인 진식에게 가서 판정을 구했다. 그러자 진식은 이렇게 말했다.

"진기를 형이라 하기도 어렵고, 진심을 동생이라 하기도 어렵구나."

주머니 속의 송곳
낭중지추 囊中之錐　모수자천 毛遂自薦

> 주머니 속에 송곳을 넣어두면 반드시 비어져 나오듯이 걸출한 인재는 드러나게 마련이라는 뜻. 출전은 《사기》 '평원군열전(平原君列傳)'.

囊 주머니 낭	中 가운데 중	之 어조사 지	錐 송곳 추
毛 털 모	遂 이를 수	自 스스로 자	薦 천거할 천

　조나라 공자 평원군은 선비를 후하게 대우해 늘 수천 명의 식객이 있었다고 한다. 언젠가 진나라 군사가 조나라 수도 한단을 포위하자, 조나라는 평원군을 초나라에 보내 동맹을 맺으려고 했다. 평원군은 식객 중에서 용기와 재주를 겸비한 20명을 선발해서 가려고 했다. 그런데 한 사람이 모자랐다. 그러자 모수(毛遂)라는 사람이 함께 가겠다고 자원했다. 평원군은 그를 한 번도 본 적이 없었다.
　"그대는 내 집에 온 지 얼마나 됐소?"
　"한 3년 됩니다."
　"무릇 뛰어난 사람은 주머니 속의 송곳처럼(囊中之錐) 그 재주가 드러나게 마련이오. 그런데 그대는 우리 집에 온 지 3년이 됐는데도, 내가 이름을 들어본 적이 없소."
　"그건 오늘 처음으로 주머니에 넣어 달라고 원했기 때문입니다. 일찍부터 넣어 주셨다면 송곳 끝이 아니라 자루까지 드러났을 것입니다."
　결국 모수는 일행에 가담하여 초나라로 갔으며, 자신의 용기와 재능으로 초나라와의 협상을 성공으로 이끌었다.

미생의 믿음
미생지신 尾生之信

'한 번 약속을 하면 어떤 일이 있어도 그 약속을 굳게 지키는 것'을 말한다. 반대로 고지식하고 융통성이 없는 것을 말하기도 한다. 출전은 《사기》 '소진열전'.

| 尾 꼬리 미 | 生 낳을 생 | 之 어조사 지 | 信 믿을 신 |

미생은 여자와 다리 밑에서 만나기로 약속을 했다. 하지만 약속시간이 되어도 여자는 나타나지 않았다. 그래도 그는 계속 기다렸다. 어느덧 강물이 불어나 몸이 물에 잠겼지만 그래도 그는 떠나지 않았다. 물이 자기 키를 넘자 그는 기둥을 잡고 버티다가 마침내 익사하고 말았다.

소진은 미생의 일화를 신의(信義)의 본보기로 삼아 연나라 왕을 설득하려 했다. 하지만 《장자》 '도척(盜拓)' 편에서는 미생을 다음과 같이 비판하고 있다.

"미생 같은 자는 물에 휩쓸린 돼지에 불과하며, 또는 깨진 그릇을 한 손에 들고 걸식하는 자와 같다. 하찮은 명분에 사로잡혀 목숨을 가볍게 여겼으니, 본성을 망각한 자이다."

미생의 신의를 소진 식으로 볼 것인지, 아니면 도척 식으로 볼 것인지는 상황에 따라 달라질 것이다.

능력은 없으면서 자리만 차지하고 있는 재상
반식재상 伴食宰相

출전은 《당서》 '노회신전(盧懷愼傳)'.

| 伴 짝 반 | 食 먹을 식 | 宰 재상 재 | 相 서로 상, 도울 상 |

당나라의 전성기를 이룬 현종의 치세를 '개원(開元)의 치(治)'라고 하는데, 이 치세의 기반을 닦은 사람은 재상 요숭(姚崇)이었다.

그리고 요숭과 함께 재상직에 있는 노회신은 청렴하고 검소한 사람이었다. 그는 요숭이 10여 일간의 휴가를 갔을 때 혼자서 정무를 보았는데, 요숭처럼 신속히 처리를 하지 못해 정무가 크게 지체되었다.

노회신은 자신의 능력이 요숭보다 크게 뒤떨어지는 것을 알고, 그 후부터는 모든 일에 요숭을 앞세우고 요숭과 상의해 처리해 나갔다. 그래서 사람들은 노회신을 반식재상이라고 불렀다.

이 말은 지금은 '자리만 차지하는 무능한 관리'를 뜻하는 말이 되었다. 하지만 노회신의 행동은 오히려 그의 솔직하고 신중한 성품을 반영하는 긍정적인 것이라 볼 수 있다.

백락의 한 번 돌아봄

백락일고 伯樂一顧

> 백락이 천리마를 알아보듯이, 알아주는 사람이 있어야 능력을 발휘한다는 뜻이다. 출전은 《전국책(戰國策)》.

| 伯 맏 백 | 樂 즐길 락 | 一 한 일 | 顧 돌아볼 고 |

    백락은 말을 잘 감정하는 사람이었다. 어느 날 마을 사람이 백락에게 말을 감정해 달라고 찾아왔다.
    "제게 준마가 한 마리 있습니다. 사정이 생겨서 말을 팔려고 시장에 내놓았는데, 사흘이 지나도록 사려는 사람이 없었습니다. 선생께서 한 번 말을 살펴봐 주시기 바랍니다. 사례는 후히 드리겠습니다."
    백락은 승락을 하고, 시장에 나가 말 주위를 돌면서 살폈다. 백락은 털 색깔이나 허리, 목 등을 감탄하는 눈길로 가만히 살피기만 했다. 그러다가 발길을 돌려 돌아가다가는 다시 돌아와서 미련이 남는다는 듯이 이리저리 살폈다. 백락을 바라보고 있던 사람들은 이내 그 말이 명마인 걸 알고서 다투어 서로 사려고 했다. 그 때문에 말 값은 순식간에 열 배 이상으로 뛰었다.
    한유가 지은 《잡설(雜說)》에도 백락의 이야기가 나온다. 그는 "천리마는 언제나 있지만, 이를 알아보는 백락은 언제나 있는 것이 아니다"라고 말했다. 즉, 아무리 뛰어난 영웅, 호걸이라도 자기를 알아주는 사람을 만나지 못하면 평생을 평범하게 살아갈 수 있다는 것이다.

백아가 거문고 줄을 끊다
백아절현 伯牙絶絃

백아가 자기 음악을 알아주는 절친한 친구 종자기의 죽음을 슬퍼하면서 거문고 줄을 끊은 것을 말한다. 아주 친한 친구의 죽음 또는 그 죽음에 대한 슬픔을 표현할 때 백아절현이란 표현을 쓴다. 출전은 《순자》 '권학(勸學)'편, 《열자》 '탕문(湯問)'편.

| 伯 맏 백 | 牙 어금니 아 | 絶 끊을 절 | 絃 줄 현 |

전국 시대 때 거문고로 이름 높은 백아와, 그의 음악을 잘 감상할 줄 아는 종자기(鍾子期)라는 절친한 친구가 있었다. 백아가 거문고 소리로 높은 산을 묘사하면 종자기는 그 소리를 듣고 이렇게 말했다.

"태산 같은 높은 산이 솟아 있는 것 같군."

다시 백아가 강물 흐르는 소리를 내면, 종자기는 이렇게 감탄했다.

"황하가 흐르는 것 같군."

태산으로 놀러갔다가, 소나기를 만나 바위틈에 몸을 피했다. 아무리 기다려도 비는 그치지 않았다. 백아는 거문고를 들고, 처음에는 소나기가 퍼붓는 광경을 묘사한 '임우(霖雨)의 곡'을, 다음에는 흙더미가 빗물에 부서지는 '붕산(朋山)의 곡'을 연주했다. 곡이 끝날 때마다 종자기는 그 곡이 어떤 광경을 연주하는지 알아맞혔다. 백아는 너무나 감격해 말했다.

"정말 잘도 맞히네. 자네 마음이 꼭 내 마음과 같군."

어느 날 종자기가 병으로 죽자, 마음이 통하던 벗을 잃은 백아는 거문고 줄을 끊어버리고 평생 다시 타지 않았다.

'음악을 이해한다'는 '지음(知音)'도 이 고사에서 유래한 것이다.

닮지 않았다

불초 不肖

훌륭한 아버지를 닮지 않아 '어리석다'는 뜻이다. "불초 소생은……"이라고 하면, "훌륭한 아버님을 닮지 못해 어리석은 저는……"이라는 뜻이다. 출전은 《맹자》 '만장(萬章)'편.

不 아니 불 | 肖 닮을 초

요임금의 아들 단주(丹朱)는 불초했고, 순임금의 아들 역시 불초했다. 순임금이 요임금을 돕고, 우임금이 순임금을 도운 일은 비록 세월이 흘렀어도 백성들에게 그 혜택이 오래갔다.

상갓집 개

상가지구 喪家之狗

좌절과 실의에 빠져 몰골이 말이 아닌 모습을 형용한 것이다. 또 초라한 모습으로 얻어먹을 것을 구걸하는 사람을 상갓집 개 같다고 말한다. 출전은 《사기》 '공자세가'.

| 喪 잃을 상 | 家 집 가 | 之 어조사 지 | 狗 개 구 |

공자는 이상으로 삼고 있는 도덕정치를 실현하기 위해 여러 나라를 돌면서 제후들을 설득했지만 실패로 끝나고 말았다.

'상갓집 개' 같다는 말은 실의에 빠져 돌아다니는 공자의 모습을 형용한 말이다. 공자가 정나라에 갔을 때의 일이다.

공자는 어쩌다가 제자들과 헤어지게 되었다. 그때 공자는 성문 동쪽에 서서 제자들을 기다렸다. 스승을 찾아 나선 자공에게 정나라 사람이 말했다.

"동쪽 문에 어떤 사람이 서 있는데 이마는 요임금 같고 목은 명재상 고요(皐陶) 같고, 어깨는 자산과 비슷하오. 그러나 허리 아래로는 우임금보다 세 치 정도 못 미쳤으며, 초췌한 모습은 '상갓집 개(喪家之狗)'와 같았소."

나중에 자공은 그 사람의 말을 그대로 공자에게 말했다. 공자는 흔쾌히 웃으면서 말했다.

"용모에 대한 묘사는 꼭 그렇지 않으나, '상갓집 개'와 같다는 말은 정말 딱 들어맞는구나."

내 혀를 보라
시오설 視吾舌

말을 통해 살아가는 사람은 다른 기관은 망가지더라도 세 치 혀만은 다치지 않아야 한다는 뜻이다. 출전은 《사기》 '장의전(張儀傳)'.

視 볼 시   吾 나 오   舌 혀 설

전국 시대 때, 유명한 변설가인 장의의 이야기다.

장의는 가난했지만 재능이 매우 뛰어난 사람이었다. 당시는 어느 나라나 부국강병을 해서 패권을 다투고 있었기 때문에 지모가 뛰어난 사람은 군주의 우대를 받았다. 장의도 입신출세의 야망을 품고서, 먼저 권모술수에 능한 귀곡선생(鬼谷先生) 밑에서 수업을 받았다. 발군의 재능으로 수업을 마친 장의는 자기를 등용해 줄 사람을 찾아 나서다가, 초나라의 재상 소양(昭陽)의 식객이 되었다.

어느 날 소양이 군주에게 하사받은 '화씨(和氏)의 구슬'을 보이는 연회를 베풀었는데, 갑자기 연회석상에서 구슬이 사라졌다. 중인들의 의심이 장의에게 모아졌다. 장의가 가난하고 보잘것없었기 때문에 모든 사람이 그에게 죄를 뒤집어 씌웠다. 소양도 매질을 하면서 자백을 강요했으나, 장의는 끝까지 훔치지 않았다고 주장했다. 소양은 할 수 없이 그를 놓아주었다.

만신창이가 되어 집에 돌아온 장의에게 아내가 눈물을 흘리면서 말했다.

"섣부르게 유세한답시고 나서다가 이런 변을 당한 거예요."
그러자 장의는 불쑥 혓바닥을 내밀면서 말했다.
"내 혀를 봐. 아직 있어, 없어?"
아내가 이상히 생각하면서 말했다.
"혀야 있지요."
장의가 말했다.
"그럼 됐네."

장의는 다른 곳은 망가지더라도 혀만 안전하면 충분히 입신양명할 수 있었던 것이다. 결국 그는 진나라 재상이 되어 변설만으로 천하를 움직였다.

물고기와 물과 같은 사이
수어지교 水魚之交

> 떼려야 뗄 수 없는 절친한 사이. 원래는 임금과 신하의 관계였지만, 지금은 일반적인 관계에서도 쓰인다. 출전은 《삼국지》 '촉지(蜀志)'.

水 물 수　　魚 고기 어　　之 어조사 지　　交 사귈 교

　　삼국 시대 때 조조는 강북의 땅을 평정하고 손권은 강동에서 세력을 얻어 기반을 굳히고 있었다. 하지만 유비는 아직 근거지를 확보하지 못하고 있었다. 또 관우나 장비 같은 뛰어난 장수가 있었지만, 천하를 도모할 만한 지략이 뛰어난 재사가 없었다. 그러다가 삼고초려를 한 끝에 제갈공명을 얻자 그 기쁨은 이루 말할 수 없었다.
　　유비는 제갈공명을 절대적으로 신뢰했다. 당시 공명의 나이는 젊었지만 유비는 그를 스승으로 모시면서 함께 침식을 했다. 그러자 관우와 장비는 젊은 사람에게 너무 과분한 대우라고 불만을 품었다. 그때 유비가 그들에게 말했다.
　　"내게 공명이 있는 것은 마치 물고기가 물에 있는 것과 같다. 다시는 이런저런 말을 하지 않기 바란다."
　　관우와 장비는 더 이상 불만을 표시하지 않았다.

기러기의 편지

안서 雁書

편지나 소식을 뜻하며 안신(雁信), 안백(雁帛)이라고도 한다. 출전은 《한서(漢書)》 '소무전(蘇武傳)'.

| 雁 기러기 안 | 書 글 서 |

　한나라 무제 때 소무는 포로 교환의 임무를 띤 사신으로 흉노족에게 갔다. 그러나 당시 흉노족의 내분으로 말미암아 일행은 모두 붙잡혀서, 항복하지 않으면 처형하겠다는 위협을 받았다.
　소무는 끝까지 항복하기를 거부했다. 그러자 흉노는 그를 산중턱 움막에 가두고 식사도 주지 않았다. 그는 짐승 가죽을 씹고 눈을 받아먹으면서 허기를 이겨냈다. 소무가 끝내 죽지 않자 흉노는 그를 북해로 보내 양을 치게 했다. 흉노는 숫양만 주면서 이렇게 말했다.
　"수컷이 새끼를 낳으면 고향으로 보내 주겠다."
　소무는 북해의 척박한 토양 아래서 굶주리며 겨우겨우 살아나갔다.

　한편 무제가 죽고 소제(昭帝)가 즉위하자, 흉노에 사신을 보냈다. 흉노에 도착한 사신은 먼저 소무를 돌려달라고 요청했으나, 흉노는 소무가 이미 죽었다고 대답했다. 그날 밤 소무와 같이 왔던 사람 중 상혜(常惠)라는 사람이 사신을 찾아와 뭔가를 살짝 말해주었다. 다음날 사신은 흉노에게 말했다.

"한나라 황제가 상림원에서 사냥을 하다가 기러기 한 마리를 떨어뜨렸습니다. 그 기러기 다리에는 비단이 매어 있었는데(雁帛), 거기에는 소무가 큰 못(소무가 있는 곳은 북해 바이칼 호 근처다) 안에 있다고 적혀 있었소이다. 소무는 분명히 살아 있습니다."

흉노의 우두머리는 깜짝 놀라면서 말했다.

"전에 한 말은 거짓이오. 소무는 살아 있소."

사신은 바이칼 호로 가서 소무를 데리고 왔다. 머리와 수염이 모두 하얗게 새고 짐승 옷을 걸쳤지만, 한나라 사신의 징표인 부절(符節)만은 꼭 간직하고 있었다. 실로 19년 만의 귀향이었던 것이다.

고사리를 캐며 부르는 노래
채미가 採薇歌

백이(伯夷)와 숙제(叔齊)가 은나라에 대한 충절을 지키려고 수양산에서 고사리를 캐먹다가 굶어죽은 데서 유래한다. 지조와 절개를 지키는 선비를 뜻함. 출전은 《사기》 '백이열전'.

| 採 캘 채 | 薇 고사리 미 | 歌 노래 가 |

　은나라 말기, 고죽국(孤竹國)의 왕은 맏아들인 백이가 아닌 동생인 숙제에게 왕위를 물려주려고 했다. 그러나 아버지가 죽자 숙제는 형을 제쳐놓고 왕위에 오를 수 없다고 백이에게 양보했다. 백이 역시 아버지의 뜻을 거스를 수 없다며 국외로 도망쳤다. 그러자 숙제도 따라갔다.
　후에 주나라 무왕이 은나라를 멸망시키자, 모든 제후들이 주나라에 복종했다. 그러나 백이와 숙제는 은나라의 신하로서 부끄러운 일이라 생각해 수양산으로 들어갔다. 그들은 주나라 땅에서 난 곡식은 먹지 않겠다고 맹세하고서 고사리를 캐먹으며 연명했다. 마침내 굶어 죽게 되자 시 한 수를 노래했는데, 이것이 '채미가'다.

　　저 수양산에 올라가 고사리를 캐노라.
　　폭력으로 폭력을 다스렸으면서도 무왕은 잘못을 모르누나.
　　신농(神農)씨와 순임금, 우임금의 성인 시대는 이제 사라졌으니
　　나 이제 어디로 가야 할지, 아아 슬프구나.
　　목숨도 이제 다해 버렸네.

매달 첫날에 하는 평
월단평 月旦評

인물에 대한 평가를 말한다. 출전은 《후한서》 '허소전(許소傳)'.

| 月 달월 | 旦 아침단 | 評 평할평 |

한나라 말, 외척과 환관들의 횡포로 나라가 기울 때였다. 당시 장각(張角)이라는 자는 태평도(太平道)라는 신흥종교를 조직해 수십만의 신도를 끌어모아 반란을 일으켰다. 그들은 머리에 누런 띠를 두르고 있어서 황건적(黃巾賊)이라고 불렸다. 이 황건적의 난을 진압시키는 데, 큰 공을 세운 사람들이 조조를 비롯한 원소, 동탁 등이었다.

당시 여남 땅에는 허소와 그의 사촌 동생인 허정(許靖)이 명사로서 이름을 날리고 있었는데, 그들은 매달 첫날에 고을 사람들의 인물을 평했다. 이 인물평이 매우 정확해서, 사람들은 '여남의 월단평'이라고 불렀다.

허씨 형제의 소문을 들은 조조는 그들을 찾아가 자기에 대한 인물 감정을 부탁했다. 허소는 조조가 난폭한 인물인 걸 알고 있었기 때문에 좀처럼 응하지 않았으나, 조조가 강압적으로 협박을 하자 마지못해 입을 열었다.

"당신은 태평한 세상에서는 유능한 정치가이겠지만, 어지러운 세상에서는 간웅(姦雄)이 될 것이오."

이 말을 들은 조조는 기뻐하면서 가버렸다고 한다.

닭 울음소리를 잘 내는 사람과 개 흉내를 내며 도둑질하는 사람

계명구도 鷄鳴狗盜

닭과 개를 흉내 내는 것은 비천한 짓이지만, 그런 짓도 경우에 따라 아주 쓸모가 있다는 뜻이다. 아무리 사소한 기능일지라도 경우에 따라 중요하게 쓰이는 법이다.

鷄 닭 계   鳴 울 명   狗 개 구   盜 도적 도

맹상군(孟嘗君)은 전국 시대의 유명한 네 공자(公子) 중 한 명이다. 비록 서자로 태어났지만 설(薛) 땅의 영주가 되어서 선정을 베풀었는데, 특히 널리 인재를 모으는 것으로 유명해서 그의 식객(食客)만도 수천 명에 이를 정도였다. 식객 중에는 온갖 부류의 사람들이 다 있어서 하다못해 개 흉내를 내며 도둑질하는 사람도 있고 닭 울음소리를 잘 내는 사람도 있었다.

당시 맹상군이 진(秦)나라에 들어가자, 진소왕이 그를 진나라의 재상으로 삼으려고 했다. 그러자 진소왕의 측근들이 말했다.

"제나라의 왕족인 맹상군을 진나라의 재상으로 삼는다면, 필경 제나라를 먼저 생각하고 진나라를 나중에 생각할 터이니, 그렇게 되면 진나라만 위태로워질 겁니다."

결국 진소왕은 자신의 생각을 거두어들였다. 하지만 맹상군이 그대로 돌아가면 후환이 두려웠기 때문에 그를 가두고 은밀히 죽여 버리려고 했다. 이를 눈치 챈 맹상군은 사람을 시켜서 진소왕이 총애하는 애첩에게 풀어줄 것을 요청했다.

애첩이 말했다.

"풀어주는 답례로 맹상군의 흰여우 가죽옷(狐白衣)을 주십시오."

그러나 맹상군이 갖고 있던 흰여우 가죽옷은 천하에 둘도 없는 것으로서 이미 진소왕에게 바쳤던 것이다. 맹상군이 식객들 사이에서 걱정하고 있자 개의 흉내를 내서 도둑질하는 자, 즉 구도(狗盜)가 말했다.

"제가 흰여우 가죽옷을 훔쳐오겠습니다."

그리고는 밤에 개 흉내를 내서 진나라의 궁궐 창고에 들어가 흰여우 가죽옷을 훔쳐다 진소왕의 애첩에게 바쳤다. 마침내 애첩의 힘으로 맹상군은 풀려났으며, 그는 나오자마자 즉시 함곡관으로 탈출을 감행했다. 이때 진소왕은 맹상군을 풀어준 것을 후회하면서 즉시 그의 뒤를 쫓게 했다.

맹상군은 새벽에 함곡관에 도착하기는 했지만, 일단 닭이 울어야 관문을 열고 내보내는 것이 법이었기 때문에 추격병이 오는 줄 알고 있어도 닭이 울 때까지 기다릴 수밖에 없었다. 하지만 이때 식객 가운데 맨 끝에 앉은 자가 닭 울음소리를 내자 다른 닭들도 모두 울어서 맹상군 일행은 마침내 추격병을 뿌리치고 함곡관을 빠져 나올 수 있었다.

맨 처음 이 두 사람이 빈객에 포함될 때는 모두가 부끄러워했지만, 정작 맹상군이 곤란에 처했을 때 그를 구원한 사람은 보잘것없는 재능을 가진 이 두 사람이었다.

한 갈래 길을 이룬다

성혜 成蹊

> 원래는 "복숭아꽃과 오이꽃은 말하지 않아도(꽃 자체가 아름답기 때문에) 그 아래에 저절로(사람 다니는) 한 갈래 길이 난다(桃李不言 下自成蹊)"의 준말이다. 인품과 덕이 높은 사람은 스스로를 드러내지 않아도 자연히 사람들이 그 밑에 모여든다는 뜻이다. 출전은 《사기》 '이장군열전(李將軍列傳)'.

成 이룰 성 　 蹊 샛길, 지름길 혜

한나라 경제 때의 장군 이광(李廣)은 흉노와의 전쟁에서 혁혁한 공을 세운 사람이다. 그의 용맹이 얼마나 뛰어났던지 사람들은 그를 날아다니는 장군, 즉 '비장군(飛將軍)'이라고 불렀다. 하지만 처세에는 능하지 못해 백발이 될 때까지 제후로 책봉을 받지 못했으며, 최후는 자살로 끝을 맺었다. 비록 자신은 스스로를 과시하지 않았지만 후세 사람들은 그의 용맹과 덕을 잊지 못해서 그를 기렸으니, 사마천은 수많은 제후들을 제치고 '이장군열전'을 마련해서 이렇게 말했다.

"《논어》에 이르기를 '그 자신이 바르게 행하면 명령을 내리지 않아도 사람들이 따르고, 그 자신이 바르지 못하다면 명령을 내려도 사람들이 따르지 않을 것이다'라고 했다."

이 말은 바로 이광 장군을 두고 한 말인 듯하다. 또 이런 속담이 있다.

"복숭아꽃과 오이꽃은 말을 하지 않아도 그 나무 아래 저절로 한 갈래 길이 난다(桃李不言 下自成蹊)."

이광은 제후로 책봉되지 않았지만, 수많은 제후들이 역사의 쓰레기가 된 지금에도 명성이 전해져서 '길을 이루고 있지(成蹊)' 않은가!

두 개의 복숭아로 세 사람을 죽인다
이도살삼사 二桃殺三士

가해자 쪽에서 볼 때는 강직한 사람을 계략을 사용해서 죽인다는 뜻이 있고, 피해자 쪽에서 볼 때는 강직하고 성급한 사람은 앞뒤를 재지도 않고 일에 임하기 때문에 남에게 이용당하기 쉽다는 뜻이 있다. 출전은 《안자춘추(晏子春秋)》 '간하(諫下)' 편.

| 二 둘 이 | 桃 복숭아 도 | 殺 죽일 살 | 三 석 삼 | 士 선비 사 |

    공손첩과 전개강과 고야자는 제나라 경공의 신하인데, 나라에 큰 공을 세웠을 뿐만 아니라 문장에도 능했다. 하지만 모두 예의가 없어서 심지어 경공에게도 불손한 행동을 하기도 했다.

    경공도 그들을 제거하고 싶었지만 워낙 공로가 큰 사람들이라서 섣불리 손을 대지 못하고 안자를 불러서 의논했다. 안자는 두 개의 복숭아로 그들 사이를 이간하라고 건의했다. 즉, 복숭아는 두 개밖에 없기 때문에 그들로 하여금 각자의 공적을 말하게 해서 공적이 큰 사람의 순서로 복숭아를 나누어준다는 계략이었다.

    과연 자부심이 강한 그들은 각자 자기의 공로를 말하고 나서 복숭아를 가지려고 했다. 공손첩과 전개강이 먼저 복숭아를 차지하려고 하자, 고야자가 화를 내면서 경공에게 말했다.

    "예전에 경공께서 강을 건널 때 큰 자라가 배를 뒤집으려고 했습니다. 그때 제가 그 자라를 죽여서 당신의 목숨을 구했으니, 응당 제가 복숭아 하나를 먹어야 하지 않겠습니까?"

    그러자 경공은 공손첩과 전개강에게 복숭아 하나를 고야자에게 주라고 했다. 하지만 성질 급한 공손첩과 전개강은 결코 승복할 수 없다고 하면서 그 자리에서 자살했다.

친구들의 자살한 모습을 본 고야자는 그때서야 정신을 차리면서 이렇게 탄식했다.

"오랜 친구가 죽었는데, 나 혼자 산다는 것은 도리에 어긋나는 짓이다."

말을 마치고는 그 역시 자살하고 말았다.

웃음 속에 칼이 있다
소중지도 笑中之刀

> 겉으로는 온화한 표정을 짓지만 속으로는 음험한 생각을 갖고 있는 걸 말한다. 출전은 《당서》 '간신전(姦臣傳)'.

| 笑 웃을 소 | 中 가운데 중 | 之 어조사 지 | 刀 칼 도 |

    진(晉)나라의 이의부(李義府)는 늘 얼굴빛이 부드럽고 공손했다. 또 다른 사람과 말할 때는 기쁜 표정으로 미소를 띠며 말했다. 하지만 속으로는 음험하고 편벽했으니, 자기 마음을 거슬리는 사람은 누구나 중상했다.

    그래서 당시 사람들은 "이의부의 웃음 속엔 칼이 있다(笑中之刀)"고 말했다. 또 암암리에 부드럽게 상대를 해쳤기 때문에 '고양이 같은 사람(人猫)'이라고도 불렀다.

사람 중의 용
인중지룡 人中之龍

용은 동물 중에서 가장 신령한 동물로 숭배를 받고 있다. 이처럼 사람 중에서도 가장 뛰어나고 비범한 사람을 가리켜 인중지룡이라고 한다. 출전은 《진서》 '송섬전(宋纖傳)'.

| 人 사람 인 | 中 가운데 중 | 之 어조사 지 | 龍 용 룡 |

진나라의 송섬은 원대한 뜻과 지조를 갖춘 인물이었다. 그는 주천(酒泉)의 태수인 마급이 와도 내다보지 않았다. 마급이 탄식하며 말했다.

"명성은 들을 수 있어도 만날 수 없고, 덕은 우러러볼 수 있어도 형체는 볼 수 없으니, 선생께서 진정 사람 중의 용(人中之龍)인 줄 알겠다."

이렇게 말하면서 석벽에다 시를 새겨 놓았다.

일편단심의 벼랑(丹崖)은 백장의 높이요,
푸르른 지조의 벽(靑壁)은 만 길의 깊이로다.
기이한 나무들 울창하게 우거져 있으니,
마치 등림(鄧林, 초나라 북쪽에 있는 숲)과 같구나.
그 인물됨도 마치 옥과 같아서 진정 이 나라의 보배로구나.
방은 가까우나 사람은 멀리 있으니, 정말로 내 마음을 괴롭히누나.

이 시에서 나오는 단애청벽(丹崖靑壁)은 비범하고 고결한 인품을 가진, 한 번 보기도 어려운 사람을 만날 때 쓰는 말이다.

은행나무 숲

행림 杏林

의사를 존경해서 부르는 칭호. 원래는 '동봉 신선의 은행나무 숲(董仙杏林)'에서 나온 말이다. 출전은 '신선전'.

杏 은행나무 행 | 林 숲 림

　　삼국 시대 때, 오나라의 동봉(董奉)은 여산에서 살면서 사람들의 병을 고쳐주고 있었다. 그는 병을 고쳐주면서 사람들에게 돈을 받지 않았다. 대신 병이 무거운 사람은 은행나무 다섯 그루, 병이 가벼운 사람은 은행나무 한 그루를 심게 했다.
　　이렇게 해서 몇 년이 지나자, 십만 그루가 넘는 은행나무들이 울창한 숲을 이루었으며, 은행 열매도 무르익었다. 사람들은 이를 '동봉 신선의 은행나무 숲'이라고 불렀다.

천 가지 생각에도 하나의 잘못이 있다
천려일실　千慮一失

지혜로운 사람이라도 수많은 생각을 하다 보면 실수를 하게 마련이라는 뜻. 원래는 지혜로운 사람이라도 많은 생각을 하다 보면 반드시 하나의 실수가 있게 마련이고(智者千慮 必有一失), 어리석은 사람이라도 많은 생각을 하다 보면 반드시 하나의 터득함이 있다(愚者千慮 必有一得)는 말에서 나온 것이다. 천려일득(千慮一得)과 같은 뜻으로 여기서 말하는 '천(千)'은 아주 많다는 뜻이다. 출전은 《사기》 '회음후열전(淮陰候列傳)'.

千 일천 천　慮 생각 려　一 하나 일　失 잃을 실

　이좌거는 조(趙)나라 왕의 뛰어난 참모였지만, 조왕이 그의 계책을 따르지 않았기 때문에 한신에게 대패하고 이좌거는 사로잡혔다. 그러나 한신은 연(燕)나라와 제(齊)나라를 공격할 계획을 갖고 있었기 때문에 이좌거를 죽이지 않고 깍듯이 모시면서 계책을 물었다.
　하지만 이좌거는 "패배한 장수는 병법을 논하지 않는다"며 사양을 했다. 한신이 재삼재사 청하자 그는 겸손의 표시로 이렇게 말했다.
　"제가 듣기로는 '지혜로운 사람이라도 많은 생각을 하다 보면 반드시 하나의 실수가 있게 마련이고, 어리석은 사람이라도 많은 생각을 하다 보면 반드시 하나의 터득함이 있다(智者千慮 必有一失 愚者千慮 必有一得)'고 했으니, 제 말이 모두 옳지는 않겠지만 그래도 쓸 만한 것이 하나라도 있으면 다행입니다."
　결국 이좌거는 한신의 참모가 되어서 커다란 공을 세웠다.

아교와 옻칠과 같은 마음
교칠지심 膠漆之心

아교와 옻칠은 모두 물건을 붙이는 데 쓰이는 것으로 친구 사이의 우정이 돈독함을 비유한 말이다. 출전은 백낙천의 편지인 '여미지서(與微之書)'.

| 膠 아교 교, 붙을 교 | 漆 옻 칠, 검을 칠 | 之 어조사 지 | 心 마음 심 |

    과거 공부를 할 때부터 절친한 친구였던 백낙천과 원미지(元微之)는 관료의 길에 들어서서도 우정이 변함없었다. 그러나 세상일은 뜻대로 되지 않아서 백낙천은 강주의 부지사로, 원미지는 통주사마로 좌천되었다. 백낙천은 여산 향로봉 기슭의 암자에서 원미지에게 편지를 썼다. 이 편지는 두 사람의 우정이 얼마나 깊은지를 보여주고 있다.

    "4월 10일 밤에 낙천은 쓰노라. 미지여, 미지여, 그대의 얼굴을 보지 못한 지도 어언 3년이 지났으며, 그대의 편지를 받아보지 못한 지도 2년이 다 되어가네. 인생살이가 그 얼마나 되길래 이토록 떨어져서 지내야 하는가? 하물며 아교나 옻처럼 달라붙은 마음(膠漆之心)으로도 북쪽 오랑캐 땅과 남쪽 월(越) 땅만큼 멀리 떨어져 있다니 말일세.

    아무리 해도 서로 만날 수가 없고 체념하려 해도 잊을 수가 없구나. 서로가 끌리면서도 더욱 떨어져만 있으니, 이제는 머리카락마저 하얗게 세려고 하네. 이를 어찌해야 할꼬. 진실로 하늘이 하신 일이라면 우린들 어찌할 수 없지 않겠는가!"

긴성

장성 長城

만리장성의 약칭이다. 한 나라를 받쳐주는 중진급 인물을 말한다. 남조 시대 송나라의 단도제가 팽성왕 의강(義康)에게 잡혀서 죽게 되었을 때 머리에 두른 천을 땅에 던지면서 한 말이다. 출전은《남사》'단도제전(檀道濟傳)'.

長 길장　城 성성

　　문제가 병이 들자 팽성왕 의강은 조서를 고쳐 단도제를 체포했다. 그리고는 그의 아들과 함께 죽여 버렸다. 단도제가 체포되었을 때, 그는 안광을 형형히 빛내면서 머리에 두른 천을 땅에 팽개치며 이렇게 말했다.
　　"당신은 당신의 만리장성을 무너뜨리고 있는 것이오."

제8장
남과 여

거문고와 비파의 조화처럼
아름다운 연인

이리저리 뒤척이면서 돌아눕는다
전전반측 輾轉反側

온갖 생각과 번뇌로 잠을 이루지 못하면서 이리 뒤척 저리 뒤척하는 모양을 '전전반측'이라고 한다. 원래는 아름다운 여인을 사모하느라 잠을 못 이루는 데서 나온 말로, 《시경(詩經)》 '주남(周南)'편, 《관저(關雎)》장에 나온다.

| 輾 돌 전 | 轉 구를 전 | 反 뒤집을 반 | 側 곁 측 |

꾸룩거리는 징경이 강가 모래밭에서 노누나.
얌전하고 정숙한 여인은 군자의 좋은 짝이로다.

들쑥날쑥 마름풀 여기저기 흩어져있네.
얌전하고 정숙한 여인을 자나깨나 찾는구나.

아무리 찾아도 얻지 못하니 자나깨나 그리워만 할 뿐.
사모의 정 끝이 없어 이리 뒤척 저리 뒤척 잠 못 이루네(輾轉反側).

이처럼 여인을 그리워하는데서 나온 '전전반측'이 나중에는 온갖 번거로운 일과 상념 때문에 잠 못 이룰 때도 쓰이게 된다. 이 시에서 나오는 '얌전하고 정숙한 여인'은 '요조숙녀(窈窕淑女)'를 번역한 말이다. 요즘에는 잘 쓰지 않지만, 예전에는 규중에서 예절과 행실을 닦은 아름다운 여성을 가리킬 때 흔히 쓰던 말이다.

외를 깨다

파과 破瓜

> 외를 여성에 비유하고, 또 외 과(瓜) 자를 둘로 나누면 팔(八) 자가 두 개가 나오는데 이를 합하면 16이 된다. 그래서 파과는 여자 나이 16세를 가리키기도 하고, 처녀가 생리를 처음 시작할 때를 말하기도 하며, 어떤 때는 처녀성을 상실하는 뜻으로도 사용된다. 진나라 때 손작(孫綽)의 시 《정인벽옥가(情人碧玉歌)》에 나온다.

破 깰 파   瓜 외 과

벽옥이 외를 깰 때(碧玉破瓜時)
낭군은 정답게 몸을 덮쳐오네(郞爲情顚倒).
더 이상 낭군을 부끄러워하지 않고(感君不羞)
몸을 돌려서 낭군을 껴안누나(廻身就郞抱).

그러나 청나라 때 원매(袁枚)는 《수원시화(隨園詩話)》에서 "첫 월경 때 파과를 하면 홍조(紅潮)를 본다고 이해하는 사람이 있는데, 이는 잘못이다"라고 했다. 또 청나라 적호(翟灝)는 '통속(通俗)' 편에서 "속설에 여자가 처녀성을 잃는 것을 파과라고 하는데, 이는 잘못이다"라고 하였다.

그러나 이들의 주장은 역으로 당시 이미 '파과'가 첫 생리나 처녀성을 잃는 뜻으로 사용되었음을 반증해주고 있다.

'파과'는 남자의 나이일 때는 8곱하기 8로 64세를 의미하기도 한다.

무산의 꿈
무산지몽 巫山之夢

남자와 여자 사이의 정사(情事)를 말한다. 《문선(文選)》에 실려 있는 송옥(宋玉)의 고당부 병서(高唐賦並書)에 나온다.

| 巫 무당 무 | 山 뫼 산 | 之 어조사 지 | 夢 꿈 몽 |

    송옥은 전국 시대 초나라의 대부로 굴원의 제자이다. 이 글에서 송옥은 초나라 회왕(懷王)이 초나라 일곱 연못 중의 하나인 운몽(雲夢)의 고당관(高唐館)에 갔을 때 꿈속에서 무산의 신녀(神女)와 정사를 했다는 이야기를 소개하고 있다.

    초나라 양왕(襄王)은 송옥과 함께 운몽의 누대에서 여흥을 즐기고 있었다. 문득 양왕이 고당관을 바라보니, 그 위에 범상치 않은 구름의 기운이 있었다. 위로 솟는가 하면 홀연히 모양을 바꾸는데, 그 순간순간의 변화가 끝이 없었다. 양왕이 송옥에게 물었다.
"저것이 이른바 기운이라고 하는 것인가?"
송옥이 답했다.
"저것은 아침 구름(朝雲)이라는 것입니다."
"아침 구름이라는 게 무얼 말하는가?"
"옛날 선왕인 회왕께서는 고당에 놀러오셨다가 피곤해서 낮잠을 자게 되었습니다. 그때 꿈에 부인 한 명이 나타나서 이렇게 말했습니다.

'첩(妾)은 무산의 여신입니다. 우연히 고당관을 찾아왔다가 왕께서 행차하셨다는 소식을 들었죠. 바라건대 함께 이불을 덮고 베개를 베었으면 합니다.'

이로 인해 회왕은 그녀와 정을 통했습니다. 이윽고 떠날 때가 되자 무산의 신녀는 이렇게 이별의 말을 했다고 합니다.

'첩은 무산의 남쪽 높은 언덕에서 살고 있습니다. 아침에는 아침 구름이 되고, 저녁에는 지나가는 비가 되어 아침저녁마다 양대(陽臺) 아래에 내려앉을 것입니다.'

회왕이 아침저녁으로 바라보니 과연 말 그대로라서 회왕은 그녀를 위해 사당을 세우고 그 이름을 '조운(朝雲)'이라고 불렀습니다."

'양대'는 무산 남쪽 양지 바른 곳에 있는 누대지만, 이 고사로 인해 남녀가 남몰래 정사하는 것을 가리키기도 한다. 또 한 번 정사를 맺은 뒤 두 번 다시 만나지 못하는 것을 '양대불귀지운(陽臺不歸之雲)'이라 한다.

붉은 한 점

홍일점 紅一點

> 남자들만 있는 곳에 유일하게 여자가 끼어 있을 때, 그 여자를 '홍일점'이라고 부른다. 그러나 원래는 수많은 푸른 잎 속에서 붉은 꽃 하나가 피어 있는 걸 가리키는 말이다. 왕안석(王安石)이 지었다는 '석류시(石榴詩)'에 나온다.

紅 붉은 홍 | 一 한 일 | 點 점 점

수많은 푸른 잎 속에 붉은 한 점(紅一點)이러니
사람을 감동시키는데 봄빛은 많은 것을 쓰지 않누나.

萬綠叢中紅一點　動人春色不須多

　여기서 '붉은 한 점'은 빨간 석류꽃을 가리킨다. 푸른색과 빨간색의 대비로 푸른 신록 속에서도 빨간 석류꽃이 두드러져 보인다. 단 한 송이 붉은 꽃이 봄철의 정경으로 사람을 감동시키기 때문에 둘째 구절에서 많은 것을 쓰지 않아도 봄빛이 완연하다고 표현한 것이다.
　그러나 푸른 잎과 붉은 꽃을 대비할 때 쓰인 이 '홍일점'이 시대가 흐르면서 남자들 속에 여자가 유일하게 있을 때 쓰이는 말로 변했다.

깨진 거울

파경 破鏡

> 흔히 부부가 이혼할 때 파경에 이르렀다고 한다. '깨진 거울'이란 원래 깨진 거울을 다시 합쳐 완전해짐을 의미하는 파경중원(破鏡重圓)에서 나온 말이다. 파경중원은 헤어져 있던 부부가 다시 만나 합치는 것을 말한다. 출전은 《태평광기》.

破 깰 파   鏡 거울 경

    남조(南朝)의 신하인 서덕언(徐德言)의 아내 낙창공주(樂昌公主)는 미모와 글솜씨가 뛰어난 여인이었다. 그러나 남조는 수나라 대군의 공격으로 멸망할 위기에 처해 있었다. 예로부터 멸망한 나라들의 여자들은 적국의 권력자에게 넘어가게 마련이었다. 그래서 서덕언은 수나라 대군이 임박했을 때 아내를 불러 말했다.
    "당신의 미모와 재주를 보아하니 나라가 멸망하면 반드시 적의 손에 넘어갈 것이오. 살아 생전 두 번 다시 만나지 못할지도 모르나, 인연이 있다면 다시 만날 수도 있을 것이오. 그때를 위해……."
    그리고 서덕언은 옆에 있던 거울을 두 조각으로 깨뜨려 한 쪽을 아내에게 주었다.
    "이 거울을 소중히 간직했다가 정월 보름날 시장에 내다파시오. 내가 살아 남는다면 반드시 그 거울을 찾을 것이오."
    결국 남조는 수나라에게 멸망하고, 낙창공주는 수나라의 일등공신 양소(楊素)의 손으로 넘어갔다. 그녀는 타고난 아름다움과 재주로 이내 양소의 마음을 사로잡았지만, 결코 남편이 준 거울을 잊지는 않았다.

한편 서덕언은 거지 노릇을 하면서 1년이 지나서야 장안에 도착했다. 약속한 대로 정월 보름날 시장에 가보니 소리를 지르면서 반쪽 거울을 파는 사나이가 있었다.

그러나 한 푼 가치도 없는 반쪽 거울을 누가 사겠는가? 사람들은 그를 비웃으며 지나갔다. 서덕언은 이내 그 거울을 사겠다고 한 후, 그 사나이를 자기가 머무는 곳에 데려가 거울에 얽힌 내력을 말해 주었다. 그리고는 자기의 거울을 꺼내 맞춰보니 두 조각이 딱 들어맞았다. 서덕언은 거울 한쪽 편에 시 한 수를 써서 그 사나이에게 돌려보냈다.

거울과 사람 모두 가버리더니
거울은 돌아왔는데 사람은 오지 않네.
더 이상 항아(姮娥)의 그림자 보이지 않는데
밝은 달빛만 무심히 비추누나.

사나이가 건네준 거울을 본 낙창공주는 그 뒤부터 먹지도 않고 울기만 하였다. 이 사실을 알게 된 양소는 두 사람의 애정에 감동해, 즉시 서덕언을 불러 낙창공주를 다시 만나게 해주었다.

아직 죽지 못하고 있는 사람
미망인 未亡人

원래 미망인은 과부가 스스로를 일컬을 때 쓰는 말인데, 후세에는 남편이 죽은 여인을 통칭하는 말로 바뀌었다. 《춘추좌씨전(春秋左氏傳)》 '장공(莊公)' 28장에 나온다.

未 아직 못할 미 | 亡 죽을 망 | 人 사람 인

초나라 재상 자원(子元)이 초나라 문왕이 죽자 문왕의 부인을 유혹하려고 그녀의 궁궐 옆에다 큰 저택을 짓고 은나라 탕(湯) 왕이 만든 무곡(舞曲)을 연주하게 했다. 문왕의 부인은 그 음악 소리를 듣고 울면서 말했다.
"돌아가신 선왕은 이 음악을 오랑캐를 막는 군사 훈련에 쓰셨다. 지금 당신은 이 음악을 원수를 토벌하는 데 쓰지 않고, 이 미망인의 곁에서 연주하니 이상한 일이 아닌가?"

빛나는 눈동자 하얀 치아
명모호치 明眸皓齒

아름다운 미인을 가리키는 말이다. 출전은 두보의 시 '애강두(哀江頭)'. 여기서 강두(江頭)는 장안 동남쪽에 있는 곡강지(曲江池)인데, 왕후장상들이 유람한 명승지로서 현종과 양귀비도 이곳에 와서 놀았다고 한다. 두보는 당시 마흔네 살의 나이로 처음 벼슬길에 올랐으나 안록산의 난으로 도적들에게 잡혀 장안으로 끌려오게 되었다. 그는 남몰래 곡강지를 찾아가 당 황실의 옛 영화를 그리워하고 현실을 슬퍼하면서 이 시를 지었다.

| 明 밝을 명 | 眸 눈동자 모 | 皓 흴 호 | 齒 이 치 |

빛나는 눈동자, 하얀 치아(明眸皓齒)는 지금 어디 있는가.
피로 더럽혀진 떠도는 혼은 돌아가질 못하네.
맑은 위수(渭水)는 동쪽으로 흐르고 검각(劍閣)은 깊은데
장안과 촉 땅은 너무나 멀어 소식조차 없구나.
사람의 삶에는 정이 있는지라 눈물이 가슴을 적시고
흐르는 강물과 강가에 핀 꽃이 어찌 다함이 있으랴.
황혼녘에 오랑캐 기마가 달리니 먼지는 성을 가득 채우고
성 남쪽을 가려 하면서도 성 북쪽을 바라보네.

'빛나는 눈동자, 하얀 치아(明眸皓齒)'는 양귀비를 가리킨다. 양귀비는 안록산의 난 때 죽음을 당하는데, '피로 더럽혀진 떠도는 혼'은 양귀비의 죽음을 가리킨다. 황실의 몰락은 두보의 가슴을 눈물로 젖게 하고, 영화는 흐르는 강물처럼 다시는 오지 않는다. '오랑캐 기마'는 안록산이 한족이 아니라서 그의 군대를 그렇게 호칭한 것이다. 마지막 행은 방향을 찾지 못하는 두보의 슬프고 두려운 마음을 나타낸다.

말을 이해하는 꽃
해어화 解語花

아름다운 미인을 일컬을 때 쓰이는 말이다. 출전은 오대(五代) 때 왕인유(王仁裕)가 엮은 《개원천보유사(開元天寶遺事)》.

| 解 풀 해 | 語 말 어 | 花 꽃 화 |

당나라 현종 때 태액지(太液池)에는 하얀 연꽃 천 송이가 피어나기 시작했다. 현종은 귀족과 친척들을 초대해 연회를 베풀면서 이 꽃들을 감상했다. 모든 사람들이 다 그 꽃들의 아름다움을 찬탄했다. 그때 현종은 양귀비를 가리키며 좌중에 있던 사람들에게 말했다.

"말을 이해하는 나의 이 꽃(解語花)과 견줄만하구나."

여기서 '해어화'는 물론 양귀비를 가리킨다. 현종은 양귀비의 아름다움을 꽃과 견주어서 표현한 것이다.

양귀비는 원래 현종의 아들 수왕(壽王)의 아내였다. 하지만 현종이 여산 화청궁에서 양귀비를 본 이후로 그녀를 애첩으로 삼아 버렸다. 아들의 아내를 애첩으로 삼는 것이 꺼림칙한 탓인지, 현종은 양귀비를 일단 도교의 도관으로 보내 수행자를 만들었다가 나중에 후궁으로 불러들였다. 후에 양귀비는 현종의 총애를 받다가 안록산의 난 때 비참한 최후를 맞게 된다.

아름다운 여인은 수명이 짧다
가인박명 佳人薄命

'가인'은 아름다운 여인을 일컫는다. 우리 말에도 미인일수록 팔자가 사납다는 말이 있는데, 바로 '가인박명'을 말하는 것이다. 출전은 소식(蘇軾)의 시 '가인박명'.

| 佳 아름다울 가 | 人 사람 인 | 薄 얇을 박 | 命 목숨 명 |

두 볼은 뽀얀 우유처럼 촉촉이 젖어 있고,
머리칼은 옻을 칠한 듯 칠흑처럼 새까매라.
주렴 사이로 내비치는 여인의 눈빛,
마치 구슬인 양 영롱히도 반짝이네.
원래 여승의 옷은 하얀 명주로 만드는데,
지금 이 여인도 그런 옷을 입고 있구나.

입술의 자연스런 바탕을 더럽힐까 봐,
붉은 입술 연지는 바르지 않았어라.
여인의 오나라 말씨 부드럽고 교태로워
여전히 아이 같은 치기가 남아 있네.
하지만 아직은 알지 못하리
끝없이 이어지는 인생살이 근심을.
예부터 전하기를, 아름다운 여인 중에는
운명이 기구한 사람 많다고 했지.

이제 절 안에서 지내다가 봄이 다하면
푸르른 버들꽃이 속절없이 지겠구나.

　어떤 연유로 여승이 된 아름다운 여인을 그린 시이다. 여인의 청초한 아름다움을 잘 표현하고 있다.

나라를 위태롭게 할 만한 미모
경국지색 傾國之色

> 빼어난 미인을 가리킬 때 쓰는 말이다. '경국'은 나라를 위태롭게 만드는 것이며, '색(色)'은 여인의 용모를 말한다. 출전은 《한서(漢書)》 '외척전(外戚傳)'.

| 傾 기울 경 | 國 나라 국 | 之 어조사 지 | 色 빛깔 색 |

이연년(李延年)은 한나라 무제 때 음악을 맡은 관리였다. 그에겐 누이동생이 있었는데, 진정 절세의 미인이었다. 그는 무제에게 누이동생을 추천하면서, 그 아름다움을 다음과 같은 시로 노래했다.

북방에 아름다운 여인 있으니
그 미모는 세상을 뛰쳐나 홀로 우뚝하네.
한 번 돌아보매 성을 기울게 하고
두 번 돌아보매 나라를 위태롭게 하네.
어찌 성을 기울게 하고 나라를 위태롭게 함을 모를까마는
아름다운 여인은 두 번 다시 얻기 어렵구나.

당시 무제는 오십 고개를 넘긴 만년의 나이로 쓸쓸한 생활을 보내고 있었다. 그는 즉시 이연년의 누이동생을 불렀는데, 그녀의 춤과 아름다움에 이내 매료되고 말았다. 이 여인이 바로 무제의 총애를 한몸에 받은 이부인(李夫人)이었다.

원앙의 서약

원앙지계 鴛鴦之契

금슬이 아주 좋은 부부 사이를 '원앙지계'라 한다. 출전은 《수신기(搜神記)》.

| 鴛 원앙 원 | 鴦 원앙 앙 | 之 어조사 지 | 契 서약 계, 맺을 계 |

전국 시대 때 송나라의 강왕(康王)은 신하 한빙(韓憑)의 아내 하씨가 절세미인인 것을 보고 애첩으로 삼아 버렸다. 한빙이 원한을 품자, 왕은 그에게 성을 쌓는 형벌을 내렸다. 절망에 빠진 한빙은 자살하고 말았다.

이 소식을 들은 하씨도 성벽에서 몸을 던졌다. 곁에 있던 신하가 황급히 옷소매를 잡았지만, 옷소매만 남고 하씨는 떨어져 죽었다. 하씨의 띠에는 유언이 남아 있었는데, 남편과 함께 묻어달라는 내용이었다.

화가 난 강왕은 두 사람의 무덤을 마주보게 해놓고 말했다.

"죽어서도 서로 사랑하려는 것인가? 그렇다면 두 무덤을 하나로 해보시지."

며칠 뒤, 두 무덤 끝에서 가래나무가 솟아나, 서로 줄기가 가까워지고 뿌리와 가지가 엉켰다. 또 나무 위에서는 원앙새 한 쌍이 늘 서로 목을 휘감고 슬프게 울었다.

송나라 사람들은 그 나무를 상사수(相思樹)라고 하고 한 쌍의 원앙은 한빙 부부가 새로 태어난 것이라고 말했다. 애타게 사모하는 '상사(相思)'라는 말도 이 일화에서 비롯된 것이다.

거문고와 비파

금슬 琴瑟

두 악기가 서로 잘 어울리는 것을 비유해 부부 사이가 좋은 것을 금슬이 좋다고 말한다. 출전은 《시경(詩經)》 관저(關雎)장.

琴 거문고 금 | 瑟 비파 슬

들쑥날쑥 고사리 풀
좌우에서 따는구나
얌전하고 정숙한 여인은
거문고와 비파를 벗삼네.

이 시는 얌전하고 정숙한 여인을 아내로 맞이해, 거문고와 비파가 어울리듯 사이좋게 살고 싶다는 연시(戀詩)이다. 얌전하고 정숙한 여인을 의미하는 요조숙녀(窈窕淑女)도 이 시에서 나온 것이다.

또 부부 사이만이 아니라 가족의 화목함을 말할 때도 금슬이라는 말을 쓴다.

달빛 아래의 노인과 얼음 위의 사람
월하빙인 月下氷人

달빛 아래의 노인(月下老人)과 얼음 위의 사람(氷上人)이 합쳐져서 '월하빙인'이란 말이 생겼다. 뜻은 남녀의 인연을 맺게 해주는 사람, 즉 중매쟁이를 말한다. 출전은 《속유괴록(續幽怪錄)》에 월하노인 얘기가 나오고, 《진서(晉書)》 '예술전(藝術傳)'에 빙상인의 이야기가 나온다.

月 달 월   下 아래 하   氷 얼음 빙   人 사람 인

위고(韋固)라는 사람이 새벽에 용흥사(龍興寺)에 나갔다. 그는 여기서 어떤 사람과 결혼 문제를 상의하기로 약속했던 것이다. 그러나 약속한 사람은 오지 않고, 한 노인이 돌계단에 앉아 달빛을 받으면서 책을 읽고 있었다. 그 책을 언뜻 보니 생전 보지 못한 글자라서 그가 물었다.

"그게 무슨 책입니까?"

노인이 웃으며 말했다.

"속세의 책이 아니네."

"그럼 어디 책인가요?"

"명계(冥界, 저승)의 책이지."

"명계의 책이 어떻게 여기 있습니까? 당신은 명계 사람인가요?"

"우리 명계 사람들은 세상 사람들을 관리하느라 세상에 나와 있지."

"그럼 당신이 하는 일은 뭐죠?"

"난 사람들을 장가보내고 시집보내는 일을 하지."

"마침 잘됐네요. 난 여기서 혼담을 상의하려고 하는데 잘될까요?"

"아니, 틀렸어. 자네 아내는 지금 세 살이야. 열일곱이 되어야 자네

에게 시집을 오지.

"그 주머니에는 무엇이 들어 있나요?"

"빨간 끈이 들어 있지. 부부의 인연을 맺어주는 끈이라네. 한 번 이 끈으로 맺어지면, 아무리 멀리 떨어져 있더라도, 또 아무리 원수 사이라 할지라도 반드시 맺어지지."

"그럼 내 아내는 어디 있습니까?"

"이 마을 북쪽에서 야채를 팔고 있는 진노파의 딸일세."

"만나볼 수 있을까요?"

"노파는 언제나 딸을 안고 시장에 나와 있지. 자, 따라 오라구."

노인은 북쪽 마을로 가서, 가난한 노파의 품에 안겨 있는 딸아이를 가리켰다.

"저 애가 자네 아내가 될 걸세."

위고는 실망했으며, 그 실망은 증오로 변했다.

"저앨 죽여 버리고 싶군요."

"죽이지 못할걸. 저 앤 복이 있어서, 아들 덕분에 영지까지 받을 걸세."

노인은 이렇게 말한 뒤 홀연히 사라졌다.

위고는 하인에게 비수를 건네주면서 노파의 딸을 죽이라고 명했다. 하인은 혼잡한 틈을 타서 그 여자 아이를 찔렀다. 가슴을 노렸지만, 빗나가서 미간을 찔렀다.

14년 뒤 위고는 관리가 되서 태수의 딸과 정혼하게 되었다. 신부는 매우 아름다웠지만, 웬일인지 늘 한 장의 꽃모양의 종이를 미간에 붙이고 다녔다. 위고는 옛날 일이 생각나 그녀에게 이유를 물어보았다. 아내는 울면서 얘기했다.

"저는 사실 양녀입니다. 아버지는 송성에서 현지사(縣知事)를 하고 있을 때 돌아가시고, 그 뒤 어머니와 오빠도 죽어서 진노파라는 사람에게서 자라났습니다. 하지만 세 살 때 폭도의 습격을 받아 이마에 상처가 났습니다. 그래서 이렇게 종이를 붙이고 다니는 것입니다."

위고는 자신이 한 짓을 고백하고 용서를 빌었다. 둘 사이에 태어난 아들은 나중에 재상이 되었으며, 어머니는 조정에서 영지까지 수여받았다. 그리고 이 이야기를 들은 송성의 현지사는 그 마을을 '정혼점(定婚店, 혼례를 맺은 마을)'이라고 불렀다.

진(晉)나라 때 삭탐(索耽)이라는 유명한 점쟁이가 있었다. 어느 날 한 사람이 자기가 꾼 꿈을 해몽해 달라고 찾아왔다.

"나는 얼음 위에 서 있었는데, 얼음 밑에 누가 있어서 그와 얘기를 나눴습니다."

삭탐이 대답했다.

"얼음 위는 양(陽)이고, 얼음 밑은 음(陰)이요. 양과 음이 얘기하는 것은 당신이 결혼 중매를 서서 혼사를 이루게 할 징조라오. 아마 얼음이 녹을 무렵 중매를 하게 될 거요."

과연 나중에 그는 태수의 아들과 다른 사람의 딸을 중매 서게 되었다. 결혼식은 얼음이 녹고 시냇물이 흐르기 시작하는 봄에 이루어졌다.

거친 음식을 먹으면서 함께 고생한 아내
조강지처 糟糠之妻

조는 술지게미, 강은 쌀겨인데, 모두 거친 음식을 말한다. 출전은 《후한서》 '송홍전(宋弘傳)'.

| 糟 술지게미 조 | 糠 쌀겨 강 | 之 어조사 지 | 妻 아내 처 |

후한 광무제 때 벼슬한 송홍은 덕이 높고 인품이 훌륭한 사람이었다. 당시 광무제의 누나인 호양공주(湖陽公主)가 미망인이 된 후, 은근히 송홍에게 연정을 품고 있었다. 어느 날 공주가 광무제에게 말했다.

"송공의 의연한 풍모와 인품은 다른 신하들이 미칠 바가 못 됩니다."

"알겠습니다. 생각해 보겠습니다."

광무제는 누이의 속뜻을 알고서 이렇게 대답했지만, 아무리 광무제라도 대놓고 누이를 아내로 삼아 달라고 말할 수는 없는 노릇이었다. 그래서 병풍 뒤에 누이를 미리 앉혀 놓고 송홍을 불렀다.

"속담에 '귀한 지위에 오르면 교제를 바꾸고, 부유해지면 아내를 바꾼다'고 하던데, 인지상정이 아니겠소?"

송홍이 대답했다.

"신은 가난할 때의 교제를 잊지 않아야 하고, 거친 음식을 먹으며 함께 고생한 아내(糟糠之妻)는 안방에서 내쫓지 않는다고 들었습니다."

송홍이 물러간 뒤, 광무제가 누이를 돌아보며 말했다.

"아무래도 안 되겠습니다."

푸른 하늘의 밝은 태양
청천백일 靑天白日

밝고 맑은 한낮을 말하는데, 꺼림칙한 구석이 전혀 없는 결백한 상태를 뜻한다. 출전은 한유가 쓴 '여최군서(與崔群書, 최군에게 보내는 글)'.

| 靑 푸를 청 | 天 하늘 천 | 白 흴 백 | 日 날 일 |

    당신(최군을 말함)은 내 친구 중에서도 가장 마음이 밝고 순수한 사람일세. 그런데 의심을 품는 자는 당신에 대해 이렇게 말한다네.
    "아무리 군자라도 좋고 나쁜 감정은 있게 마련이다. 하지만 그에게는 모두가 마음으로부터 복종한다는데, 과연 그렇게 훌륭한 사람이 있겠는가?"
    이렇게 말하는 사람에게 나는 대답했네.
    "봉황새와 지초(芝草)는 현명한 자든 어리석은 자든 모두 아름답고 상서롭게 여기네. 또 푸른 하늘의 밝은 해(靑天白日)는 노예라도 그 맑고 밝은 것을 알고 있지. 먹는 것에 비유하자면, 다른 지방의 색다른 맛을 좋아하는 자도 있고, 그렇지 않은 자도 있을 걸세. 하지만 쌀이나 회 같은 음식은 누구나 좋아하지 않는가?"

나뭇결이 이어진 가지
연리지 連理枝

서로 깊이 사랑하는 부부 사이를 가리킬 때 쓰인다. 출전은 《후한서》 '채옹전(蔡邕傳)'.

| 連 이을 련 | 理 결 리, 이치 리 | 枝 나뭇가지 지 |

당 현종과 양귀비의 사랑을 읊은 '장한가(長恨歌)' 속에는 양귀비가 사랑을 맹세하는 구절이 나온다.

"하늘에 있을 때는 비익조(比翼鳥)가 되길 원하오며,

땅에 있을 때는 연리지(連理枝)가 되길 바랍니다."

비익조는 날개가 하나뿐인 새이다. 두 마리가 합쳐야 비로소 날 수 있기 때문에 역시 연리지처럼 부부의 깊은 애정을 뜻하는 말이다. 연리지에는 다음과 같은 채옹의 일화가 담겨 있다.

"한나라 말기의 문인 채옹은 효성이 지극했다. 어머니가 늘 병상에 누워 있자, 어머니를 간호하느라 3년 동안 옷을 벗고 쉬지 못했다. 또 어머니의 병이 악화되자 100일간 잠자리에 들지 않고 보살펴 드렸으며, 어머니가 죽자 무덤 곁에 초막을 짓고 상을 치렀다. 그 후 채옹의 집 앞에 두 그루의 나무 싹이 돋아났다. 싹이 점점 커지면서, 나무결이 붙은 가지가 되었다. 세상 사람들은 채옹의 효성 때문에 생긴 기이한 일이라고 했다."

이 연리(連理, 결이 붙다)는 처음에는 효성의 뜻으로 쓰였지만, 후대에는 부부간의 깊은 사랑을 표시하는 말로 쓰이게 되었다.

잣나무 배를 보며 절개를 맹세하다
백주지조 栢舟之操

잣나무로 만든 배가 강 한복판에 떠 있는 광경을 보면서 정절을 지키겠다고 맹세하는 것. 백주는 잣나무로 만든 배, 조(操)는 지조, 절개를 말한다. 남편이 일찍 죽은 아내가 절개를 지키는 것을 백주지조라 한다. 출전은 《시경(詩經)》 용풍(鄘風)에 나오는 시 '백주(栢舟)'.

| 栢 잣나무 백 | 舟 배 주 | 之 어조사 지 | 操 지킬 조 |

둥실둥실 잣나무 배는
강 한복판에 떠 있구나.
저 갈래머리 땋은 분은
진정 나의 배필이었으니,
설사 내가 죽음에 이른데도
나의 맹세는 변치 않으리.
어머니는 하늘 같은 분이지만
어이타 이내 마음 몰라주시나.

주나라 때, 위(衛)나라의 희후(僖侯)에게 공백(共伯)이라는 적자가 있었는데, 불행히도 젊어서 죽고 말았다. 그의 아내 공강(共姜)은 홀로 절개를 지키면서 여생을 살아가려고 했다. 하지만 공강의 어머니가 딸을 재가시키려고 하자, 공강은 이 시를 지어 어머니의 뜻을 거절했다.

눈경치를 읊을 수 있는 재능
영설지재 詠雪之才

글재주가 뛰어난 여성을 가리키는 말. 출전은 《진서》 '열녀전(列女傳)'.

| 詠 읊을 영 | 雪 눈 설 | 之 어조사 지 | 才 재주 재 |

진나라 때, 왕응지(王凝之)의 아내 사도온(謝道韞)이라는 아내가 있었다.

사도온 친족들이 모여 담소를 나누고 있는데, 갑자기 눈이 내렸다. 사도온의 숙부 사안이 말했다.

"저 눈이 무엇과 비슷합니까?"

사안의 형 사자랑이 말했다.

"소금을 공중에다 흩뿌린 것 같군."

이 말을 들은 사도온이 말했다.

"그래도 버들가지가 바람에 흩날린다고 하는 것보단 못한데요."

술로 만든 연못과 고기로 만든 숲
주지육림 酒池肉林

상식을 벗어난 호사스런 잔치를 말한다. 옛날 걸왕(桀王)과 주왕(紂王)이 여자에 빠져 밤낮없이 향락만 일삼고 정사를 돌보지 않는 데서 유래한 말이다. 출전은 《사기》 '은본기(殷本紀)'.

酒 술 주   池 못 지   肉 고기 육   林 수풀 림

하(夏)나라의 걸왕은 애첩 말희에게 마음을 뺏겨, 그녀를 위해 온갖 보배와 상아로 장식된 궁전을 지었다. 그리고 안에다 별실을 마련해 밤마다 말희와 쾌락을 즐겼으며, 또 말희의 소원대로 3천 명의 미녀를 뽑아 화려한 옷을 입힌 뒤에 춤과 노래를 즐겼다.

이것도 모자라 걸왕은 궁전 한쪽에 큰 연못을 파고 바닥에 하얀 자갈을 깐 뒤에 향기로운 술을 부어놓았다. 그리고 연못 주변에는 고기로 산을 쌓고 숲을 만들었다. 왕은 말희와 함께 술연못(酒池)에서 뱃놀이를 하고 고기 숲(肉林)에서 육포를 씹으면서, 삼천 미녀의 춤과 노래를 즐겼다.

이처럼 걸왕의 사치한 생활은 재정파탄과 민심의 이반을 초래하여 하 왕조의 멸망을 가져왔다.

은나라 주왕도 술과 여자를 좋아하여 사치와 향락을 일삼았다. 애첩 달기에 빠져 그녀가 원하는 것은 모두 들어주었다. 달기의 욕망을 만족시키기 위해 진기한 보배를 거둬들이고 온갖 동물들을 궁전에서 길렀다. 또 악사에게 명하여 음탕한 곡조가 담긴 '북리의 춤'과 '미미의 음악'

을 만들게 한 뒤, 총애하는 신하나 미녀들을 불러 모아 실오라기 하나 없이 발가벗겨 그 속에서 쫓고 쫓기는 경주를 하게 했다. 그들은 연못에서 술을 퍼마시고, 숲을 이룬 고기를 뜯어 먹었다. 이 같은 향연은 120일간 계속된 적도 있어 장야지음(長夜之飮)이란 말까지 생겼다.

백성의 원망과 제후의 반란이 잇따르자, 그는 형벌을 더욱 무겁게 하여 포락(炮烙)의 형벌을 실시했다. 이것은 기름 바른 구리 기둥을 벌겋게 달구어 사람을 건너게 한 뒤, 필경에는 불 속에 떨어죽게 하는 형벌이었다. 불에 타 죽는 희생자의 모습은 달기의 음욕을 유발했다고 한다.

주왕 역시 주나라 문왕의 혁명으로 최후를 맞이하면서, 은왕조는 종말을 고했다.

가을 부채

추선 秋扇

> 부채는 여름에나 쓰이지 가을이 오면 쓸모없어지는데, 이를 비유해서 남자의 사랑을 잃게 된 여인을 가리킨다. 출전은 반첩여(班健伃)가 지은 시 '원가행(怨歌行)'. '첩여'는 궁녀의 벼슬 이름이고, 반첩여의 전기는 《한서(漢書)》에 나온다.

秋 가을 추 　 扇 부채 선

　　한나라 성제(成帝) 때, 후궁 반첩여는 황후 허씨(許氏)와 짜고 황제의 사랑을 받고 있는 후궁들을 저주하고 황제에 대한 욕을 했다는 이유로 감옥에 갇히게 되었다.

　　그러나 실제로는 황제의 총애를 받고 있던 조비연(趙飛燕) 자매가 두 사람을 중상했다. 결국 무죄가 밝혀지긴 했지만, 이미 황제의 총애를 잃은 반첩여는 조비연 자매의 질투가 불안했다. 언제라도 화를 당할 가능성이 있었기 때문이다.

　　고심 끝에 반첩여는 장신궁(長信宮)에 있는 황태후를 모시며 살게 해달라고 부탁해 황제의 허락을 얻었다. 그녀는 장신궁에서 황태후의 말벗을 하고 지냈으며, 시서를 읽거나 거문고를 타면서 평온한 날을 보냈다. 하지만 지난 날 황제의 총애를 받던 시절이 생각나 그 쓸쓸하고 눈물겨운 심정을 노래했는데 이것이 '원가행' 이다.

　　제나라에서 나는 하얀 비단을 새로이 재단하니,
　　희고 깨끗하기가 눈이나 서리와 같구나.

잘 마름질해서 합환(合歡)의 부채를 만드니,
둥글둥글하기가 마치 밝은 달과 같구나.
님의 품과 소매에 들락날락하면서
흔들릴 때마다 미풍을 일으켰었지.
항상 걱정되는 것은 가을이 오는 것이니,
서늘한 바람이 뜨거운 더위를 뺏기 때문이지.
마침내 장롱 속에 버려지는 신세가 되니,
님의 총애는 중도에서 끊기고 마는구나.

사랑을 잃은 여인의 심정이 잘 나타난 시이다. 반첩여는 성제가 죽은 지 얼마 안 되서 40여 세의 나이로 죽고 말았다.

얼굴빛이 없다
무안색 無顔色

즉, 무안하다는 말로서 잘못을 깨달은 부끄러움으로 얼굴을 들지 못할 때 쓰이는 말이다. 무안(無顔)이라고도 하고, 무색(無色)이라고도 한다. 출전은 백낙천의 시 '장한가(長恨歌)'.

無 없을 무   顔 얼굴 안   色 빛깔 색

'장한가'는 당나라 때 현종이 양귀비의 미모에 빠져서 정사를 소홀히 하다가 마침내 안록산의 난으로 양귀비와 죽음의 이별을 할 때까지의 과정을 그린 서사시이다. 이 시에 다음과 같은 구절이 나온다.

황제께서 여인을 좋아해 경국지색을 사모하더니
여러 해를 천자의 자리에 있으면서도 구하질 못하였네.
양씨 집안에 딸이 있어서 이제 갓 성장했는데
깊은 규방에서 기른지라 남들이 알지 못했네.
하늘이 아름다움을 주어서 스스로 버리기 어려운지라
하루아침에 뽑혀서 임금님의 곁으로 오게 되었구나.
눈동자를 굴리면서 한 번 미소 짓자 교태가 철철 넘치니
육궁(六宮)에서 곱게 단장한 궁녀들의 얼굴빛이 없어졌네.

즉, 양귀비의 아름다움으로 인해 다른 궁녀들의 꽃단장도 빛을 잃게 되었다는 뜻이다.

고기가 물속으로 들어가고 기러기가 하늘에서 내려앉는다
침어낙안 侵魚落雁

아름다운 미인을 형용한 말이다. 출전은 《장자》 '제물론(齊物論)'.

浸 담글 침　魚 고기 어　落 떨어질 락　雁 기러기 안

침어는 서시(西施)를 가리키며 낙안은 왕소군(王昭君)을 이르는 말로 폐월(閉月), 수화(羞花)와 함께 고대의 사대미인을 일컫는 말이다.

《장자》 '제물론(齊物論)' 편을 보면 다음과 같은 말이 나온다.

"서시는 춘추 말기의 월나라 여인이었다. 어느 날 그녀가 강변에 있었는데 맑고 투명한 강물이 그녀의 아름다운 모습을 비추었다. 수중의 물고기가 그 모습을 보고 수영하는 것도 잊고 천천히 강바닥으로 가라앉았다. 그래서 서시는 침어(侵魚)라는 칭호를 갖게 되었다.

한편, 한나라에 왕소군이라는 재주와 용모를 갖춘 미인이 있었는데 한 원제는 북쪽의 흉노를 다독거리기 위해 그녀를 선발하여 선우씨와 결혼을 하게 하였다. 집을 떠나가는 도중 그녀는 멀리서 날아가고 있는 기러기를 보았다. 고향 생각이 물밀듯 밀려와서 거문고를 탔다. 한 무리의 기러기가 거문고 소리를 듣고 나는 것을 잊고 땅으로 떨어졌다. 이에 왕소군은 낙안(落雁)이라는 칭호를 얻었다."

천자의 예비 수레에 매다는 말
부마 駙馬

부마는 천자가 타는 부거, 즉 여벌로 따라가던 예비 수레를 끄는 말이라는 뜻이다. 임금의 사위를 일컫는 말로 출전은 진나라 간보(干寶)가 지은 《수신기(搜神記)》.

駙 곁말 부 | 馬 말 마

　　신도탁(辛道劇)이라는 사람이 훌륭한 스승 밑에서 공부하기 위해 진나라의 수도 옹주(雍州)로 가고 있었다. 해가 저물자 그는 도중에 있는 큰 저택을 찾아가 문을 두드렸다. 이윽고 어린 하녀가 나오자 그는 하룻밤 묵어갈 것을 청했다. 어린 하녀는 잠시 안으로 들어갔다 나오더니 방으로 안내했다.

　　방에는 안주인으로 보이는 젊은 여인이 있었는데, 그녀와 인사를 마치자 음식이 나왔다. 음식을 다 먹고 나자 그녀가 말했다.

　　"저는 진나라 민(閔) 왕의 딸인데, 조(曹)나라로 시집가려던 참에 불행하게도 죽음을 맞이하게 되어, 그 뒤 23년간을 이곳에서 혼자 살고 있습니다. 오늘 이곳을 찾으신 것도 하나의 인연이니 사흘 밤만 부부로 지내 주십시오."

　　신도탁은 왕의 딸과 어찌 부부의 인연을 맺을 수 있느냐면서 극구 사양했으나 끈질긴 간청에 못 이겨 결국 사흘을 함께 지냈다. 사흘째 밤이 지나자 여인은 슬픈 얼굴로 다시 말했다.

　　"당신은 산 사람이고 나는 죽은 사람입니다. 전생에 맺은 인연으로 오늘 이렇게 지낼 수 있었지만 사흘 밤이 한도입니다. 더 이상 지냈다간 무슨 일이 생길지 모릅니다. 그러니 헤어지긴 섭섭하지만 여기서 이별해야 합니다. 추억이 될 만한 물건이라도……."

 이렇게 말하면서 그녀는 침대 밑에 있는 상자에서 황금으로 만든 금베개(金枕)를 꺼내 정표로 신도탁에게 주었다. 그리고 눈물을 흘리면서 하녀에게 전송하도록 했다.

 신도탁이 대문을 나와 몇 발자국 걷다가 문득 뒤돌아보니 큰 저택은 흔적도 없고 덩그러니 무덤만이 하나 있을 뿐이었다. 그러나 품속의 금베개는 그대로 있었다.

 신도탁은 옹주에 도착해서 금베개를 팔았는데 진나라 왕비가 우연히 지나다 금베개를 발견하고는 신도탁을 잡아다 그 경위를 물어보았다. 신도탁이 사실대로 이야기하자 왕비는 거짓말이 아닌가 의심해서 사람을 시켜 무덤을 파헤쳤다.

 과연 다른 부장품은 그대로인데 금베개만 없었다. 또 수의를 풀고 시체를 조사해보니 정사를 한 흔적이 그대로 남아 있었다. 왕비는 비로소 신도탁의 말을 믿고 탄식했다.

 "죽은 지 23년이 되었는데도 산 사람과 통정을 하니 딸은 신이 된 것이오. 당신이야말로 나의 진짜 사위요."

 그리고는 그를 부마도위(駙馬都尉)에 임명한 뒤, 황금과 비단과 수레를 주어 고향으로 돌아가게 했다.

 그 뒤부터 후세 사람들은 왕의 사위를 '부마'라 부르게 됐다.

•• 출전

《개원천보유사(開元天寶遺事)》
당나라 현종이 다스렸던 개원과 천보 사이(713~756)의 일 159항을 수록한 책. 오대(五代)의 왕인유(王仁裕)가 편찬했다. (전 4권)

《고금주(古今注)》
진(晉)나라 최표(崔豹)가 편찬했으며, 전 3권이다. 부록인 《중화고금주(中華古今注)》는 오대 때 마호(馬縞)가 편찬했으며, 역시 전 3권이다. 두 책 모두 명물(名物), 이를테면 새와 짐승, 고기와 벌레, 초목, 음악, 성읍 등을 다루고 있다.

《고문진보(古文眞寶)》
전집(前集)에는 한나라부터 송나라까지의 유명한 시를, 후집(後集)에는 전국 시대 말부터 송나라까지의 저명한 문장을 모은 책. 송나라 황견(黃堅)이 편찬했다. (전 20권)

《고사전(高士傳)》
은둔한 선비들의 전기를 싣고 있다. 원본은 72명을 다루었으나, 후에 첨가하여 현재 전하는 본은 96명이다. 진(晉)나라 때 황보밀(皇甫謐)이 편찬했다. (전 3권)

《공자가어(孔子家語)》
공자의 말과 행실, 그리고 제자들과의 문답을 수록한 책. 위나라의 왕숙(王肅)이 공자의 후손 공안국(孔安國)의 이름을 빌려 쓴 위작(僞作)이지만, 빠진 글이나 사건이 수록되어 있어서 자료로서 가치가 있다. (전 10권)

《관자(管子)》
정치의 요체는 첫째가 백성을 잘 살게 하는 것이며, 입법이나 교화는 그 다음이라는 이념으로 정책을 설한 책. 중국의 정치이념에다 경제 정책을 접목한 공적이 있다. 춘추시대 제나라 환공에게 벼슬한 관중과 그 제자들이 편찬하였다. (전 24권)

《국어(國語)》
춘추 시대 열국들의 사적을 나라별로 편집한 책. 춘추좌씨전을 지은 좌구명(左丘明)이 지은 것이라 하지만 명확하지는 않다. 춘추 시대의 사료로서 중시되고 있다. (전 21권)

《남사(南史)》
송(宋), 제(齊), 양(梁), 진(陳) 4대에 이르는 남조 170년간의 사적을 기록한 역사서. 본기 10권, 열전 70권으로 총 80권으로 이루어져 있다. 당나라의 이연수(李延壽)가 편찬했다.

《냉제야화(冷齊夜話)》
송나라의 승려 혜홍(惠洪)이 자기의 견문을 기록한 책. 대부분이 시화(詩話)이다. (전 10권)

《노자(老子)》
도가의 무위자연 사상을 설한 책.《도덕경(道德經)》이라고도 한다. 편찬자는 노담(老聃)이라고 하지만, 실존인물인지조차 분명치 않다. 짧고 간결한 문장으로 불과 5천여 자밖에 되지 않지만, 수천 년간 동양의 정신을 지배해 왔다. (전 2권 81장)

《논어(論語)》
공자와 그 제자들의 문답과 행실을 기록한 책. 공자의 중심사상인 인(仁)과 정치, 교육에 대한 그의 의견이 실려 있다. 사서 중 하나이다. (전 10권 20편)

《당서(唐書)》
《구당서》는 오대 때 유후(劉昫) 등에 의해 관공서에서 편찬했으며 전 200권이다.《신당서》는 송나라의 구양수와 송기가 편찬했다. 본기(本紀) 10권, 지(志) 50권, 표(表) 15권, 열전(列傳) 150권으로 총 225권이다. 통상 이《신당서》를 당서라고 부른다.

《대학(大學)》
원래는《예기》의 한 편이었는데, 송나라 주자가《중용》《논어》《맹자》와 더불어 사서(四書)라고 불렀다. 유가의 기본 교과서라고 할 수 있다.《중용》역시《예기》의 한 편이다.

《도화원기(桃花源記)》
호남성 무릉에 사는 한 어부가 도화원에 놀러갔다가 진나라 때의 유민을 만난 이야기. 진(晉)나라의 명문장가 도연명(陶淵明)의 작품이다.

《맹자(孟子)》
전국 시대 유가 사상을 대표하는 맹자의 담론집. 그는 순자와는 반대로 성선설을 주장했으며, 당시 군주들의 패도정치(覇道政治)를 반대하고 덕치를 근본으로 하는 왕도정치(王道政治)를 제시했다. 맹자의 문도들이 편찬했다. (전 14권)

《몽구(蒙求)》
옛 사람들의 행실이나 사적을 채록한 책. 인물이나 행실을 서로 대비시키고, 네 글자씩 운율을 맞추어 놓았기 때문에 어린이 교과서로 많이 쓰였다. 당나라 이한(李瀚)이 편찬했다.(전 3권)

《묵자(墨子)》
전국 시대에 유행한 묵가 사상을 '묵자'에 의탁해 서술한 책. 묵자는 묵적(墨翟)을 일컫는데, 그의 전기는 확실하지 않다. 주로 무차별 평등의 박애 사상인 '겸애설(兼愛說)'과 침략을 반대하는 평화주의인 '비공(非攻)', 그리고 사치를 반대하는 절약주의인 '절용(節用)'을 주장했다.

《묵장만록(墨莊漫錄)》
산실된 사적을 기록하고 고증을 하고 있는 책. 송나라의 장방기(張邦基)가 편찬했다.(전 10권)

《문선(文選)》
춘추 시대 말기부터 육조시대 양나라에 이르기까지 130여명의 시와 문장을 실은 책. 당나라와 송나라 때 고문(古文)이 부흥하면서 이 책은 과거 시험에 중요한 텍스트였다. 양나라 무제의 아들인 소명태자 소통(蕭統)이 편찬했다.(전 30권)

《범망경(梵網經)》
산스크리트어본은 120권인데, 이 중 심지계품(心地戒品)만을 구마라습이 번역하여 2권을 만들었다. 상권에서는 석가모니불의 수많은 화신의 근본을 노사나불로 밝혔고, 하권에서는 보살이 반드시 지켜야 할 계를 밝혔다.

《벽암록(碧巖錄)》
원래 설두(雪竇) 선사가 《전등록》에서 중요한 공안 100개를 뽑아 여기다 송고(頌古)를 붙였다. 하지만 이해하기가 어려워 원오(圓悟)선사가 다시 주석을 붙여 선 수행의 지침으로 삼았다. 나중에 문인들이 《벽암록》이라고 불렀다.(전 10권)

《북몽쇄언(北夢瑣言)》
주로 당나라 말기와 오대의 여러 사적을 기록하고 있다. 송나라의 손광헌(孫光憲)이 편찬했다.(전 20권)

《북사(北史)》
북조의 위나라로부터 수나라에까지 이르는 242년간의 사적을 기록한 역사서. 본기 12권, 열전 88권으로 총 100권이다. 당나라의 이연수(李延壽)가 편찬했다.

《사기(史記)》
한나라 무제 때 사마천(司馬遷)이 편찬한 중국 최초의 통사(通史). 본기(本紀), 서(書), 표(表), 세가(世家), 열전(列傳)으로 구성된 기전체(紀傳體)를 창시했다. 후대의 역사 기술에 지대한 영향을 미친 뛰어난 역사서이다.

《삼국지(三國志)》
한나라가 멸망하면서 천하를 삼분한 위(魏), 촉(蜀), 오(吳) 세 왕조의 역사를 서술한 책. 오대 때 진(晉)나라의 진수(陳壽)가 편찬했다. (전 65권)

《삼국지연의(三國志演義)》
《삼국지》에 근거해 삼국의 흥망성쇠를 서술한 역사 소설. 명나라의 나관중(羅貫中)이 지었다고 한다. 《수호전》《서유기》《금병매》와 더불어 사대기서라 한다. (전 120권)

《삼체시(三體詩)》
당나라 시인 167명의 시 중 칠언절구, 칠언율시, 오언율시의 삼체(三體) 시를 모은 책. 송나라 주필(周弼)이 편집했다. (전 6권)

《서경(書經)》
요순 시대부터 하나라·은나라·주나라를 거쳐 진(秦) 목공까지의 정치에 관한 것을 기록한 책. 공자가 정리해서 편찬한 것으로 전해진다. 유가의 오경 중 하나이며, 《상서(尙書)》라고도 한다.

《설원(說苑)》
선현들의 일화를 주로 기록한 책. 임금과 신하의 도리를 설하여 교훈으로 삼기 위한 것이다. 한나라의 유향(劉向)이 편찬했다. (전 20권)

《세설신어(世說新語)》
후한에서부터 동진 사이의 일화나 명언을 수록한 책. 위(魏), 진(晉) 시대의 기풍이나 청담, 그리고 죽림칠현을 알기 위해서는 필수적이다. 남조 시대 송나라의 유의경(劉義慶)이 편찬하였다. (전 3권)

《속유괴록(續幽怪錄)》
기이하고 괴상한 일을 기록한 책. 당나라 이복언(李復言)이 편찬했다.

《속자치통감장편(續資治通鑑長編)》
사마광의 《자치통감》의 예에 따라서 송나라 태조부터 흠종에 이르기까지 167년간의 사적을 기록한 책. 송나라의 이도(李燾)가 편찬했다. (전 520권)

《손자(孫子)》
춘추 시대 말기 오나라의 손무(孫武)가 편찬한 병법서. 근래 한나라의 분묘에서《손자병법》과《손빈병법》이 발견되어, 손무의 후예인 손빈이 저술한 병법서도 있었음이 판명되었다. (전 13권)

《송사(宋史)》
송나라 왕조에 관한 정사. 원나라의 탁극탁(托克托)이 편찬했다. (전 496권)

《송서(宋書)》
남북조 시대 송나라의 정사. 양나라의 심약(沈約)이 조정의 명을 받아 편찬하였다. 현재 100권인데, 연표가 빠져 있다.

《수당가화(隋唐佳話)》
수나라와 당나라 사이의 숨겨진 이야기를 기록한 책. 당나라의 유속(劉餗)이 편찬했다. (전 3권)

《수서(隋書)》
수나라 왕조를 기록한 정사. 편찬한 사람은 당나라의 위징(魏徵)이다. (전 85권)

《수신기(搜神記)》
불교의 영향을 받은 중국에서 가장 오래된 소설. 귀신과 요괴에 대한 설화집이다. 진나라 간보(干寶)가 편찬했으며, 현재 20권이 전한다.

《수형기(水衡記)》
위진시대의 소설. 작자는 미상.

《순자(荀子)》
전국 시대 말, 순황(荀況)이 지은 책. 그는 사회생활에 적합한 인간을 만들기 위해서는 교육과 예절에 의해 인간의 이기심을 억제해야 한다고 주장했다. 이같은 주장은 인간이 선천적으로 악한 성품을 갖고 있다는 성악설(性惡說)을 근거로 하고 있다. (전 20권)

《습유기(拾遺記)》
전진(前秦) 때 왕가(王嘉)가 편찬한 책. 기이한 얘기를 다루고 있다. 원래 상고의 복희(伏羲)부터 진(晉)나라에 이르기까지 19권 220편으로 이루어졌는데, 전란 속에서 빠진 것을 양나라의 소기(蕭綺)가 보완했다. (전 10권)

《시경(詩經)》
중국에서 가장 오래된 시가집. 주나라 때의 민요를 모은 국풍(國風), 주나라 왕실에서 연회를 할 때 부른 노래를 모은 '아(雅)', 주나라 왕실 등의 종묘제례악을 모은 '송(頌)'으로 이루어졌으며, 총 305편이다.

《시화총귀(詩話總龜)》
한나라 위진 남북조를 거쳐 북송에 이르기까지의 모든 시화(詩話)를 모은 책. 많은 얘기를 곁들이고 있다. 전집(前集)은 48권, 후집(後集)은 50권이며, 송나라의 완열(阮閱)이 편찬했다.

《신선전(神仙傳)》
신선 84명의 전기. 진나라의 갈홍(葛洪)이 편찬했다. (전 10권)

《신오대사(新五代史)》
후량의 태조에서부터 후주의 공제(恭帝)에 이르는 오대의 역사를 기록한 책. 춘추필법에 따라 비판과 포폄을 주로 하였다. 송나라 구양수가 편찬했다. (전 75권)

《십팔사략(十八史略)》
십팔사는 《사기》《한서》《후한서》《삼국지》《진서(晉書)》《송서(宋書)》《남제서(南齊書)》《양서(梁書)》《진서(陳書)》《후위서(後魏書)》《북제서(北齊書)》《주서(周書)》《수서(隋書)》《남사(南史)》《북사(北史)》《신당서(新唐書)》《신오대사(新五代史)》《송사(宋史)》이다. 이 십팔사를 축약본으로 낸 것이 《십팔사략》인데, 원나라 증선지(曾先之)가 편찬했다. (전 7권)

《안자춘추(晏子春秋)》
춘추 시대 말기 제나라의 영공, 장공, 경공 삼대에 걸쳐서 벼슬한 대부 안영(晏嬰)의 사적을 수록한 책. 예를 중시하는 유가사상과 박애와 절약을 소중히 여긴 묵가사상이 통합되어 있다. 편자는 미상이다. (전 8권)

《야객총서(夜客叢書)》
민간에서 전해오는 이야기를 엮은 책. 송나라의 왕추(王秋)가 편찬했다. (전 30권)

《여씨춘추(呂氏春秋)》
진(秦)나라의 재상 여불위(呂不韋)가 수많은 빈객들을 초빙하여 저술한 백과사전식의 책이다. 도가의 사상을 중시했으며, 유가(儒家), 병가(兵家), 농가(農家), 명가(名家)의 설을 싣고 있어서 잡가(雜家)의 책으로 분류된다. (전 26권)

《역경(易經)》
우주의 원리와 삼라만상의 변화를 음양의 조합과 기능으로 구명한 책. 옛날부터 나라나 개인의 운명을 점칠 때는 이 책을 근거로 하고 있다. 유가의 경전인 오경(五經) 중 하나. 특히 십익편(十翼篇)은 공자가 엮은 것으로 전해지고 있다.

《열녀전(烈女傳)》
요·순 시절부터 한나라 때까지 있었던 뛰어난 여성들의 전기. 여성들의 선과 악, 아름다움과 추함을 논하여 이를 본받거나 경계하도록 했다. 한나라의 유향(劉向)이 편찬했다. (전 7권)

《열자(列子)》
노자에 근거해 역시 무위자연의 도가 사상을 설하고 있다. 간결한 문체와 우화가 높이 평가되고 있다. 전국 시대 초기 정나라의 열어구(列禦寇)가 편찬했다고 하는데, 그의 전기는 확실치 않다. (전 8권)

《예기(禮記)》
예에 관한 이론과 그 실제를 기록하고 편집한 책. 유가 경전인 오경 가운데 하나이며, 전한 때의 대성(戴聖)에 의해 전해졌다. (전 49권)

《오대사(五代史)》
당나라가 쇠퇴하면서 일어난 양(梁), 당(唐), 진(晉), 한(漢), 주(周) 다섯 왕조의 역사를 서술한 정사(正史)로 《신오대사》와 《구오대사》가 있다. 《구오대사》는 송나라 태종의 명을 받고 설거정(薛居正)이 편찬했으며, 전 150권이다. 《신오대사》는 《구오대사》의 번잡스런 것을 피해 간결하게 개작한 책인데, 인종 때 구양수가 편찬했다. (전 75권).

《오등회원(五燈會元)》
석가모니 이전의 일곱 부처에서부터 시작하여 중국의 조사들까지 이어진 선승전. 《전등록》을 비롯한 몇 가지 어록을 추려서 만든 것이다. 송나라의 보제(寶濟) 선사가 편찬했다. (전 22권)

《오월춘추(吳越春秋)》
오나라와 월나라 양국 간의 흥망을 기록한 역사책. 오늘날엔 역사서보다는 오히려 역사 소설로서 읽힌다. 후한의 조욱(趙煜)이 편찬했다. (전 10권)

《오자(吳子)》
《손자》《오자》《사마법(司馬法)》《육도(六韜)》《삼략(三略)》《위료자(尉繚子)》《이위공문대(李衛公問對)》를 병법 칠서(七書)라고 한다. 《오자》는 유가의 덕치를 중시했는데, 힘에 의거한 패자의 군략을 멀리하고 덕에 의거한 왕자의 군략을 설했다. 전국 시대 위나라와 초나라에서 활약한 오기(吳起)가 지었다고 함.

《위서(魏書)》
북위의 사적을 기록한 역사서. 북제(北齊)의 위수(魏收)가 편찬했으며, 본기 12권, 열전 92권, 지(志) 10권으로 총 114권이다.

《유하동집(柳河東集)》
당나라 때 당송 팔대가의 한 사람이며 문학가이자 철학자인 유종원이 지은 시문집이다.(전 45권)

《자치통감(資治通鑑)》
춘추 시대 말기, 진(晉)나라를 분할한 한(韓), 위(魏), 조(趙) 때부터 후주(後周)에 이르는 오대의 종말 때까지 1362년의 역사를 편년체(編年體)로 서술한 역사책. 송나라의 사마광(司馬光)이 편찬했다.(전 294권)

《장자(莊子)》
전국 시대 때 활약했던 장자의 도가 사상을 기록한 책. 인간의 자유와 독립자존을 주장하고, 인간의 참된 실상을 밝히고 있다. 내편(內篇) 7편, 외편(外篇) 15편, 잡편(雜篇) 11편 등 총 33편으로 이루어져 있다.

《전국책(戰國策)》
전국 시대 각국의 신하와 선비들의 권모술수와 책략을 나라별로 편집한 책. 한나라 유향이 편찬했으며, 전부 5백 가지 이야기가 있다.

《전등록(傳燈錄)》
석가모니 이래의 법맥의 계통과 고승들의 법어를 수록한 책. 송나라의 승려 도원(道原)이 편찬했다.(전 30권)

《정관정요(貞觀政要)》
당나라 태종이 신하들과 정치에 관해 논한 책. 군주의 도리와 정치의 요체를 모두 40문으로 나눠 편찬했다. 정치에 입문하는 사람이 반드시 읽어야 하는 책. 당나라의 오궁(吳兢)이 편찬했다.(전 10권)

《제서(齊書)》
역사서. 《남제서》는 59권으로 양나라의 소자현(蕭子顯)이 편찬했다. 본기 8권, 지(志) 11권, 열전 40권이다. 《북제서》는 50권으로 당나라의 이백약(李百藥)이 편찬했다. 본기 8권, 열전 42권이다.

《중용(中庸)》
원래 《예기》의 한편이었는데, 송나라 주자가 따로 한 책으로 독립시켰다. 중용의 덕을 설한 작품이다. 공자의 손자 자사(子思)가 편찬한 것이라 하는데 확실치 않다.

《초사(楚辭)》
전국 시대, 초나라의 굴원(屈原)이 지은 사부(辭賦)와 그 문인들이 굴원을 사모해서 지은 사부를 편집한 책. 시경이 황하 유역의 북방문화를 대표하는 시가집이라면, 《초사》는 양자강과 회하 유역에서 펼쳐진 남방문화를 상징하는 작품이다. 한나라의 유향(劉向)이 편찬하였다.

《춘추좌씨전(春秋左氏傳)》
《춘추》의 간략한 경문에 주석으로서 상세한 역사적 사실을 보충한 책. 편찬자는 《국어》를 저술한 노나라의 좌구명이라고 하는데, 그에 대해서는 연대나 경력을 전혀 알 수 없다. (전 30권)

《태평광기(太平廣記)》
한나라부터 오대에 이르기까지 소설이나 잡다한 귀신 얘기, 기괴한 얘기 등을 싣고 있다. 인용서는 345종에 이르며, 소설 연구에 필수적이다. 송나라의 이방등(李昉等)이 태종의 명을 받아 편찬했다. (전 500권)

《포박자(抱朴子)》
내편 20편에는 신선도나 도술이 설해져 있으며, 외편 50편에는 도가사상에 근거한 인생관이나 처세관이 실려 있다. 진나라 갈홍(葛洪)이 편찬했는데, 포박자는 그의 호(號)다. (전 8권)

《풍속통(風俗通)》
후한 때 응소(應邵)가 지었다. 각권마다 총제목이 있으며, 제목마다 산목(散目)이 있다. 총제목에는 대의를 진술하고, 산목에는 그 사적을 상세히 설명한 뒤 득실을 평가하고 있다. (전 10권 부록 1권)

《한비자(韓非子)》
선진 시대 법가의 학문을 집대성하고, 여기다 한비자의 독창적인 의견을 덧붙인 책. 동시대의 학문을 비판하면서 군주가 신하를 다스리는 법을 주로 설했으며, 법(法)과 술(術)을 두 수레바퀴로 하고 상과 벌을 두 축으로 삼고 있다. 진나라의 옥중에서 독살당한 한비(韓非)가 편찬했다. (전 20권)

《한서(漢書)》
전한의 역사를 기록한 정사(正史). 후한의 반표(班彪)와 그 자식인 반고 반소 남매가 편찬했다. (전 120권)

《한시외전(韓詩外傳)》
《시경》에는 노나라 신공(申公)이 전한 노시(魯詩), 제나라 한고생(韓固生)이 전한 제시(齊詩), 연나라 한영(韓嬰)이 전한 한시(韓詩), 노나라 모형(毛亨)이 전한 모시(毛詩)가 있는데, 현재는 모시만이 전해온다.

《현우경(賢愚經)》
성자들과 범부들의 인연과 사적을 통해 불교에 대한 믿음을 고취시키는 경전. 위나라의 혜각(慧覺)이 번역했다. (전 13권)

《회남자(淮南子)》
고금의 흥망성쇠와 길흉화복에서부터 세상에 떠도는 얘기나 기담(奇談)을 우화나 수필 형식으로 기록한 책. 회남왕에 봉해진 유안(劉安)이 편찬했는데, 주로 도가의 무위자연(無爲自然) 사상이 깃들어 있다. (전 21권)

《후한서(後漢書)》
후한의 역사를 기록한 정사. 본기(本紀) 20권, 열전(列傳) 88권, 지(志) 30권으로 이루어짐. 남북조 시대 때, 송나라의 범엽(范曄)이 편찬했다.

찾아보기

【ㄱ】

가인박명(佳人薄命) _ 524
가정맹어호(苛政猛於虎) _ 288
각주구검(刻舟求劍) _ 192
간담상조(肝膽相照) _ 479
간장막야(干將莫邪) _ 140
갈불음도천수(渴不飮盜泉水) _ 317
거자일소(去者日疎) _ 47
건곤일척(乾坤一擲) _ 395
걸해골(乞骸骨) _ 211
검려지기(黔驢之技) _ 332
격물치지(格物致知) _ 141
격양가(擊壤歌) _ 289
결초보은(結草報恩) _ 216
견토지쟁(犬兎之爭) _ 327
경국지색(傾國之色) _ 526
경원(敬遠) _ 147
계륵(鷄肋) _ 389
계명구도(鷄鳴狗盜) _ 501
계찰괘검(季札卦劍) _ 91
고침이와(高枕而臥) _ 355
고황(膏肓) _ 110
고희(古稀) _ 49
곡학아세(曲學阿世) _ 142
공중누각(空中樓閣) _ 232
과유불급(過猶不及) _ 131
과전불납리 이하부정관
(瓜田不納履 李下不整冠) _ 204
과즉물탄개(過則勿憚改) _ 146
관견(管見) _ 124
관중규표(管中窺豹) _ 319

관포지교(管鮑之交) _ 481
괄목상대(刮目相對) _ 163
괴력난신(怪力亂神) _ 233
교언영색(巧言令色) _ 145
교칠지심(膠漆之心) _ 510
구밀복검(口蜜腹劍) _ 457
구우일모(九牛一毛) _ 295
구인공휴일궤(九仞功虧一簣) _ 219
구화지문(口禍之門) _ 193
국사무쌍(國士無雙) _ 474
군계일학(群鷄一鶴) _ 480
군맹평상(群盲評象) _ 125
권토중래(卷土重來) _ 397
극기(克己) _ 361
금란지교(金蘭之交) _ 483
금상첨화(錦上添花) _ 46
금성탕지(金城湯池) _ 410
금슬(琴瑟) _ 528
금의야행(錦衣夜行) _ 382
긍경(肯綮) _ 176
기사회생(起死回生) _ 144
기소불욕 물시어인(己所不欲 勿施於人) _ 149
기우(杞憂) _ 201
기호지세(騎虎之勢) _ 283
기화가거(奇貨可居) _ 206

【ㄴ】

낙백(落魄) _ 454
낙양지귀(洛陽紙貴) _ 115
난형난제(難兄難弟) _ 486
남가일몽(南柯一夢) _ 35

남상(濫觴) _ 148
남풍불경(南風不競) _ 407
낭중지추(囊中之錐) _ 487
내우외환(內憂外患) _ 297
노당익장(老當益壯) _ 87
노마지지(老馬之智) _ 215
녹림(綠林) _ 199
농단(壟斷) _ 213
누란지위(累卵之危) _ 274
능서불택필(能書不擇筆) _ 465

【ㄷ】

다기망양(多岐亡羊) _ 96
다다익선(多多益善) _ 250
단기지교(斷機之敎) _ 101
단사표음(簞食瓢飮) _ 217
단장(斷腸) _ 103
당동벌이(黨同伐異) _ 372
당랑거철(螳螂拒轍) _ 183
당랑박선(螳螂搏蟬) _ 318
대기만성(大器晩成) _ 438
대도폐유인의(大道廢有仁義) _ 218
대동소이(大同小異) _ 150
대의멸친(大義滅親) _ 235
도불습유(道不拾遺) _ 298
도외시(度外視) _ 362
도원결의(桃園結義) _ 443
도청도설(道聽塗說) _ 108
도탄(塗炭) _ 252
독서망양(讀書亡羊) _ 112
독서백편의자현(讀書百遍義自見) _ 169
독안룡(獨眼龍) _ 445
동공이곡(同工異曲) _ 104
동병상련(同病相憐) _ 32
동호지필(董狐之筆) _ 287
두각(頭角) _ 463
두찬(杜撰) _ 129
득롱망촉(得隴望蜀) _ 264
득어망전(得魚忘筌) _ 151
등용문(登龍門) _ 109

【ㅁ】

마부작침(磨斧作針) _ 84
마이동풍(馬耳東風) _ 449
막역지우(莫逆之友) _ 447
만가(挽歌) _ 53
만사휴의(萬事休矣) _ 189
만전지책(萬全之策) _ 300
망국지음(亡國之音) _ 302
망매해갈(望梅解渴) _ 425
망양지탄(望洋之嘆) _ 86
망운지정(望雲之情) _ 79
매처학자(梅妻鶴子) _ 75
맥수지탄(麥秀之嘆) _ 293
맹모삼천지교(孟母三遷之敎) _ 101
면목(面目) _ 380
명경지수(明鏡止水) _ 116
명모호치(明眸皓齒) _ 522
명철보신(明哲保身) _ 301
모수자천(毛遂自薦) _ 487
모순(矛楯) _ 260
목탁(木鐸) _ 195
무릉도원(武陵桃源) _ 180
무산지몽(巫山之夢) _ 516
무안색(無顔色) _ 541
무용지용(無用之用) _ 219
무하유지향(無何有之鄕) _ 56
무항산자무항심(無恒産者無恒心) _ 220
묵수(墨守) _ 303
묵자비염(墨子悲染) _ 92
문경지교(刎頸之交) _ 452
문일지십(聞一知十) _ 85
문전작라(門前雀羅) _ 320
문정경중(問鼎輕重) _ 354
문전성시(門前成市) _ 196
물극필반(物極必反) _ 365
물의(物議) _ 221
미망인(未亡人) _ 521
미봉(彌縫) _ 384

미생지신(尾生之信) _ 488

【ㅂ】

반근착절(盤根錯節) _ 485
반식재상(伴食宰相) _ 489
반야탕(般若湯) _ 82
발본색원(拔本塞源) _ 113
발호(跋扈) _ 305
방약무인(傍若無人) _ 400
배반낭자(杯盤狼藉) _ 254
배수진(背水陣) _ 378
배중사영(杯中蛇影) _ 186
백구과극(白駒過隙) _ 61
백년하청(百年河淸) _ 306
백락일고(伯樂一顧) _ 490
백면서생(白面書生) _ 307
백문불여일견(百聞不如一見) _ 385
백미(白眉) _ 450
백발백중(百發百中) _ 256
백발삼천장(白髮三千丈) _ 40
백아절현(伯牙絕絃) _ 491
백안시(白眼視) _ 222
백전백승(百戰百勝) _ 431
백주지조(栢舟之操) _ 535
백중지간(伯仲之間) _ 448
백홍관일(白虹貫日) _ 291
보원이덕(報怨以德) _ 223
복수불수(覆水不收) _ 52
복차지계(覆車之戒) _ 312
부마(駙馬) _ 543
부중지어(釜中之魚) _ 311
부화뇌동(附和雷同) _ 155
분서갱유(焚書坑儒) _ 190
불구대천지수(不俱戴天之讐) _ 114
불수진(拂鬚塵) _ 328
불입호혈 부득호자(不入虎穴 不得虎子) _ 405
불초(不肖) _ 492
불혹(不惑) _ 118
붕정만리(鵬程萬里) _ 224

비방지목(誹謗之木) _ 308
비육지탄(髀肉之嘆) _ 388
빈계지신(牝鷄之晨) _ 240
빈자일등(貧者一燈) _ 225
빙탄불상용(氷炭不相容) _ 41

【ㅅ】

사면초가(四面楚歌) _ 376
사분오열(四分五裂) _ 415
사불급설(駟不及舌) _ 330
사숙(私淑) _ 156
사시가편(死屍加鞭) _ 94
사이비(似而非) _ 184
사인선사마(謝人先射馬) _ 416
사자신중충(獅子身中蟲) _ 208
사자후(獅子吼) _ 157
사제갈주생중달(死諸葛走生仲達) _ 417
사족(蛇足) _ 248
사해형제(四海兄弟) _ 227
사회부연(死灰復然) _ 321
살신성인(殺身成仁) _ 119
삼고초려(三顧草廬) _ 469
삼십육계 주위상책(三十六計 走爲上策) _ 412
삼인시호(三人市虎) _ 209
삼촌지설(三寸之舌) _ 359
상가지구(喪家之狗) _ 493
상전벽해(桑田碧海) _ 238
새옹지마(塞翁之馬) _ 51
서제막급(噬臍莫及) _ 325
석권(席卷) _ 420
선시어외(先始於隗) _ 334
선즉제인(先則制人) _ 419
성혜(成蹊) _ 503
세월부대인(歲月不待人) _ 37
세이(洗耳) _ 93
소국과민(小國寡民) _ 368
소인한거위불선(小人閒居爲不善) _ 152
소중지도(笑中之刀) _ 506
송양지인(宋襄之仁) _ 462

수구초심(首丘初心) _ 41
수서양단(首鼠兩端) _ 226
수석침류(漱石枕流) _ 329
수어지교(水魚之交) _ 496
수자부족여모(豎子不足與謀) _ 476
수즉다욕(壽則多辱) _ 58
수지청즉무어(水至淸則無魚) _ 466
순망치한(脣亡齒寒) _ 286
술이부작(述而不作) _ 166
시간(尸諫) _ 370
시오설(視吾舌) _ 494
식언(食言) _ 268
실사구시(實事求是) _ 171

【ㅇ】

안도(安堵) _ 423
안서(雁書) _ 497
안중지정(眼中之釘) _ 237
암중모색(暗中摸索) _ 158
약관(弱冠) _ 471
약롱중물(藥籠中物) _ 468
약법삼장(約法三章) _ 309
양금택목(良禽擇木) _ 337
양두구육(羊頭狗肉) _ 198
양상군자(梁上君子) _ 456
양약고구(良藥苦口) _ 261
양주지학(揚州之鶴) _ 322
양포지구(楊布之狗) _ 228
양호유환(養虎遺患) _ 336
어부지리(漁父之利) _ 284
여도지죄(餘桃之罪) _ 229
여어득수(如魚得水) _ 88
역린(逆鱗) _ 262
역부지몽(役夫之夢) _ 77
연년세세화상사(年年歲歲花相似) _ 60
연리지(連理枝) _ 534
연목구어(緣木求魚) _ 266
연작안지홍곡지지(燕雀安知鴻鵠之志) _ 459
연저지인(吮疽之仁) _ 234

영설지재(詠雪之才) _ 536
영위계구 무위우후(寧爲鷄口 無爲牛後) _ 271
예미도중(曳尾塗中) _ 324
오리무중(五里霧中) _ 460
오십보백보(五十步百步) _ 292
오월동주(吳越同舟) _ 424
오합지중(烏合之衆) _ 408
옥상옥(屋上屋) _ 205
옥석혼효(玉石混淆) _ 135
온고지신(溫故知新) _ 133
와각지쟁(蝸角之爭) _ 281
와신상담(臥薪嘗膽) _ 392
완벽(完璧) _ 258
요동시(遼東豕) _ 230
요령부득(要領不得) _ 276
요원지화(燎原之火) _ 338
욕속부달(欲速不達) _ 342
용두사미(龍頭蛇尾) _ 241
우공이산(愚公移山) _ 153
우화등선(羽化登仙) _ 63
운용지묘 존호일심(運用之妙 存乎一心) _ 430
웅비(雄飛) _ 439
원교근공(遠交近攻) _ 83
원수불구근화(遠水不救近火) _ 280
원앙지계(鴛鴦之契) _ 527
원철골수(怨徹骨髓) _ 386
월단평(月旦評) _ 500
월하빙인(月下氷人) _ 529
위급존망지추(危急存亡之秋) _ 409
위편삼절(韋編三絕) _ 167
유능제강(柔能制剛) _ 398
은감불원(殷鑑不遠) _ 339
읍참마속(泣斬馬謖) _ 421
의마심원(意馬心猿) _ 89
의식족이지영욕(衣食足而知榮辱) _ 265
의식족즉지영욕(衣食足則知榮辱) _ 265
의심암귀(疑心暗鬼) _ 200
이도살삼사(二桃殺三士) _ 504
이목지신(移木之信) _ 363
이심전심(以心傳心) _ 121

이양역우(以羊易牛) _ 435
인생여조로(人生如朝露) _ 55
인중지룡(人中之龍) _ 507
인지장사 기언야선(人之將死 其言也善) _ 64
일거수일투족(一擧手一投足) _ 467
일거양득(一擧兩得) _ 187
일망타진(一網打盡) _ 402
일모도원(日暮途遠) _ 426
일엽지추(一葉之秋) _ 159
일의대수(一衣帶水) _ 364
일이관지(一以貫之) _ 121
일일여삼추(一日如三秋) _ 45
일자천금(一字千金) _ 138
일장공성만골고(一將功成萬骨枯) _ 404
일패도지(一敗塗地) _ 390
입립개신고(粒粒皆辛苦) _ 139

【ㅈ】

자두연기(煮豆燃萁) _ 340
자포자기(自暴自棄) _ 128
장경오훼(長頸烏喙) _ 326
장성(長城) _ 511
장수선무 다전선고(長袖善舞 多錢善賈) _ 231
전전긍긍(戰戰兢兢) _ 263
전전반측(輾轉反側) _ 514
절성기지(絕聖棄智) _ 343
절전(折箭) _ 81
절차탁마(切磋琢磨) _ 137
절함(折檻) _ 344
정곡(正鵠) _ 331
정저와(井底蛙) _ 473
정훈(庭訓) _ 164
조강지처(糟糠之妻) _ 532
조령모개(朝令暮改) _ 251
조문도석사가의(朝聞道夕死可矣) _ 120
조삼모사(朝三暮四) _ 177
조장(助長) _ 203
좌고우면(左顧右眄) _ 188
좌단(左袒) _ 346

주백약지장(酒百藥之長) _ 34
주지육림(酒池肉林) _ 537
죽마고우(竹馬故友) _ 441
준조절충(樽俎折衝) _ 369
중과부적(衆寡不敵) _ 432
중석몰촉(中石沒鏃) _ 80
지록위마(指鹿爲馬) _ 470
지상담병(紙上談兵) _ 366
지어지앙(池魚之殃) _ 62
지피지기백전불태(知彼知己百戰不殆) _ 394
징갱취제(懲羹吹齏) _ 356

【ㅊ】

창업이수성난(創業易守城難) _ 348
창해일속(滄海一粟) _ 165
채미가(採薇歌) _ 499
천고마비(天高馬肥) _ 399
천도시야비야(天道是耶非耶) _ 160
천려일실(千慮一失) _ 509
천리안(千里眼) _ 461
천망회회(天網恢恢) _ 178
천양지피 불여일호지액
(千羊之皮 不如一狐之腋) _ 239
천의무봉(天衣無縫) _ 105
천재일우(千載一遇) _ 472
천지만물지역려 광음백대지과객
(天地萬物之逆旅 光陰百代之過客) _ 72
천지지지 아지자지
(天知地知 我知子知) _ 179
철면피(鐵面皮) _ 464
철부지급(虎骀之急) _ 242
철주(掣肘) _ 360
청담(淸談) _ 74
청운지지(靑雲之志) _ 65
청천백일(靑天白日) _ 533
청천벽력(靑天霹靂) _ 68
청출어람청어람(靑出於藍靑於藍) _ 136
초미지급(焦眉之急) _ 50
초왕실궁 초인득지(楚王失弓 楚人得之) _ 313
촌철살인(寸鐵殺人) _ 161
추고(推敲) _ 130

추선(秋扇) _ 539
축록자불견산(逐鹿者不見山) _ 314
치망설존(齒亡舌存) _ 273
치인설몽(痴人說夢) _ 39
칠보지재(七步之才) _ 340
칠신탄탄(漆身吞炭) _ 244
침어낙안(侵魚落雁) _ 542

【ㅌ】

타산지석(他山之石) _ 99
태산북두(泰山北斗) _ 440
토사구팽(兎死狗烹) _ 269

【ㅍ】

파경(破鏡) _ 521
파과(破瓜) _ 515
파죽지세(破竹之勢) _ 383
파천황(破天荒) _ 451
패군지장 불가이언용
(敗軍之將 不可以焉勇) _ 414
평지파란(平地波瀾) _ 194
포신구화(抱薪救火) _ 367
포류지질(蒲柳之質) _ 90
포호빙하(暴虎馮河) _ 263
표변(豹變) _ 484
표사유피 인사유명
(豹死留皮 人死留名) _ 428
풍림화산(風林火山) _ 434
풍마우(風馬雨) _ 350
풍성학려(風聲鶴唳) _ 429
필부지용(匹夫之勇) _ 351

【ㅎ】

하옥(瑕玉) _ 182
학철부어(涸轍鮒魚) _ 242
한단지몽(邯鄲之夢) _ 66
한단지보(邯鄲之步) _ 316
할계언용우도(割鷄焉用牛刀) _ 253
합종연횡(合從連衡) _ 371
해로동혈(偕老同穴) _ 48
해어화(解語花) _ 523
행림(杏林) _ 508
현두자고(懸頭刺股) _ 43
형설지공(螢雪之功) _ 168
호가호위(狐假虎威) _ 278
호계삼소(虎溪三笑) _ 243
호시탐탐(虎視眈眈) _ 352
호연지기(浩然之氣) _ 127
호접지몽(胡蝶之夢) _ 69
호중천(壺中天) _ 76
홍일점(紅一點) _ 518
화광동진(和光同塵) _ 202
화룡점정(畵龍點睛) _ 134
화병(畵餠) _ 44
화서지몽(華胥之夢) _ 70
화이부동(和而不同) _ 214
화호유구(畵虎類狗) _ 172
환골탈태(換骨奪胎) _ 162
환락극혜애정다(歡樂極兮哀情多) _ 72
황량일취몽(黃粱一炊夢) _ 66
회사후소(繪事後素) _ 170
효빈(效顰) _ 358
효시(嚆矢) _ 353
후목불가조(朽木不可雕) _ 323
후생가외(後生可畏) _ 123